云经纪师培训教程

# 中级云经纪师

韩景倜　何　杰　主　编

刘　涛　于长锐
梁贺君　陈逸群　副主编

上海财经大学出版社

**图书在版编目(CIP)数据**

中级云经纪师/韩景倜,何杰主编.—上海:上海财经大学出版社,2015.1
(云经纪师培训教程)
ISBN 978-7-5642-2083-9/F·2083

Ⅰ.①中… Ⅱ.①韩… ②何… Ⅲ.①信息服务业-经纪人-培训-教材 Ⅳ.①F719

中国版本图书馆CIP数据核字(2014)第300155号

□ 责任编辑 汝 涛
□ 封面设计 张克瑶
□ 责任校对 林佳依 卓 妍

ZHONGJI YUN JINGJISHI
**中 级 云 经 纪 师**

韩景倜 何 杰 主 编
刘 涛 于长锐 梁贺君 陈逸群 副主编

上海财经大学出版社出版发行
(上海市武东路321号乙 邮编200434)
网 址:http://www.sufep.com
电子邮箱:webmaster @ sufep.com
全国新华书店经销
上海华教印务有限公司印刷装订
2015年1月第1版 2015年1月第1次印刷

787mm×1092mm 1/16 19.5印张 474千字
印数:0 001—3 500 定价:46.00元

# 云经纪师培训教程编写委员会

**主　编**　　韩景倜　何　杰

**副主编**　　刘　涛　于长锐　梁贺君　陈逸群

**编写组成员**（按姓氏笔画排序）

石　云　付佳蕊

边　珅　关　欣

华　斌　刘　蕾

李馨楠　张　盛

张馨月　陈　群

陈宇中　陈虹宇

严伟江　罗晓兰

杨夏燕　曹　宇

管俞洁

# 总　序

随着计算机技术与通信技术的发展与融合，计算机互联网方兴未艾，给现代社会带来了巨大的变化。特别是进入21世纪以来，互联网已经成为人类社会生活不可或缺的基础设施。这种数字化、网络化的发展趋势在催生各种计算机应用新技术的同时，也发展和丰富了各行业的业务形态，并对相关经营模式具有颠覆之势。

互联网领域活跃的创造力，吸引着人们的关注。在这里，技术的竞争和淘汰非常激烈，极大地缩短了技术概念的生命周期，一些技术风行几年甚至几个月后就不知所踪，被新的技术概念与模式所替代；而有一些技术在市场的检验下因其具有良好的基因与发展空间而存活，云计算就是其中的佼佼者。云计算非但没有消失，反而有越来越多的软硬件公司加入云计算产业中。

考察计算机网络的发展史，我们会发现，生存下来的一些主流的技术标准，一开始是为了特定的目的而以极为简化的技术来实现的，如以太网、TCP/IP协议。虽然在技术上它们存在一些缺陷，之后推出了不少的网络技术和标准化的OSI协议，希望以此来完善或者取代它们，不过因为技术方面的复杂性而使得推行的范围始终有限。云计算属于市场先行的技术，在技术规范还没有制定出来之前，各大公司已经在推出自己的云计算商用产品了。从这个意义上看，云计算也会与IP技术一样，先占有市场，然后获得学术界的承认。

在这个背景下，云计算已经成为各行业认真对待的互联网的下一个关键应用，纷纷积极投入财力、物力和人力来跟上这个潮流。云经纪师应运而生，其作为第三方咨询服务商为用户进行IT应用现状、组织结构和业务流程等方面的信息化需求分析，例如，帮助用户在中亚云交易平台或线下选择合适的云计算提供商。

就云计算市场现状来看，尽管云计算产业发展迅猛，但在云计算提供商和用户之间，由于缺少有效的对接，市场需求“瓶颈”仍未被有效突破。按照一般的市场原则，用户潜在的计算和存储需求需通过专业的从业人员去挖掘，这就需要云经纪师，云经纪师是云产业的“润滑剂”，在行业中肩负着促进买方和卖方沟通的职能。

在本系列丛书的编写过程中，我们参阅了国内外大量的文献和资料，其中信息明确的已列于参考文献中，而信息不全、无法详细查证其出处的，未能一一列出，在此，向所有在本系列丛书编写过程中所帮助的国内外专家和学者致以真诚的谢意！

本系列丛书为云经纪从业人员提供了一套完整的云经纪师培训教材，包括《云经纪基础知识》、《助理云经纪师》、《中级云经纪师》、《高级云经纪师》。本系列丛书是国内第一套系统的云经纪师培训教材，但由于编者水平所限，加上时间仓促，书中一定存有不足之处，恳请读者批评、指正。

编　者

2014 年 11 月于上海财经大学

# 目 录

# 第一章 云的商业价值

**学习要点**

1.了解云计算的商业推手

2.了解云的商业影响

## 第一节 云计算的商业推手

现今,云计算(Cloud Computing)已不仅是国际IT业界热炒的概念,而且已经开始在中国落地生根。通过长期对中国服务器市场的跟踪研究,以及对云计算的密切关注,综合各方面因素考虑,我们认为云计算在中国具有广阔的市场空间,但前提是需要有更多的市场参与者投入云计算的运营中。

与其说云计算是一项新技术,倒不如说它是一项在业务模式方面的创新。从技术角度来讲,云计算由一系列新技术组合而成。它由分布式计算、网格计算等技术发展而来,并融合了近年来的热点技术(如虚拟化、Web 2.0等)。从本质上来讲,云计算实际上是服务器虚拟化技术和基础架构(即服务)(Infrastructure as a Service,IaaS)两者的结合,并辅以其他技术。其核心是将某一或某几个数据中心的计算资源虚拟化之后,向用户提供以租用计算资源(Computing Resource)为形式的服务。而这种提供计算资源的服务实际上并不是新技术,而是业务模式上的创新。云计算业务在中国市场具有巨大的发展潜力,越来越多的IT供应商将中国作为云计算业务发展的热点区域。目前,云计算业务的发展也印证了这一点。

通过对云计算产业链的深入分析,对云计算产生影响的主要环节包括最终用户、供应商(包括硬件设备厂商和云计算解决方案提供商)以及云计算业务的运营机构。

在最终用户方面,中国拥有世界上数量最多的中小企业,这些企业的业务正随着中国经济的高速增长而快速发展。对于正处于成长期的中小企业而言,自己投资建立计算中心的投资回报率较低,并且很难与业务的快速成长相匹配。而云计算的租用模式刚好为这些中小企业提供了合适的解决方案。同时,中国未来将承办的亚运会等一系列大型活动,也可以借用云计算模式来提供伸缩性的IT基础架构,并进一步节省成本。云计算对于计算资源更有效率的利用,也使其在节省能耗方面成为“绿色IT”技术的代表之一,这又与中国政府“节能、减排”的政策相符。因此,中国市场上最终用户对于云计算的需求将成为其在未来几年中高速发展的基石。

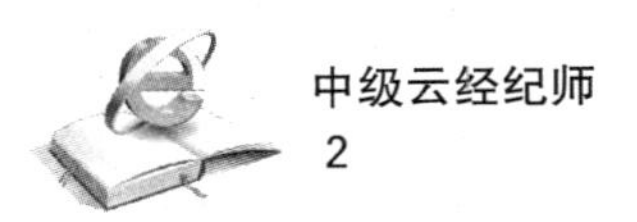



从 IT 供应商角度来说，众多的服务器、存储硬件厂商以及平台软件厂商都希望通过云计算平台将自己的产品推广到发展中的中小企业中，并将其 IT 环境锁定在自己的平台上，以便在这些企业发展到一定规模后能够获得更多的市场机会。因此，IT 供应商对于云计算市场，尤其是中国的云计算市场也表现得异常热心。

云计算运营商是目前国内云计算产业链中最薄弱的一环。政府及其下属的企事业单位是国内云计算运营的主体，主要面对公共计算领域。这种由政府机构主导的运营模式将在云计算业务发展的初期成为主要模式，但是未来还将会有更多的企业投入到该业务的运营中去。国内更多类型的云计算运营商的发展，将会成为推动中国云计算市场发展的决定性因素。电信运营商和大型互联网公司都具有成为云计算运营商的潜力。这些企业都拥有大型的数据中心，但这些数据中心并不都是 7×24 小时满负荷运转。这些数据中心的计算资源可以在空闲时打包成云计算虚拟机，为用户提供服务。这种对计算资源的进一步开发将成为这些企业新的盈利点。当前迅速发展的 IT 环境与 20 世纪初迅速崛起的商业环境有着很多联系，许多业务原来是通过维护自己的封闭系统完成的，这样既需要设备又需要专人来操纵，效率很低。解决方案就是让当地的电信公司或者其他的服务供应商来管理远程通信，提高资源的利用率。

如今云计算的商业推手也正是把 IT 技术引入商业领域的推手，云计算在众多方面给组织带来了核心的竞争力，如成本、效率、组织灵活性等。关于云计算的商业价值，企业界和 IT 业众说纷纭，但可以肯定的是，云计算正在改变我们的商业社会图谱。云计算让大企业变成“快公司”和“轻公司”，让小企业可以轻松实现“国际化”，可以尝试以前只有大企业才能问津的超级计算力和数以百万美元计的企业级应用。云计算让企业能够更快对市场环境变化作出反应，实现前所未有的业务灵活性，这一切都拜强大而富有弹性的云计算所赐。

### 一、降低开支和提高效率

为什么云计算可以节约成本呢？总的来说，这是因为经济的规模性(scalability)。经济的规模性指的是存在这样一种关系：每增加一单位成本投入带来的产量增加的量。产品的规模经济递增促使扩张固定成本的数量会带来单位成本的递减。在云计算中，通过资源的共享实现了经济的规模性。一个云服务的提供商把成本分摊到整个客户群中，使得每个客户相对于自己付同样的成本而言，都可以得到相对更丰富的 IT 功能。

通过云计算，最初购买新硬件用来建立 IT 项目或扩展容量的费用就节省下来了，组织只需要付它们用在软件商上的使用费，这些软件在组织使用前服务的供应商就已经购买好了，同样地，当它们不再需要或者要整个放弃某些服务时，也不用担心沉没成本的问题。

组织使用公用的云服务可以把 IT 费用从资本费用转向了操作费用，这可以带来更多的税收优惠。组织使用内部私有的云可以减少资本费用的根本原因在于基础设施的使用效率得到了提高。如表 1—1 所示。

表 1—1　　资本费用与操作费用

| | 资本费用 | 操作费用 |
|---|---|---|
| 定义 | 资本费用是与固定资产相关的费用，既包括原始的购买设施的费用，也包括近期用以改善设施的费用。如用于计算的实际设备和软件等的费用。 | 操作费用指的是与商业总体运营相关的成本。如技术工人的薪酬、网络成本、软件使用权的购买成本等费用。 |
| 差异 | 资本费用的价值要延续到税收年，而操作费用在税收年限是被完全用掉的，整个的价值也要被减去。 | |

经济的规模性也称为弹力(flexibility)或弹性(elasticity)，它是云计算中的一个关键特征。它可以使客户提高或者降低计算资源，如存储、计算能力、网络动态的带宽和其他基于用户需求并愿意购买的数量。规模性既可以是垂直的也可以是水平的。垂直的也即纵向的，包括给一个节点增加资源，如存储卡、处理器或者多余的组件；水平的也即横向的，包括对分布的系统增加更多的节点，这个概念如图 1—1 所示，垂直规模性(vertical scaling)和水平规模性(horizontal scaling)都可以用来判断性能问题和可用性问题，这个还被称为对角线的规模性。

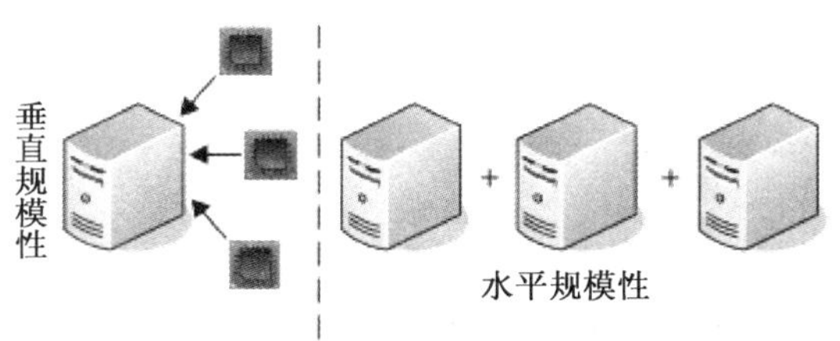


图 1—1　垂直规模性和水平规模性

这种能力可以通过不连续的资源需求显著减少组织的成本，例如，那些线上的零售商在节假日前看到网站的“交通拥堵”情况严重，又或者软件开发公司需要定期提供大规模的测试环境。

现在存在这样一个问题：为什么花费数亿美元购买资产，不但承担运营这些资产的责任，还要部署相应的人力资源(技术评估、供应商关系、容量规划等)，会被认为比直接享受外部供应商(负责所有运营职责)提供的资产更具吸引力呢？另一个可能出现的噩梦就是基础设施和运营团队将不再参与云计算运营，转而由应用程序团队负责直接与外部供应商沟通，基础设施和运营团队将继续负责不断被云计算“吞噬”的企业内部所需的固有资产。

关于云计算的成本问题有各种激烈的讨论，主要围绕资本开支和运营开支方面。然而，围绕这个主题的大多数讨论没有完全理解不同资金模式的深远含义，以及其对 IT 应用程序未来的影响。

实际上，这些讨论都是为了确定运营应用程序的最佳办法，因为应用程序是 IT 创造所有价值的所在。以下是目前关于资本开支和运营开支的讨论未能理解的对资金模式的思考和影响。

(一)运营开支应该比资本开支更昂贵

运营开支模式的好处之一就是不存在长期的约束。用户一旦用完资源，就可以将资源

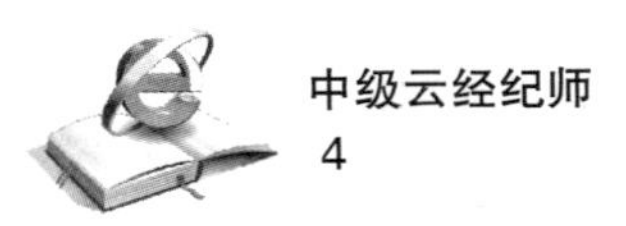



归还给供应商，供应商拥有对资源的所有权，也就是说，供应商需要想办法如何充分有效地利用资源保证其经济利益。

没有长期约束当然是有经济效益的，因为用户不需要进行巨额的长期投资。所以这也是很合理的，也就是说，从每计量单位来看，运营开支应该比资本开支更昂贵。我们可以看看汽车租赁的价格，其实我们只是为短期使用资源而支付了额外的费用。既然是短期使用，租一辆汽车肯定比花大价钱买一辆汽车更划算。

（二）如何计算

因此，真正的问题并不是哪个选择为每计量单位支付费用更多，而是哪个选择对于资源的总用量更便宜（或者说，运营应用程序所使用的所有资源的总用量），这种计算比每单位的费用计算更加棘手。

首先，这种计算需要预测某段时间（通常是一个月）的总使用情况。换句话说，这个应用程序每个月会运营多少个小时？它会使用多少存储量？会有多少网络流量？

其次，这种计算可能要考虑根据使用层来改变租赁费率。如果总存储使用的是 10 千兆，千兆存储属于某个费率水平，而如果总存储使用的是 10 万兆将会更加便宜。

最后，这种计算还需要考虑不同的使用模式，如某些时期的低使用率和其他时候的高使用率。例如，金融服务公司的应用程序可能会有每月高峰期、每季度高峰期和每年高峰期，更别提受非周期性事件影响的不可预测的高峰期，例如修改法律——改变某些种类金融产品对消费者的吸引力。

对于这种棘手的计算，需要与 TCO 作比较，O 代表运营，而不是所有权。对于很多使用模式，有可能租赁模式要比累计使用模式更具吸引力，即使每计量单位更昂贵。再拿汽车租赁来举例，即使每天租车的价格要比购买汽车的价格高，如果一个月只有五天要使用汽车，那么租车肯定更加便宜。

那么，也就是说，考虑到不同使用情况以及与资产租赁模式相关的不同成本，经济评估应该会更加复杂。当然，无论使用模式如何不同，资产所有权模式的成本都是一样，无论是每天使用还是每月使用都不超过一小时。

（三）影响运营开支和资本开支的其他阻力因素

当然，还存在影响这个计算的其他因素。租用一辆车会根据时间及里程来收费，并且你需要走租赁流程、听取对额外保险的讲解、检查汽车状况。如果一个人一个月有八天需要使用汽车，那么租车还算划算。不过有时候，人们反复听到这样的话后可能还是会选择买车，“你打算如何处理这辆车的保险问题？我们的顶级服务可以让你不必支付这些费用”等。

换句话说，这些阻力因素可能会让你改变你的选择。诺贝尔经济学奖获得者 Ronald Coase 将汽车租赁所表示的开销描述为“交易成本”：与经济交易相关的费用，增加了这个选择的额外负担。

在 IT 应用程序方面，通常会存在更多这样的因素使企业启动应用程序后，尽量避免触碰它们。对于租赁模式而言，“简单设置后就放下不管”的方法从经济角度来看并不是好办法。

在租赁模式中，当用户想要评估资产使用时，很明显应该尽可能减少使用。Forrester 研究所云分析师 James Staten 将这个方法描述为“满足最低使用需求”：人们应该尽可能减少应用程序的资源，只要其功能和性能要求得到满足即可。如果没有使用需求，应用程序应

该关闭，当重新需要时再次开启。

然而，涉及资源管理的这些阻力因素太多了，大多数 IT 团队在进行运营开支和资本开支的讨论时，都会假设应用程序高峰负载时需要的最高量资源的完全使用，然后以这个作为基础来评估资产租赁模式和资产所有权模式。这样计算根本不合理。事实上，大部分企业通常甚至没有考虑其他选择，因为选择不同的运作模式并不会消除这些摩擦因素。

（四）资本开支和运营开支的未来发展

在适当管理的云环境中，这种阻力因素正在减少。我们可以使用工具来推动自动化资源的实例化及终止，甚至应用程序本身可以进行自动化管理这个过程，并不需要人工干预。在这种环境中，“交易成本”要比“满足最低使用需求”更加可行。

总体而言，降低运营交易成本意味着应用程序运营模式需要随着时间的推移而进行转变。反过来说，这意味着随着 IT 企业开始重新评估应用程序资源消费模式，财务分析将需要改变。很多应用程序设计将转向资源的一定基础水平的连续运营，以及改变使用模式而增加和减少额外的资源。最终的结果可能会让这个临界点计算转向资产运营模式，而不是资产所有权模式。

至少，这将避免假设全时间高峰负载资源运营的计算，从而避免错误地确定资产所有权模式是最可行的办法。

## 二、通过经济规模性来提高安全

在这一部分，我们首先要理解安全与风险、私有性、合规性等概念，再把这些具体应用于云计算中。

（一）理解安全与风险

讨论云计算的安全与风险之前，我们要对安全与风险的概念有所了解。尽管在商业中有很多种类型的风险，本章中所提到的主要指的是信息风险。

（二）信息安全的主要原则

1. 保密性

保密性指数据的敏感性。机密数据需要避免受到未授权的读取、使用或泄露。机密信息的例子包括人事档案、个人健康信息、财务记录和商业机密等。

2. 完整性

完整性指数据的可靠性。要有完整性，数据需要被保护不受未授权的修改。

3. 可得性

可得性指数据的可获得性。要拥有可得性，数据需要被保护，不受服务中断影响。

（三）安全控制

通过应用安全控制措施，可以达到保护组织数据的保密性、完整性和可得性的目的。这些措施被设计用来防止、探测和最小化安全事故的影响。安全控制可以被分为管理、技术或操作三类。要实施成功的信息安全管理系统（ISMS），这三类都不可缺少。本章稍后将详细讨论 ISMS。安全控制的三种类别如下：

1. 管理控制

管理控制包括方针、标准和措施。它们与组织的目的和监管要求保持一致，且提供了操作流程的框架。

2. 技术控制

技术控制是指那些直接应用于信息技术资源或直接由其实施的控制。例如,包括接口管理、身份验证、防火墙和加密措施。

3. 操作控制

操作控制一般包括个人实施的过程或步骤。它们基于管理控制之上,且包含了技术控制。例如,包括灾后恢复计划、配置管理、事故响应和实体安全。

此外,同样必需的(甚至是关键的)是上级管理的支持。技术控制可以由 IT 人员实施、监管人员可以实行操作控制,但管理控制必须来自组织的高级管理层。他们有责任制定有利于实现商业目标的制度,并据此分配资源。

(四)纵深防御

安全的另一个关键概念是纵深防御。这是指使用分层框架来实施对计算机设备、网络边界、主机(服务器、工作站、笔记本电脑等)、应用和数据的安全控制。纵深防御经常被用于实体安全,如银行的安保。正如银行不能通过简单锁上门来保护它的资产,敏感或关键数据不能只用一个网络防火墙或一个密码来保护。

(五)风险管理基础

风险是概率(可能性)和冲击(损失)的要素,具体来讲,是指一个特定事件发生的概率,以及当它发生时对业务的影响。事件包括但不限于:设备的盗窃或丢失、未授权的数据读取、拒绝服务以及未授权的数据操作。本书将不对风险管理做深入的讨论,但对这一过程的简要概述如下:

第一步:识别资产并将其归类。这是从实体或逻辑上识别资产,包括硬件、软件、数据、虚拟主机和其他任何信息资源。在库存过程中,所有者和托管者应该被分辨出来,信息系统和数据应该按照敏感性和重要性等级归类。这一步也可能牵涉到根据监管和安全政策确定合适的控制措施。

第二步:识别威胁和弱点。威胁指任何有潜在可能对信息系统造成负面影响,并因此影响其支持的商业过程的事物。威胁可能是人、环境、或是电子的威胁。人的威胁包含黑客,以及有相同登录凭证的员工。环境威胁包含火灾、水灾、停电或极端天气。电子威胁包含病毒、软件故障或自动式攻击。

对于每个识别的威胁,都有与之相关的系统弱点。有些弱点,如软件的漏洞,能够被很快发现。其他的一些弱点可能是行业或组织所特有的,甚至是主机或数据集所特有的。

第三步:评估风险。要评估风险,需要评估威胁变成真的安全事件的概率,以及如果发生的话所带来的冲击。估算概率的一种方法是看是否有合适的安全控制措施。例如,如果所有主机都安装了防病毒软件、及时更新、定期扫描,病毒爆发的概率就被显著降低了。冲击大小,如名誉、资金、销售、雇员工作效率或设备的损失,应由管理层决定。

接下来,概率和冲击都被分配为高、中、低三个等级,并可以通过矩阵得到一个风险评级。

第四步:应对风险。风险通常依重要性高低处理。组织可能选择承担风险不做任何事、终止风险行为以规避风险、应用安全控制措施减轻风险、通过保险或外包转移风险。这些决定基于商业需要和组织的风险偏好,即组织愿意承担的风险数量。

尽管通过外包可以转移一些风险,但不可能转移所有风险,也不可能转移法律责任。例

如，一个组织可以选择通过承包给第三方数据中心来转移计算设备遭到盗窃的风险。如果设备从数据中心被窃，组织可以成功地规避了这个风险。另外，如果设备遭窃导致了数据破坏，违反了组织的合同或法律监管要求，组织将承担这个责任。

第五步：监控风险。监控是为了确保缓和措施（或其他风险管理决定）是有效的。

受法律或行业监管的组织一般会被要求进行某种形式的风险管理活动。即使是那些没有要求的，也能从中受益匪浅。通过阅读被广泛认可的风险管理标准（如下面这些），可以获得关于风险管理的更多信息。这些广泛认可的风险管理标准包括：ISO/IEC 31000——风险管理标准；NIST 特别出版 800-37，将风险管理框架应用于联邦信息系统指南；COSO 企业风险管理综合框架。

（六）回顾安全标准

标准是指订立好的规则、原则和要求的集合——一个被认可的模型。有许多被广泛认可的信息安全标准，有些是免费可得的，有些是商业化的。组织选择采用哪一种信息安全标准，取决于组织的行业、部门或商业需要。在选择云服务提供商时，组织应该使自己熟悉多种标准，以确保提供商遵循的标准与组织的一致。

1. 审计准则公告第 70 条（SAS70）

SAS70 是一个审计准则，包含信息技术控制和安保。需要说明的是，通过 SAS70 的审计并不能保证提供商提供的云服务是安全的，只能说明它可确认的控制措施是否符合规定。

2. 较为熟知的信息安全标准

（1）信息安全 COBIT5。COBIT 是 ISACA 维护的一个 IT 管理框架。其第五版包含了来自其他 ISACA 框架（如 Val IT、Risk IT、IT Assurance）的企业信息安全的指导。

（2）ISO/IEC 27000 系列。这是一个信息安全管理标准的集合，由国际标准化组织（ISO）和国际电工委员会（IEC）发布。

（3）NIST 特殊发布 800 系列。NIST 在它的特殊发布 800 系列中发布了很多健全的信息与计算机安全相关的标准。尽管主要是为美国政府机构制定的，但是这些标准（有一些例外）基本上可以适用于有类似安全要求的组织，在有些情况下直接对应 ISO/IEC 的标准。另外，NIST 有三个与云计算相关的特殊发布：SP 800-144：公有云计算安全和隐私指导。SP 800-145：NIST 对云计算的定义。SP 800-146：云计算提要和推荐。

3. 开放安全架构（OSA）

OSA 是一个开源项目，以图案形式（图形和解释性文字）提供安全标准。它吸取了其他被认可的标准，如 NIST 特殊发布 800-53 对联邦信息系统和组织的推荐安全控制。它的云计算图案（SP-011）指出了云计算的关键控制领域和活动。

4. 支付卡行业数据安全标准（PCI-DSS）

PCI-DSS 是一个由 PCI 安全标准委员会维护的安全框架，用来保护卡片持有人的数据。其包含网络、数据保护、脆弱性管理、访问控制、监测和政策方面的安全要求，还包含了对云计算使用的共享主机的特殊要求：数据和过程分离、日志和审计跟踪、及时的法律调查。

一个相关的标准如支付应用数据安全标准（PA-DSS）适用于开发支付应用的软件提供商。寻求使用云端支付应用的组织应确保这些应用遵循上述标准。

信息安全的良好实践标准由信息安全论坛（ISF）维护，与本章讨论的其他信息安全标准非常一致。它每年更新，最新版本包含了对云计算的覆盖。

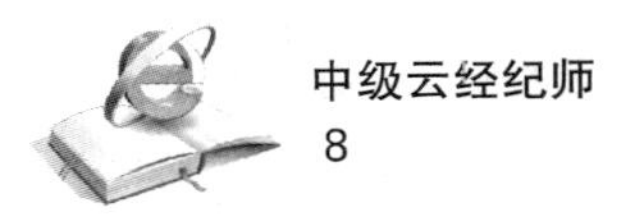



5. 常见的安全风险和规避方法

传统计算的基础风险也会发生在云计算中，但云计算有其自身的特定风险，这与部署模式无关。无论是公有和私有，云都需要某种类型的跨边界安全，不管它是公有云中顾客间的边界，还是公有云中组织各个部门的边界。另外，云计算在一个共享责任模型上操作，组织和提供商都有各自的安全责任。

(1)CSA 安全、信任和保证登记。云安全联盟(CSA)是一个推广使用安全最优实践的非营利组织。CSA 安全、信任和保证登记(STAR)是一个云计算提供商提供的安全控制的登记，用来协助云服务使用者对现有或潜在的提供商进行安全评估。

(2)外围防卫。在研究特定的风险和规避方法前，有一些外围防卫可以在实施时应用于云计算：

①防火墙。防火墙是一个装置或应用，基于一个参数化规则的集合来检测和监管网络流量，例如，允许或阻断特定网络接口或流向/来自特定主机的流量。它通过检查数据包来识别其来源、目的地和(有些时候)装载内容，然后将这些信息与规则比较。云计算环境使用的防火墙设备有能力根据顾客需要进行调整，非常可靠，拥有充分的网络连接和电源，一般比传统防火墙更加稳健。

②状态包过滤。防火墙根据现有的规则去分析流入和流出的流量。它也记录访问状态，以能确保流入的数据包是网络内部所要求的。

③无状态数据包过滤。防火墙分析数据包，根据现有规则允许或拒绝其访问系统。访问状态没有像状态包过滤那样被维持，这使无状态数据包过滤可以用来控制对系统的访问，常见例子包括在 80 接口(HTTP)或 21 接口(FTP)阻止流入流量。

④虚拟防火墙。虚拟防火墙被设计用来保护虚拟主机，运行模式取决于部署方式。在桥接模型中，虚拟防火墙部署在网络设施内部，扮演传统防火墙的角色。在 hypervisor 模型中，虚拟防火墙不在网络内，而是在 hypervisor 环境中，以直接监控虚拟机流量。

⑤虚拟私有网络。虚拟私有网络(VPN)是使用一个公共网络(也就是互联网)或者另一个中介网络的安全私有网络。VPN 通信通过 IP 通道被孤立于网络其他部分之外，通过加密和认证确保其安全。在云计算中，这允许终端用户安全地访问云资源，无论他们的位置在哪里，只要他们有合适的凭证，并且使用一台支持 VPN 客户端的设备就可以访问。当调查 VPN 解决方案时，组织应该识别在使用的设备以确保兼容。

⑥应用界面。客户通过软件来与云服务提供商进行交互，这些软件被称为应用程序编程接口(API)。如果 API 没有被妥善保护，它可能会影响 CIA 的全部三要素：数据可能被泄露或修改，服务和账户可能被关闭或劫持。API 可能因为编程缺陷、数据(包含登录凭证)明文传输或者无效的检测能力导致的弱点而变得不安全。

⑦规避方法。针对 API 的弱点的解决方法一般是提供商的责任，包含安全的应用开发测试。当 API 互相交互时，足够的测试特别重要。一些责任是共享的，如认证和访问管理(后文有详细讨论)以及信号的加密。如果你的组织有这些需求，它们应该被包含在 SLA 中。

⑧共享科技。云计算的一个主要好处是来自共享资源和多租户架构的规模经济。不幸的是，共享科技也会导致安全风险。迁移到云并非没有风险，企业领导者需要周全考虑多种因素，以确保其解决方案正确有效：

➢ 失去控制和角色转变。在过去，一切事务都由你亲自完成，而现在你将会对很多环节失去控制，你的企业组织对此能否适应？数据和基础设施都被托管在了其他地方，你将无法控制。你的角色也将转变——从过去自己来运营基础设施到现在与你的供应商打交道。

➢ 信息安全。你的企业组织风险承受能力和安全要求如何？你会用什么样的安全指标来选择供应商？数据的传输从封闭的内部网络变成了共有网络，这显然会让数据保护变得脆弱。多个用户共享基础设施，数据的安全也都全部掌握在供应商手里。因此，企业应该考虑信息的敏感性以及服务提供商的位置是否适当，能否确保数据安全。

➢ 隐私。在隐私方面，相比本地存储，重要的私人信息存储在云上可能会泄露。你需要考虑将敏感数据放置在公有云上的潜在后果，比如可能受制于一些未知的法规，特别是你想与之交易的提供商不告知其数据中心的位置。

➢ 可靠性和业务的连续性。业务连续性至关重要，所以需要了解云服务提供商的地理覆盖范围以及可能给你的业务造成的影响。此外，云服务提供商的业务连续性计划、灾难恢复能力以及操作能力都将完全影响到你，因此要慎重考虑。

大多数组织会受到有关数据收集、存储、处理和共享等方面法律的约束。组织考虑采用云服务时应确定适用的法律要求，并考虑云服务的合规性。

（七）识别法律风险

一个组织不能简单地依赖于云服务提供商以确保遵守法律法规。虽然供应商作为数据控制者或托管商（取决于数据提供者的角色）可能有一定的责任，但最终其法律责任仍在于拥有数据的组织或个人。

采用云服务的组织应当考虑以下法律风险：

1. 数据位置和管辖权

数据在云服务器中可以由任何地方的数据中心进行存储或处理。虽然存储在多个服务器上具有明显的数据恢复能力，但也存在一些显著的法律问题。例如，有些数据可能会受到出口限制以及一些法规的约束。

因为法律一般未能随着技术进步而调整，因此法律在某种程度上也成了一种风险。在云服务器中，存储的数据会受到以下位置法律的约束：

➢ 物理服务器的位置。

➢ 服务供应商的总部所在地。

➢ 数据拥有者的位置。

➢ 服务提供商的服务器之间的中间地带。

该风险可通过与服务提供商达成约定以使数据保持在适当的地理位置来降低。

2. 数据隔离

某些数据安全方面的规定可能会对数据隔离提出要求。在传统的计算中，数据可以进行物理隔离（如在一个单独的服务器上）或逻辑隔离（如一个单独的虚拟服务器、文件或数据库）。在云计算中，多用户是很常见的，确保数据隔离就更加困难了。在多用户云计算环境中，数据隔离是逻辑上的。它可以通过隔离虚拟机发生在虚拟机管理程序层面上，或者在数据库层面上，可能涉及以下内容：

➢ 隔离在一个共享的数据库行级别，并由唯一的用户标识来实现。

➢ 隔离在架构层面是通过使用一个共享的数据库，为每个用户使用单独的表来实现。

➢ 最大限度的数据隔离，为每个用户提供独立的数据库来实现，虽然这会导致成本的增加。

3. 数据销毁

考虑组织和云服务供应商之间的合同终止后会发生什么是很重要的，该组织必须保证（通过合同或服务条款）它的所有数据包括档案会被删除，并无法恢复。

4. 破产

如果云服务提供商破产了，数据可能会在资产处置过程中暴露出来。事实上，数据甚至可能被认为是一种企业资产，并可以出售，这取决于服务提供商的条款。

5. 服务条款

云服务供应商并不总是单独与客户签订合同。他们可能已经发布了适用于所有客户的服务和隐私条款。这些条款和政策必须在选择供应商之前被仔细审查。即使条款似乎是与数据拥有者的需求相适应的，但总是存在服务条款可能会未经通知被改变的风险，这可能会给数据所有者带来民事甚至刑事责任。

（八）特殊的法律规定

某些类别的信息有一些特殊的法律规定，有可能会影响云服务的用户，以下是一些例子。

1. 健康信息

在美国，隐私和健康记录的安全性是由健康保险流通与责任法案（HIPAA）所管辖。HIPAA 主要影响医疗服务提供者和健康计划（包括实体），但是，合规还需要包括有机会获得电子保护的健康信息（EPHI）的商业组织。这将包括云服务提供商。受管制的实体和云服务运营商都需要进入一个商业协议去规定每一方的履约义务。

2. 特权信息

某些专业人士，如医生和律师有法律义务保留客户的私密信息，尽管不同国家和地区的法律有所不同。服务提供商的服务协议必须经过仔细审查，以避免破坏法律的特权。

3. 个人身份识别信息（PII）

这种类型的信息可以被用于唯一地识别个体。PII 的分类以及其安全性和限制取决于管辖权。有价证券例子包括联系信息、金融信息、在线账户用户名、政府颁发的身份证明文件（如身份证和密码端口），以及生物特征数据。

（九）记录管理

记录管理（records management）指的是公共和私营机构可以承受的记录保留要求。在决定使用云服务之前，组织应首先确定自己的记录保存要求是基于业务、法律和相关政策的；确保其与内部政策是一致的，然后确保云服务符合组织的合规性。

与记录管理和保留相关的以下条件可能会导致风险：原来的元数据与存档的记录相关联、基于提供者的记录留存期限比该组织要求的更短、保留期满后记录才能销毁。

云计算可以通过经济的规模性对安全起到积极的作用。云服务的供应商可能比依靠自身能力在它的客户之间分摊成本的单个组织，以提供更高的潜在的安全水平。以下的例子在某种程度上说明云计算对安全起到积极的作用：增加可用性，通过大量的其他地点改善意外恢复能力；安全专家；24/7 基础设施的员工与管理运营人员比例。

不是每一个云服务的供应商都有这些能力，当评估云服务或者个体的供应商时，这个组织必须要综合考虑该供应商的能力，尤其是它在安全性方面的能力，必须意识到潜在的数据安全、隐私性的保护、合规性的保护等在数据失控时可能带来的风险。

## 三、提高组织灵活性

组织灵活性是通过识别和发现机会以快速适应变化的市场或行业的能力。云计算允许组织更多地专注于他们的核心业务以及与 IT 有关的维护工作。值得注意的是，这并不是一个新概念。多年来，一些公司将 IT 业务外包就是出于这一原因。

IT 外包，是指组织与第三方达成合约，由第三方提供 IT 相关的功能而不是自己去实施。这些功能包括日常运营、技术支持、服务器托管、服务托管和安全等。

云计算是一种侧重于服务的 IT 外包形式，但它不遵循传统的 IT 外包模式。主要的差别在于合约的期限和可扩充性，传统的外包合约一般为 1～3 年，在云计算中，很少有固定的承诺，因为服务是在现收现付的基础上提供的。改变传统的外包合约可能需要合同附录甚至可能需要推迟到下一个合约周期，在云计算中，组织可以随时根据需要进行调整。

以下是一些云计算提高组织灵活性的例子：

缩短上市时间：自助服务的资源配置和现收现付制的计费模式允许组织快速开发新产品（特别是应用程序或 Web 服务）而不受限于计算硬件的成本和漫长的采购时间。

快速的内部开发和测试：能够按需提供开发和测试环境，让组织更有可能通过内部开发应用程序或测试现成的软件环境来优化业务流程。

移动性：对于拥有分布式员工团队的组织来说，企业资源的全局可访问性是必需的。因为基于云的应用程序运行在互联网上并通过 Web 浏览器访问，他们很容易通过各种类型的移动设备访问。

云计算通过供应商锁定可能会降低组织敏捷性。供应商锁定发生在一个组织发现自己依赖于某些专有的技术基础，因此难以找到低成本的替代方案。供应商锁定通常是由云计算缺乏标准造成的，尽管一些机构已经开始研究这些问题，如云安全联盟、分布式管理工作组、云标准客户委员会。

以德国企业希望通过云计算增加员工工作的灵活性为例，IT 专家预计，未来三年内德国企业对移动云计算方案的投资将明显增加，促使企业投资的最大动力是便捷的数据访问。当然，安全方面的顾虑依然是企业犹豫的主要原因。

以上是德国联邦数字经济协会（Bundesverbandes Digitale Wirtschaft，BVDW）的一个在线调查的结果。结果显示，受访专家对 Dropbox①、Docwallet② 以及 Salesforce③ 的投资意向为一般（38%）或者较少（35%）。

---

① Dropbox 是一个提供同步本地文件的网络存储在线应用。它支持在多台电脑多种操纵中自动同步，并可当作大容量的网络硬盘使用。Dropbox 采用免费试用＋高级服务收费的 Freemium 模式，最初 2GB 空间免费，此后则需要按月支付存储用度。

② Docwallet 是一款文件治理应用，可以文件加密，并实现文件在用户各个设备之间的同步。

③ Salesforce 是创建于 1999 年 3 月的一家客户关系管理（CRM）软件服务提供商，宣称可提供随需应用的客户关系管理（On-demand CRM），其产品家族基于 sforce 客户/服务整合平台，承诺客户与独立软件供给约定制并整合其产品，同时建立各自所需的应用软件。对于用户而言，则可以避免购买硬件、开发软件等前期投资以及复杂的后台治理问题。因其口号“软件的终结”，故在业内常被称作“软件终结者”。

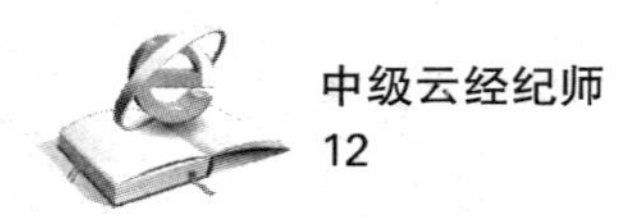



关于"哪个部门的员工受益于云计算方案最多"这个题目,得票最多的是销售部门(48%),第二是服务部门或者客服部门(21.4%),第三是 IT 部门(11.2%),第四是市场营销部门(9.2%)。

企业对移动云计算服务领域表现出了很大的兴趣。T-System 多媒体解决方案有限公司的总经理、BVDW 企业移动化部的负责人 Taner Kizilok 表示:"在数字经济的背景下,尤其在业务流程不断移动化的今天,移动云计算服务对于企业的重要性不言而喻。"

54%的受访者以为,未来三年企业对移动云计算服务的投资热情将会非常高。

受访者以为,移动云计算方案可以让员工更加便捷地工作。它的三大优势分别为:访问数据更便捷(24.5%)、更灵活(22%)以及加强各部门之间的协作(18.8%)。如图 1—2 所示。

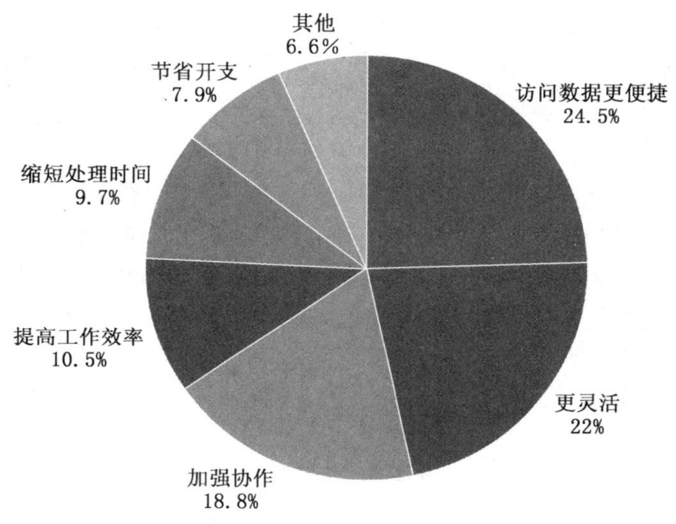


资料来源:www.it-business.de.

**图 1—2 移动云计算方案的优势**

BVDW 企业移动化部的副部长 Axel Koch 证明,本次在线调查的受访者对移动云计算方案的期待不是特别高。但是,已经采用这一方案一段时间的企业则持不同的观点:"我们亲身体会到了这一方案的优势,并得到了客户积极的反馈。"

问卷也对妨碍企业使用移动云计算方案的因素进行了调查。调查结果并不出人意料,排在前三位的分别是数据安全、数据保护和缺乏法律保障。这三个原因共得到了近 80%的投票。其中,数据安全以 29.7%的得票率占据榜首,排在第二位的数据保护的得票率为 29%,缺乏法律保障的得票率为 13.8%。如图 1—3 所示。

BVDW 的多主题在线调查每季度进行一次,每份调查的持续时间为 1~2 周。本次移动云计算方案的调查包含了 100 份问卷的调查结果,调查时间为 2013 年 6 月 17 日~29 日。

参与本次调查的受访者来自各个领域,包括技术/IT 软件供给(19%)、提供某领域服务的互联网机构(16%)、提供全方位服务的互联网机构(15%)、市场营销(13%)、咨询(9%)、

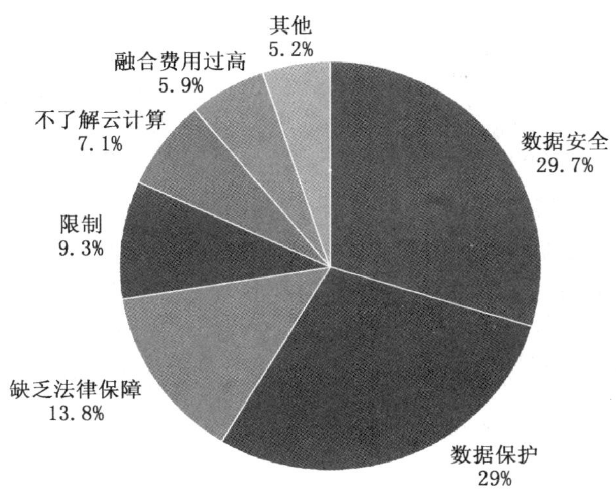


**图 1—3　企业使用移动云计算方案的顾虑**

门户网站运营商/出版商(5%)、在线媒体策划(4%)、网络零售商/实体零售商/电子商务服务商(3%)以及其他企业(16%)。

云计算通过把内部 IT 人员的日常行政事务转换给了云供应商来做,进而减少了一个组织的 IT 间接管理费。这些常见的 IT 间接管理费包括补丁管理、软件许可证管理、软件的维护与支持、基础设施的维护与支持、备份与恢复。

## 第二节　考察云的商业影响

大多数人容易陷入关于云计算的天花乱坠的广告中,可是,事实上不是每个企业都能从迅速采用云服务中得到好处。在是否使用云服务之前,首先要回答是不是真的需要使用云服务,包括怎么实现云服务以及实现什么类型的云服务。这些问题对后来保持企业策略的弹性也十分重要。

策略的弹性(strategic flexibility)是一种与组织的灵活性相关的概念,但是在某一方面有极其重要的不同:组织的灵活性更多地关注对某些变化的反应和适应能力,而策略的弹性则更关注于对可能发生的不确定性的预期和准备。

把 IT 操作搬到云上是有风险的,而且充满了不确定性,但是这种不确定性可以通过以下方法几来降到最低:评估云计算费用、确定对自己的组织所有现在和未来的价值、选择合适的云模式。

接下来,我们会更加详细地介绍这几个步骤:

### 一、评估云计算费用

云计算的成本收益因企业而异,它特别与企业已有的 IT 资产和人员相关。在采用云服务以前,为求审慎,需要估算出拥有云服务的总成本(total cost of ownership,TCO),并将

其与内部处理相同服务的成本作比较。

TCO 是指一个物品或服务从购买到废弃整个寿命的完整成本，既包含直接成本也包含间接成本。使用云计算的 TCO 较高往往取决于组织的部署模式。内部部署的私有云服务相比于完全由托管服务提供商管理的外部私有云服务，将会有更高的资本开支。另外，还会有其他一些因素影响直接成本和间接成本。

以下因素会影响云计算服务的直接成本：提供商直接要求支付的费用，如存储和数据传递；私有云解决方案中硬件和软件授权的购买费用；外部托管形式的云计算，根据带宽和资源消费的使用成本；与协议中约定的资源池可用性保证、虚拟机数量或其他要素相关的成本。

以下因素会影响云计算服务的间接成本：协调云端与本地应用开发要素的人员开支；与云协议谈判和管理相关的开支；法律或监管部门对云服务提供商的业务环境施加的额外监管要求导致的成本。

直接成本和间接成本的比较：直接成本是指可以被指定给一个特定过程、产品或服务的成本。例如，如果一家公司想要实现一个文件图像化系统，扫描仪的成本就被认为是直接成本。间接成本为多个过程、产品或服务提供支持。承上例，如果图像化系统的存储是在存储区域网络（storage area net，SAN）上，而文件、电子邮件、数据库等也使用了这一网络，那么 SAN 的成本就是间接成本。

## 二、确定意外开支

尽管云计算是划算的，企业应避免让自己陷入与期初迁移相关的意外成本之中而猝不及防。在实施云计算之前，应该问自己这样几个问题：

- 把数据转到云端需要多少成本？
- 定制需要多少成本？
- 将基于云的应用和本地的服务结合起来需要多少成本？
- 测试软件以确保它在云环境中可需要多少成本？

如何进行成本比较？要比较云和其他模型的成本，最好的方法是把硬件折旧期间也考虑进来计算总体拥有成本。硬件折旧期大致是 2～3 年。要算清楚云环境中的总体拥有成本必须考虑如下因素：

- 3 年中使用虚拟服务器的预估成本。
- 3 年中使用虚拟服务器预估的授权费用。
- 如果用到了，3 年中使用云基础设施管理工具的预估费用。
- 3 年中为创建机器映像、管理基础设施，及解决问题预估的人力成本。
- 云环境中任何第三方的安装成本。

如果你想要进行非常精确的 3 年成本评估，则必须考虑成本发生在 3 年中的具体时间，再运用组织机构的资本成本进行调整。只有在比较云成本和购买基础设施所需的大笔先期投资时，才有必要考虑这些财务上的神秘术语。当然，如果你明白这些东西，将会十分有优势。

现在我们讨论沉入成本和现有基础设施，因为成本分析并未考虑沉入成本。如果能够

利用现有的基础设施，并且在利用过程中没有任何其他费用，那就是零成本。如果有现成可用的服务器，也有能抽调来的 IT 资源，则利用现有基础设施的总体成本会很低。然而，考虑这件事时，还要想想延迟向云的迁移是否会给整个组织带来长期成本，从而会抵消利用当前基础设施省下的费用。

在云和其他模型间进行对比时，要比较如下要素：

- 你的先期成本是多少(安装费、物理空间上的投资、购买硬件的投入、授权费用)?
- 建设基础设施需要投入多少劳力?
- 与基础设施运营相关的成本(主机空间、电力、保险)是多少?
- 硬件支持和维护网络基础设施需要支出多少劳力?
- 运行中的软件需要多少授权费、升级费、维护费?

在此，用自己真实的数据做一个成本分析还是绝对有必要的。在做这样的比较时，要确保被估价的云基础设施能有效地支撑运营要求。内建 IT 成本估价考虑了诸如物理空间成本、电力这样的费用，服务外包估价则包含了平常不含在服务条款中的支持成本。

下面是一个介绍云计算意外开支的例子：

“如果没有我的允许，这个国家的一片叶子也不能动。”在美国中小企业主面前，云计算服务提供商俨然已成了独裁者。乔纳森·鲍特尔(Jonathan Boutelle)不可置信地瞪着眼前的账单——请为你前一天的使用权缴纳5 000美元，落款是亚马逊网络服务公司(Amazon Web Service)。刚起步的企业处处艰难，现在又无故飞来账单，鲍特尔刚积攒下来的一点好心情荡然无存——3 天前，他作为创始人的 Slideshare 公司(一家初创企业)的大型网站发生了事故，经九位同事两天一夜的加班之后，问题才得以解决。他决定立即调查账单的缘由。不曾想，一个由云计算服务提供商主宰的市场法则，一条混乱的云计算生态链次第浮现。“2012 年前采用云计算，你可能马上就被算计。”Forrester 分析师向全美自诩为新锐管理者的中小企业家发出警告。

这一论断点破了云计算概念目前的尴尬处境：闹哄哄且状况频出。第四届夏季达沃斯论坛 IT 议题聚焦于“使云计算潜能最大化”这个议题。论坛上有人抛出“恩赐论”——如果说云计算给大型企业的 IT 部门带来了实惠，那么对于中小型企业而言，它可算得上是上天的恩赐。对于正顶礼膜拜云计算的中国中小企业来说，美国传来的云计算使用状况恐怕并不让人乐观。尽管对于初创企业来说，拥有云计算意味着拥有鼠标一点就能启动或关闭上千台服务器的强大能力。但是，就好像管理学所教给我们的那样：“能力越大，责任就越大”。在公司初创阶段，不了解云计算，很可能就会被尚不成熟的云计算服务提供商“算计”。

1. 意外的 5 000 美元

在美国，为了减少服务器、大型存储设备的采购和运营维护成本，成千上万的企业和个人用户使用亚马逊云服务提供商的服务，其中包括礼来制药公司、《纽约时报》、《华盛顿邮报》等知名企业。亚马逊网络服务公司是一家专门提供远程计算能力和存储服务的云服务提供商。用户可以通过现购现付的方式，使用该公司的虚拟服务器和数据存储空间。

鲍特尔的 Slideshare 也不例外，这家公司的性质是一个分享演示文档的网络社区，被称为“PPT 版 YouTube”。使用云计算确实比购买硬件服务器要划算，因此，他们正在使用亚马逊的云计算服务。只是一切费用都已付清，亚马逊公司怎么又寄来账单？会与 3 天前的

那次事故有关系吗？

下属提交的分析报告让他明白了问题的症结所在：解决上次事故时，忘记停止 Hadoop 的分析任务。“掌控 Hadoop，掌控云计算并非易事。”鲍特尔不由感叹。Hadoop 是云计算领域的一种工具，它供用户在云计算平台上随意扩张、减少所控制服务器的数量。企业可以通过 Hadoop 开发分布式程序，建立几十台到几千台不等的虚拟服务器集群。Slideshare 在初创期就非常看重 Hadoop，甚至组织了一个团队迅速编写一些基于 Hadoop 的代码用以分析公司的用户数据。虽然需要租赁亚马逊的一大堆服务器，但处理时间仅需一天。

但之后，当公司开始使用越来越多的真实数据来完成一个客户分析时，它耗时越来越长。3 天前的那场事故使鲍特尔认识到，如果想要运行速度更快，唯一的办法就是增加单位时间内的计算能力。因此，鲍特尔当即决定把租赁云服务计算器数量提高了近 4 倍，从 20 台增至 75 台。

问题就出现在这里，5 000 美元的账单就来源于这些增设的服务器。使用过后，亚马逊没有任何让鲍特尔恢复到 20 台服务器规模的提示和操作步骤。Slideshare 的经历给初创企业使用云计算的经验就是：亚马逊并没有提供任何工具来帮助用户简单地跟踪支出。如果你想使用好云计算的力量，那么你需要不停地了解支出，特别当你快速地扩大和缩小使用云计算的服务器规模时，要确保它没有超出公司的预算。

2. 昂贵的云存储

经历了意外的 5 000 美元账单后，让鲍特尔更郁闷的事情发生了——公司在存储（Amazon S3）方面的开支陡然增加。

Slideshare 作为“PPT 版 YouTube”，每天有大量的文档需要用到亚马逊公司提供的云存储服务。Slideshare 的用户在使用网站提供的存储服务时，相应的云存储用量一般不会有剧烈波动。储存开支怎么会突然增加了呢？

经过多天调查，鲍特尔发现公司在使用云存储方面没有遵守明确规则。比如，一些可删除文件还被保留着；不同类型的文件被放置在同一个目录下；有些文件公司根本不知道它们来自哪、能不能删。这些文档占用了大量的云存储空间，相应的费用就呈几何级数增加了。个人用户写代码很容易，但一个团队在写多个依赖云存储的程序时，就很容易忘记删除某些文件。所有的云存储服务，亚马逊的云存储功能模块——Amazon S3，都可以被看作是一个大型的文件系统，它们不会干预用户的数据存储方式，但会机械地收取“存储租金”。

3. 不成熟的云服务

Slideshare 在使用云计算时遇到的问题，很多美国初创企业遇到过。虽然云计算在降低成本方面确实功不可没，但提供服务的能力也备受指责。早在两年前，亚马逊的 S3 和 EC2 就曾停机 3 个小时，无数企业用户受到影响：错过销售机会、无法及时管理公司资料。停机事件对云服务品质的负面影响远远不是出台一个数据恢复服务所能弥补的。

除了不明就里的停机，云储存中的资料安全性也受到挑战。

6 月份的时候，云服务提供商 AT&T 暴露出安全漏洞，泄露了超过十万 iPad 用户的邮件地址。当时很多用户把矛头指向苹果公司，但问题实际出在 AT&T 的云服务上。后来，AT&T 就此事郑重向用户道歉。

这些事件拼凑出一个真实的“云世界”——没有赞歌，我们看到的只有风险、无序。

在没有任何机构能提出云服务标准之前，初创企业需要学会自救。比如，针对云计算服

务提供商突然停机的状况，最好的方法是自己有意识地进行安全性测试，以检查云计算服务提供商能否快速恢复数据。方法很简单：给供应商发一封电子邮件索要你的存储数据，并检查它们恢复这些数据要花多长时间。每一种新技术在发展之初都会有很多负面评价。对初创企业来说，多花一些时间了解云计算的习性，学会控制它，才有可能得到自己想要的结果。正如Forrester分析师所说，云计算正在逐渐成熟，在两三年后再采用云计算将会是一个明智的选择。

### 三、判断投资回报

投资回报率(return on investment，ROI)是用来衡量投资效率、比较不同投资的一个绩效指标。它的计算方法是投资的收益(净盈利或亏损)除以投资的成本。ROI越大，投资越好。公式如下：

$$ROI=(收益-投资成本)/投资成本$$

让我们用一个IT的例子来看一下ROI的作用。XYZ公司正试图决定它是应投资于一个新的SAN，还是应该使用云存储。云存储的收益包括较低的资本开支、管理开支和内部数据中心的能源开支。投资成本既包含期初的成本，也包含一段时间内的订阅成本。用这个公式，你可以计算出要多久能盈亏平衡(ROI=0)或开始盈利(ROI>0)。负的ROI意味着它会让组织赔钱。

不用过于关注分析中具体的成本和购买项。讨论的目的不是给你一个具体的、关于云和内建数据中心的ROI分析，而是勾勒出一个框架，告诉你进行这样的分析时，有哪些东西必须要考虑，以及如何进行分析。该分析应该包含建立基础设施时作出的购买决策，以及这些决策给业务带来的成本。

本例假设两台应用服务器就足以支撑一般情况下的需求，同时还假设每月15日都会出现业务高峰，持续时间为24小时。要在高峰期保持一般情况下的性能水平，需要额外增加4台服务器。该系统也可以在高峰期只增加2台服务器，其代价为性能的下降。

如果从零开始自己做，最少需要采购如下IT设备：

- 从服务可靠的ISP那里租半个机架，以及足够支持业务需求的带宽。
- 两台性能良好的防火墙。
- 1台硬件负载均衡器。
- 两个性能良好的GB级以太网关。
- 6台稳定可靠、商业的服务器(15日当天性能降低就忍了)。
- 如果用云，只需要几个虚拟实例就行。
- 一个中等的32位实例。
- 一般情况下用4个大型64位实例，应对高峰期需求时扩展到8个实例。

除此之外，还需要软件和服务。假设处于一个完全开源的环境中，软件和服务成本的内容包含了安装环境、监控服务、按合同提供服务支持所花的时间，以及管理环境所支出的劳动。表1-2列出了所有这些预估的相关成本。

表 1—2　　不同基础设施的相关成本　　单位:美元

| | 内建(先期) | 云(先期) | 内建(每月) | 云(每月) |
|---|---|---|---|---|
| 机架 | 3 000 | 0 | 500 | 0 |
| 网关 | 2 000 | 0 | 0 | 0 |
| 负载均衡器 | 20 000 | 0 | 0 | 73 |
| 服务器 | 24 000 | 0 | 0 | 1 206 |
| 防火墙 | 3 000 | 0 | 0 | 0 |
| 24/7 支持 | 0 | 0 | 0 | 400 |
| 管理软件 | 0 | 0 | 100 | 730 |
| 预估的劳力 | 1 200 | 1 200 | 1 200 | 600 |
| 性能下降 | 0 | 0 | 100 | 0 |
| 总　计 | 53 200 | 1 200 | 1 900 | 3 009 |

资料来源:技术成就梦想网站。

要完成分析,首先要清楚组织机构的"折旧期"和"资本成本"。硬件折旧期一般是 2～3 年。在这个例子中,我们使用更保守的 3 年折旧期。折旧期定下来,硬件的预计生命周期也就随之确定,而且一次性支出分摊到每月也确定了下来。

大多数组织机构的资本成本在 10%～20%。理论上来说,资本成本代表了如果把钱投到别的地方能带来多少收益。例如,如果有10 000美元,资本成本为 10%,这就意味着,你知道自己可以通过一种或多种标准的投资渠道,一年之后把10 000美元变成11 046.69美元(对资本成本按月计算复利)。看待资本成本的另一个角度是现在用这10 000美元资本,一年后会让你支出11 046.69美元。不管怎么看,业务上用10 000美元的成本是 10%,按月计算复利。

不考虑资本成本时,内建 IT 的成本为 121 600 美元,云成本为 109 254 美元。这些数字由先期成本加折旧期——在此为 3 年——的每月成本得出。本例中,很显然即使不考虑资本成本,云的效果也更好。需要更早投钱的方式总是会带来更大的资本成本。因此,即使两个数字相同,都是100 000美元,我们也能从资本需求计划中看到,云在财务上更有吸引力。

如果你实在想找个云看起来会更贵些的情况来比较,或者,如果你想了解,自己的业务必须达到怎样的水平才能对得起在基础设施上的投资,那就必须把资本成本考虑进来,只有这样才能了解每种选择所带来的真实成本。用财务的术语来说,你想要了解的是在折旧期间内流出现金的"现值"(如果今天就必须交钱买所有东西,会花多少)。

要弄清如何计算现值,多数财务教材会花整整一章来讲,这显然超出了一本讲云计算的书的范围。幸运的是,微软的 Excel、苹果的 Numbers、财务计算器,以及任何具有财务功能的程序,都能帮助解决这个问题。

接下来,我们对每种选择计算现值。计算对象是每月的支出加上任何先期成本:

内建 IT=[－PV(10%/12,36,1 900,0)]+53 200=112 083.34(美元)

云=[－PV(10%/12,36,3 900,0)]+1 200=94 452.63(美元)

云不但更实惠,支出结构也更合理,先期投入更少,能节省好几千美元。

最后要提醒的是,可以用 112 083.34 美元和 94 452.23 美元这两个数来了解这些系统

未来 3 年要挣多少钱才能做到盈利(要确保计算时也用当前美元价值)。

### 四、确定现在和未来的价值

企业会用云计算解决眼前的问题,但不应止步于此。下面是组织通过利用云计算能达到的三重成熟度:

(一)使用

一开始,企业很可能会从云计算看到一些即时的用处,如降低运营成本和提高效率。此外,动态资源分配、充裕且适应力强的基础设施可以带来更高的可用性,从而带来价值。

(二)过程转换

IT 的存在是为了支持商业过程,但很多时候商业过程是反过来由所使用的技术决定的。在迁移完成之后,IT 人员和商业人员可以协作发现改进的机会,并实施及运用基于云计算的解决方案。

(三)商业模式创新

不管采取的形式是新产品、服务还是商业模式本身,企业可以最大化地利用云计算的能力来创新。

### 五、选择合适的云模式

正如前面所讨论的,四种云模式是私有、公有、混合和社区型,这一部分的讨论将局限于前三个,因为它们是常适用于商业的模式。选择合适的模式是一个关键决定,它至少将影响规划、成本和商业过程。从用户未来使用或建设的云的模式来看,选择建设私有云的用户比例最高,达到 32.0%;混合云的使用比例占 28.7%;使用公有云的用户比例为 26.2%。另外,有小部分的用户会建设公共云平台,向其他用户提供云服务。

从调研结果来看,我们可以把云计算生态链中的各种角色简单划为三类:

首先,私有云计算平台的使用者。这些用户会建设自己的基于云计算平台的私有数据中心,并通过这个 IT 平台来支撑自己的业务应用。

其次,公共云计算服务的使用者。这些用户会将自己的应用部署在第三方提供的云计算平台上,或者直接使用第三方提供的基于云计算的应用,即 SaaS 方式。他们不需要关心如何建设云计算平台,只要向云计算服务提供商订购服务即可。

最后,公共云计算服务的提供者。这些用户会建设基于云计算平台的数据中心,并将云计算中心管理的资源(包括虚拟机、存储空间乃至具体的业务应用软件)作为服务出售给最终用户。

某些企业或组织可能同时具备两种角色的特征。比如,某些企业建设的云计算平台可能会同时提供给内部用户和外部用户,像王府井集团通过 SaaS 方式实现的供应链管理解决方案,同时向内部员工和外部供货商提供服务。同样,使用混合云的企业用户也会兼备私有云和公共云计算服务的使用者两种身份。但总体而言,这三类角色是构成云计算生态系统的主要用户。

通常来说,中小企业一般会比较青睐使用第三方的公共云计算服务。公共云计算服务可以帮助这些企业节省 IT 系统的投入,并且把固定资产支出(CAPAX)转化为运营支出(OPEX)。这样,中小企业可以通过使用公共云计算服务,以较小的投入获得稳定的 IT 平

台，并且可以在业务发展迅速时利用云平台的灵活性快速地扩展。而大型企业一般会建设自己的私有云计算数据中心，而不是使用公共云计算服务。因为大型企业对系统可靠性、数据安全性等方面的要求更高，建设云计算平台是为了优化自己的 IT 基础架构以更好地支撑业务。

在三类角色中，公共云计算服务使用者并不需要考虑如何建设云计算平台。而私有云用户和公共云服务提供商在建设云平台时的侧重点有所不同。下面讨论建设这两类云计算平台时应注意的问题。

(一)私有云

私有云更适合已经大量投资于计算设施、仅想提高运用效率的企业。私有云还能使企业保持对数据的控制，这方面可能有合规性的要求。这些用户会建设自己的基于云计算平台的私有数据中心，并通过这个 IT 平台来支撑自己的业务应用。

对于尝试建设私有云计算平台的企业用户来说，云计算平台的建设需要多个技术步骤来实现。资源整合、虚拟化、自动化管理和应用部署是建设云计算平台所必需的几个步骤。

在明确建设云计算平台和确定云计算服务需求后，用户需要开始着手建设云计算平台。在云计算平台建设的各个步骤中，都需要采用特定的技术进行支持，使云计算平台真正达到弹性、灵活和高可靠的目标。

(二)整合资源

对现有 IT 基础架构的整合工作，是建设云计算平台的第一步。与传统的方式不同，整合工作并不仅仅是硬件层面的整合(如服务器整合)，而是涉及 IT 基础架构的各个方面。整合包括物理整合和逻辑整合两类，后者大多通过虚拟化技术来实现，而前者可能涉及三个层面的工作：

1. 硬件系统整合

硬件系统的整合工作主要是为了简化 IT 基础设施，包括服务器整合、存储整合、网络整合等。这种整合通常是将分散的低端设备整合到某一高端设备上，或是将不同硬件设备整合到一起。例如，企业用户可以将服务器、网络交换机、SAN 交换机、KVM 等整合到一个刀片服务器机箱中。通常，一个企业组织用 1～2 个机架的刀片服务器，可以取代几十台的低端单机服务器，甚至还可能获得更高的性能。同时，这还可以节省空间、削减电力以及冷却需求，更轻松管理服务器，甚至包括 SAN 连接复杂性以及成本也会随之削减。

2. 应用系统整合

随着企业业务快速成长且 IT 环境更趋复杂化，应用整合也逐渐成为一个较好的选择，而它实现起来相对容易。将各类应用整合到一起，从而降低硬件平台的复杂度。这样不但可以更方便地进行全局管理，而且也能实现更高级别冗余的计算环境。

3. 数据中心整合

企业用户可以将几个小型的数据中心集中到一个更大的数据中心，以此来改善基础架构的复杂度。将位于不同物理地点的数据中心集中化的整合，可以有效降低系统管理的难度，并且可以为未来建设伸缩性好的云计算平台打好基础。

(三)硬件平台设计

一般来说，搭建动态的、具有充分扩展性和高效能的硬件平台是整体平台的重要基础。在硬件平台中，具体的硬件设备涉及服务器(包括 X86 架构服务器和非 X86 架构服务器)、

外置磁盘存储、网络设备(路由器、交换机等)、安全产品(硬件防火墙、监控设备)等。

目前,已有的一些公共云计算案例中,很多是基于X86架构的服务器平台。但需要澄清的是,X86架构服务器并不是建设云计算平台唯一的选择。尤其是对于大型企业的私有云计算,其硬件平台的选择是与企业自身情况以及平台上运行的工作负载息息相关的。例如,国有银行对核心业务系统的可靠性有着99.9999%以上的苛刻要求,就需要大型主机平台的支撑。再如,电信运营商对业务支撑系统(BOSS)的运行效率的要求,使得系统必须基于Unix平台运行。实际上,大型主机和Unix服务器也完全可以成为云计算平台的基础设备,因为这两类平台的相关技术远比X86平台更为成熟。例如,近年在X86平台异常火热的虚拟化技术,早在几十年前就已经在大型主机和Unix平台上出现了。

与服务器的情况类似,在选择云存储设备时,同样要根据性能、可靠性等方面的要求进行全面考虑。如对于性能要求较高的应用来说,选择SAN结构的存储可以得到更好的性能和可靠性。而对相关要求不高的简单应用来说,可以使用iSCSI结构的存储设备或者NAS网络存储等得到更高的性价比。无论选择哪种存储结构或哪类存储介质,都可以用来搭建云存储平台。但是,选择的主要标准要看具体应用的情况。

实际上,企业用户在建设云计算平台时所遇到的情况很复杂。企业所使用的硬件平台设备可能是新采购的,也可能是经过原有系统整合得到的,更有可能是二者皆有。因此,一个私有的云计算平台通常是由异构的设备构成的,可能包括X86服务器、Unix服务器甚至大型主机、不同网络连接结构的存储设备,更不用说可能涉及多个品牌的产品。而云计算的目的就是将这些异构的设备整合为一个完整的、灵活的平台。企业需要考虑如何在不同结构的设备上进行虚拟化并能够作为一个整体来进行管理。IBM在无锡建设的无锡太湖云计算中心实际上就是基于异构的平台。无锡太湖云计算中心的硬件包括基于X86架构的刀片服务器和Power系列的Unix服务器,分别运行Linux和AIX操作系统,通过Xen和PowerVM进行虚拟化之后,再通过Tivoli软件进行统一的管理。

(四)设计硬件平台需要遵循的原则

企业用户在建设私有云计算平台时,需要遵循以下原则来设计硬件平台:

1. 适用性

由于云计算平台往往会运行不止一个甚至不止一类应用,因此选择适用的设备是非常必要的。例如,在运行基于互联网或者增值应用时,通常开放架构的X86服务器会具有较好的适用性。但是,在运行某些复杂应用、数据库应用,对安全性和稳定性需要较高时,采用非X86架构的Unix服务器才是合适的选择。这一原则的贯彻,将帮助云计算平台实现计算能力和计算资源的优化。而从存储产品的角度来看,选择基于光纤的SAN存储方式对于复杂的应用来说是一种很好的选择,但是对某些相对比较独立、复杂程度不高的应用,SCSI具有更强的适用性。因此,适用性对于搭建一个成功的云计算平台来说是首要的原则。

2. 开放性

云计算平台区别于传统数据中心的一个重要特征,就是其对于应用的开放性。具体来说,就是在云计算平台运行中,可能陆续会有不同类型的应用、服务被接入,尽管可以在接口类型等方面有具体的标准来规范,但是采用相对主流、开放的硬件架构和操作系统,对新增应用的无缝接入是必要的。

3. 兼容性

云计算平台硬件系统的兼容性表现在服务器接口、芯片种类、存储接口和架构等方面。例如，由于云计算通常会采用虚拟化技术来实现动态的管理，提高服务器和存储利用率，但是CPU对虚拟化技术的支持又是有差别的，这时，就需要选择对主流虚拟化软件兼容性较好的服务器和CPU来支持虚拟化的部署。同样，在网络设备中，如果要实现虚拟机跨网段的自由迁移，也需要路由器能够对这一功能具有很好的支持和兼容性。

4. 高密度

云计算平台的硬件选择，也需要考虑环境和空间的布置。传统的服务器需要占用大量的机架、空间，消耗大量的电缆和辅助材料。另外，空间的占用也会带来管理的困难，增加维护成本。为了营造一个高效的云计算平台，需要在硬件搭建时就考虑如何提高部署密度，采用刀片服务器或者类似的高密度系统就是一个可以参考的解决方案。

5. 绿色

最后，对于云计算平台来说，实现绿色IT也是一个重要的、需要遵循的构建原则。规划较差的平台会消耗更多的服务器、存储、网络设备，从而增加对这些设备提供冷却的精密空调数量，消耗大量的电能。这些消耗对于云计算平台来说，通过规划是完全可以避免的。另外，除了选择能耗较低的硬件产品，对冷却系统本身，以及在规划风道、出风方式、硬件格局等方面，也需要进行合理规划。

（五）虚拟化

在部署云计算平台时，选择适当的产品和技术是建设一个绿色、高效、安全的基础架构的核心。除了软硬件平台的选型外，虚拟化技术已经日益成为部署具有高可用性云计算平台的重要手段，甚至是必由路径。但是，在应用虚拟化技术之前，应该根据计算平台的实际需要选择虚拟化程度和虚拟化方法。

首先，用户需要对目前的硬件设备的性能、利用率有较为清晰的了解，从而能够确定虚拟化对硬件平台的整合比率。

其次，用户需要对计算平台上的应用有较为清晰的了解，能够在逻辑上确定对应用的虚拟化程度，以及按照何种步骤来推进虚拟化。

最后，用户还需要对整个平台的安全性有考量。因为成功的虚拟化不仅要整合硬件设备的数量，还要能够在动态环境中确保被虚拟化的每个应用的安全性。因此，用户需要选择优秀的虚拟化管理软件和解决方案去构建虚拟化平台的安全体系。

对于虚拟化，通常的印象是指服务器虚拟化，实际上，虚拟化的概念包括更多内涵，如存储虚拟化、网络虚拟化等。其实，对于一个云计算平台来说，各种计算资源都应该处于虚拟化状态。而服务器虚拟化，需要虚拟化的也不仅仅是CPU和内存，也可以通过对I/O的虚拟化来实现对网络适配器、SCSI设备等服务器内部设备的虚拟配置，从而使得云计算平台对资源的使用更加灵活方便。

对于虚拟机的划分，一般来说以服务器的CPU或CPU中的内核为单位进行划分。但是，云计算的灵活性要求虚拟机的切分要达到更细的粒度。虽然对于操作系统来说，虚拟处理器总是以整数的方式分配，但每个虚拟处理器可以代表0.1个甚至1%个CPU（或CPU内核）。这样，通过1%个CPU甚至更细粒度的虚拟机划分，可以在业务应用变化时更精确地为其分配处理器资源，从而达到系统的最优化配置。同时，在某些需要按使用量进行费用核算的场景，这种更细粒度的虚拟机划分可以使费用的计算更加精确，并使得最终用户按使

用量付费时的成本最低。

在项目具体实施中，用户应建立共享的资源池，并根据每个工作负载的具体情况为其配置相应的虚拟资源。对于每个工作负载，用户都需要对其平均占用资源情况、高峰时占用资源情况以及该工作负载的重要程度进行评估，然后通过资源分配策略进行配置来实现对该工作负载的支持。

以一个典型的应用场景为例，一个业务应用日常所占用的 CPU 资源大约为 0.8 个，而高峰时需要 2.5 个。如果该应用的重要性一般，可以为该应用配置日常资源为 0.8 个 CPU，最大资源为 2.5 个 CPU 或不封顶。这样，当系统日常运行时，该应用占用 0.8 个 CPU 的计算资源。当其所需的处理能力不到 0.8 个 CPU 时，会将其空闲的计算能力提供给其他应用使用。而当该应用所需计算资源达到峰值，该应用需要到资源池申请使用额外的计算资源。但如果此时资源池内的资源也无法满足该应用的要求，该应用需要被延迟处理，直到在资源池内申请到足够的计算资源。而如果该业务应用是关键应用，就需要将该应用的日常配置资源设置为 2.5 个 CPU 的峰值，保证该应用能够申请到 2.5 个 CPU 的计算资源，能够在峰值时正常运行。而在其日常运行，低于 2.5 个 CPU 的使用期间，其空闲的计算能力会提供给其他应用。实际的项目实施情况远比上述案例复杂，还需要进行对各应用申请资源的优先级进行配置等工作。企业在建设云计算平台时需具体情况具体分析，根据自身应用的特点灵活地配置虚拟化策略。

虚拟化技术在中国经过几年的市场培育和推广，已经进入健康发展阶段，来自制造业、金融、电信的客户已经开始采用虚拟化技术来优化数据中心的应用。根据 IDC 的调研，2008 年，中国市场 X86 服务器出货量总数中，大约有 5％的服务器安装了虚拟化软件以运营虚拟化应用。这一趋势，在 2009 年得到了延续，同时，虚拟化技术和高端服务器，如四路以上的服务器捆绑趋势更为明显。而在大型主机和 Unix 服务器平台上，如前所述，虚拟化技术已在更早时间被广泛采用。虚拟化技术在企业基础架构的蓬勃发展时期为企业建设云计算平台打下了一个很好的基础，使得很多企业可以基于现有的虚拟化平台建设云计算。但是，需要指出的是，很多企业的 IT 基础架构虚拟化并不充分，如果希望达到建设云计算的标准，还需对现有的虚拟化平台进行合理的细化。

（六）收益

针对云计算平台，如果能够合理的采用虚拟化技术，企业将可以获得以下显著的收益：

1. 削减服务器数量

在有较好的管理能力的情况下，采用虚拟化技术，可以实现大规模的服务器缩减，这将极大地提高单位服务器的使用效率。根据 IDC 对数据中心的调研，通常服务器的平均利用率不超过 25％，这对服务器资源、电力、冷却都是很大的浪费。

2. 减少管理复杂程度

在传统的数据中心部署中，需要大量的 IT 人员对服务器和存储进行管理、配置、监控和故障排查。这是由于大量的服务器部署和未经整合的各类应用，都需要专职人员去管理。通过应用虚拟化技术，物理平台和应用平台都可以得到较好的整合，从而节约大量人力资源，同时可以实现集中管理云计算平台应用。

3. 实现动态管理云计算应用

云计算平台上通常会部署多种应用以服务用户，但是这些应用会存在不同的应用负载以及不同的高峰运营时间，通过应用虚拟化技术、虚拟机作为应用的重要载体，可以实现动态的迁移，从而有效地利用计算平台的资源，实现云计算平台的动态化管理。

4. 节约能源，实现绿色云计算

在传统的数据中心部署中，大量的电力耗费来自于冷却设备。通过应用虚拟化技术整合服务器后，服务器数量的缩减可以有效地减少冷却面积，从而节约用于制冷的设备投入和电力消耗。

（七）虚拟平台的自动化管理

在过去的几年中，虚拟化通过降低 CAPEX 成为数据中心转化的催化剂。面对由此带来的技术和管理复杂性，自动化管理被导入以进一步优化 OPEX 和业务敏捷性。自动化管理（Automated Provisioning）是云计算的重要特征之一，定义了自助式服务请求，以及实时部署、动态和细化的扩展能力。

许多组织发现，由于信息的规模和类型快速增加，其数据中心的运行复杂程度也迅速增加。Web 服务和复合应用环境也带来了更多的复杂性。IT 团队需要管理的节点数量不断增加，节点上每天产生的告警、变更以及管理数据也在不断增加，并且工作请求的数量也在同步增加，这些都给 IT 团队带来更大的工作量。使用手动或特设的流程，无法跟上这些信息增长的节奏。

在云交付模型中，云服务提供者（包括但不限于 IT 团队）还需要基于策略交付可扩展的计算能力，并区分关键业务和非关键业务的正常运行时间和可用性。IT 管理越来越需要自动化来整合物理和虚拟系统管理、提高 IT 资源的总体利用率和端到端的解决能力。自动化的基础架构配置、交付和资产管理能力将帮助云服务提供者更准确、更快速地响应应用的变化，提高容量规划能力，同时有效控制成本。

（八）实现自动化的关键

自动化是一整套 IT 策略，而不仅仅是一套软件或一个功能。通常，自动化需要通过实施整体解决方案来实现。对于云计算平台来说，以下几点是实现自动化的关键：

1. 监控

为保证云计算平台正常运行，系统必须对整个云计算架构进行全面的监控，使得系统管理员能够时刻掌控整个架构，从而能够及时优化资源性能和可用性。监控通常是通过监控软件来实现的。通过对重要系统资源的监控，检测出“瓶颈”和潜在的问题并在待定的情况下进行自动恢复，才可以支撑云计算平台的灵活性和高可用性。监控的对象包括系统硬件设备（服务器、存储、网络等），也包括软件（应用程序、数据库、中间件等）。例如，系统必须监控 CPU 分配、使用率和负载的实时情况，才可能在某一应用的工作负载发生变化时及时给予分配。如前所述，云计算平台通常包括多种类型、多种结构以及多种品牌的硬件和软件，能够支撑云计算平台的监控软件需要较高的兼容性，能够同时监控异构的硬件设备和软件。

监控所产生的结果可以提供给系统管理员，也可以通过系统自动进行处理。监控软件必须具备完整的监控流程管理功能。能够完成设定性能阀值，超过阀值后自动发出警报信息，跟踪警报的原因，并发出相应的管理指令，采取相应的操作等一系列工作，使得系统监控处理不需要一定通过系统管理员来执行。此外，监控功能还需具备一定的预测能力，通过历史数据分析云计算资源池中的资源消耗趋势、预测和避免问题的发生。

2. 动态应用迁移

为了支撑云计算平台的灵活性和高可用性，以及严格的服务水平协议（SLA），云平台上的业务应用需要动态地在虚拟机之间迁移。例如，对于一个重要应用程序的资源需求，如果出现了意料之外的峰值，并且同时出现了对资源的争用，系统可以将其移动到一台更大的服务器，或者将其他的、不重要的应用移动到不同的服务器，并使用所释放出来的资源来满足这个峰值。

由于应用程序需求经常发生变化，使得它们所依赖的基础设施必须能够在很短的时间内适应新的需求，并且尽可能对服务水平产生最小的影响。这就需要一种简单和安全的方式来应用配置更改，无需管理员进行过多的干预，以减少变更管理的成本，并降低相关的风险。

如果没有提供动态迁移方法，那么大部分资源的再分配需要经过认真规划，由技术人员来执行，并且导致一定的停机时间，这种情况将会严重影响服务水平（SLA）。

动态应用迁移允许对系统进行无干扰的维护或者更改。这减轻了需要临时关闭系统或应用程序所导致的影响。动态应用迁移操作必须不但可以在应用空闲（非活动状态）时执行，也可以在应用正在提供服务的时候（活动状态）执行。

在动态应用迁移期间，不会对系统操作或用户服务产生任何影响。例如，可以将承载动态生产数据库（包含常规的用户活动）迁移到另一个虚拟机上，而不会损失任何数据和连接性，也不会对正在运行的事务产生任何影响。

3. 自动化部署

自动化部署也是支撑云计算平台的重要功能之一。传统的手工应用部署是一个费时费力的过程，通常由多个复杂的步骤组成，包括软件的安装、配置，以及为软件分配硬件资源等。由于定制化的业务应用通常具有特殊的安装和配置步骤，使得应用软件的部署更是成为复杂的过程。这些因素都使得自动化部署成为以云计算平台管理这些任务的关键。只有通过动态的部署业务应用，才能够真正实现云计算平台的灵活性。

云计算平台执行最频繁的两项任务就是业务应用的装载和卸载。装载过程是指将操作系统及其他软件安装到服务器的适当位置并对它们进行配置，使其能发挥效用。卸载过程是指自动回收服务器以作他用时所需执行的步骤。

自动化部署软件需要能够及时发现并跟踪云计算平台的资源，实现准确的服务器设置和软件部署。软件部署实际上是一套 IT 策略和流程，而自动化部署软件则需要支持系统管理员制定策略、编写流程和设定配置，并据此快速高效地构造和管理 IT 资源。

此外，由于云计算平台的异构性，自动化部署软件还需要支持业务应用在不同硬件平台、不同操作系统上的部署。

在实际应用中，自动化管理功能远远不止监控、动态应用迁移、自动化部署这几项功能，还应包括服务请求的自动化管理、资源分配管理、容量规划管理、自助服务管理等。企业应根据自身业务应用情况搭建自动化管理平台。

自动化管理在为企业降低成本的同时，可以提供更好、更标准化的交付服务，并且更灵活地响应变更。预计更多的中国企业将会对基础设施运营和资源分配进行虚拟化和自动化，从而创建私有云计算环境。同时，随着智能资产在各个行业和流程中日渐广泛地应用，组织将有机会把 IT 资产优化和自动化工作中积累的经验推广到企业资产优化的过程中。

（九）一体化的平台解决方案

如前所述，建设虚拟化、自动化的云计算平台是一件非常复杂的工作。对于大型企业来说，这些投入将会在云计算平台建成后得到回报。而对于中小企业，一方面自身技术能力不足，另一方面在容量较小的基础架构上进行这些工作的难度不亚于大型企业，使得投资回报周期更长。通常，中小企业会选择作为公共云计算服务的使用者，使用第三方云计算服务。但是，一些中小企业出于自身业务特性的考虑，还是需要建设自身的私有云计算平台。他们需要一套完整的云计算平台解决方案，能够帮助他们快速建立起云计算平台，而不需要去关心技术细节。

目前，市场上已经有快速部署的云计算平台解决方案产品的出现。这类产品将虚拟化软件和自动化管理软件预装到硬件平台上，并且已经做好了相应的配置工作。这使得整个云计算平台对用户来说形成了一个黑盒子。用户无需进行复杂的安装和配置工作，基本达到开箱即用的程度，所有的平台功能都已经集成到这个一体化的设备中，用户只需要在该平台上部署自己的应用。例如，IBM 的 Cloudburst 就是这一类产品，该产品包括了刀片服务器以及集成的 VMware 虚拟化软件和 Tivoli 的自动化管理软件。

显然，这类一体化的平台解决方案在实现大型企业复杂的业务应用时会有一定的局限性。但对本身业务复杂度较低的中小企业来说，快速部署的好处会使一体化解决方案更受欢迎。预计市场上还将涌现更多的云计算一体化集成解决方案，使得大量中小企业也开始发展自己的私有云计算平台，促进云计算向更广泛的客户群体发展。

（十）应用部署

在完成云计算平台的建设后，企业应考虑将业务应用逐步部署到云计算平台上。需要指出的是，将业务应用过渡到云计算平台上并不是一夜之间就可以实现的。事实上，不是每项业务应用都应该立刻列为迁移到云计算平台上的候选。从目前云计算的发展来看，不是每项业务应用在云计算平台上都能有很好的效果。例如，云计算平台对于一个工作负载在各个时间非常平均的应用来说，并不能体现出足够的优势。企业用户需要对应用进行评定，将这些业务应用逐步迁移到云计算平台。

另外，对于一个刚刚建好云计算平台的新手来说，采用哪种策略和配置来部署应用是一个更为重要、更为棘手的问题。企业用户应更多地学习和观察云计算的成功案例，考察与自身应用类似的应用程序如何在云计算环境中运行，从而设计自身的应用部署策略。用户也可以寻找在云计算平台实施方面有较多经验的供应商作为合作伙伴，避免在应用部署时走弯路。

最终用户部署在云计算平台上的应用与计划部署的应用还是有差异的。目前，部署在云计算平台上的最多的五类应用依次为：业务应用（如财务、CRM、人力资源、ERP）、应用程序开发/测试/部署平台、高性能计算或科学技术（如设计、工程、研发）、商业智能/分析应用、Web 应用程序/Web 服务。而未来几年中，预计部署在云计算平台上最多的五类应用为：业务应用、Web 应用程序/Web 服务、数据备份或存档服务、信息安全、IT 管理和网络管理。

对比目前已部署的应用和未来的计划，可以发现企业会将更多的应用在不久的将来迁移到云计算平台上。而无论是目前还是未来，最受关注的应用都是“业务应用”。目前，有些厂商也在提供基于 CRM、ERP 等的云服务，这也是最先被用户接受的部分。而未来，云计算平台上目前的一些应用会从开发、测试过渡到更关键的业务上，这也是随着云计算方面的技术水平逐渐走向成熟而必然带来的一种变化；同时，IaaS 服务（数据备份或存档方面）也将会被更加广泛地采用。

（十一）公有云

对资源的需求程度随时间变化的企业将会从公有云服务中受益较多。另外，缺乏基础设施投资能力的小型企业和创业型企业也是如此。这些用户会将自己的应用部署在第三方提供的云计算平台上，或者直接使用第三方提供的基于云计算的应用（即 SaaS 方式）。他们不需要关心如何建设云计算平台，只要向云计算服务提供商订购服务即可。公共云（public cloud）是基于标准云计算（cloud computing）的一个模式，在其中，服务供应商创造资源，如应用和存储，公众可以通过网络获取这些资源。

建设一个公共云计算平台与建设私有云计算的方法基本一致。但是，由于公共云计算需要面向外部用户提供服务，还需要具备一些运营方面的特征和支撑运营的必要功能。

云计算服务业包括：基础设施即服务（IaaS）、平台即服务（PaaS）和软件即服务（SaaS）。IaaS 服务最主要的表现形式是存储服务和计算服务。PaaS 服务提供的是供用户实施开发的平台环境和能力，包括开发测试、能力调用、部署运行等。SaaS 服务提供实时运行软件的在线服务，服务种类多样、形式丰富，常见的应用包括客户关系管理（CRM）、社交网络、电子邮件、办公软件、OA 系统等。

从云计算的发展周期来看，无论国外（见图 1—4）还是国内（见图 1—5）云计算已经迈入高速成长期（见图 1—6）。国内云计算服务增长高于世界平均水平，各类云产品不断涌现，客户对云产品的认知程度显著提升。根据工信部电信研究院调查，目前受访企业中超过 95%了解云计算，38%的企业已经运用云计算。大部分企业表示有机会将业务向云环境迁移。

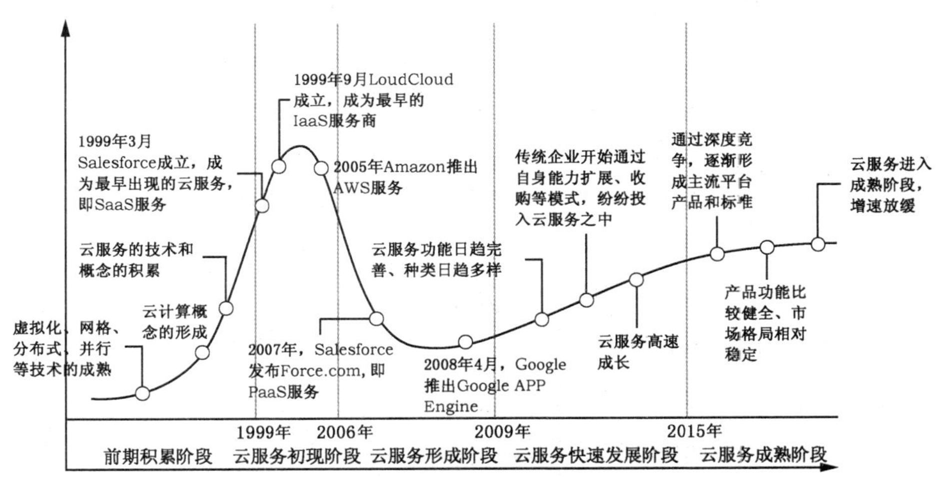


资料来源：电信研究院。

**图 1—4　国外公共云发展历程**

根据工信部统计，现阶段，国内云计算需求仍集中在 IaaS（见图 1—7）。根据工信部统计，2013 年，我国 IaaS 市场规模为 10.5 亿元，增速高达 105%；PaaS 市场规模为 2.2 亿元，增长 20%；SaaS 市场规模为 34.9 亿元，增长 24.3%。在国际市场，2013 年，IaaS、PaaS 和 SaaS 的市场规模分别达到 91.7 亿、15.7 亿和 226 亿美元，SaaS 市场规模是 IaaS 和 PaaS 市场规模总和的一倍还多；但从年增长率来看则分别为 45.2%、28.8%和 24.4%。未来，云计算将颠覆传统 IT 服务模式，其潜在规模在万亿以上。

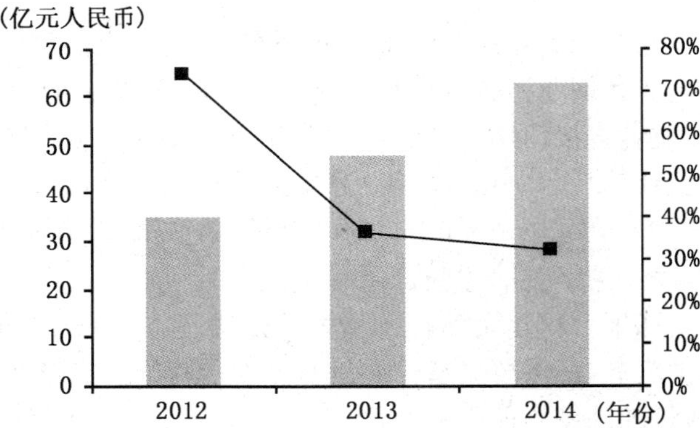


资料来源:电信研究院。

**图 1—5　国内云计算市场增长迅猛**

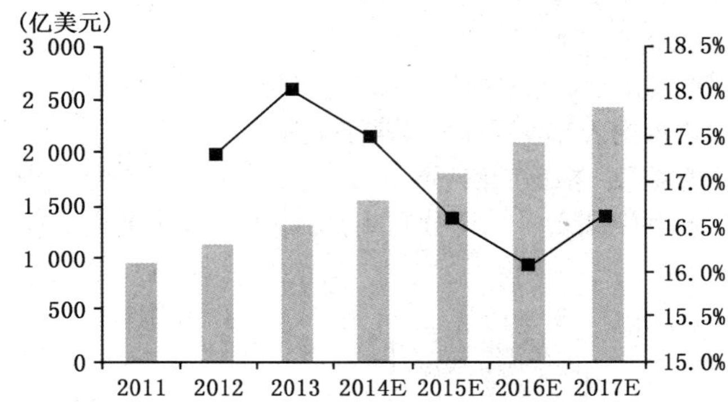


资料来源:电信研究院。

**图 1—6　全球云服务市场仍处于较快增长期**

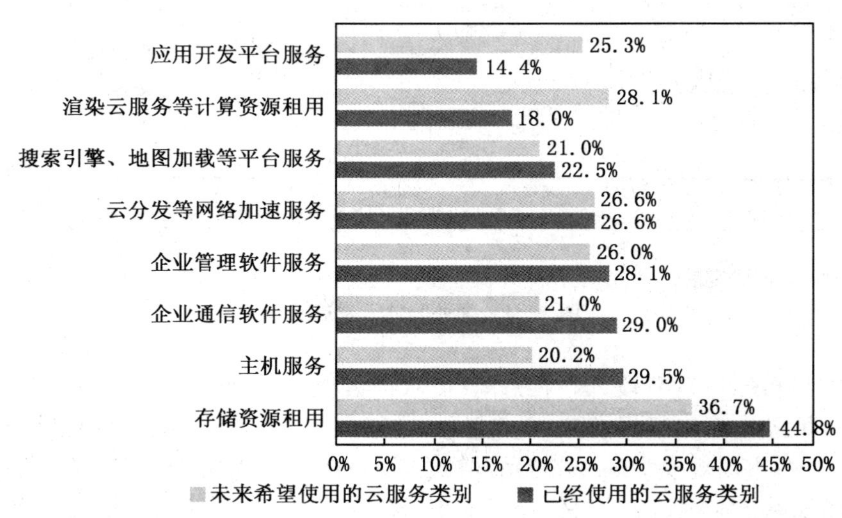


资料来源:电信研究院。

**图 1—7　目前云服务应用需求以 IaaS 为主**

1. IaaS巨头入华，群雄并起

国内云计算基础设施服务(IaaS)市场已经进入高增长的产业爆发阶段，市场需求旺盛，迎来众多竞争者加入。我们将众多竞争者分为四类：(1)领先者：包括阿里、盛大是开展业务较早、业务规模较大的公司。(2)挑战者：亚马逊、IBM、微软等海外云计算服务商看好国内IaaS市场，纷纷抢滩入华，UCloud、青云等国内初创IaaS企业分别获得千万美元以上的融资。(3)战略型：中国电信、中国移动、中国联通等电信巨头借助带宽和资源优势，转型发力IaaS服务。(4)细分型：为特定领域提供云基础设施服务，主要为私有云服务，包括电子政务、公用服务等，竞争者包括紫光股份、浪潮软件等。

公有云IaaS是一种“重资产”的服务模式，需要较大的基础设施投入和长期运营技术经验积累，该项业务具备极强的规模效应，因此，一旦巨头建立起优势后，将产生“马太效应”，通过价格、性能和服务建立起较宽的“护城河”。亚马逊自2006年推出AWS服务至今价格已经下调了42次，2014年其S3云储存服务价格减少51%，其他云服务价格下调幅度在28%～61%。2013年12月，谷歌面向企业推出一系列云计算产品和全新的价格体系，对其绝大多数服务实施降价策略，数据存储、计算处理等服务价格降幅10%，其中高端云存储服务降幅50%。

国际巨头间的IaaS价格战显示出IaaS产品同质化较高，已经进入市场淘汰和行业洗牌阶段，无法应对价格战的企业势必会淘汰出局，而已经建立起强大规模效应的企业有望持续扩大市场份额，在后续云服务竞争中胜出。

2. PaaS逐步成熟，前景广阔

PaaS被誉为互联网操作系统，技术要求较高，是未来云计算服务核心组成部分。由于其应用仍不广泛，与SaaS和IaaS的迅猛发展的市场相比，PaaS稍显沉闷。PaaS潜在的市场非常巨大，将颠覆现有的平台软件服务，因此几乎所有国际互联网巨头都投入PaaS的建设之中，如Microsoft、Google等(见表1—3)；国内如腾讯、百度、新浪、阿里、八百客等也提供了多款PaaS云计算平台。2014年，全球PaaS市场的规模为2.49亿美元，Gartner预计未来五年全球PaaS市场规模的复合增长率为22.6%。

**表1—3　　几大国际主流PaaS平台**

| 厂　商 | PaaS |
|---|---|
| Microsoft | Windows Azure是微软的云计算平台，其主要目标是帮助开发者开发可运行在云服务器、数据中心、Web和PC上的应用程序。开发者能使用微软全球数据中心的储存、计算能力和网络基础服务。 |
| Google | Google App Engine是Google提供的服务，允许开发者在Google的基础架构上运行网络应用程序。Google App Engine应用程序易于构建和维护，并可根据访问量和数据存储需要的增长轻松扩展。使用Google App Engine，将不再需要维护服务器，开发者只需上传应用程序，它便可立即为用户提供服务。 |
| VMware | Cloud Foundry是VMware的一项开源PaaS计划，使用各种开源开发框架和中介软件，来提供PaaS服务。开发者可以通过这个平台来建设自己的SaaS的服务，不用自行建设和维护硬体服务器及中介软件。由于Cloud Foundry采用开源的网站平台技术，所以开发者的应用程序也可以任意转移到其他平台上而不受限于PaaS的平台。 |

续表

| 厂　商 | PaaS |
| --- | --- |
| Salesforce | Force. com 是企业云计算公司 Salesforce. com 的社会化企业应用平台，允许开发者构建具有社交和移动特性的应用程序。另外，Force. com 还提供了有助于在云上更快建立及运行业务应用程序的所有功能，包括数据库、无限实时定制、强劲分析、实时工作流程及审批、可编程云逻辑、实时流动部署、可编程用户界面及网站功能等。 |
| Heroku | Heroku 是一种提供 Ruby 语言服务的云计算应用平台，为开发者进行网络编程提供全新体验。目前，除了 Ruby 外，该平台还支持 Node. js、Clojure、Java、Python 和 Scala 等语言。 |
| Amazon | Elastic Beanstalk 为在 Amazon Web Services 云中部署和管理应用提供了一种方法。该平台建立如面向 PHP 的 Apache HTTP Server 和面向 Java 的 Apache Tomcat 这样的软件站。开发人员保留对 AWS 资源的控制权，并可以部署新的应用程序版本、运行环境或回滚到以前的版本。Cloud Watch 提供监测指标，如 CPU 利用率、请求计数、平均延迟等。通过 Elastic Beanstalk 部署应用程序到 AWS，开发人员可以使用 AWS 管理控制台、Git 和一个类似于 Eclipse 的 IDE。 |

资料来源：根据互联网信息整理。

3. SaaS 引领商业模式变革

SaaS 是一种通过互联网提供软件服务的模式。SaaS 提供商为企业搭建信息化所需要的所有网络基础设施及软件、硬件平台，并负责所有前期的实施、后期的维护等一系列服务。相对于传统软件而言，SaaS 模式在软件的升级、服务、数据安全传输等各个方面都有很大的优势。全球不同行业 SaaS 客户比例如图 1—8 所示，可以发现其客户逐步丰富。

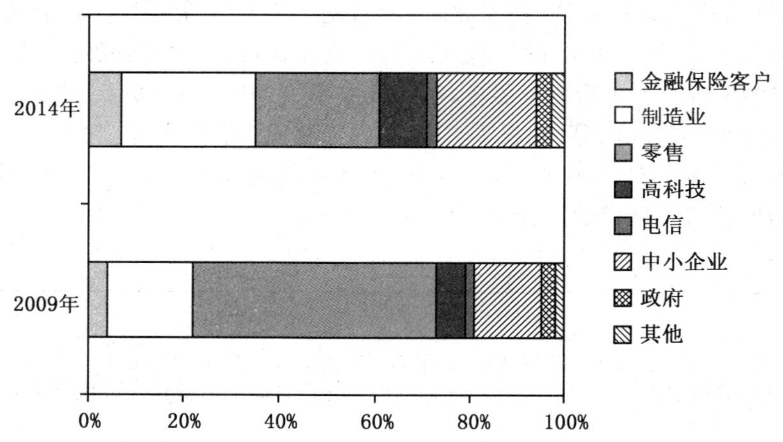


资料来源：民生证券研究院。

**图 1—8　全球不同行业 SaaS 客户比例**

据 Springboard Research 公司研究显示，2014 年，在中国企业应用软件细分市场中，ERP 达 27%；协同软件市场份额将继续上升，大约为 16%；CRM(客户关系管理)为 9%；办公自动化为 14%。中国 SaaS 市场规模将达 6 亿美元，并且在东部制造业集中区域尤其受欢迎。关于 SaaS 软件能否顺利推广，取决于以下要点：一是便利性和低成本。33% 的人认为“SaaS 快捷且易于部署的”，33%的人认为“降低拥有成本”，30%的人认为“易用性”是他们的首选要素。二是“解决特殊的业务需求”体现出最高的增长率，从 2008 年的 4%提升至 2014 年的 15%。

SaaS 模式让 IT 企业将商业模式延伸至 2C(见图 1—9)。传统企业管理软件服务商仅提供软件 Lisence,用户后续使用软件几乎与 IT 厂商无关。而在 SaaS 模式下,企业用户在使用软件时,就需要与云平台打交道,这意味着 IT 厂商打通与企业员工之间的联系。IT 企业在掌握这些企业活跃用户后,可以后续通过云平台提供各类增值服务,以互联网模式打开盈利空间。

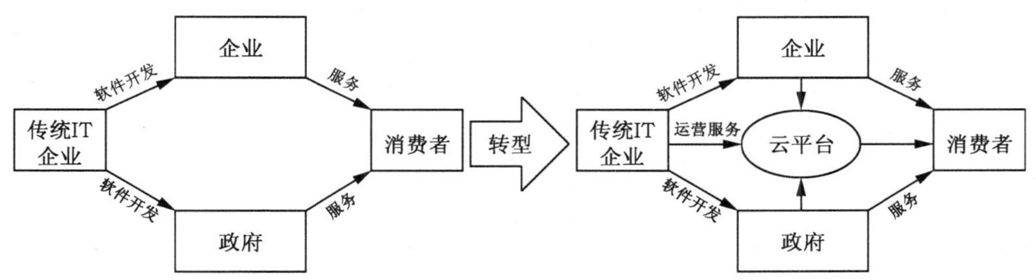


资料来源:民生证券研究院。

**图 1—9　云平台为 IT 企业打开 2C 通道**

(十二)三大云巨头介绍

1. 亚马逊云

2006 年,亚马逊推出首个正式商用的云计算服务——Amazon Simple Storage Service,当时可能其 CEO 贝索斯都没想到,云计算成为 IT 发展必然的趋势,带来了技术和商业模式上的巨大变革。作为一个新市场的发掘者,亚马逊 AWS 的发展一直非常稳健,随着云计算的概念深入人心,AWS 迎来一个高速增长期,尽管有诸多的"模仿者",但仍未形成明显的威胁。据第三方机构最新的数据显示,AWS 目前占据全球云计算市场 50%以上的市场份额,且从亚马逊所发布的最新财报来看,AWS 继续保持已有的增速。如图 1—10 所示。

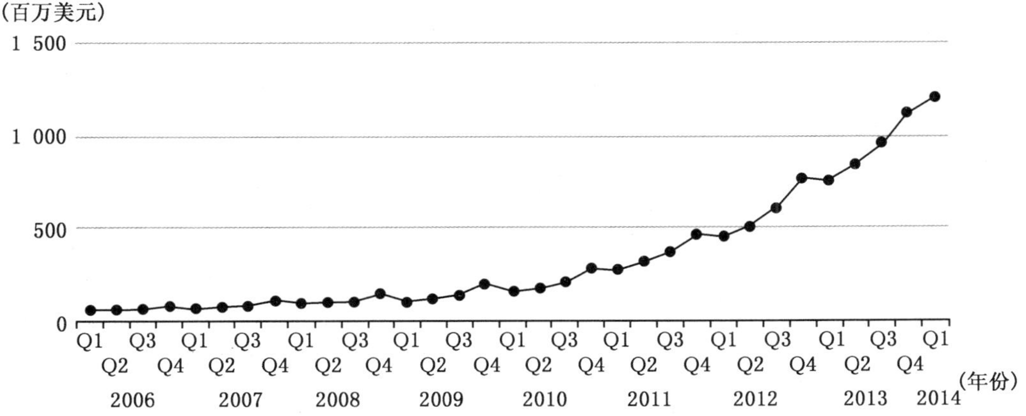


资料来源:亚马逊官方网站。

**图 1—10　亚马逊云计算服务净销售额**

巨头入华，加速行业洗牌。2013 年 12 月 18 日，亚马逊 AWS 与北京市政府、宁夏回族自治区政府和云基地四方在北京签署备忘录，以北京为前店，宁夏中卫为后厂模式兴建、发展和推广云服务，向位于中国各地的客户提供云服务。之前，微软通过向中国本土企业世纪互联进行技术授权，实现了 Windows Azure 在中国的落地。IBM 在 2013 年 7 月底宣布与首都在线签署公有云长期战略合作协议，实现了公有云的落地。以亚马逊 ASW 为代表的外资云计算服务进入中国市场，一方面扩大云计算市场的份额，另一方面也加速淘汰和行业洗牌。

在云数据中心领域，AWS 拥有领先的技术和经验，服务内容也随着市场的扩大而不断发布，仅 2013 年就发布了多达 280 项功能和服务。并且，新增服务的发布速度还在增加，自 2014 年 1 月起，AWS 就已经新发布了 140 项功能和服务，如图 1—11 所示。

**表 1—4　　亚马逊的部分云服务**

| 计算与联网 | |
|---|---|
| Amazon EC2 | 云中的虚拟服务器 |
| Auto Scaling | |
| Elastic Load Balancing | 弹性负载均衡 |
| Amazon work Spaces | 在云中的虚拟桌面 |
| Amazon VPC | 隔离的云资源 |
| Amazon Route 53 | 可扩展的域名系统 |
| Aws Direct Connect | AWS 专用网络连接 |
| 存储与 CDN | |
| Amazon S3 | 云中可扩展存储 |
| Amazon Glacier | 云中低成本存档存储 |
| Amazon EBS | EC2 块存储卷 |
| AWS Import/Export | 大容量数据传输 |
| AWS Storage Gateway | 将内部 IT 环境与云存储相集成 |
| Amazon CloudFront | CDN |
| 数据库 | |
| Amazon RDS | DB online |
| Amazon DynamoDB | NoSQL 数据存储 |
| Amazon ElastiCache | 内存缓存服务 |
| Amazon Redshift | PB 级数据仓库服务 |
| 分析 | |
| Amazon EMR | 托管 Hadoop 框架 |
| Amazon Kinesis | 实时数据流处理 |
| AWS Data Pipeline | 适用于周期性数据驱动工作流的编排服务 |

续表

| 应用程序服务 | |
|---|---|
| Amazon App Stream | 低延迟应用程序流媒体传输 |
| Amazon Cloud Search | 托管搜索服务 |
| Amazon SWF | 用于协调应用程序组件的工作流服务 |
| Amazon SQS | 消息队列服务 |
| Amazon SES | 电子邮件发送服务 |
| Amazon SNS | 推送通知服务 |
| Amazon FPS | 基于 API 的付款服务 |
| Amazon Elastic Transcoder | 易用型可扩展媒体转码 |
| 部署与管理 | |
| AWS 管理控制台 | 基于 WEB 的用户界面 |
| IAM | 可配置的 AWS 访问控制 |
| AWS CloudTrail | 用户活动记录 |
| AWS CloudWatch | 资源与应用程序监控 |
| AWS Elastic Beanstalk | AWS 应用程序容器 |
| AWS CloudFormation | AWS 资源创建模板 |
| AWS OpsWords | DewOps 应用程序管理服务 |
| AWS CloudHSM | 密钥存储 |

2. 阿里云

阿里云是中国第一大云计算公共服务平台，运行着几十万家客户的电商网站、ERP、游戏、移动 App 等各类应用和数据。2013 年天猫“双 11”活动产生的 1.88 亿的订单中，75% 的订单由阿里云平台处理完成。如图 1—11 所示。

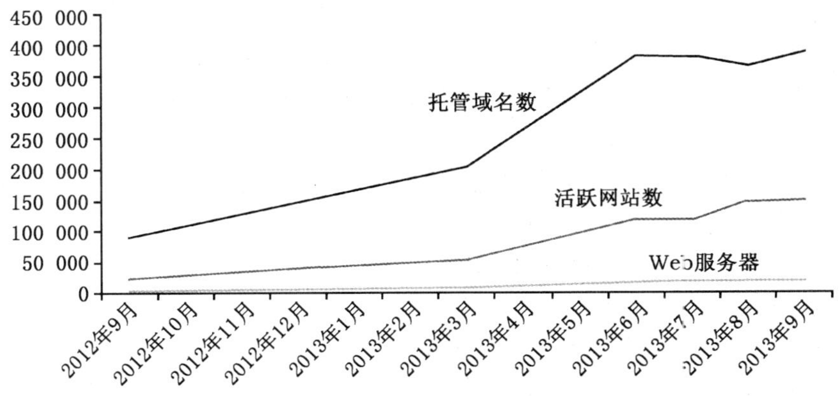


资料来源：电信研究院。

**图 1—11　阿里云平台**

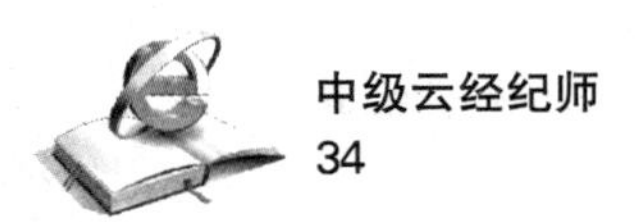



在技术层面上，有两件事情值得关注：2013 年 7 月，阿里完成了为期 3 年多的“去 IOE”，所谓去 IOE，指的就是不再使用 IBM 的小型机、Oracle 的数据库和 EMC 的存储设备，完全使用廉价 PC 组成超级计算机集群，在中国的公司，阿里是第一个真正实现“去 IOE”的；2013 年 10 月，阿里独立研发的“飞天开放平台”（见图 1—12）完成，单集群服务器规模达到5 000台，100TB 排序能在 30 分钟完成，远超 Yahoo 同年 7 月创造的 71 分钟的世界纪录。

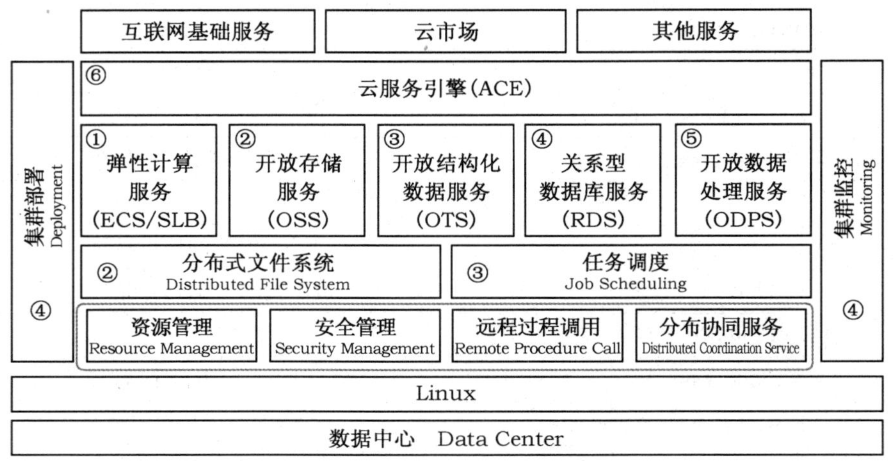


资料来源：根据互联网公开资料整理。

**图 1—12　阿里云飞天开放平台**

受限于国内市场，阿里云营收远远低于亚马逊 AWS。阿里巴巴集团 2014 年 5 月向美国证券交易委员会（SEC）提交的 IPO（首次公开招股）招股书中显示，2010、2011、2012 和 2013 财年，阿里巴巴集团来自云计算和互联网基础设施业务的营收分别为人民币 1.44 亿元、4.25 亿元、5.15 亿元和 6.5 亿元。亚马逊 2014 年财报，在“其他”选项中显示是 39.34 亿美元，这包含了它的云计算部门、AWS 业务和其他的部分业务。可见，我国云服务市场仍处于低总量。

2014 年，阿里云在金融领域的“攻城略地”。目前，阿里云喊出了“世界上唯一一家支持金融、保险等行业的云计算公司”的口号。众多的银行、证券、基金开始试用阿里金融云服务。例如，阿里云帮助吴江农村商业银行、广东南粤银行、厦门银行、渤海银行、鹤壁银行、华润银行以及东海银行在内的多家银行快速实现了网上支付交易；支撑了支付宝和天弘基金合作的“余额宝”项目的海量同时访问，余额宝 3 亿笔交易的清算可在 140 分钟内完成；解决了众安在线海量淘宝、天猫客户购买保险的技术支撑问题。

3. IBM 云

IBM 已经投入约 40 亿美元向云计算转型，其决心可见一斑。2013 年，IBM 以 20 亿美元收购公有云企业 SoftLayer，把原有的公有云计算平台 SCE 深度整合到 SoftLayer 平台。2014 年 2 月，收购数据库即服务（DBaaS）供应商 Cloudant，计划投入 12 亿美元在全球建立 40 个云数据中心。2013 年，IBM 联合 Google、Mellanox、NVIDIA 及 TYAN 成立 Open-Power 联盟，国内华胜天成、中兴通讯等 IT 企业加入该联盟。该联盟计划通过开放 Power

芯片，推广 Power 在云数据中心服务器中的应用。2014 年，IBM 宣布投资 10 亿美元用于 BlueMix 云平台开放。

不仅如此，IBM 正在加速其传统优势软件向云平台迁移，包括 DB2、Watson 语音分析、Cognos 商业智能分析以及多版本的 WebSphere 在 Power System 服务器上的应用，而 SoftLayer 也将采用 Power 服务器，这样的硬件配置将成为公用云的一种架构。Power 超强的计算性能和稳定性可以改善云计算中心的服务能力。

（十三）ROI 评估和服务提供

建设云计算平台，需要预先进行 ROI 的评估，分析投入产出比，这是每个云计算平台建设者都认可的观点。但是，私有云计算和公共云计算的 ROI 评估内容却有很大差别。对于私有云计算来说，企业需要更多考虑 IT 基础架构改善后所节省的成本，以及其促进业务发展带来的回报。而对公共云计算服务提供商来说，需要考虑的则是如何拓展用户群、为用户提供哪些云服务、如何通过这些云服务盈利等。

经营公共云计算服务是营利性的工作，因此公共云计算运营商在评估 ROI 时，必须首先了解自己的目标客户以及目标客户的需求。IDC 在 2010 年对企业用户的调研显示，公共云计算的最终用户对 IaaS、PaaS 和 SaaS 都有一定的需求，其中 IaaS 服务需求比其他两项稍大。

最终用户自身的行业特性，导致其对云服务的需求会有差异。而且在企业发展的不同阶段，最终用户对云服务的应用需求也会不同。因此，公共云计算运营商应根据自身所处行业、区域特征灵活地处理。目前，我们可以看到的一些以软件园为基础的公共云计算运营商为软件企业提供开发测试云计算服务，就是一个根据目标用户提供相应服务的例子。

随着公共云计算平台上用户的不断增多，公共云计算运营商需要逐渐满足各类需求。公共云计算平台应最终能从基础架构云服务到信息内容服务都可以提供给最终用户。公共云计算服务架构，如图 1－13 所示。

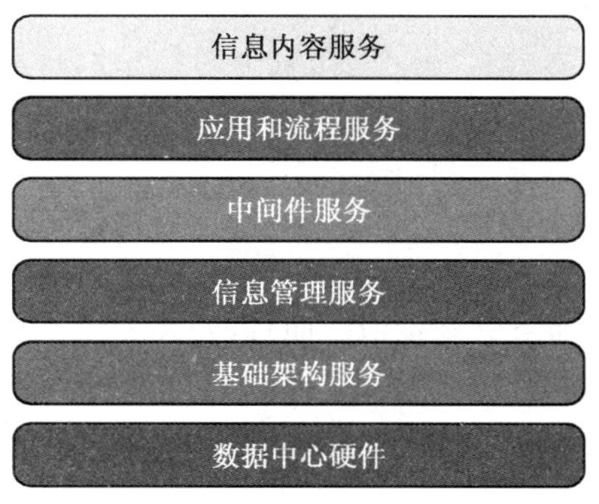


图 1－13　公共云计算服务架构

（十四）安全

云计算的安全一直是众多用户和潜在用户所关注的。安全问题在私有云计算中也存在，但对企业来说，私有云计算的安全与传统的数据中心安全问题相类似。但对公共云计算服务提供商来说，安全问题显得更加重要。因为，对公共云计算的最终用户而言，数据的安全性几乎是压倒一切的指标。即使公共云计算服务的性能再好、成本再低，如果安全性无法得到保障，也会被用户直接否决掉。用户对公共云计算服务的主要担忧就是安全性问题。其中涉及云计算技术的安全风险以及数据监管方面的风险，对这两方面的担忧远远超过其他。因此，为了满足最终用户的要求，在建设公共云计算中心时，就应将安全性放在非常重要的地位。

云计算的安全管理不仅是局限在使用某种安全技术，而且是覆盖云计算数据中心的整体安全策略。简单来讲，公共云计算平台的安全结构可以分为物理、传输、应用三个层面，保障云计算的切实安全可靠也需要从这三个层面同时入手：

1. 物理层

云计算服务提供商必须对云计算数据中心进行严格的管理。这包括对数据中心出入人员授权的管理，保证只有授权人员才可以进入数据中心，防止数据在物理层面的被窃取和破坏。同时，还需要对云计算数据中心进行足够的监控，配置相应的摄像、感知设备，防止数据中心被非法侵入。

2. 传输层

云计算服务提供商要能够保障用户通过互联网接入云计算中心后进行数据交互的安全。这通常是通过对数据加密来保障数据在传输中的安全，以避免相关信息在公共网络传输中被窃取。

3. 应用层

云计算服务提供商要还需提供云计算应用和数据在服务器端的安全性管理，包括对病毒和网络攻击的防护，也需要保障各个应用的访问独立且互不影响。这类安全功能通常由安全软件来提供。安全软件通过用户认证、权限控制、访问审计、攻击防护等一系列措施对数据中心内部的信息进行保护。其中，对访问控制的审核、足够细粒度的权限和加密密钥管理是保护数据及应用的重要功能。

（十五）运营和服务水平协议

公共云计算服务和私有云计算的一个显著不同就是公共云计算服务需要具备运营功能。公共云计算除了具备私有云计算的特征外，还需要具备支撑运营的能力。其中，最重要的就是按照服务水平协议提供服务。

1. 灵活的计费方式

与私有云计算不同，公共云计算运营商需要通过提供云计算服务来盈利。因此，必须有相应的计费规则为其提供的服务计量价值。而且，公共云计算面对的外部客户形形色色，运营商需要提供灵活的计费方式来满足需要。常见的计费方式包括按用户数（应用 SaaS 服务）、按存储空间（存储 IaaS 服务）、按虚拟机配置（虚拟机 IaaS 服务）等。

2. 自助式服务门户

自助式服务门户是公共云计算所需提供的重要运营功能之一。由于公共云计算面对的是众多的外部用户，必须能够向这些用户提供自助式的系统化的请求处理和变更管理能力。公共云计算服务运营商提供基于 Web 的服务门户，可以允许最终用户提出服务请求，或查看当前所有已部署服务的状态。公共云计算中心利用前文所述的自动化部署软件，灵活地处理并快速执行变更请求，以满足快速变化的业务需求。

3. 服务水平协议

对于公共云计算服务来说，能否按服务水平协议提供云计算服务，是衡量其运营水平最重要的一点。服务水平协议是购买第三方服务或提供IT服务时最通用的制定服务标准的方式，一般包括规定分配给客户的资源保障、在可能影响用户的变化之前的通知安排、远程访问可用性、服务供应商支持的最低利用性能、有效工作时间或允许的最长停机时间、各类客户的优先权、客户技术支持和服务以及惩罚规定等方面。例如，服务水平协议可以规定云计算平台的可用性级别达到99%。如果服务达不到承诺的正常运行时间，最终用户可以因数据延迟而得到服务补偿。服务水平协议用于确定云计算运营商实际能够提供哪些服务，且这些服务能够达到何种水平。服务水平协议可以保护运营商和最终用户双方的利益。

（十六）中国公共云计算市场的显著特征

1. 中国公共云计算的运营方式在2010年变得更加多样化

更多的组织开始进军公共云计算的运营领域。其中，互联网企业具备广泛的客户基础；电信增值服务商和互联网数据中心有着基础架构方面的优势；政府计算中心有强大的政府资金支持；而电信运营商则完全掌握了网络接入层面的资源。各种类型的供应商不但进行着激烈的竞争，同时也在加强合作、通过优势互补来完善自身的运营能力。另外，在云计算运营方面掌握领先技术和运营经验的跨国IT企业也加大了对中国云计算市场的投资力度，与上述各类型企业开展合作。

2. 更多由政府主导的公共云计算项目开始进行实施

在这些项目中，城市云概念被越来越多地提及。可以观察到，有更多城市开始计划建立覆盖全城的城域云计算中心。而这类云计算中心将主要为政府的IT应用系统提供计算资源。因此，城市云的出现，一方面会促使地方政府建设覆盖面更广、性能更强的云计算中心，另一方面也会吸引更多的软件厂商将软件迁移到云平台上。同时，城市云将会与物联网挂钩，产生更多的机会。城市级的云计算中心将成为物联网的处理核心，将物联网从各个感应终端获取的数据进行集中处理。

3. 电信运营商开始进入公共云计算领域

电信运营商开始进入公共云计算领域，并将极大地影响公共云计算市场的竞争格局。2010年三大运营商均把云计算作为业务发展的重点，纷纷制订了未来几年的云计算实施计划。而这类应用是电信运营商与国内外的软件和服务厂商合作而形成的，运营商将通过自己的IT基础架构，部署合作伙伴的产品（如SaaS软件），然后通过分成方式与合作伙伴共享利益。电信运营商对于云计算领域的强势介入，也将打破原来固有的IT商业模式，逐渐建立起新的"生态系统"。

随着政府部门和电信运营商在未来几年对云计算的投入不断增加，IDC预计云计算服务市场将以接近40%的年复合增长率快速发展，2014年其规模超过10亿美元。在未来几年中，基础架构即服务（IaaS）市场将会成为热点，不仅是电信运营商和商业数据中心会将数据中心托管业务向基础架构即服务（IaaS）转型，而且以云模式提供的基础架构软件市场（如系统管理软件、存储管理软件等）也将获得高速增长。

（十七）混合云

混合云适用于那些通常使用私有云服务、但偶尔会有高需求的企业。在这些需求高峰期，它们可以使用公有云资源。

**【案例】**

## Amazon 公共云＋zCloud 私有云的混合云时代

Facebook 平台上最大的社交游戏公司之一的 Zynga 已经将大部分自家用户从 Amazon 网络服务(AWS)迁移到自主打造的私有云平台中,说是为了最大限度提高其社交游戏网络的可靠性与性能表现。

Zynga 公司基础设施 CTO Allan Leinwand 在一次采访中表示,截至 2011 年年末,Zynga 公司已经将接近 80%的日常活跃用户交付自有基础设施进行托管;而就在 2011 年年初,同样比例的用户群体还处于 Amazon 公共云的支持之下。

他将 Amazon 服务视为“一辆四门轿车”,而 Zynga 公司在对自身网络进行精心调整之后所推出的 zCloud 则完全可以被比作超级跑车。

“我们当然也很喜爱四门轿车,但必须承认这是一种用于应对多种使用需求的车型——购物、带孩子都是这类车需要照顾到的情况。相比之下,我更愿意把 zCloud 当作能在社交游戏赛道上全速驰骋的超跑,这套平台完全是为速度而生。”

Leinwand 此前曾在加州圣何塞举办的 CloudConnect 大会上与 IDG 新闻服务媒体谈及这一话题,当时他描述了“开心农场”与“多人填字游戏”项目的开发者如何在过去一年中重新审视当前计算基础设施。他还在自己的博客中发文详细进行了一番论述。

1. Amazon 公共云＋zCloud 私有云的混合云时代

根据他的爆料,Zynga 公司现在拥有 1 000 台全天候运转的服务器,业务内容涵盖了从数据传输到具体执行的诸多方面;而且在将业务从 Amazon 迁移到自家私有云平台之后,该公司所使用的物理服务器已经减少了 1/3。

Zynga 公司将继续以混合云的方式使用 Amazon 服务,而 Leinwand 也坦言在未来相当长的一段时间内,Zynga 尚无意降低对 Amazon 的依赖程度。不过,目前该公司正尝试将 Amazon 服务当成处理突发情况的后备方案,而非支持日常业务的主要处理平台。

“我们非常赞赏 Amazon 服务所带来的业务灵活性;能有这样的方案可用令人十分安心。”他表示。

Zynga 的这一举动可能标志着该公司有志于进一步提升性能,在未来采用这套新的云平台,并有针对性地进行云服务开发。

“当前我们所使用的云平台存在弊端,它不具备对基础设施即服务体系进行定制及调整的能力,所以我们很难针对自身业务对其作出适当改动。”Leinwand 指出。

“对于广大真正希望采用云计算并将数据中心业务外包出去的 IT 人士而言,必须提前为之准备充分的控制措施。这绝不是危言耸听,而是我们在业务实践中的经验之谈。”

Zynga 公司已经开始尝试把游戏交付自有服务器进行托管,不过一旦这套搭配设施无法满足需求,处理工作将马上被转移到 Amazon 云平台中。公司业务发展的拐点出现在 2009 年“开心农场”项目启动之时,用户数量在六周之内就从零激增至千万级别。

从那时起直到去年年初,Zynga 公司一直在将新游戏部署至云端;只有在性能需求量尽在掌握之后,他们才尝试利用自有服务器加以运行。

但这种安逸的现状并未阻碍他们继续打造自己的 zCloud 平台,创建过程使用到了来自 Cloud. com 的软件以及来自 RightScale 的各类管理工具。

2. zCloud 的成长

在过去的一年中，Zynga 公司的自有数据中心在处理能力方面有了显著提升。Leinwand 并未给出详细数据，但他坦言为了打造冗余系统，公司已经分别在美国东、西海岸的多个地点部署了设施。

到 2011 年下半年，zCloud 设施的电力供给彻底落实到位，根据 Leinwand 的说法，目前他们的供电系统能够支持“166 个国际空间站”。

为了提高系统可靠性，Zynga 公司将自己的网络与 Amazon 及 Facebook 设置为光纤直连。Amazon 2010 年遭受的大规模停机故障给 Zynga 敲响了警钟。

“尽管游戏服务没有因为停机的发生而受到严重影响，但这样的事件让一直比较依赖云平台的我们开始尝试改变建立基础设施的方式。”Leinwand 指出。

如今，Zynga 公司着手打造自己的专用工具，帮助相关部门了解 CPU、内存以及 I/O 使用率与游戏程序的配合状态，以及了解哪些因素给 Web 服务器、内存缓存以及存储系统带来最大的工作压力。

经过不懈努力，Zynga 公司在优化工作取得了骄人的成果——原本要靠租用三台 Amazon 物理服务器达成的任务，在 zCloud 中只需一台设备即可完成。

“这并不是说 Amazon 网络服务的品质有问题或者他们使用的服务器性能低下，真正的原因在于我们对 zCloud 平台进行了合理化、性能优化方面的诸多调整，使其能够完全适应社交游戏的实际需求。”

3. 系统架构

Zynga 公司使用的是一套三层系统。举例来说，当某位用户进行“多人填字游戏”时，他实际上是通过 Web 服务器进入游戏、游戏版面上的变动保留在内存缓存中，而游戏状态则由多块硬盘组成的冗余存储机制进行保存。

由于应用程序大多是以 PHP 编写，因此 Zynga 公司目前使用的是一套名为 Membase 的开源平台。该平台前端使用 memcache，后端则采用 No-SQL 数据库。

过去，他们曾使用 MySQL 负责存储工作，但并没有用到那些复杂的查询功能；而 Membase 在内存与存储体系中的全面应用使系统层数有所减少，这让系统管理员的工作变得更为轻松。

Leinwand 的团队编写了一系列自动化工具，使得 Zynga 公司能够在短时间内安装上千台服务器。他们并没有像微软及其他一些大型在线厂商那样使用容器机制，而是依靠由积分器供应商提供的机柜式服务器构成设施储备，并在需要时迅速补充到基础设施中来。

Zynga 公司还与合作伙伴设计出一款专为特定应用程序打造的服务器——Leinwand 并没有透露具体细节——总体来说，它可能使用的是标准 X86 硬件。

“我们的合作伙伴是一家台湾（地区）公司，理念上的契合使双方的配合相当令人满意。”他如是说。

资料来源：物联网资讯。

事实上，调查显示用户越来越将云计算看作是其业务竞争能力的关键性因素，整个亚太地区的用户正在加速云计算的采用：87%的受访企业认为云计算与其业务有相关性，这一数据在过去两年中增长了 1 倍，而且企业的规模越大，这种认知度越高，企业对于云计算的采用率也越高；64%的被调查公司正在或者计划采用云计算。中国用户计划未来采用云计算的比例达46%，在整个地区中最高。

其他一些调查数据也从不同侧面显示了云计算正逐渐走向普及的事实：数据隐私已经取代安全性成为云计算用户关心的最重要因素；企业CEO在云计算采用决策中的作用日益突显，本次调查58%的CEO在决策中起着关键性作用。

同时，用户对于云计算和虚拟化的认知也正在走向深入：虚拟化与安全和隔离一起被认为是构建云计算的最基础模块；用户对服务器/数据中心虚拟化的兴趣持续增长，打分在2010年中从7.9增长到了8.4（满分10分）；68%的被调查企业认为虚拟化是其最核心的10项商业应用之一，2011年这一数字为65%；在细分的行业中，亚太地区虚拟化采用率最高的行业是保险业（83%）和银行/金融服务业（81%）。

在中国，大型企业（超过1万名雇员规模）依然是采用云计算的主要动力。目前，已经有38%的大型企业采用了云计算，相比而言，雇员少于500人的公司仅有17%采用了云计算。另外50%的大型企业正计划采用云计算。

# 第二章 云经纪服务行业

**学习要点**

1. 了解云经纪人
2. 了解云经纪服务行业发展的背景
3. 了解云经纪服务行业的要素
4. 了解云经纪服务行业生态系统

根据美国信息技术咨询公司 Gartner 估计，至 2014 年年底，全球每年花在云经纪服务各种角色的费用将达 610 亿英镑。云经纪服务的角色不仅越来越多地被纳入信息技术服务，诸如咨询、系统整合、应用服务，而且被纳入商业流程外包、商业流程公用事业和 B2B 商业。Gartner 将云经纪服务形容为："云经纪服务是一个信息技术角色和商业模式，代表一个或更多消费者的一家公司或者其他实体为一个或更多（公共或者私有）云服务增加价值。它的三种主要角色包括聚合、整合和定制经纪。一个云经纪服务者提供技术来实施云经纪服务，一个云经纪服务提供商提供技术、人员和方法来实施管理与云经纪服务相关的项目。"调研公司 Markets and Markets 称，云经纪服务造就的市场将从 2013 年的 2.25 亿美元增长至 2018 年的 20.3 亿美元，复合年均增长率达 55.3%。云经纪造就者是使这种服务成为可能的软件平台。总体来说，云经纪市场将由 2013 年的 15.7 亿美元增长至 2018 年的 105 亿美元，复合年均增长率达 46.2%。由此可见，该领域具有广阔的发展空间和市场前景。

## 第一节　云经纪人

### 一、云经纪人定义

云经纪人是第三方个人或商业机构，作为买计算服务的购买者和出售者之间的中介。总的来说，云经纪人是在谈判中的双方或者更多方发挥中介作用。云经纪人的角色可能仅仅是为购买者节约时间，他对不同厂家的服务进行研究，向客户提供如何使用云服务来支持业务目标的信息。在这种情况下，经纪人和客户合作以理解工作程序、提供、预算和数据管理需求。在完成研究后，经纪人向客户提供推荐云服务提供商的重点清单，客户联络选中的厂家来安排服务事宜。

一位云经纪人可能被赋予了代表客户与云提供者谈判合同的权利。在这种情况下，云经纪人有权在多个厂家之间分配服务，以达到高性价比，虽然与多个厂家进行谈判可能是复杂的。经纪人可能要向客户提供应用项目界面和用户界面，以掩盖复杂性，使客户能够像从单一厂家那里采购的那样使用云服务。这种类型的云经纪人有时候被称为云聚合者。除了在合同谈判中充当中间方之外，一位云经纪人可能还向客户提供额外服务，使客户的数据向云迁移的重复数据删除、加密和转移更便捷，帮助数据全寿命期管理。这种类型的经纪人有时候被称为云赋予者。另一种类型的云经纪人有时候可能被称为云定制者或白标云服务，他代表客户选择云服务，对云服务进行整合，按照自己的品牌出售这一新产品。

云经纪的商业模式仍在演变中。最简单的商业模式是，客户可能在项目最初的时候雇用一位云经纪人，按小时为云经纪人的服务付费。不过，云经纪人可以提供更丰富的服务，他可能按递加模式向客户收费，这取决于客户按合同采购服务的具体内容。云经纪人还可能与一个或多个云服务提供者合作，在客户与云服务提供商达成合同后，获得云服务提供商利润的一部分。

## 二、云经纪服务

云经纪服务是一种信息技术角色和商业模式，一个公司或多个公司代表一个或多个客户，通过聚合、整合和定制化云经纪来为一个或更多(公有或者私有)云服务增值、云经纪服务赋予者提供技术来落实云经纪服务，云经纪服务提供者整合技术、人员和方法来落实和管理与云经纪服务相关的项目。

云经纪服务是最大化地利用云服务需要的专家。通过在客户和提供者之间发挥中介作用来实现商业价值，帮助客户管理云服务的复杂性，落实、整合、聚合和定制云服务，它作为一个受人信任的企业多个云的管理平台，使客户能够很容易并简单地接触到不同平台上的云的不同解决方案，通过聚合云服务为一个简单的“一站式商店”进行采购和管理，在分析师中发展对云经纪服务具有重要性的云自态系统共识及其整合者，帮助实现云采用进程的自动化。

云经纪服务的作用在于可以去除采购方的云复杂性和负担，现实的情况是你不需要云服务和云交付的云专家，你的云经纪服务人为采购和管理云服务提供“一家式商店”。

云经纪服务所提供的服务包括整合、采购、购买、维持、管理和治理，分析性能、利用率、增长率，管理服务层次协议、运营平台、管理、安全、增长计划和开支控制。它具有选择、控制、节省、整合等商业价值。

### (一)云经纪服务的三种模式

云经纪服务中云“中间人”的角色如何演变？随着云市场的成熟，云经纪的角色逐渐有了新的含义。云客户已不再要求分离式的云服务，而是要求数个云产品(可能包括不同的云服务提供者)来满足他们独特的商业需求，但是客户无法靠自身的力量来整合这些不相关联的云服务。Gartner 公司销售战略和渠道创新副总裁波瓦称，为了适应这些新需求，云经纪服务已演变成三种独特的角色：云聚合者、云经纪服务成就者、云定制者。每个云经纪模式都提供了对不断演变中的云经纪市场的不同应对之道，并通过提供正确程度的咨询和整合来帮助推动云服务的采用。

#### 1. 作为聚合者的云经纪

云聚合者与云提供者建立关系，使这些提供者的服务可以被终端用户所使用。云聚合

者将多个云服务整合进一个单独的用户界面，为客户处理计费、管理和安全事务。云聚合者趋向于有着大规模、现有客户基础的公司，如电信公司和大型信息技术批发商。

2. 作为云经纪服务成就者的云经纪人

云经纪服务成就者通过维护云服务聚合者使用的云聚合平台来成就云聚合者。Jamcracker 和 AppDirect 这样的云成就者拥有大型主机服务提供者，并以此建设其聚合平台或者云市场的技术。

3. 作为云定制者的云经纪人

云聚合者可以帮助客户获得不同的云服务，但是他们不对这些服务进行整合和定制。云定制者填补了这些缺口，向客户提供经过完全整合的云服务包。定制者代表他们的客户根据终端客户的需求来选择云服务。云定制者可能从 Cisco WebEx 拿一些东西，从 Microsoft Office 365 拿一些东西，从亚马逊拿一些东西，把它们聚合为一单提供给客户。定制者将所有服务进行整合，随后以他们自己的包装来出售这个新产品。尽管它是云定制者独特的服务包，但是这一新产品来自数个不同的云服务。

**【案例】**

### 经纪角色的实践

作为一家云服务的经纪和云定制者，Appirio 和许多云提供者共事（如 Saleforce.com、Workday Inc、谷歌平台），以落实和定制应用研发。一些企业客户可能对某种特殊的云提供者或服务感兴趣，但这种产品可能还无法直接满足他们的业务需求。Appirio 的首席技术官威恩斯·特恩称："客户视我们为伙伴，认为我们不仅可以落实和提供定制化的标准，而且还可以整合企业软件，这对于复杂的架构来说是真正需要的。"

云定制由 Appirio 的研发团队进行，云经纪典型客户项目的中心是扩展软件（即服务平台）至一个典型的云服务提供者所不能做到的地方。Salesforce 的伙伴坚持使用核心关系管理程序，但 Appirio 可以整合商业流程，以达到标准核心关系管理程序所不能达到的标准。

威恩斯·特恩称，与其他行业相比，数个垂直行业正在更多与云经纪做生意。为了满足客户的需求，我们正在提供更多与具体行业相关的解决方案和云服务包，如媒体和金融业。

（二）云经纪服务：市场将如何继续变化？

Frost & Sullivan 公司云计算服务项目主管斯塔特·穆利尔称，虽然云经纪人或机构各有特色，但他们可能会演变成没有任何硬件或不提供服务的中间人，成为只是将买家和卖家联系起来的公司。她说："在我们有云是一个商品市场的基本认识之前，我们将不会有真正的云经纪。"Gartner 有限公司销售战略和渠道创新副总裁波瓦称，对于提供者而言，作为中间人的云经纪可能是更受欢迎的销售手段。波瓦称："云提供者每次只能与小企业签署一个合同，他们可以与美国 5 家最大的电信公司达成协议，这 5 家最大的电信公司则可以与信任的数百家小型企业签合同，云提供者将可以接触到他们先前无法接触到的客户。"

## 三、云经纪的商业模式

尽管云计算成为一种商品化的公用事业可能还需要一些年头，但内在的交付模式将依照其他公共事业的商业模式。例如，电力网的高标准化已使整个行业从对于行业消费者扁

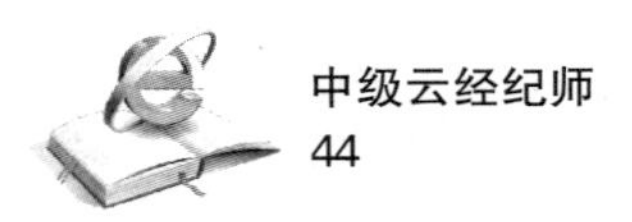



平的、基于电量的定价转向今天智能电网的现货定价。先进的智能电网不仅在各国之间同类型的电厂间交换电力，而且还可以就可再生风能和太阳能来源的电力及传统电厂的电力进行平衡。价格根据电力来源的不同而变化。Forrester 研究公司认为，云经纪商业模式将按照类似动态和采用模式来演变。

（一）简单经纪

简单经纪，即在一个云部分内进行动态采购，如在公共云基础设施即服务。公共云基础设施即服务的大多数提供商提供简单的报价，与在其基础设施上运行的时间或者实际载荷没有关系。但是，随着价格压力增加，基础设施即服务和平台即服务的标准发生演变，计算能力的价格将开始变化。提供商非常可能在接到需求的很短时间内以更简单的服务层次协议、更低的现货价格提供多余的能力。基于现货价格的动态采购推动了下一个明显的经济益处。传统的信息技术用户将不会对此进行跟踪，他们将会欢迎云经纪的存在，这将按旅行社类似的方式运作。信息技术使用者将根据工作载荷分类来决定使用私有云资源（类似于私有车辆）和共享的云资源（类似于公共运输工具）。与旅行社类似，云经纪将为云服务提供了一个最佳采购方案，自动交付并提供一份合并后的账单。

（二）全面经纪

全面经纪，即跨公有云、虚拟私有云、私有云的动态采购。一些工作载荷由于技术和合规的原因被部署在不同的云模式上，让我们进一步延伸一个旅行社的类比，你可以乘飞机或火车进行一些跨国的行程，也可以乘你公司的车辆。DHL 或联邦快递等物流公司拥有自己的车队和机队，但它们也利用空运货运能力或诸如汉莎空运这样的航空运输商。用公司自己的物流网络或者混合使用公司自己的车辆、飞机（或共享飞机）和卡车的决定，是在非常动态的情况下作出的。物流行业显然是一个非常成熟的行业。Forrester 研究公司预测，跨自有及共享基础设施和应用的成熟动态采购，将是所有云计算商业模式的最终演变方向。

尽管减少开支是最初采用云技术的主要动机，但是 Forrester 研究公司最近进行的一项研究表明，在决策者眼中，更好的基础设施的弹性和减少新平台及应用的上市时间也变得同等或更重要。如果灵活性和敏捷性是客户采购云的最主要理由，那么云经纪将成为未来云成长的不可避免的命题。

经纪的价值命题是基于私有和公共云的互可操作性之上的，简单经纪模式只是通过对比类似云提供商选项、使用基于这些资源现货价格的动态提供来创造价值。全面经纪模式则要远超这一点，它使用“云爆发”（是指从私有环境向云提供者工作载荷或者反向的动态重新部署。工作载荷可以代表信息基础设施或终点至终点的商业过程）来以更低的价格向信息技术使用者提供更高的价值。新云经纪模式的提供者将比商品化基础设施即服务获得更高的利润率。新利润的主要来源是对云爆发管理基础设施和过程框架的工业化落实。通过收获所有三种云（私有云、虚拟私有云、公有云）的额外资源能力，云经纪找到足够多的资源以提供给客户。例如，云经纪可以一个比商品化基础设施即服务更低的价格提供“虚拟”机，如亚马逊的 Web 服务。云经纪的商业模式基本上涉及与信息技术使用者共享价格优势，同时为实际的经纪服务保留 5%或更高的利润率。

总而言之，云计算的一个主要原则是跨多个不同基础设施领域和地点分享资源。随着更多用户熟悉可用的不同资源池和总体资源弹性增长及成熟，新的商业模式将出现在转卖和整合现有的资源池方面：进入云经纪商业模式。这定义了云计算目前和未来的商业模式，

给出了为什么云经纪模式是最有前途，也是最具雄心壮志的云应对方法。它为信息技术和电信服务提供商及其他厂商提供了建设可持续的、更高利润率的服务交付模式。

## 第二节 云经纪服务行业发展的背景

### 一、国际云计算发展状况及特点

自SaaS在20世纪90年代末出现以来，云计算服务已经经历了10多年的发展历程。云计算服务真正受到整个IT产业的重视是始于2005年亚马逊推出的AWS服务，业界认识到亚马逊建立了一种新的IT服务模式。在此之后，谷歌、IBM、微软等互联网和IT企业分别从不同的角度开始提供不同层面的云计算服务，云服务进入了快速发展的阶段。云服务正在逐步突破互联网市场的范畴，政府和公共管理部门、各行业及企业也开始接受云服务的理念，并开始将传统的自建IT方式转为使用公共云服务方式，云服务将真正进入产业的成熟期。

一般来说，公共云服务包括IaaS、PaaS、SaaS三类服务。IaaS是基础设施类的服务，将成为未来互联网和信息产业发展的重要基石。互联网乃至其他云计算服务的部署和应用将会带来对IaaS需求的增长，进而促进IaaS的发展；同时，大数据对海量数据存储和计算的需求，也会带动IaaS的迅速发展。IaaS也是一种“重资产”的服务模式，需要较大的基础设施投入和长期运营经验的积累，单纯出租资源的IaaS服务盈利能力比较有限。

PaaS服务被誉为未来互联网的“操作系统”，也是当前云计算技术和应用创新最活跃的领域。与IaaS服务相比，PaaS服务对应用开发者来说将形成更强的业务粘性，因此PaaS服务的重点并不在于直接的经济效益，更着重于构建和形成紧密的产业生态。

SaaS服务是发展最成熟的一类云服务。传统软件产业以售卖拷贝为主要商业模式，而SaaS服务采用Web技术和SOA架构，通过互联网向用户提供多租户、可定制的应用能力，大大缩短了软件产业的渠道链条，使软件提供商从软件产品的生产者转变为应用服务的运营者。

全球云计算市场快速平稳增长。2013年全球云服务市场约为1 317亿美元，年增长率为18%。据预测，未来几年云服务市场仍将保持15%以上的增长率，2017年将达到2 442亿美元。其中，以IaaS、PaaS和SaaS为代表的典型云服务市场在2013年达到了333.4亿美元，增长率高达29.7%。

就全球市场格局来说，未来几年不会有显著变化。2013年，欧美等发达国家占据了云服务市场的主导地位(75%以上)，其中，美国、西欧国家分别占据了全球50%和23.5%的市场份额；虽然中国市场所占份额仅为4%，但近几年呈上升之势(2011年中国市场占全球3.2%、2012年占全球3.7%)。由于云计算市场发展受到国家信息化水平、经济发展水平、ICT产业发展程度等条件的制约，未来几年全球市场格局不会有显著变化。

(一)国际云计算发展状况

1. 云服务成为ICT领域最具活力的增长点之一

云服务虽然整体产业规模尚小，但是其增长率远高于ICT产业的平均水平，已经与移动智能终端一起成为全球 ICT 产业增长最快的领域。云计算充分体现了互联网“快速迭代”的特征，是当前 ICT 产业技术和应用创新最活跃的领域之一。据 Black Duck 统计，到 2010 年年底，平台型的开源云计算项目就已经达到 470 多项，其中参与度较高的开源社区版本更新非常快，OpenStack 平均每 5 个月就推出一个新版本，Hadoop 则平均每一个月就有一个新版本发布。主要的云服务提供商的业务创新也不断提速，2012 年亚马逊 AWS 共推出 159 项新的服务特性及能力，而到 2013 年 11 月份，AWS 服务更新就已经达到了 243 项，同时其服务范围也从最初单纯的资源出租向包括 IT 资源、网络资源、软件资源、应用管理等在内的信息化整体解决方案方向发展。

2. 云服务已经成为互联网创新企业的重要孵化器

在全球排名前 50 万的网站中，约有 2%采用了公共云服务商提供的服务，其中 80%的网站采用了亚马逊和 Rackspace 的云服务，大型云服务提供商已经形成明显的市场优势。云服务既可以降低互联网创新企业初创期的 IT 构建和运营成本，又可以帮助其形成可持续的商业模式，从而降低运营风险。美国新出现的互联网公司 90%以上使用了云服务。亚马逊、谷歌、微软、Rackspace 等云服务的企业用户数均已达到 10 万量级（微软 Azure 用户数超过 20 万，Rackspace 用户数超过 10 万）。

3. 美国领跑全球云服务市场

美国云计算产业体系完整，巨头企业加速向全球扩张，目前在全球 TOP 100 的云计算企业中，美国占 84 家；亚马逊占全球 IaaS 市场的 40%、微软占全球 PaaS 市场的 64%；Salesforce 占全球 SaaS 市场的 21%。欧盟和日本等国的发展空间受到美国企业的挤压，在全球 TOP100 的云计算企业中，欧盟只有 9 家，日本无一企业上榜。美国政府作为云服务的重要用户，加速了本土云计算产业的快速发展，目前已有 600 多家政府机构和2 400家教育机构使用了云服务。

4. 价格战成为云计算巨头竞争的重要手段

近年来，亚马逊、谷歌和微软三大巨头已经开展了多次云服务的价格战。亚马逊自 2006 年推出 AWS 服务至今，价格已经下调了 30 多次，7 年间价格下降了 20 多倍。2012 年底，谷歌、亚马逊和微软分别下调其云存储服务价格；2013 年 4 月，三家再次降低云服务价格，降价服务类型从简单云存储服务转向虚拟机产品；2014 年 3 月，Google 再次宣布了一系列大幅的降价措施，包括云计算下调 32%、云存储下调 68%，数据库服务 BigQuery 更是降价了 85%；同时，亚马逊 S3 存储服务平均降价 51%，EC2 计算服务降价 38%，关系型数据库服务 RDS 平均下降 28%，而基于 Hadoop 的大数据服务 EMR，按照服务内容的不同，下降了 27%～61%。

5. 安全担忧促进云保险的诞生

云服务的安全问题可能会给用户造成损失，进而引发赔偿问题，因此，云服务提供商和用户都希望能为避免云服务的潜在风险进行必要的管理以尽量减少损失。云保险正是这样一种针对云服务提供的风险管理方式，即对于云服务提供商可能发生的服务失败作出经济赔偿的承诺。云保险可以被云服务提供商作为服务等级协议（SLA）的一部分，也可以由云服务提供商的合作伙伴——第三方保险公司单独提供。2013 年 5 月，世界两个知名组织——国际管理服务提供商行业协会 MSPAlliance（MSPA）与经纪公司 Lockton Affinity 达成了合作关系，将面向全球云服务提供商推出云计算和管理服务保险。2013 年 6 月，美

国保险公司 Liberty Mutual 也开始提供云计算保单。

6. 开源项目成为“事实标准”促进云计算技术发展与扩散

除了谷歌、亚马逊、VMware 等在云计算技术领域拥有绝对领先实力的公司以外，开源已经成为绝大多数公司进行云计算系统开发的基础。OpenStack、Hadoop 等部分开源项目已经建立起各自的产业生态，成为汇集产业不同环节的事实上的“标准”。核心的开源社区已经成为汇集产业最广泛力量的组织。以 OpenStack 为例，截至 2014 年 4 月，已经有 136 个国家的15 000多名开发人员对其作出了贡献；同时，OpenStack 基金会的赞助企业也达到 346 家，这其中既有 IBM、Intel、HP、EMC、RedHat、VMware 等 IT 领先企业，也有思科、华为、Juniper 等传统的网络设备制造商，还有一大批依附于 OpenStack 平台上的创新企业。云计算产业界的其他企业也通过开源社区获得了丰富的技术资源，许多企业在开源平台的基础上进行优化和发展，形成了各自的独立分支。

（二）国际云计算发展特点

1. 政府及公共事务中的云应用成为市场发展的重要支点

近年来，很多国家制定了云计算发展战略，在电子政务中率先引入公共云服务，促进社会和企业对云服务的了解和认同，并通过技术和经济的溢出效应推动 ICT 产业的整体发展。美国通过《联邦政府云战略》，每年将联邦政府原有 IT 支出中的 1/4（约 200 亿美元）转为采购第三方公共云服务。从 2013 年的统计数据来看，美国联邦政府的 IT 支出较 2010 年减少了 57 亿美元，其中云计算贡献显著。英国的“政府云计算战略”（G-CLOUD），提出计划到 2015 年中央政府新增 IT 支出中 50%用于采购公共云服务，预计可节省开支 3.4 亿英镑。2013 年 5 月，澳大利亚发布《澳大利亚云计算战略》，提出使政府成为云服务使用方面的领先者。另外，韩国、德国、俄罗斯等在 2010～2013 年也相继提出了各自的云计算发展战略或行动计划。

2. 支撑政府采购云服务的制度和法律环境不断完善

各国通过建立制定标准、规范合同、采购管控、评估认证等制度环境进一步提高云计算服务的安全水平和服务质量，保障政务应用的安全性和可靠性，也为其他国家提供了十分有益的参考。美国、日本、欧盟等发达国家和地区在数据隐私保护法的基础上，通过政府云计算战略、信息安全管理法规等文件对政府采购云服务的相关规则作出了规定。

**【资料】**

**政府采购云服务的制度体系环境**

政府采购云服务的制度体系包括建立标准、规范合同、评估认证、采购管控、管理制度等环节。

建立标准：美国 NIST 编制了标准《800-53 REV3，Information Security》，英国编制了标准《HMG Information Standards No. 1 & 2.》，以上标准对云服务的安全和服务质量等方面提出了具体要求。

规范合同：英国建议在与服务提供商的合同中应包括服务器地点等与云计算环境安全相关的条款；日本规定应将云服务的安全特性、服务水平等方面的要求事项等写入协议书。

评估认证：美国 FISMA 法案规定为政府提供云服务的提供商必须通过测试认证，美国医疗行业要求第三方机构对云服务提供商进行监督审查。

采购管控：英国建立政府云服务采购机制，所有的公共 ICT 服务的采购和续用都必须

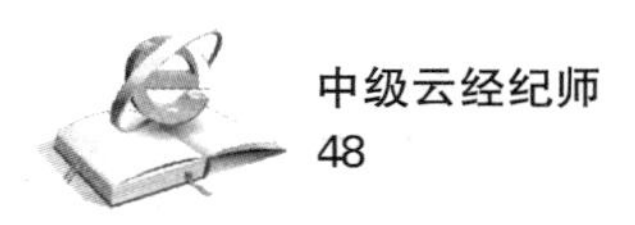



经过 G-Cloud 委员会的审查;日本规定云设备采购要通过信息安全委员会的安全审查。

管理制度:美国建立了较为完善的政府采购云管理制度,包括开展周期性评估、SLA 监控、服务质量的管理等。

第三方评估认证成为保障云服务质量和安全性的必要手段。在各国为政府采购云服务所建立的制度体系环境中,第三方评估和认证成为保障云服务质量和安全性的必要手段。目前,美国、德国、日本、韩国等国的第三方组织已开展了云计算评测活动。

2010 年,美国云计算管理办公室 PMO 的安全工作组提出 FedRamp(Federal Risk and Authorization Management Program)认证项目,进入政府采购清单目录的云服务商,必须经过 FedRamp 的认证。FedRamp 认证基于 NIST SP 800-53 REV3 标准,由美国标准研究所(NIST)负责标准的维护。目前,IaaS 通过认证进入采购清单的有 12 家,EaaS 有 22 家。

2012 年,英国政府开通“云市场”(Cloud Store)网站,启动 G-Cloud 认证工作,供政府部门选择、采购各类云计算服务。G-Cloud 认证标准基于 ISO27001 和《HMG Information Standards No. 1 & 2》。截至 2014 年初,“云市场”上已有1 200家提供商的13 000多项云服务通过了认证,可供英国的政府部门选择使用。

从 2008 年开始,在日本信息通信部的支持下,FMC(Foundation for Multimedia Communications,多媒体通信基金会)开展了名为“云服务的信息披露认证体系”的公共云服务认证,ASPIC(ASP-SaaS-Cloud CONSORTIUM)作为协作单位,负责具体认证标准的制定,目前包括 ASP/SaaS、IaaS/PaaS 和数据中心三类认证。ASP/SaaS 认证于 2008 年开始启动,已认证 174 项服务;IaaS/PaaS 认证于 2010 年 12 月开始启动,已认证 169 项云服务;数据中心认证于 2012 年 9 月启动。

欧盟委员会在 2012 年 9 月发布了名为《释放欧洲云计算潜力》的报告,其中提出建立涵盖标准符合性、互操作性、数据可迁移性等内容的云服务认证体系。根据这个报告,欧盟成立了“欧洲云合作指导委员会”(The Steering Boardof the European Cloud Partnership)推动相关工作。另外,ETSI 和 ENISA 正在制定云服务数据、安全、服务等方面的标准,并于 2013 年开始实施“可信赖云服务供应商”认证。

## 二、我国云计算发展状况及特点

### (一)我国云计算发展状况

我国公共云服务市场仍处于低总量、高增长的产业初期阶段。据估计,2013 年我国公共云服务市场规模约为 47.6 亿元人民币,增速较 2012 年有所放缓,但仍达到 36%,远高于全球平均水平。2013 年,我国的 IaaS 市场规模约为 10.5 亿元,增速达到了 105%,显示出了旺盛的生机。IaaS 相关企业不仅在规模、数量上有了大幅提升,而且吸引了资本市场的关注,UCloud、青云等 IaaS 初创企业分别获得了千万美元级别的融资。

过去几年里,腾讯、百度等互联网巨头纷纷推出了各自的开放平台战略,新浪 SAE 等 PaaS 的先行者也在业务拓展上取得了显著的成效。在众多互联网巨头的介入和推动下,我国 PaaS 市场得到了迅速发展,2013 年市场规模增长近 20%,但由于目前国内 PaaS 服务仍处于吸引开发者和产业生态培育的阶段,大部分 PaaS 服务采用免费或低收费的策略,因此整体市场规模并不大,估计约为 2.2 亿元,但这并不妨碍我们对 PaaS 的发展前景抱有充足的信心。无论国内还是国外,SaaS 一直是云计算领域最为成熟的细分市场,用户对于 SaaS

服务的接受程度也比较高。2013 年估计国内 SaaS 市场规模在 34.9 亿元左右，与 2012 年相比增长 24.3%。

在产业发展方面，IaaS、PaaS 和 SaaS 也呈现出了不同的特点：一是 IaaS“群雄并起”：在 IaaS 领域，“老牌”企业如阿里云仍然保持了领先的优势，但竞争者在不断增加，其中既有传统的电信运营商（中国电信、中国联通都成立了云计算业务运营实体），也有互联网企业，如京东、蓝汛、网宿等，还有众多的初创公司，UCloud、青云是其中的佼佼者，同时国际云计算巨头也为国内 IaaS 领域增加了新的竞争者。二是 PaaS“逐渐长大”：腾讯、百度、新浪、阿里等向开发者提供了开发平台服务，新浪 SAE 注册用户到 2013 年底已接近 30 万，其中活跃用户超过 10 万，应用数量达到 50 多万个。三是 SaaS“盈利较好”：SaaS 一直是国内外云计算产业中盈利较早也保持较好发展的领域，如 2013 年部分公司 SaaS 的云服务营业额超过了 1 亿元人民币。

（二）我国云计算发展特点

1. 用户对云计算认知和采用度逐步提高

2013 年，工信部电信研究院对云计算企业和用户进行了调查，在接受在线调查的1 328 家企业中，云计算的认知水平和应用程度均比 2012 年调查有显著提高。其中，对云计算有一定了解的占受访企业的 95.5%（2012 年为 79%）；38%的受访企业已经有云计算应用（2012 年为 37.5%），其中公共云服务占 29.1%、私有云占 2.9%、混合云占 6%。在已有云计算应用的企业中，76.8%的受访企业表示开始将更多的业务向云环境迁移。

2. 云主机、云存储等资源租用类服务仍是当前的主要应用形式

据工信部电信研究院调查结果显示，当前用户使用率较高的仍是包括云主机、云存储、云邮箱等资源出租型应用。与 2012 年相比，云存储超过了云主机成为用户采用率最高的服务种类，云分发服务在各类服务中的排名也有提升。在未来希望采用的云服务类别中，选择开发平台服务等 PaaS 类服务的比例较高，说明未来 PaaS 服务具有很大的发展空间。

3. 云计算在互联网中的基础性作用日趋突出

云计算已经成为我国互联网创新创业的基础平台。云计算对互联网业务的支撑能力显著上升。到 2013 年 9 月，阿里云上运行的 Web 服务器数量达到 1.8 万个，比 2012 年增长了 500%，托管的域名数从 9 万个增长到 39 万个，其中活跃网站数从 2 万个增长到 15 万个。

4. 云计算弹性支撑能力在电子商务中大显身手

2012 年，淘宝“双 11”活动只有 20%的业务量在云上完成，2013 年则达到了 75%。2013 年，淘宝和天猫 80%以上网店的进销存管理系统已迁移至“聚石塔”的云服务平台。

5.“开源＋自研”成为主要云服务商技术研发方式

从目前国内主要云服务企业进行技术研发的实践来看，开源软件已经成为云计算技术的主要来源，如阿里巴巴基于 Hadoop 搭建了“云梯”系统集群作为集团及各子公司进行业务数据分析的基础平台，目前“云梯”系统规模已经达到万台；腾讯公司也基于开源的 Hadoop 和 Hive 构建了腾讯分布式数据仓库（TDW），单集群规模达到4 400台，CPU 总核数达到 10 万左右，存储容量达到 100PB，承担了腾讯公司内部离线数据处理的任务。在开源社区版本的基础上，国内企业也根据自身的业务需求和应用场景进行了多方面的技术革新，如阿里的 Hadoop 集群实现了跨数据中心的数据分布和共享，腾讯 TDW 集群则实现了 JobTracker 分散化和多个 NameNode 的热备。

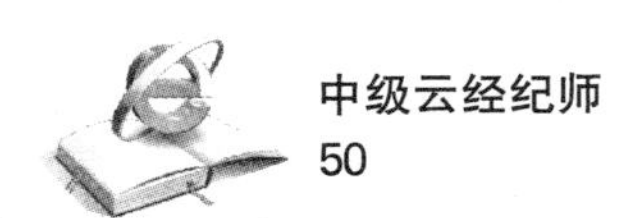


与传统开发方式相比，开源软件通过开源社区实现技术的更新与传播，技术资源丰富，获取相对容易，开发成本较低，也使企业摆脱了对商用软件的依赖。从这一点来说，充分利用开源软件有利于我国企业形成自有技术体系。但同时，开源软件也有其缺点：首先，一些开源许可证是允许厂商在开源软件中包含技术专利的，如果不仔细鉴别，可能陷入新的知识产权风险；其次，开源软件社区是开发者自发构成的，组织形式不稳定，可能存在技术"断供"的风险；最后，相对于成熟、且有售后保障的商业系统，开源系统的可靠性相对较低。

6. 我国在云计算基础设备和云计算系统软件等方面取得突破进展

传统上，我国企业在核心、高端 IT 软硬件技术和产品方面与国外领先企业相比处于弱势地位。近年来，国内企业利用云计算技术革新和发展的契机在基础设备和云计算系统软件领域取得了可喜的突破。在云计算基础设备方面，我国企业突破了 EB 级存储系统、亿级并发服务器系统等核心技术。EB 级存储系统包括相关的软、硬件技术，解决了超大规模存储系统中数据定位、存储设备故障或系统在线扩展过程中数据的重新分布、动态数据分布算法与数据迁移机制、高效率的容错策略等领域的核心技术问题。亿级并发任务服务器系统可以支持 32 节点以上，每节点 16 路 X86 或 64 路轻量处理器的系统规模，计算节点间采用万兆网络互连，支持每秒亿次以上的并发服务请求。

7. 在 IT 基础设备的应用创新方面，国内企业取得了众多成果

百度、腾讯、阿里巴巴、中国电信、中国移动等公司共同开展了"天蝎项目"，将服务器与机柜设计结合为一个整体，形成了一体化高密度的整机柜服务器解决方案。方案采用模块化设计，分为机柜模块、网络模块、供电模块、服务器节点、集中风扇散热模块、集中管理模块六大部分，并对机柜尺寸、电源供电方式、散热布置方式等外部特性进行了标准化。"天蝎项目"使上游服务器厂商能够对服务器产品作进一步优化整合，满足互联网业务快速部署、灵活运维、降低成本的需求。国内互联网企业也在业界率先探索 ARM 服务器的规模化应用，以实现性能和能耗的最佳平衡，百度公司已经在其南京数据中心开展了 ARM 服务器的规模化部署。

8. 我国互联网企业在虚拟化管理平台和大数据处理平台方面取得突破

我国企业已经可以实现单集群12 000台虚拟机的系统规模，并且支持故障切换、动态迁移、多数据备份、过量内存配置等功能，系统可用性达到 99.95%以上。大数据处理平台方面，分布式计算系统集群达到万台服务器规模；结构化数据存储系统支持单集群 500 台服务器，支持单表百 TB 级别的存储，单表 10 万以上的 QPS，系统可用性达到 99.9%；分布式存储系统支持单集群2 000台服务器，可以同时支撑 6 万的并发访问，并且采用多份冗余的方式，保证 99.99999999%的可靠性。

9. 云服务企业的服务能力仍有待提高

我国公共云服务市场需求启动相对比较缓慢，这一方面与我国公共云服务市场潜力尚没有得到充分释放有直接关系，另一方面我国云服务企业的能力和水平难以满足市场期望也是一个重要原因。2013 年，"云计算发展与政策论坛"开展了"可信云服务认证"活动，对国内 10 家主要云服务企业超过 20 种公共云服务的 SLA 完整性、服务质量、服务水平等进行了分析和评估，从评估结果来看，虽然参评企业及服务通过整改和完善都达到了服务性能与质量的承诺以及相关标准对于 SLA 的完整性要求，但国内云服务企业在服务可靠性、服务流程合理性、服务界面易用性、服务协议规范性等方面存在一定的不足，与国际领先企业

的水平相比存在一定差距。

**【案例】**

### 可信云服务认证

为了充分体现云服务商的技术指标和水平，可信云服务认证的具体测评内容包括三大类共16项，分别是：数据管理类（数据存储的持久性、数据可销毁性、数据可迁移性、数据保密性、数据知情权、数据可审查性），业务质量类（业务功能、业务可用性、业务弹性、故障恢复能力、网络接入性能、服务计量准确性）和权益保障类（服务变更、终止条款、服务赔偿条款、用户约束条款和服务商免责条款）。这基本涵盖了云服务商需要向用户承诺或告知（基于服务SLA）的90%的问题。可信云服务认证将系统评估云服务商对这16个指标的实现程度，为用户选择云服务商提供基本依据。

2014年1月，“云计算发展与政策论坛”完成了首轮（第一批10家企业）评估情况：20个云服务的服务协议（含SLA）都达到《云计算服务协议参考框架》和《可信云服务认证评估方法》的标准要求，评估对云服务企业存在的问题进行了整改，640个指标中最终整改了107个，整改率达17%。

## 三、我国政府推动云计算发展的措施

（一）云计算的政策支持不断深化

2010年10月，国务院发布《关于加快培育发展战略性新兴产业的意见》，将云计算纳入战略性新兴产业；同月，发改委发布《关于做好云计算服务创新发展试点示范工作的通知》，确定北京、上海、杭州、深圳和无锡五城市先行开展云计算服务创新发展试点示范工作；2011年，国务院发布《关于加快发展高技术服务业的指导意见》，将云计算列入重点推进的高技术服务业；2012年，财政部国库司发布《政府采购品目分类目录（试用）》，增加了C0207“运营服务”，包括软件运营服务、平台运营服务、基础设施运营服务三类，分别对应云服务中的SaaS、PaaS和IaaS服务。国家关于云计算的政策逐渐从战略方向的把握走向推进实质性应用，政府及公共管理部门采购云计算服务的重要制度障碍开始被逐步打破。

（二）积极探索云计算在电子政务和公共服务中的应用

各地政府积极探索采用云计算来满足电子政务和公共服务需求。洛阳“智慧旅游平台”，通过采购公共云服务来满足旺季的弹性需求，在每年的旅游旺季（4月～10月）“智慧旅游平台”系统访问量是其他时间访问量的3倍左右，该平台借助公共云平台的弹性资源服务实现按需租用，从而节省项目硬件采购成本。杭州“电子政务云”通过阿里云、华数集团、浙大网新提供的技术解决方案和系统集成服务来建设私有云，用政务云打破委办局信息化系统各自独立建设为主的局面，解决浪费投资问题，逐步形成按需分配地向各委办局提供存储资源和计算资源的政务信息化的支撑模式。厦门市政府搭建以云计算为基础，承载公立医院信息系统、区域卫生信息系统、公共卫生信息系统和健康云等相关应用的数据中心，建成全市统一规范、集约安全、开放服务的厦门健康医疗云计算平台。

（三）政府采购云服务标准加快研制

为了推动云服务在政府和公共事业机构中的应用，在财政部、工信部、中央国家机关政府采购中心等单位支持和指导下，“数据中心联盟”开展了政府采购云服务所需的标准、采购

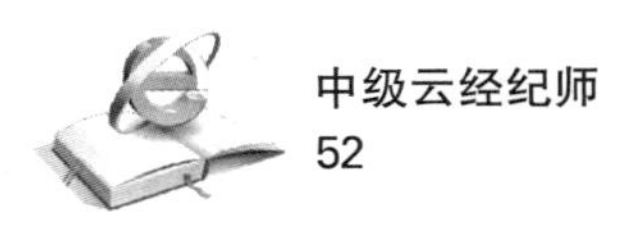



指南、白皮书的编写工作，目前已经在产业界相关单位的共同努力下完成了主要文档的编写工作，为下一步的采购实施打下了基础。

（四）取得的成效

引导电子政务向基于云计算的新一代政务平台迁移经过十多年的努力，我国电子政务建设取得了明显的成效。电子政务网络和政务网站覆盖面不断提高，截至 2013 年 6 月底，国家政务外网省级、地级和县级覆盖率分别达到 100%、93.9%和 81.0%，85%以上的县级地方已经开展了电子政务建设，主要部门核心业务电子政务覆盖率快速提升，电子政务应用已经跨过了起步阶段。但各地电子政务建设中的重复投资、网络分割、信息孤岛等问题仍很突出，根据 2013 年的调查，我国省级政府平均拥有 50 个独立数据中心机房，副省级平均 17 个，地市级平均 12 个，区（县）级 6 个。

为解决我国电子政务建设中存在的以上问题，引导我国电子政务向基于云计算的新一代电子政务公共平台方向发展，工信部信息化推进司开展了“基于云计算的电子政务公共平台”顶层设计、标准研制、试点示范等一系列工作。希望通过制定统一的标准、开展电子政务公共平台顶层设计等方式，推动各地电子政务建设进入集中化、共享化、服务化、标准化的新阶段，充分发挥云计算在电子政务建设中的基础支撑作用。

**【案例】**

### 基于云计算的电子政务公共平台

工信部于 2013 年 3 月发布了《基于云计算的电子政务公共平台顶层设计指南》（以下简称《指南》），用于指导全国电子政务公共平台的建设，通过电子政务公共平台的建设应用引导电子政务转变发展方式。

《指南》中要求顶层设计要实现利用现有信息化基础资源，集约建设提高基础设施资源利用率，通过顶层设计指导电子政务建设和发展模式，从自建自用的方式转向全面使用服务的方式。

《指南》中提出了 10 个设计，针对现有电子政务发展中的问题和电子政务公共平台在服务、运维、安全等方面面临的挑战，进行基于云计算的顶层设计。

为了进一步推广基于云计算的电子政务公共平台建设，2013 年 9 月，工信部确定北京市等 18 个省级地方和北京市海淀区等 59 个市（县、区）作为首批基于云计算的电子政务公共平台建设和应用试点示范地区。

为了规范新一代电子政务基础设施的顶层设计、系统架构、服务实施和运行保障，深入总结分析地方试点经验，工信部在 2013 年开展了“基于云计算的电子政务公共平台”系列国家标准的编制工作，共有五大类 18 项标准，均已列入国家标准化委员会的制订计划。

## 四、未来影响企业云战略的趋势

全球最具权威的 IT 研究与顾问咨询公司 Gartner 公司认为，企业在未来几年里应对云计算趋势进行持续关注，对企业云计算战略定期升级，这对于避免代价高昂的失误或者错失市场机遇是至关重要的。尽管云计算的潜力是意义重大的，但它的影响宽度和深度以及随着时间变化的采用程度是不确定的。Gartner 公司副总裁戴维—凯雷称：“云计算是一重大技术趋势，它在过去两年已渗透市场，它为信息技术的新方法设置了新舞台，使个人和公司

有能力来选择如何获得或者交付信息技术服务，对传统软件和硬件的许可证模式限制的强调已减弱。云计算与相关的技术在继续演变并快速变化，由于厂家越来越将‘云’宣传成市场名词，这导致混淆和误解仍在持续。影响、混淆、不确定性、变化的程度使云计算成为Gartner 十大战略技术趋势之一要处理的问题。”

Gartner 公司已确定了五大云计算趋势，它们将在未来三年加速、变换或者达到临界点，用户必须将这些趋势纳入他们的规划流程。正式的投资框架使云投资优化更为便利，云可以提供一系列好处，其中包括从资本密集型向运营支出模式的转变、降低总体支出、增加灵活性、降低复杂性。它还可以将信息技术资源的重点转向业务中具有更多增值性的活动，或者支持业务创新，从而降低潜在风险。不过，应当仔细研究这些潜在的益处，将它们与一系列挑战进行权衡，其中包括安全性、缺乏透明度、对性能和可用性的担心、潜在的厂家锁定、许可证限制、整合需求。这些议题构建了评估单个云产品的复杂环境。

混合云是急切需要的，混合云是指外部云计算服务（公有或者私有）和内部基础设施或者应用服务的协调和结合。混合云计算将会发展为一个统一的模式，即一个由多个云平台（内部或外部）组成的单一“云”，它可以基于变化的业务需求按需使用。

Gartner 公司建议企业将近期努力的重点放在应用和数据整合上，将固定地把内外部应用与混合云解决方案联系起来。当公共云应用服务或者定制应用在公共云基础设施使用时，应当确立这些要素将如何与内部系统结合的指导原则和标准，以形成一个混合云环境。

（一）云经纪促进云消费

随着云计算采用的普及，对云消费的需求帮助也呈增加之势。云经纪是在云计算中发挥中间角色的服务提供者。市场对云经纪概念的兴趣于 2013 年开始增加。Gartner 公司预计这种趋势在未来几年将加速，越来越多的个人，不管他们是在信息技术或业务线单位，将在不涉及信息技术部门的情况下消费云服务。

为了应对这些挑战，Gartner 公司认为，信息技术部门应当探索它们如何将自己定位为企业的云经纪，建立一个纳入云采用并鼓励商业公司到信息技术组织来寻求建议和支持的采购流程。这些企业云经纪方式可能通过改进现存流程及诸如内部门户和服务目录工具来落实。

（二）以云为中心的设计将成为必需品

许多组织首先寻找将现存的企业负载迁移至云系统或者云应用基础设施。在工作负荷的资源需求变化很大或者应用本身适合水平扩展的情况下，这种方法可能会带来一些益处。不过，为了全面利用云模式的潜力，应当设计具有云模式独特特点、限制和机遇的应用。Gartner 公司认为，企业的关注点应当从企业负荷迁移至云优化应用，以全面利用云的优势，来交付世界级的应用。

（三）云计算影响未来数据中心和运营模式

在公共云计算，企业是作为服务的消费者，云服务提供者负责执行细节，其中包括数据中心和相关的运营模式。不过，由于企业继续建设自己的数据中心，它们将受到云服务提供商所用的执行模式的影响。Gartner 公司建议，企业应当将云计算概念应用于未来数据中心和基础设施投资，以增加灵活性和高效性。

（四）云经纪软件成为企业向云迁移的新兴力量

“云经纪”这个术语目前有两个定义，这两个定义差距如此之大，足以在政府信息技术社

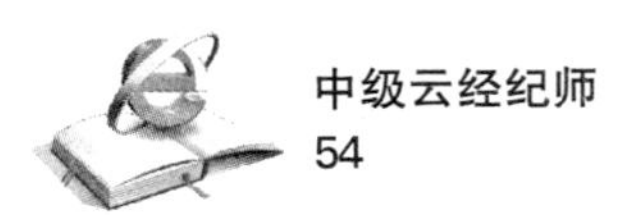


区引发混淆，尤其是在云计算日新月异的发展状态下。美国国家标准和技术云计算参考基础最初将云经纪定义为在云客户和多个云服务提供者之间提供中介类型服务的实体（个人或组织）。美国国防部首席信息官办公室明确规定，国防信息系统局将担负起企业云经纪服务的角色。这是对云经纪的传统定义，就如同股票经纪或商品经纪，中间人帮助客户在有多个选项的复杂环境中“导航”。这项活动更适当的一个名称可能是“云代理”。

云经纪的第二个定义与在云服务提供商之上的新型软件有关，这种软件致力于提炼、简化和绘制不同的云产品至客户的工作环境。云经纪软件帮助组织提供云的解决方案、向云迁移的解决方案、在云之间转移的解决方案。美国卫生局最近就“有关云性能的云经纪厂家问卷”信息征询，它在确定云经纪软件详细要求方面做了非常不错的工作。值得指出的，这一信息征询在谈及传统的、基于实体的云经纪时称其具有“商业经纪实力”。信息征询的其他内容是一份 19 页的文件，询问厂家是否支持不同功能、使用案例和标准。

对云经纪软件的主要要求：拥有可编辑的服务目录，以发现迁移至云的服务和解决方案，或者可作为软件即服务的应用；提供可以在跨一个或多个云提供者创造服务器映象的提供引擎，进行载荷分析、容量规划，向许多用户提供扩展性，提供基于规则的弹性；引擎甚至应当能够处理跨云提供，支持互可操作性和数据便携性，另外还应提供安全、隐私和联机合作服务；身份管理服务，可以管理用户，甚至可将凭证交给某特定云服务提供商；计价和定价服务，客户只为他们所需要的东西付酬，在跨云服务提供者之间追踪准确费用。加强中介以迁移、提供（云和跨云）、身份管理和报告。云经纪软件本身应当是分布式、可扩展、支持整合的云应用。

市场上有数个提供云经纪服务软件和服务的商业厂家，这方面最大的一个厂家是纳斯达克，它提供 FinQloud 为亚马逊金融领域 Web 服务层之上的中间层。FinQloud 的一个最大卖点是纳斯达克了解金融行业的规则和需求，用适当的安全机制加强了亚马逊云平台。InCadence 给出的方案名为 Axon，它将重点放在迁移的中介加强方面，将服务器的对话迁移至云，并将整个方案迁移至云。最后，还有一个名为 CompatibleOne 的公开代码项目，它正在着手研发一个基于标准的跨云提供引擎。

尽管它们的定义可能存在差别，但很显然，云经纪服务和云经纪软件是未来发展的新趋势，这将加快企业采用云以及将应用迁移至云的速度。

## 第三节　云经纪服务行业的要素

### 一、云经纪服务的领域

一个云经纪服务在三个主要领域提供服务：首先，聚合：结合和整合多项服务，如在多个云提供商间安全地转移数据或者提供数据整合。其次，整合：确保不同系统能够在合作，以便给用户无缝体验。最后，商务定制：制订特别订制的功能来满足特定商业需求。

### 二、云经纪服务的六个特点

云经纪服务的六个特点包括：与服务消费者有直接的合同关系；可能与服务提供商有合

同关系；至少为一个云服务提供经纪；在原来的服务之上增加价值；保留和利用知识产权以避免一次性解决方案；向多名消费者提供一项云服务的经纪服务；向一名消费者提供多项云服务的经纪服务或者向许多客户提供许多项云服务的经纪。

当建立云经纪服务业务时，需要对云经纪服务商业模式有详细的了解。云经纪最基本的形式是帮助商业客户从云服务提供商的产品库中采购云服务，云经纪与云服务提供商有合同关系，以出售基于定购的云服务，其中包括基础设施即服务、通信即服务、平台即服务。

## 三、收入模式

这些合同关系通常可以分成两类：介绍代表和销售代表。就第一种类型而言，云经纪向云提供者提供线索，云提供者将为达成的销售支付前期佣金。就后者而言，云经纪介入销售过程，云服务提供商根据销售量向云经纪提供佣金。佣金通常是根据客户合同期限的月度云服务定购费的比例按月支付，如果没有合同期限，就按月支付。在一些情况下，云服务提供商会向云经纪提供相当于总体交易额比例的佣金。还有一些服务是按年而不是按月支付佣金的。云经纪报告称目前的佣金比例在10％～15％，按合同期支付的佣金比例通常要比按月支付的要高。

## 四、客户关系

当云经纪出售云服务时，云协议是在云经纪的客户与云服务提供者之间签署的。这与其他模式是明显不同的，如云分销商或云聚合者、渠道伙伴将为云服务向客户再收费。虽然如此，云经纪可能需用客户直接提供额外的职业服务来创建自己与客户的合同关系。我们稍后会详细谈论这些服务。

## 五、销售角色

云经纪在客户接触的一个主要角色是选择供应商，因此，公司必须熟悉高度裂片化新兴云市场的许多参与者。其价值命题的一个关键部分是核实提供者的实力，能够满足客户的需求。云经纪服务商Nuvalo负责人布埃特尼尔解释称，云提供者只通过云经纪来进行客户介绍，为对话和提取需求提供方便，驱动机会。不过，就现实操作而言，诸如Nuvalo等大多数云经纪提供了一个更多以客户为中心的咨询角色。

## 六、销售前的责任

云经纪典型的销售前责任包括以下几点：

（一）寻找机会

这是第一个步骤，包括了解云服务良好前景的特点，并提出探索性问题以确定客户需求、关切点和时间表。

（二）确认利益相关者

这是确定机会的下一步骤，云经纪将需要确定组织内的所有决策者，以便让利益相关者参与接下来的发现和随后的演示及展示活动，以加快销售周期，达成积极的结果。有关云迁移的决策越来越多地不仅涉及信息技术人员，而且还涉及高管和行业经理。

（三）确定预算资金

这是一个关键步骤，是确定客户的预算开支。这会影响建议云服务的指标，或者寻求除信息技术以外受影响业务的额外预算。

（四）确认要求

了解客户的需求是至关重要的，但是云经纪称，这一过程因云经纪具体的不同而不同，这取决于它们的技能，可以是全面的审计和建议报告，也可以只是将客户的具体要求转达给潜在提供者。除了解决方案的具体情况之外，在此阶段考虑的一些重要点包括：具体行业的需求、合规需求、成长预期、商业可持续和灾难恢复需求。

（五）制订需求方案说明书

云经纪可能负责制订需求方案说明书，以提供给云提供商进行竞标。作为这一步骤的一部分，云经纪从理想状态来说只会要求事前已确认资质的云提供商给出回复。在一些情况下，云经纪可能不会制订正式的需求方案说明书，但会从客户中选出数家提供商以进行随后的展示。

（六）展示解决方案

云经纪也可能是展示解决方案的前线，要么是自身应用要么是为了推进最后选择的管理界面。从最小程度来说，它们将参与云提供商的展览和演示活动。

（七）计算投资回报和总体投入

一个理想的售前步骤是帮助客户计算投资回报或者是更为重要的总体投入，以便帮助客户作出决策。对于那些首次将资本支出转变成运作支出模式的客户来说，这是一个非常有价值的行动。

（八）帮助供应商选择

云经纪将与客户合作来评估提供商的提议，这是最理想的提出建议的方式。

（九）谈判客户合同

云经纪要求就云服务提供商的合同谈判提供建议，以确保有竞争性的收费、条件、要求和服务层次协议。

## 七、销售后的责任

虽然通常是由云提供商负责售后服务，但云经纪也被设想提供售后服务，其中包括以下方面：

（一）管理账户

云经纪预计负责管理账户，确保服务预期交付，客户会对此感到满意。它包括账单评估、评估头一个月的账单以确认其准确性。

（二）账户评估/更新

对账单和服务需求进行定期评估，按合同条件提供更新的服务。

（三）客户支持

在一些情况下，云经纪是首个收到要求客户支持请求的一方，当客户拥有一个涉及多个提供商的解决方案时，这一点尤其重要。

（四）向上销售账户

在首个工作负载成功迁移至云后，云经纪有机会出售额外的云服务或相关服务，如可连

接性、管理服务、安全或备份。例如，GreenAppx's Safran 就在简单的基于 Vanilla 的微软 Exchange 增加了投诉信息档案库和安全短信服务。

## 八、专业服务

尽管一些云经纪可能为了获得有佣金的销售而免费提供专业服务，但有经验的云经纪建议应当就这些服务进行收费，直接向客户发账单。以下是云经纪可能提供的一些专业服务：

(一)审计

这涉及对客户目前的信息技术环境进行基础评估，包括资产、速度、使用和运作性能等领域。

(二)需求评估

这涉及客户对云计算服务的潜在需求。

(三)规划/路线图

这一步骤列出了基于需求、准备程度、设备状态、目前提供商合同等向云迁移工作负载。

## 九、项目管理

由云经纪管理云项目是很普遍的，尤其是涉及多个云提供商的情况下。他们将与云提供商就安装和迁移日期及流程进行互动。

(一)安装/定制

尽管云经纪模式的核心并不一定要求提供技术服务，一些云经纪可能想提供有关软件研发的专业知识来帮助整合云服务或者为客户定制应用。

(二)迁移服务

相类似的，云经纪可以为客户提供场内向云服务的迁移。

(三)训练

云经纪也可能为管理人员和终端用户提供训练，以加速应用和投资回报。

(四)监控服务

监管网络和云服务、跟踪用户采用等服务。

## 十、销售技能

正如前文所提到的那样，云经纪所需的专业知识范围是很广泛的，这取决于他们想提供的服务层次。基本的销售技能是必需的，因为这是对用户生意的战略理解，要具备进行投资回报分析的能力。虽然如此，域名专业知识不应被忽视。拥有销售电信连接、计算、存储、软件(操作系统、中间层软件和应用)、虚拟化经验的专家将是有优势。云经纪服务所需要的技能对于数据中心/COLO 环境也是至关重要的，因为它有自己的语言。云经纪服务商 Nuvalo 负责人布埃特尼称，有必要了解千瓦、兆瓦、采暖通风与空调、灭火、物理安全、准入和合规等概念。

云经纪业务的技能需求较多。云经纪最基本的形式是帮助商业客户从云服务提供商的产品库采购云服务。云经纪与云服务提供商有合同关系，以出售基于定购的云服务，其中包括基础设施即服务、通信即服务、平台即服务。为了支持这一模式，云经纪服务需要拥有一系列技能，如销售、技术、财务的技能，其中的一些专业知识可能已经存在，但是也有一些技能是云经纪业务特有的，需要掌握。虽然如此，并不是所有的专业知识都必须由场内人员掌握，外包也是一个可行的策略，尤其是在建立云经纪服务的初期。云经纪首要要求的是必须具备良好的云销售能力。

（一）了解云服务

这是很显然的，你必须了解自己销售的云服务。即使不重要，你也需要了解它们在公司现场内的等同物，以及你潜在的销售对象已部署的东西。这将帮助你在客户讨论将那些工作载荷向云迁移时获得可信性。所以，如果你是在出售软件即服务，你不仅需要了解云交付的基础知识，而且也需要了解自己提供的软件性能，如 CRM、UC、ERP。与此相似，如果你销售的是基础设施即服务，那么你必须了解计算、存储、虚拟、安全的专业知识。此外，你也需要了解公司现场内的系统将如何与云解决方案合作，因为你的客户不太可能将他们的计算基础设施或应用全部搬迁至云。同样，了解公有云和私有云选项的优缺点，以及它们如何合作也是至关重要的。

（二）销售解决方案

如果你还没有开始制订销售解决方案，那么就要进行基于解决方案的销售训练。云服务转换植根于其对商业结果的支持。这不再与速度和输入有关，而是一个业务是否处于中心位置的讨论，而该讨论通常是在公司高层或业务经理之间进行的。

（三）垂直特长

了解客户所在行业的情况也是有所帮助的，尤其是你在销售应用的时候。客户所使用的软件是他们行业所特有的，你需要了解如何使这些软件在云内运作或者找到一个可行的替代方案。除此之外，这种行业专业知识必须考虑到客户要满足的规则要求。

（四）供应商选择

作为云经纪，你的一个主要作用体现是推荐与你客户需求一致的云提供商。因此，你必须对云提供商的情况、各个云提供商的优缺点有一个很好的了解。在这个非常碎片化的市场里，你不可能了解所有的云提供商，但是你需要了解你所推荐的云提供商，还需要了解一些在云市场处于领先地位的云提供商，即便它们不在你的产品目录里。

（五）账户管理

由于云服务是基于定购的，一个云经纪必须将重点放在客户维持方面，以实现增长和盈利，这就是账户管理的功能。通过账户管理，可以确保客户的满意度，同时可以向客户推荐有助于提高最初服务的补充服务。这样做的目标是放缓损耗率，扩大从每个客户那里获得的平均收入。

## 十一、技术水平

一般来说，技术水平是整个云经纪服务的中心。

（一）销售工程

你可能认为这是销售的一部分，但在这里列出是为了强调这一销售角色所需要的技术专业知识。云经纪们常常强调，在售前、寻找机遇、制订解决方案、设计提议等环节都需要这一技能。他们还建议公司人员都需要具备这种技能。一电信公司首席执行官米埃赫尔称，具备技术专业知识在向云迁移方面是至关重要的。你需要具备这方面的专业知识才能在销

售期间为迁移计划制订出路线图。

（二）需求评估

在许多情况下，对云服务感兴趣的公司客户不确定云服务如何能够帮助他们。这就需要对他们目前的环境进行评估，确认符合他们需求的云服务，制订向云迁移的路线图。这是一项可以单独收取费用的咨询服务。采纳云服务的客户非常有可能只按你的初步建议执行，所以路线图也将为未来的销售机会提供指导。

（三）项目管理

如果你认为项目管理就是协调供应商的售后服务，那么它可能不需要很多的专业技术能力，可以由后端销售支持人员处理，后端销售人员可以成为客户和供应商的联络。云经纪公司 Allyance Communications 运营副总裁皮里兹称，如果你要提供一个项目计划（系统或数据迁移），你需要对终端用户直接负责，那么这将需要工程资源，你可以就此收费。

（四）整合

正如先前提到的那样，客户想让他们新的云基础设施或应用与他们过去的基础设施或应用一起运作。他们可能还想让云应用能够互相兼容。两者都要求系统整合，这就需要具有促使这一流程加速及简单化工具的实用知识。

（五）云客户关照/帮助台

不可避免的是，终端用户将会对云服务提出问题或寻求帮助。在大多数情况下，云服务提供商通过帮助台来提供答案，但云经纪是第一个接到电话的，因此决定这些询问是内部处理、提交给提供商还是第三方处理，这是非常重要的。投资于技术帮助台能够为客户带来更多的价值。

### 十二、掌握一定的财务/法律知识

掌握一定的财务/法律知识在云经纪服务中也是必不可少的。

（一）合同管理

云经纪的一个角色是帮助客户就他们的厂商服务合同进行谈判，包括定价和服务层次协议。云经纪对竞争性条款和相关要求有透彻的理解是非常重要的。云经纪还需要帮助客户管理这些公司。相类似的是，云经纪还必须就自己的赔偿和支持协议进行谈判和管理。

（二）会计

如果你的公司对于持续性收入模式不熟悉，那么你可能需要按月核对云提供商的佣金，以确保收到应收款。如果你在账户上增加服务或更新账户，就更要关注这一点。

（三）账单

云经纪并不为云提供商提供服务送账单，那么为什么还要提账单？云经纪可能提供其他帮助，如云需求评估、安装、迁移或整合，可能为这些服务提供账单。即便不直接提供这些服务，你可能需要有为这些服务代收费的能力。

## 第四节 云经纪服务行业生态系统

所谓的云计算，主要是将互联网作为平台，并且充分利用这一平台来为自己的用户提供一个具有强大计算力、按需付费、成本低廉、可靠、可用及分布式的服务。这一服务有助于实现对知识、信息、相关数据的无限存储，进而使人类的信息技术具备无处不在和无时不在这两种服务能力及可用性。事物是运动变化发展的，云计算作为一项事物同样如此，主要体现在云计算的平台及技术得到了不断的发展，进而为人类很好地描绘了一种图景。云计算主要来自于服务计算技术、网格计算技术、效用计算技术及网络计算技术等。云计算还可以在互联网所提供的这一广域分布式的平台基础之上来为客户提供一些具有可伸缩性、易用性、泛在性以及远程性的服务和资源，所以深受人们的喜爱和关注。接下来，笔者对云计算及云储存生态系统进行介绍。主要从云计算生态系统的组成、云计算生态系统的运行机制以及云储存生态系统的构建这三个方面探讨云计算及云储存生态系统。云计算及云储存生态系统不仅影响了 IT 行业的发展和开发，对包括经济、社会、市场、人类生产和生活等各个方面都产生了直接影响，将高技术推向了人类社会中；与此同时，云计算及云储存生态系统还在很大程度上提升了人类社会可持续发展的能力，进而使人们的生产和生活更加便捷，使整个时代步入了信息化时代。

## 一、云计算生态系统的组成

云计算的生态系统有两个重要的组成部分：消费者和生产者。云计算生态系统的生产者的主要职责就是对资源进行加工，以便消费者能够很好地使用。在云计算生态系统的消费者和生产者之间，往往存在着信息流、能量流及物质流，而对于云计算生态系统来说，消费者就是计算生态系统的客户，生产者则是云计算生态系统的服务商。这二者之间存在着资金流、物质流等多重且复杂的关系。云计算生态系统的服务商主要包括软硬件的服务代理商、系统集成商、生产商等。客户组成可以是企业的客户，也可以是兴趣相投的团体客户，还可以是临时客户及个人客户等诸多类型，团体客户主要包括娱乐及教育等领域。

实际上，云计算主要基于互联网这一平台，进而提供一个安全、可靠、经济以及高效的资源共享、应用服务和信息服务。这些服务主要包括通信、游戏、教育、娱乐、数据、应用、软件、硬件、计算力及储存资源等。云计算生态系统的目的就是要通过其自身高效的管理资源，进而为自己的用户提供一些简单易用的资源，并且按照需求和供给之间的关系，以达到与服务商及客户之间的双赢局面，如人类的生态系统链。可以说，云计算生态系统是一个十分复杂的系统。云计算生态系统两端就是用户和服务商，其中间的环节存在着很多路径。伴随着当前经济的不断发展，技术取得了很大的进步，在这种背景下，云计算生态系统一定会发生一些变化。因此，我们可以将云计算生态系统自身的结构分为云计算服务商、云计算客户、云计算生产商、云计算集成商及云计算代理商。我们也可以从利益这一角度出发，将其分为生态流、物质流、资金流及信息流等部分，进而取得一定的前进动力，并将人们的生活改变，将整个生产领域、整个社会以及人们的生活在一定程度上进行改变。

当前，我们所接触的云计算生态系统是一种初级系统和简单系统，主要包括客户及生产服务商。近些年来，比较知名的厂商一直承担着生产服务这一职能，如 IBM 和微软等。通过对互联网进行访问，用户可以获得自己想要的信息。如果将云计算生态系统很好地应用到人们的日常生活、学习、工作、科研及娱乐等活动中，就要求有代理商及集成商等对其进行一定的协助，对于现在已经出现的云计算服务来提供一个跨平台、跨组织及跨地域整合的服务目录，以便能够提供一个推介和参数化评价等相对来说比较有效的机制，进而获得大家的

认同和了解，使其达到一个规模化经营模式，最终实现投入和产出之间相互协调及平衡。

## 二、云计算生态系统的运行机制

云计算生态系统一直具有多链、多成员和资源密集等特点。因此，云计算生态系统自身实施的有效维护机制及运行机制能够对整个人类社会的发展规律和自然生态系统进行借鉴，将成员之间的协商、他律、自律、相互协作进行充分利用，将市场机制和价格调控机制很好地利用起来。对于云计算生态系统的各方面都需要进行有效的协调及调控，进而保证实现云计算生态系统的良性循环，达到云计算生态系统平衡发展。云计算生态系统的维护机制、运行机制及构建机制主要包括调研服务需求、实施系统规划、实施系统控制、实时系统监控、实施系统调度、管理系统生命周期、进化和重构系统等。调研云计算生态系统服务的需求主要对服务的市场传统转型以及新客户的群体趋势来实施预测和调研工作，进而决定云计算生态系统的宣传和实施的策略。而对云计算生态系统进行规划，主要是通过对云计算生态系统整体的市场需求进行严格分析，对云计算生态系统架构及云计算生态系统容量的扩展方法进行规划；实施云计算生态系统监控主要对云计算生态系统运行的日志进行记录，定期或不定期地对云计算生态系统进行统计和分析，及时采取正确的对策；云计算生态系统的调度工作主要根据用户的请求来实施排队工作，并且根据用户的请求及负载在动态控制系统的服务进程进行清理、克隆、执行和生成；对云计算生态系统实施生命周期的管理工作除了主服务进程之外，主要根据系统其他的派生服务完成作业的情况来实施自身的管理工作。

## 三、云储存生态系统的构建

众所周知，云计算生态系统自身就是一个十分宏大的系统，云计算生态系统能够提供一定的信息服务、软件服务、数据服务、平台服务及基础设施服务。我们可以说，云计算生态系统是由各种各样的资源以及服务生态系统构成的，因为当前企业的信息系统核心内容就是数据，并且数据已经成为了企业中最为重要的无形资产。作为数据的一种载体，云储存生态系统是云计算生态系统中实施基础设施服务重要的部分。当前已经有 HP 公司、IBM 公司及 EMC 公司等厂商提供了云储存生态系统的服务。在实际的计算机领域中，云储存生态系统能够将软件服务及计算服务等项目通过一个虚拟机来进行整合，进而为客户提供一定的远程应用服务。信息基础设施最核心的资源就是储存资源。储存资源主要对文件数据及软件等进行存放，并且成为一个不可或缺的重要部分。云计算生态系统一直是一个广义方面的生态系统。在云计算生态系统中存在着各种各样的资源，每一种资源都能构成云计算生态系统中的生态子系统，进而为云计算生态系统这个总系统提供一个分布式的管理。所以，将云计算生态系统中的储存资源作为目标进行云储存生态系统的构建，以利于对云计算生态系统这一总系统进行拓展。

云储存生态系统主要包括云储存代理商、集成商、客户及生产商等。其中，云储存的生产商主要包括系统集成生产商、服务开发生产商、软件生产商及硬件生产商等，这些生产商为云储存客户提供了储存的实体。云储存生态系统中的代理商主要通过为用户提供一些储存资源的销售、配置及安装等，进而为用户提供储存的资源。而储存集成商主要通过把用户的储存资源进行有效的集合，进而为用户提供一个增值储存的服务。储存用户直接将储存

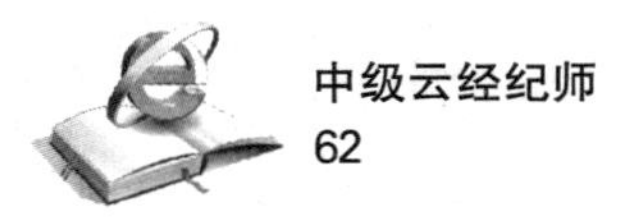



的资源进行使用，进而可以直接产生一种储存效益。为了对云储存生态系统的可靠性及安全性进行保证，必须要对第三方认证这一措施进行借助。所谓的第三方认证，是指为云储存生态系统各个组成部分提供一定的信誉、能力及资质认证。

在云储存这一生态系统中，我们不难发现，物质流流动主要表现在将系统网络储存设备在服务端进行部署，进而有效地将用户端存储系统购置减少。能量流主要表现在计算密集型或数据密集型在本地资源应用不足而不能完成，进而通过在远程云服务端来按客户请求完成。因为在云服务端可以将更多能量消耗掉，所以通过云储存系统的客户端对系统运行能量有了很好的节省，并将能量流动间接体现出来。

在云储存生态系统中实施的关键步骤主要包括云储存系统服务调度机制、云储存生态系统数据更新方案、云储存生态系统缓存管理方案以及云储存生态系统的元数据管理方案等。其中，元数据管理方案能够采用集中式的元数据、本地元数据上传、本地元数据更新、本地元数据下载及云端元数据的更新等，对缓存进行管理要求我们必须要根据用户访问的模式来实施。将低访问频率冷数据及高访问热数据进行区分，进而采取一个与之不同的缓存分配的策略。与此同时，我们还要通过应用缓存替换策略、缓存更新、缓存通信、客户缓存、缓存实效机制及服务器缓存等对请求响应性能进行有效提升。云储存生态系统数据更新的方案主要包括客户端与服务端之间更新广播、更新缓存、更新元数据、更新通知、更新执行、更新认可等。

正如我们所了解的，云计算一直将计算机网络作为基础，并且集成了多种高新技术，在人们日常生活和生产等领域中产生了十分重要的影响，同时云计算及云储存生态系统也得到了飞速的发展。这一发展并不单纯体现在概念上的发展，更多体现在技术的集成及技术的综合上。面对当前人类需求所具有的诸多广泛性，云计算及云储存生态系统提供了将人们需求实现的可能。

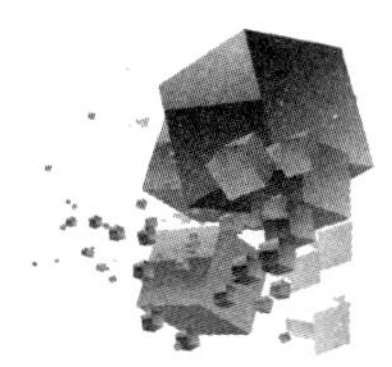

# 第三章
# 云交易市场容量和规模

**学习要点**

1. 了解云市场容量、服务和规模
2. 了解云提供商及结构
3. 了解云需求商及结构
4. 了解云交易的形成和云交易所

2010年，中国云计算应用市场的发展继续加快，无论是公共云还是私有云，典型案例都日趋增多。除了大型的云计算中心建设，还有众多以SaaS、虚拟化等模式存在的云计算相关应用服务。在地方政府公共云项目的大力推动和厂商的积极宣传下，2010年，中国云计算市场规模达到167.31亿元，同比增长81.4%。如表3—1所示。

表3—1　2008～2010年中国云计算应用市场规模及增长率

| 年　度 | 2008 | 2009 | 2010 |
|---|---|---|---|
| 销售额(亿元) | 72.71 | 92.23 | 167.31 |
| 增长率(%) | — | 26.9 | 81.4 |

## 第一节　云市场容量、服务、创建和规模

### 一、云市场容量

所谓的云市场，是指物联网中分布在不同地点的海量的商品生产者和消费者之间各种经济关系的集合体，是通过相对集中的云平台资源联合物联网各个感知节点信息资源的方式，以运行分布在不同地点的海量的经济交换关系的集合。该市场可以用相对较少的资源高效实现实体市场的本质功能。同样，该市场的形态如云一般绚丽多彩而瞬息万变。从技术和经济的发展趋势来看，若干年后的全球商业信息，主要通过物联网传递，物联网将成为未来商业社会的神经系统，而云市场则将成为未来人类社会的主流经济模式。

从主体服务来看，云市场在为买卖双方提供注册资格认证的基础上，通过目录管理和消息机制协调双方利益关系并促成交易，即通过产品目录的转换、集中和维护，并提供询价单、竞价协调、产品配置、谈判等服务，使买方群体和卖方群体相互了解。在此之前，买卖双方的

后台系统需要与云平台软体相结合，从而实现安全、匿名的云交换过程。此外，云市场还为卖方提供拍卖管理，为市场需求方提供新闻、咨询、行业分析。为了实现真正意义上的云交换，云市场提供了一整套的支援服务，如财务、支付、保险、物流、税收、托管、订单跟踪管理、档案、统计等。云市场的整体架构如图 3－1 所示。

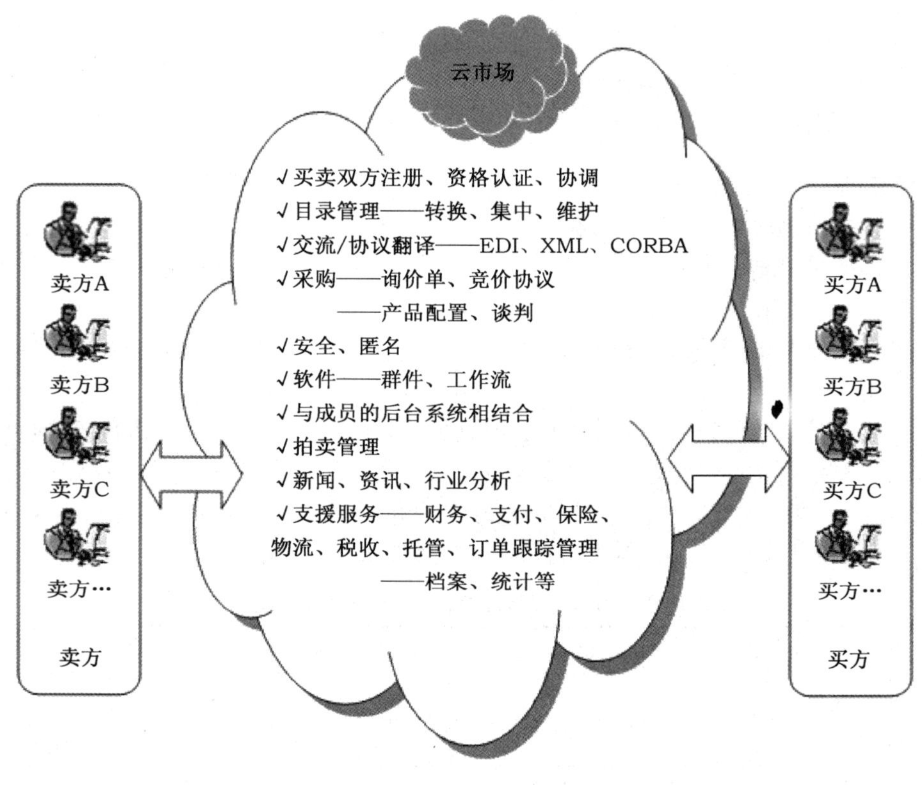


**图 3－1　云市场的架构**

云市场中最为频繁进行的便是云交换，云交换流程是指云市场中从买方对满意产品下达订单到卖方最终执行订单的整个交易流程，如图 3－2 所示。

依据交易集群特征，云市场可分为两类：行为云市场和商品云市场。行为云市场是针对某个行业的上下游交易而集结的市场，如电子行业、汽车业、钢铁、化工云市场等；商品云市场是针对某个或某类商品而集结的市场，其交易的商品可以应用到所有行业，如办公用品、个人电脑、旅行服务等。

## 二、云市场的服务

云市场的服务按性质大体可分为电子基础设施、电子流程、电子市场、电子社区、电子商务、电子内容六大类，如图 3－3 所示。

在此六大类服务中，我们就电子基础设施类的系统开发、咨询服务、主机托管，电子流程类的金融服务、物流服务，电子市场类的行销广告、会员计划，电子社区类的业务伙伴，电子商务类的目录服务，电子内容类的内容创建和其他服务等作进一步介绍。

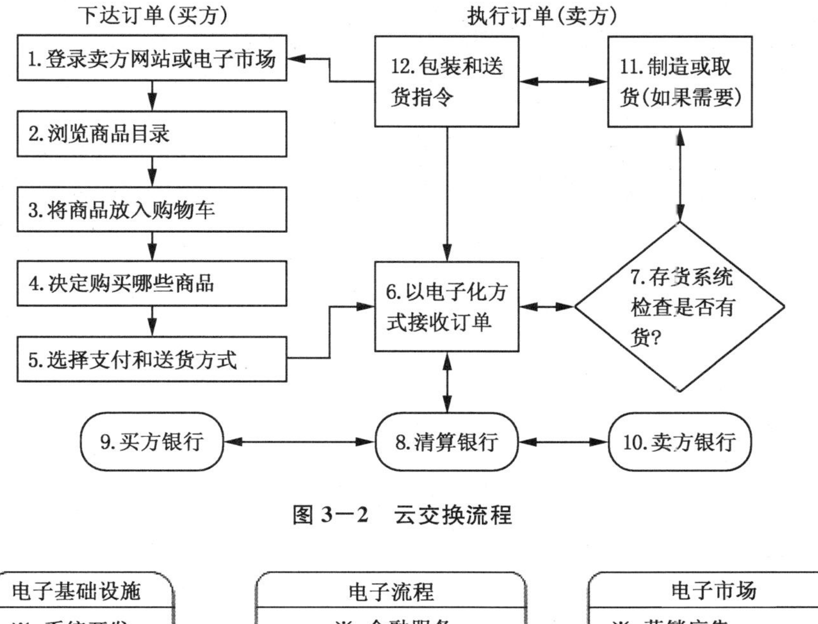


图 3—2　云交换流程

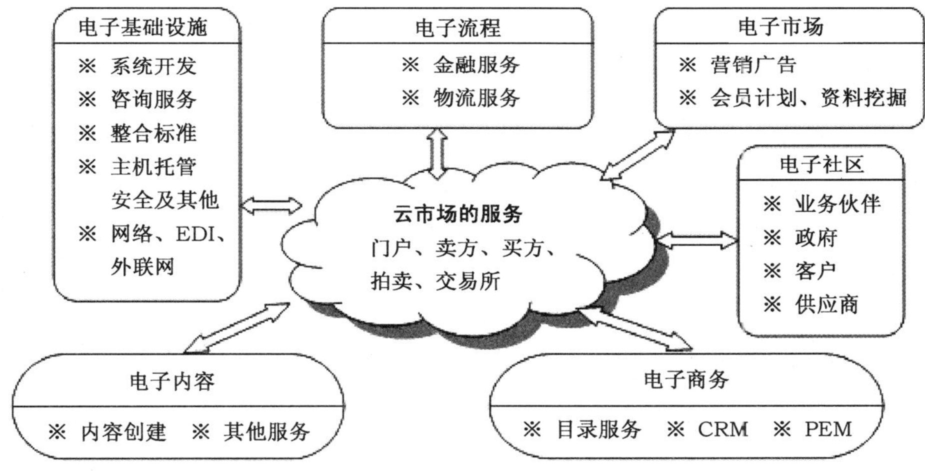


图 3—3　云市场的服务

(一)系统开发

在云市场中,系统开发服务通常有“形成电子商务战略”、“逻辑和实体设计”、“购买和开发系统”、“托管、运营和维护”四大步骤,各步骤的要点如图 3—4 所示。就大宗商品电子交易这个新的商业运营模式来看,目前交易平台软件系统结合物联网及云市场的理念在成品软件中已有所体现。

(二)咨询服务

依据咨询内容的不同,云市场中提供咨询服务的公司可分为以下四类:

(1)只在电子商务领域提供专家服务的公司,提供企业战略研究、流程创新、业务方案设计等咨询服务,不涉及传统领域。

(2)拥有专门电子商务部的传统咨询公司,可提供战略咨询、管理咨询、IT 咨询,如麦肯锡、毕马威、IBM 等。

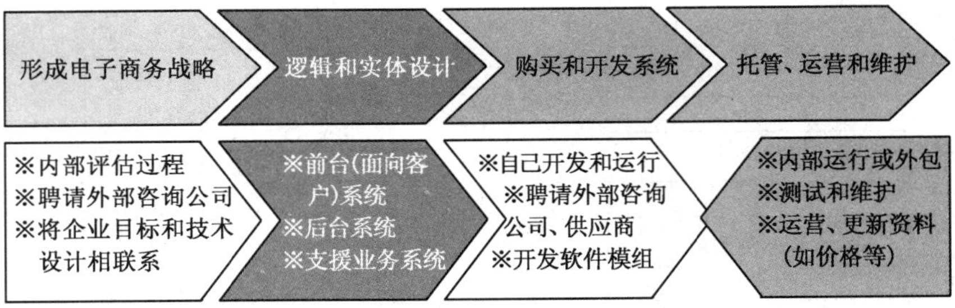

形成电子商务战略
逻辑和实体设计
购买和开发系统
托管、运营和维护
※内部评估过程
※聘请外部咨询公司
※将企业目标和技术设计相联系
※前台(面向客户)系统
※后台系统
※支援业务系统
※自己开发和运行
※聘请外部咨询公司、供应商
※开发软件模组
※内部运行或外包
※测试和维护
※运营、更新资料(如价格等)

图 3—4　系统开发服务

(3)专门从事电子商务服务的中小型咨询公司,填补电子商务领域的某些细分市场。

(4)提供咨询服务的电子商务软硬件供应商,如 MYSAP、IBM 等。

(三)主机托管

对于 Web 主机的托管,云市场提供商业主机托管和专用伺服器托管两种服务。其中,专用伺服器托管被用于特定的目的或顾客,是相对更为高级的服务。

(四)金融服务

云市场的金融服务包括支付、电子信用证、税收计算、其他金融服务。

1. 支付

采购卡是专门用于购买云市场物品的支付手段,不能回圈使用。持卡人可凭此采购卡更为便利地采购,采购中不需要开发票和支票,可以加快货物和服务的发送。与此同时,公司或政府机构可以实现更为高效的采购与支付流程,电子记账也可加强追查能力。采购卡的使用流程如图 3—5 所示。

进行采购
接受商品或服务
公司或政府部门
供应商
进行支付
提供资料
要求卡号
提供卡号
接受支付
递交交易
采购卡发行商
商家收单行
请求授权
提供授权
处理支付
请求授权
处理支付
请求授权
处理支付
请求授权
处理系统
网络
处理系统

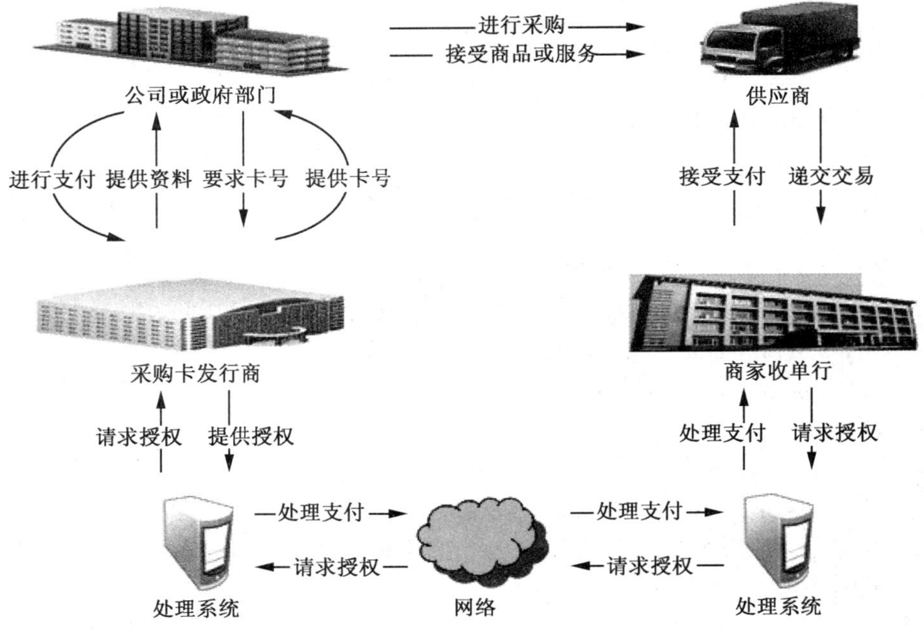

图 3—5　采购卡使用流程

2. 电子信用证

信用证由银行书面承诺，具体分五步签发：发行、信用审核、批准、传递和议付。加拿大皇家银行通过其国际商务中心发行电子信用证，这样一来，进口商可线上提交信用申请，在24小时内即可签发信用证，范本的利用也可提高效率、减少错误，并且获得一个申请后就能立即使用ID，得到检视和控制报告。同时，电子信用证使出口商在个人电脑上即可接收（不再需要传真），资讯可更容易地转化为普通格式（错误更少、传递更快），单据都有范本可用（发货单、装箱单、重量单等），并且可以得到报告资讯。

3. 税收计算

电子零售商正为大量的国际税收规则所困扰。在云市场中交易的商品，其品种包罗万象，因此云交换必须区别最终产品、原材料和半成品的税收。许多国家采用增值税（VAT）来进行这样的区分。为省去云交换中繁杂的税收计算，参与者可消费云市场中的税收计算服务。

4. 其他金融服务

其他金融服务包括：信用报告（如 Equifax 公司长期独立提供公正的金融资料），信用中介给信用风险做经纪人（如 eCredit 公司在短期融资的即时选择中扮演重要角色），保险公司担保品质，交易所开展保险交易，电子信用服务（如 eRevenue 基于交易的融资服务）。

eRevenue 提供采购流程关键点上的服务——基于交易的融资服务解决方案。该方案使供应商线上交易时用发货单就可以获得支付，而不必说服买家改变其支付周期，其本质是将应收账款融资直接结合到购买/销售交易过程中。此模式综合了技术提供商（建立和支援云平台）和融资伙伴（负责对发货单进行融资）的双重角色。该服务的具体流程如图 3—6 所示。

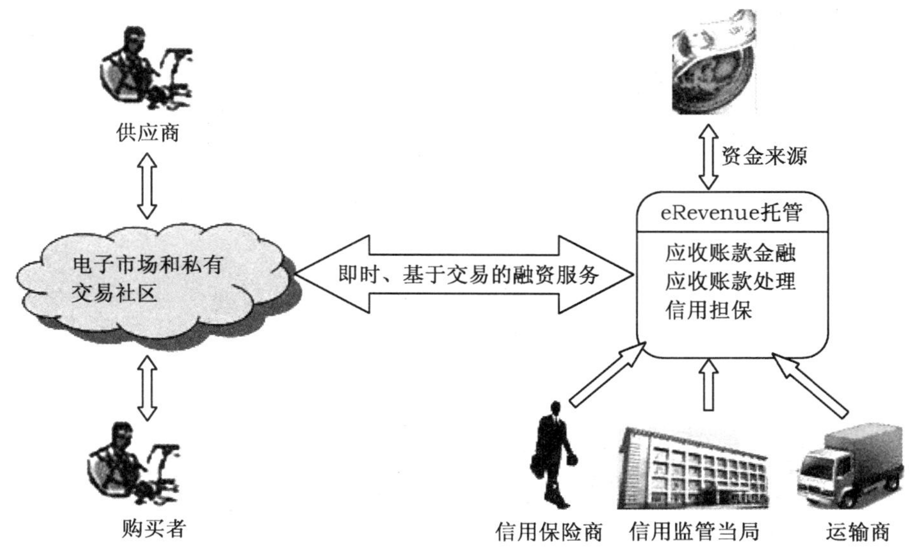


图 3—6　基于交易的融资服务

（五）物流服务

订单履行、物流仓储和供应链是云市场最有潜力的应用领域之一。物流过程中的货物追踪、资讯自动采集、仓储管理应用、港口应用、邮政包裹、快递等环节的成效都会随着

RFID的大规模应用而大为改善。Fedex、TNT、UPS、DHL等国际物流巨头正在积极实践物联网的RFID技术，以期在将来大规模应用，提升物流能力并降低经营成本。

（六）行销广告

一家云市场中的公司，只要其目标客户属于一个明确的群体，就可以通过行业贸易协会的记录或行业杂志来增加潜在客户。在此基础上，会员服务是一种有效地将新客户吸引到云市场的方法，同时，可借助网络广告提供商的专业能力，使为公司做宣传的广告工具得以有效运用。

（七）会员计划

云市场作为资讯中介可搜集消费者行为的相关资料，通过资料挖掘等技术手段分析后将客户分类、分级，并制订相应的会员发展计划，这样一方面可扩大云市场的规模和影响力，另一方面也可优化行销战略和销售计划。

（八）业务伙伴

伙伴关系管理（partner relationship management，PRM）意味着成功的云市场企业必须全天候24小时管理好整个价值链上的伙伴、机会和客户接触点。对于云市场中的伙伴关系来说，行为和心理方面的因素不太重要，更重要的是信任承诺、服务品质和连续性。

对于伙伴关系的管理，云市场专门提供了聊天室、公告板和个性化网页等社区服务。这样的平台可促进业务伙伴间融洽的合作关系，最终目的还是促使交易顺利达成。

（九）目录服务

目录服务有多种类型，比如：

（1）B2 Business：大型B2B专业网站，含有30多个行业的企业列表、公司研究资料。

（2）B2 BToday：包含了按服务类型和产品类型进行组织的B2B服务列表。

（3）Thomasregister：提供超过15万家工业产品制造商的目录。

（4）B2b. yahoo：所列公司超过25万家（2001年）。

此外，提供目录服务的还有搜索引擎和新闻集中商。比如，Google——提供B2B和B2C网站元件的目录，从汇率计算器到伺服器表现监视器（directory. google）；iEntry——提供B2B搜索引擎、有针对性的“专门引擎”和多个行业的时事通信。

（十）内容创建

向电子商务网站提供内容是一项复杂的工作，因为有大量的各类资讯来源，而且资讯内容必须不断更新。云市场网站的内容包括：关于公司、产品、服务、客户、投资者关系、出版物等的资讯，行业新闻，在电子目录中提供的详细的产品资讯，客户定制的网页等。

对于将供应商的目录集中到自己网站的购买者而言，进行内容管理首先要吸引供应商加入，然后搜集、标准化、分类、运行并不断更新目录资料。考虑到大多数大型企业买家可能有数百个供应商，而且每个供应商使用不同的资料格式和命名方法，所以这并不是一项简单任务。为此，有五种目录管理的选择方案：自己做、供应商做、向集中商购买内容、向垂直交易所订购、外包给提供全面服务的网际网路交易所。

（十一）其他服务

其他服务有：信任评级服务；电子商务评级网站，如Bizrate、forrester；推广计划，如NetCentives、ClickRewards；加密网站，如VeriSign为B2B和B2C企业提供很有价值的加密工具；WEB研究服务；优惠券发放网站，如Q-pon、TheFreeSite等公司发放线上优惠

券……

## 三、云市场的创建

(一)云市场的发起者

关于云市场的发起者,通常有三种考虑:其一是行业巨头,即由一家制造商、分销商或经纪商建立并经营云市场,但问题是,巨头的竞争者会不会进入甚至是使用该云市场?举例来说,假如IBM建立了一个云市场,在网上销售自己的25 000多项专利,IBM如何鼓励其他企业也这样做呢?其二是中立主办者,即由第三方中介建立云市场,并承诺高效而公正地运营云市场,但问题是,是否会有人来这样的"无名之地"交易。其三是行业联盟或合作社,但问题是由谁在力压群雄后指挥千军万马?

由于"建构利益协同系统"是物联网成功商业模式的关键,因此在云市场的创建过程中可通过一定方式推选若干个行业联盟或合作社的常任理事,在一定的期限内负责云市场的日常运营与管理,轮流坐庄,这样公平的利益格局可充分调动行业内各类企业的积极性,促进云市场的快速持续发展。此外,这种利益格局可规避行业巨头或中立主办者单独发起云市场所带来的垄断等潜在法律指控。

(二)成员资格

成员资格是指企业或政府机构作为会员加入云市场社区的资格。在许多的云市场中,这应是免费的,然后收取交易费和其他费用(如Alibaba):一是有些云市场会收取注册费和年费;二是某些云市场则要求有现金存款。

(三)技术选择

这是一个复杂的过程,通常由主要的B2B软件公司来完成,如Commerce One,Ariba,Oracle或IBM。

(四)收入模式

在全球最大的100家公司中,有60家的大部分收入来源于这样一种收入模式:公司通过向某一类客户收取少量费用或提供免费服务,来吸引足够量的同类客户,然后再依靠他们来大量吸引另一类客户,而后者贡献的收入将大大超过公司本身和服务前者的成本。"免费"就是这样的一种收入模式,它所代表的正是数位化网络时代的商业未来。在云市场的发展初期,可以先通过免费服务吸引大量用户的关注和使用,并逐渐将其中的一部分升级为付费的VIP,并以更好的增值服务作为交换,比如可以收取交易费、服务费、会员费、广告费等作为增值服务费。

(五)收益和风险

老子说:"福兮祸之所伏,祸兮福之所倚。"作为物联网时代的佼佼者,云市场所带来的不仅仅是巨额的利益,更需要谨慎对待的潜在风险。云市场的收益与风险分析详见表3－2。在创建之初,若能充分把握云市场的潜在"福"与"祸",则不仅可以通过利益杠杆撬动乳酪仅为我所用,还可通过一定的风险防范手段化险为夷。

(六)关键成功因素

我们认为有五个因素将是推动云市场成功的关键:

1. 大批量业务

以和睦的商业竞争氛围为前提,云交换的业务量越大,越有利于云市场的成功。

表 3—2　云市场的收益与风险分析

| 对　象 | 潜在收益 | 潜在风险 |
| --- | --- | --- |
| 对买方而言 | 一站式购买，选择多样<br>搜寻和比较购买<br>在任何时间、任何地点订购<br>向多个供应商同时订购<br>丰富而详细的资讯<br>接触新的供应商<br>有可能快速交货 | 不认识供应商，不一定可靠<br>低品质的客户服务（无法比较所有的服务） |
| 对卖方而言 | 新的销售渠道<br>不需要实体商店<br>减少订单错误<br>全天候销售<br>花少量代价接触新的客户<br>通过交易所促进业务<br>解决多余存货<br>更方便地走向全球 | 丧失了直接 CRM 和客户经验<br>为赢得注意力而进行价格战<br>增值服务上的竞争<br>支付交易费用（包括与原有客户的交易）<br>客户可能被竞争对手抢走 |

2. 行业联盟实力

行业联盟越有实力，对行业的垄断性越强，客户对云市场的采用速度就越快。

3. 良好的管理

良好的管理体制和规则可保障云市场公平高效地运营，如对于产品标准化、资料储存、密集型合作的支持。

4. 开放包容性

物联网时代，建立云市场自身的品牌很关键，而开放包容性则是云市场建立和拓展品牌知名度的关键品质。从组织和技术观点看，云市场应向所有人开放。

5. 服务全能性

基于买卖双方对降低交易总成本都很感兴趣，云市场可充分利用范围经济为买卖双方提供增值服务和补充服务，如系统开发、主机托管、金融服务、物流服务、风险控制等。

## 四、云市场规模

（一）行业云

行业云由是由国内厂商浪潮提出的，是由行业内或某个区域内起主导作用或者掌握关键资源的组织建立和维护，以公开或者半公开的方式，向行业内部或相关组织和公众提供有偿或无偿服务的云平台。

经过十几年的建设，中国各个行业已经具有完备的信息化基础，行业客户需要云平台实现数据向服务的转化。但是当前行业信息化，还是以内部服务为主，只是解决办公效率的问题，而对社会、对大众提供的信息服务几乎是空白，在国家数据大集中、电子政务升级等政策下，各个行业机构迫切需要转化职能，对外输出服务，以不断提升服务能力。同时，行业云建设具有成熟的技术和应用基础，经过三金工程、十二金工程、数据大集中等几个建设周期，税务、工商、能源等行业用户积淀下来大量异构的、相对封闭的海量数据，云计算可以将这些业务数据的巨大潜在价值释放出来。目前，已有的行业云有医疗云、电信运、云制造等。

（二）金融云

云金融(Cloud financial)，云金融是指基于云计算商业模式应用的金融产品、信息、服务、用户、各类机构以及金融云服务平台的总称。云平台有利于提高金融机构迅速发现并解决问题的能力，提升整体工作效率，改善流程，降低运营成本。从技术上讲，云金融就是利用云计算机系统模型，将金融机构的数据中心与客户端分散到云里，从而达到提高自身系统运算能力和数据处理能力、改善客户体验评价、降低运营成本的目的。从概念上讲，云金融是利用云计算的模型构成原理，将金融产品、信息、服务分散到庞大分支机构所构成的云网络当中，提高金融机构迅速发现并解决问题的能力，提升整体工作效率，改善流程，降低运营成本。

事实上，基于云金融思想的产品服务模式已经在传统银行及其网上银行的服务中得到初步的应用。金融机构可通过对云概念更加深入的理解，提供更加云化的产品服务，提高自身的市场竞争力。

例如，虽然各家传统银行的网上银行都能针对客户提供诸如储蓄、支付、理财、保险等多种不同的金融服务，但作为客户，其同一种业务可能需要分别在多家不同的银行平台同时办理。当有相应的需求时，就需要分别登录不同的网上银行平台进行相关操作，极其烦琐。而云金融信息系统，可以协同多家银行为客户提供云化的资产管理服务，包括查询多家银行账户的余额总额、同时使用多家银行的现金余额进行协同支付等，均可在金融机构单一的平台得以实现。如此一来，将会为客户提供前所未有的便利性和产品体验。

2011 年 9 月，中国电信上海公司诞生了由运营商和服务提供商联合打造的国内第一朵“金融云”。在“金融云”的催生下，在我国台湾地区金融圈中具有重要影响力的台湾第一银行在祖国大陆的第一家分行——上海分行将正式开业。“金融云”是中国电信专门为金融行业度身定制的数据中心“云服务”，它打破了传统金融企业数据中心各自建设、各自运营的模式，中小型金融企业将按照“按需使用、即付即得”的交付模式获得云计算服务，从而节省大量的建设与运营管理成本。

（三）政府云

政府通过云计算应用，实现面向更多公众服务、带动本地信息化发展等目标。政府云可提供对海量数据存储、分享、挖掘、搜索、分析和服务的能力，使得数据能够作为无形资产进行统一有效的管理。政府云数据中心可提供对海量数据存储、分享、挖掘、搜索、分析和服务的能力，使得数据能够作为无形资产进行统一有效的管理。通过对数据集成和融合技术，打破政府部门间的数据堡垒，实现部门间的信息共享和业务协同。通过对数据的分析处理，将数据以更清晰直观的方式展现给领导，为领导决策提供数据支持。

（四）教育云

云计算在教育领域中的迁移称为“教育云”，它是未来教育信息化的基础架构，包括了教育信息化所必需的一切硬件计算资源。这些资源经虚拟化之后，向教育机构、教育从业人员和学员提供一个良好的平台，该平台的作用就是为教育领域提供云服务。

云教育本质上并非一个单一的网站，而是一个教育信息化服务平台，通过“一站式”应用和云的理念，试图打破教育的信息化边界，为所有学校、教师和学生提供一个可用的、平等的平台。毕竟，“教育的不平等”是一个社会问题，云教育希望通过技术的手段，解决这一问题。云教育在某种程度上，通过一个统一的、多样化的平台，让教育主管部门、学校、老师、学生、

家长及其他与教育相关的人士(如教育软件开发者),都能进入该平台,扮演不同的角色。在这个平台上融入教学、管理、学习、娱乐、交流等各类应用工具,让"教育真正地实现信息化"。

当然,云教育平台不应对单独的老师或学生开放注册,应和学校有统一的合作。学校的管理人员需要先在云教育上开通学校账户,然后将本校的老师、学生等添加为用户,学生用户会自动配备一个家长账号,毕竟家长永远都是重要的老师。这样每个用户会根据所设定的权限,拥有一个在云端的"个人桌面",这个桌面犹如一个教育专用电脑或网络平台,具备多种功能。

根据云教育提供的演示账号实际体验,用户登录后会出现"个人桌面",上面拥有多个应用软件,包括名师课堂、课程表、成绩单、图书馆、社团、好友等,还有一些实用工具,如存储空间、博客、计算器、万年历、图片编辑、益智游戏等。这些应用是云教育的核心所在,需要学校、老师、学生和家长的共同参与,输入可信的数据、真正的参与,云教育才会有价值,否则很容易成空、成为形式。据云教育介绍,该平台目前有超过500所学校正在试用,具体效果还不得而知,但无论是观念的改变,还是资源的匹配、用户的参与,恐怕都需要时间来过渡和适应。

此外,云教育还开发了教育应用引擎,提供API接口让其成为一个开放平台,让全世界的开发人员都能开发基于云教育的应用程序,供用户选择试用。这些应用可由开发人员自由设定价格或免费,提供各类与教育相关的应用工具。这时候的云教育犹如一个应用程序商店,采用37开的商业模式也是顺理成章。

在商业模式的设定上,云教育更犹如SAAS的方式,学校及用户可免费试用一个月,若升级为正式账户,则每个用户每年需要支付36元的服务费,这些费用估计以学校埋单为主,看上去很低,但如果整个学校都使用的话,也是不菲的收入。成为正式应用之后,可享用云教育所提供的一些免费的、基础的应用,当然也可以根据需求选择开发人员开发的付费或免费应用。

最后回归到云教育和教育本身,笔者很期待这种教育信息化的方式有一天能被老师和学生们所接受,这样教育会更有意义,也会更公平。希望网络和云计算能让教育无边界、无局限,当然这样挑战会很大,期待云教育的未来有更好的发展。

教育云包括"云计算辅助教学"(Cloud Computing Assisted Instructions,CCAI)和云计算辅助教育(Clouds Computing Based Education,CCBE)等形式。云计算辅助教学是指学校和教师利用"云计算"支持的教育"云服务",构建个性化教学的信息化环境,支持教师的有效教学和学生的主动学习,促进学生高级思维能力和群体智慧发展,提高教育质量。也就是充分利用云计算所带来的云服务为教学提供资源共享、存储空间无限的便利条件。云计算辅助教育或者称为"基于云计算的教育",是指在教育的各个领域中,利用云计算提供的服务来辅助教育教学活动。云计算辅助教育是一个新兴的学科概念,属于计算机科学和教育科学的交叉领域,它关注未来云计算时代的教育活动中各种要素的总和,主要探索云计算提供的服务在教育教学中的应用规律、主流学习理论的支持和融合、相应的教育教学资源和过程的设计与管理等。

(五)电信云

1. 电信云介绍

电信云是电信运营商为用户提供的"云服务"。电信运营商可以充分利用云计算技术对

上述资源进行整合、优化、共享，构建开放的超大规模的“安全云”的资源池，全面提升安全设施服务效能和中国电信发行的电信云卡的效能。如今，在大街小巷，我们随处可见电信云的影子。

中国电信是目前国内三大运营商之一，目前有关云计算相关的架构已经初步成型，如图3—7所示。

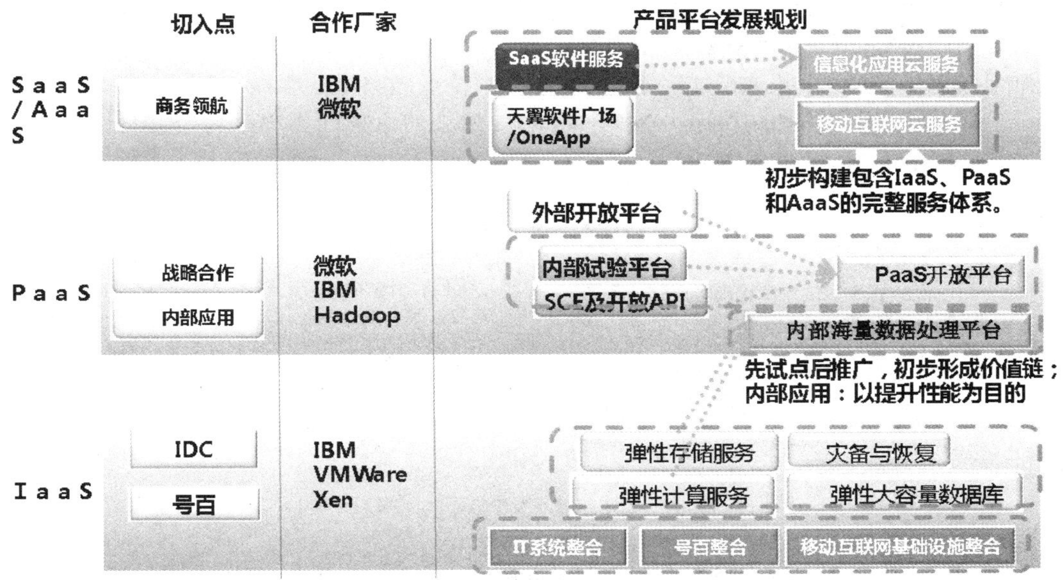

图3—7　中国电信云计算发展总体规划

中国电信的未来云计算定位主要集中于三点：

1. 成为国内领先的IaaS服务提供商

(1)IaaS是中国电信发展云计算的必由之路，是国外领先电信运营商的一致选择；

(2)以云计算为契机，整合IDC业务服务体系；

(3)依托IDC业务，利用中国电信在基础资源、用户群、资金和品牌影响力等方面的优势，优先提供IaaS服务。

2. 成为中小企业信息化、移动互联网产业链聚合者

(1)PaaS具有密集软件技术特点，目前仍处于初期发展中，中国的电信业应积极跟进，稳妥介入；

(2)与成熟平台提供商合作适时提供PaaS服务，成为产业链的整合者和聚合点；

(3)利用PaaS的海量数据处理能力优化内部应用。

3. 成为国内SaaS服务的主要提供商之一

(1)利用商务领航品牌提供SaaS服务；

(2)利用中国电信网络和业务资源优势，提供差异化竞争的SaaS应用服务；

(3)通过PaaS平台引入第三方SaaS开发力量，提供个性化SaaS应用。

2. 电信云的机遇与挑战

(1)电信云的机遇。未来的电信云是以云计算为契机，履行信息化带动工业化职责，加

速自身战略转型。首先,电信云的引入有助于提升信息化服务能力,满足中小企业的信息化应用需求,具备大规模低成本推广中小企业信息应用能力,引入更多第三方开发者,形成信息化应用生态系统,并与企业信息化终端系统结合,同时也能满足大量中小企业的弹性 IT 资源需求,降低客户信息化发展门槛。其次,促进移动互联网的发展。云计算有利于中国电信业在移动互联网的发展过程中获得更多的机会,同时云计算的应用,有利于丰富移动互联网应用业务,且有效改进应用的使用体验,吸引用户对移动互联网业务的使用。最后,提高 IT 效率,有效降低成本。加快新业务创新、孵化和部署速度,降低投入提升 IT 支撑系统性能和响应能力,降低 IT 投入成本,利用云计算技术特点能够降低能耗,实现节能减排。

(2)电信云的挑战。与其他新兴事物一样,电信云的出现同样饱受争议。如图 3—8 所示。

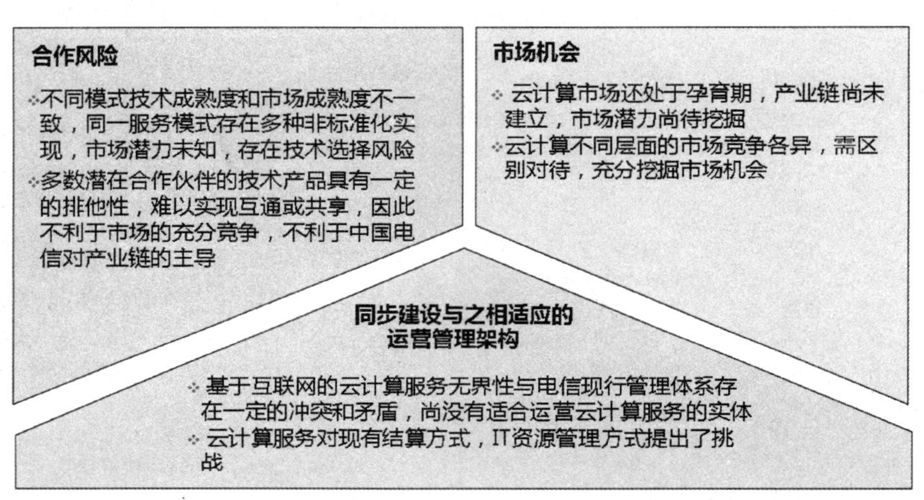


**图 3—8　电信云实施风险业务整合能力**

(六)医疗云

医疗云是在医疗护理领域采用现代计算技术,使用云计算的理念来构建医疗保健服务的系统。这种医疗保健服务系统能有效地提高医疗保健的质量、控制成本和便捷访问的医疗保健服务。

1. 医疗云面临的问题

我国医疗信息化经过近 30 年的发展,大体分为四个阶段:单机单用户应用阶段→部门级系统应用阶段→全院级系统应用阶段→区域医疗探索阶段。调查显示,国内 90%以上的医院处在第三阶段,医院通过购买、自主开发或合作开发建设医院信息系统(Hospital Information System,HIS)。其面临的主要问题包括:

(1)信息化系统的建设成本高。医疗机构采用“驻地模式”(On-Premises)获得信息化服务,即用户自己投资、建设、维护信息化系统。医院不仅需要购买硬件基础设施,建立自己的服务器群,还要在地理空间十分紧张的情况下,安排机房容纳这些设备,并且分配专门的业务人员去管理数据。

(2)数据量增大对存储设备产生挑战。据统计,2011 年春节长假期间北京某医院共接

待病人5 639人次，每天都会产生大量的医疗数据。不可否认的是，这些数据对病人今后的治疗具有重要的参考价值，因此对信息系统的数据存储、分析、挖掘、搜索等能力提出了更高的要求。

（3）各个医院之间信息共享性差。医疗数据仅存在于病人、医生、医疗机构和医疗数据档案馆等各类用户中的一类或几类中，在很大程度上影响了信息的共享，形成了各个医院的“信息孤岛”。

（4）医疗资源不均衡。据调查，在数量上，我国 80％的医疗资源集中在城市，而占全国人口数 70％的农村仅占 20％；在质量上，高素质的卫生医务人员、高精尖的医疗设备均集中在大城市的大医院，农村、边远地区或贫困地区缺医少药的局面仍未根本改观。

2. 解决方案

针对医疗信息化建设的现状，结合云计算的优势特性，对区域医疗信息化进行探索性研究，提出一种云的解决方案。

（1）提供可靠、安全的数据存储中心，可实现存储空间的动态扩展。因为在“云”的另一端，有专业的团队来管理信息、有先进的数据中心来保存数据。同时，有严格的权限管理策略可以放心地共享数据。用户不用再担心数据丢失、病毒入侵、存储空间不足等麻烦。

（2）实现异地处理文件、不同设备间的数据与应用共享。病人的电子医疗记录或检验信息存储在医疗云平台中的服务器中，可以按需索取，资源可以由一个区域内的医院群分享，而不在某个医院单独的 IT 系统中。另外，平台提供电子病历共享、远程医疗等手段，使医生与病人间联系更加密切。

（3）促使急救医疗系统变革，提高医疗体系工作效率。医疗云系统可实时利用传感器显示出各大医院手术室和病房的空闲情况，并且可随时联系医生，通报应诊信息，引导急救车在最短时间内到达最适当的医院。

（4）对用户端设备的要求低，各类用户使用方便。医生通过桌面的 PC 机、平板电脑等了解患者情况，快速、准确地为病人诊断病情；患者通过其手机终端来进行云平台上的挂号预约，并可随时获得健康指导信息。个人医生、自动化健康建议等将使医疗成为日常消费品。

（七）工业云

工业云是在云计算模式下对工业企业提供软件服务，使工业企业的社会资源实现共享化。工业云有望成为我国中小型工业企业进行信息化建设的另外一个理想选择，因为工业云的出现将大大降低我国制造业信息建设的门槛。工业云的出现与传统的工业软件相比，工业云主要为工业企业利用互联网的即时性和资源的丰富性提供更多价值、为工业企业提供更多服务。CAXA 总裁雷毅博士表示：“工业云是工业软件的方向，中国工业软件已站在新技术的前沿，会对包括移动互联网环境下的用户应用产生巨大的影响。”

（八）云制造

云制造是先进的信息技术、制造技术及新兴物联网技术等交叉融合的产品，是制造即服务理念的体现。云制造采取包括云计算在内的当代信息技术前沿理念，支持制造业在广泛的网络资源环境下，为产品提供高附加值、低成本和全球化制造的服务。

云制造的运行需要三大组成部分支撑：制造资源/制造能力、制造云池、制造全生命周期应用。它是以知识和智慧作为三大组成的核心，有两个过程即把制造资源和制造能力接入云池里，同时要从云池里拽出来即接出。它有三类资源：制造资源提供者、制造资源的使用者、制造云的运营者。

从宏观上来讲，云制造的应用模式是，用户无需直接与各个资源节点打交道，也无需了解各资源节点的具体位置和情况。用户在终端上提出需求，云制造平台将自动从虚拟制造云池中为用户构造“虚拟制造环境”，使用户能像使用水、电、煤、气一样地使用所需的制造资源和制造能力。

具体来说，一种是企业或集团内部网联成“私有云”，主要强调企业内或集团内制造资源和制造能力的整合与服务，优化企业或集团资源和能力使用率，减少重复建设，降低成本，提高竞争力；另一种是由互联网联成“公有云”，主要强调企业间制造资源和制造能力整合，提高整个社会制造资源和制造能力的使用率，实现制造资源和能力的交易。以第三方企业为主，构建相应的公有云制造服务平台，所有企业均可向平台提供本企业多余或闲置的制造资源和能力来获取利润。

云制造应用模式的优点：动态、敏捷的高可扩展性，虚拟化的超大规模，高可靠性，基于知识的制造。

云制造的体系架构，即层次化“云制造系统”体系架构，包括资源层、中间件层、核心服务层、门户层、应用层等。其中，“云制造服务平台”由中间件层、核心服务层、门户层组成。

资源层：涵盖了设计资源、仿真资源、生产资源、试验资源、集成资源、能力资源及管理资源等，向上体现为虚拟化制造资源和服务化能力资源两种形态。

中间件层：支持各类资源的虚拟化、服务化、接入、感知、协同的中间件。

核心服务层：基于中间件层的接口，提供云制造服务平台至关重要的各类功能，包括服务部署/注册、服务搜索/匹配、服务组合/调度、服务运行/容错、服务监控/评估以及服务定价/计费。

门户层：为统一的高效能云制造支撑平台门户，为服务提供者、平台运营者及服务使用者三类用户使用。通过网页浏览器进入门户，用户就可以使用一系列的制造资源和能力。

应用层：基于高效能云制造支撑平台的门户，提供支持单主体完成某阶段制造、支持多主体协同完成某阶段制造、支持多主体协同完成跨阶段制造、支持多主体按需获得制造能力四种应用模式。应用层提供云服务及“云加端”服务两种应用方式，降低我国制造业信息建设的门槛。

(九)云计算的应用前景

云计算有着广泛的应用前景。如表3—3所示。

表3—3　　云计算的应用领域

| 领　域 | 应用场景 |
|---|---|
| 科研 | 地震监测 |
| | 海洋信息监控 |
| | 天文信息计算处理 |
| 医学 | DNA信息分析 |
| | 海量病历存储分析 |
| | 医疗影像处理 |

续表

| 领　域 | 应用场景 |
| --- | --- |
| 网络安全 | 病毒库存储 |
| | 垃圾邮件屏蔽 |
| 图形和图像处理 | 动画素材存储分析 |
| | 高仿真动画制作 |
| | 海量图片检索 |
| 互联网 | E-mail 服务 |
| | 在线实时翻译 |
| | 网络检索服务 |

谷歌提供的 Gmail、Google Earth、Google Analytics 等服务都基于其云计算服务器的运行。谷歌基于云计算提供的翻译服务具有现今最好的性能。对互联网和美国人生活的一项研究显示，大约 70%的在线用户使用以上“云计算”服务。目前，亚马逊、微软、谷歌、IBM、Intel 等公司纷纷提出了“云计划”，如亚马逊的 AWS（AmazonWeb Services）、IBM 和谷歌联合进行的“蓝云”计划等。这对云计算的商业价值给予了巨大的肯定。同时，学术界也纷纷对云计算进行深层次的研究。例如，谷歌与华盛顿大学及清华大学合作，启动云计算学术合作计划(Academic Cloud Computing Initiative)，推动云计算的普及，加紧对云计算的研究。美国卡耐基梅隆大学等提出对数据密集型的超级计算(Data Intensive Super Computing，DISC)进行研究，实质上也是对云计算相关技术开展研究。

IDC 的调查显示，未来几年云计算服务将急速增长，2012 年市场规模达 420 亿美元。目前，企业导入云计算已逐渐普及，并且有逐年成长趋势。2012 年，企业投入在云计算服务的支出占整体 IT 成本的 25%，2013 年提高至 IT 总支出的 1/3。由此可见，在各大公司以及学术界的共同推动下，云计算技术将会持续发展。

（十）未来的云计算

云计算无疑是过去一年中最热门的词汇之一。在计算机技术的发展史上，除了云计算，大概还没有第二个因为一个响亮的名字而迅速引起广泛关注的技术。云计算到底是什么？为什么需要云计算？是商业炒作还是未来愿景？是现有技术的简单组合还是充满挑战和未知？类似的讨论早已在媒体热火朝天，但莫衷一是。

所谓“云”，是指在各种技术架构图中常用一个云团来表示的互联网。所谓云计算，是指基于互联网的计算。由此可见，云计算并不是一个新事物(这也是它被一些人诟病为广告宣传语的原因)，20 多年前 SUN 公司就提出了“The Network is the Computer”，并作为企业战略奋斗至今，相对于云计算，这句话更有力量。

云计算不是一个技术名词，很难给出一个确切的定义，它作为一种新的计算形态，直接对应的是传统的桌面计算，即随着 PC 的发展和普及，在过去 20 多年人们使用计算机最主要的方式为每个人拥有自己的硬件和软件、本地保存数据并进行处理。互联网只是让人们能更方便地获得信息，但计算和处理主要还是基于本地的 PC 进行。但如果云计算仅仅是指通过互联网利用远端的计算能力进行处理，那么现有的提供一些特定计算功能的网站是不是云计算，如提供公历/农历的转换或简单的图像处理，答案自然是否定的。云计算的特质是面向海量的数据和复杂的计算，这是被很多人忽略的一点。

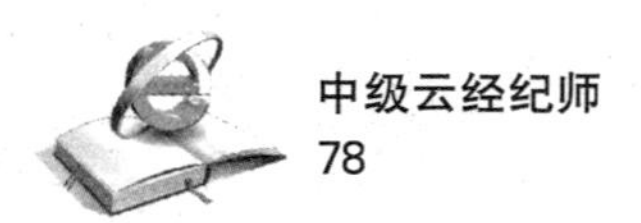



任何成功的新事物,它无非提供两个功能:将原来坏的事情,变得不那么坏(做减法),或者将原来好的事情,变得更好(做加法)。也可以换一个角度,是来缓解或解决当前面临的问题或困境,或者启迪、开发新的功能、需求或价值。云计算一个明显的优势是可以降低应用计算的成本。利用云计算,用户可以避免本地建设、运维不菲的计算系统,通过支付低廉的服务费用,即可完成同样的计算或处理过程。类似这样的优势,是云计算的缓解困境之道,但对云计算而言,主要的意义应该在后者,即它的出现和存在,是为了触发、满足一些以前没有的需求。

计算机的出现是为了满足人们对获取信息、处理信息的需求。纵观数十年计算机技术的发展,有着一条清晰的主线是获得性能更好、处理能力更强的计算机,这是做加法。另外一条主线是获得更方便、更好用、更安全、更低廉的计算机,这是做减法。搜索引擎、音频视频、3D 动画和游戏、手机、电子导航等,所有这些在 10 年、20 年前难以想象的新事物某种程度上都归功于计算能力的不断提高,并已经成为日常生活中不可或缺的一部分。展望 5 年、20 年后,还会有哪些新事物出现?如果不是科幻作家,这个问题或许有些困难,但无疑人们能获得的信息会更多、更好、更便捷。那么,促使这些未来新事物出现的推力会有哪些?云计算毫无疑问应该是答案之一。

在未来,云计算存在的形态将会是一个个如同 Google、Amazon 这样的运营和服务中心,可以简单地将其视为数据中心+计算中心+界面/接口。通过界面或者接口,普通用户将可以利用以往只能为少数人所拥有的庞大的数据和处理能力,获得自己所需的信息。云计算对未来最大的意义在于:如果你现在拥有前所未有的数据和计算能力,你能创造什么?

Google 推动云计算的一个举措是让高校学生利用现有的 API 进行编程。如果你是其中之一,是一名未来的程序员,想象一下,编写一小段代码,后台运作的是成千上万台的服务器,徜徉于浩瀚的数据海洋,这是什么样的感觉?同样,如果你是一名科研工作者,平常只是利用桌面的 PC 进行模拟演算,而现在给你的是世界上最快的、性能是单台 PC 数万倍的超级计算机,那又会是什么感觉?

云计算不会在很大程度上改变你现在已有的大部分计算,它的存在主要不是为了替代,而是为了创造。现在使用 PC 版的 Word 来编写文档,在线的文档编辑工具(如 Google Docs)不会改变这一现状,如果有云计算版本的 Word,那它不仅仅是有多人协同这样的简单功能,而可能是当你敲下一行标题或者输入一列关键字,在页面上会弹出成百上千个你可以作为参考和范本的文档,而这些文档,是从数十亿篇已有的文档中为你精心挑选和准备的。甚至系统会通过某种复杂的算法自动地为你生成一篇文章。这才是云计算可能会做的。

理论、实验和计算,这是人类进行创新的三条途径。云计算会使庞大的计算力为更多的人群所利用,它必将大大加速技术改变人类生活的进程。创造者可以是科学家、工程师或程序员,也可能是任何一个有奇思妙想的普通人,只要他有一个终端、有一根网线,就能方便地去操控数据、处理数据。

1. 谁来进行云计算

Google、百度、新浪、腾讯、盛大等众多已经有着丰富数据资源或计算资源的互联网企业将会走在云计算浪潮的前列,除了安全性、带宽、软硬件资源管理等技术因素外,他们面临的最大挑战是尽快寻找到或者创造出新的基于云计算的用户需求。

传统的数据中心和超级计算中心，因其资源的优势，将很有可能走在云计算浪潮的前列。事实上，传统的超级计算中心已经完全符合云计算的特征和描述。例如，上海超级计算中心作为国内首家也是唯一一家面向公众开发的公共计算服务平台，已经通过网络为各个应用领域的用户提供计算服务。对这类数据或计算中心，云计算时代面临的主要挑战同样是拓宽或者寻找新的服务领域和服务内容。

对于个人或者中小型企业，云计算通常充满着机遇。他们可以通过与云计算服务中心的合作，托管运行自己的服务。一方面，可以将现有的单机难以运行的应用移植到云计算中心，以服务的方式为用户进行数据处理或者计算；另一方面，同样可以利用云计算服务中心开放的 API，自行开发应用为用户提供服务，Google Map API 就是这样的例子。个人或中小型企业与大型的云计算服务中心的紧密合作，这将很可能是未来云计算的主要形态，也是创新的主要动力。毕竟，人民的智慧是无穷的。

最后，政府也将在云计算浪潮中扮演重要的角色，需要运作大型的云计算中心来完成对各个领域大量数据的管理、整合和处理。事实上，已经有多个地方政府着手建立拥有海量存储和庞大计算能力的信息处理中心。想一想美剧《反恐 24 小时》中的场景，哪个政府不希望拥有那样的信息处理能力呢？

2. 云计算的技术挑战

工欲善其事，必先利其器。云计算的前景虽然美好，还是有不少的技术障碍急需解决，主要包括高可靠的系统技术、可扩展的并行计算技术、海量数据的挖掘技术和数据安全技术。

## 第二节 云市场：云提供商及结构

云计算包含互联网上的应用服务以及在数据中心提供这些服务的软硬件设施。互联网上的应用服务一直被称作软件即服务（Software as a Service，SaaS），所以我们使用这个术语。而数据中心的软硬件设施就是我们所称作的云（Cloud）。

当云以即用即付的方式提供给公众的时候，我们称其为公共云，这里出售的是效用计算。当前典型的效用计算有 Amazon Web Services、Google App Engine 和微软的 Azure。不对公众开放的企业或组织内部数据中心的资源称作私有云，因此云计算就是 SaaS 和效用计算，但通常不包括私有云。在本书中，除非会引发歧义，否则我们将使用云计算这个术语。图 3－9 表示了云计算各层中的用户和供应商，我们将使用这些术语使本书的论点更加清晰。

SaaS 对于最终用户和供应商的好处已经被广泛认识到了。服务提供商只需要关注软件的安装、维护和版本的集中控制；最终用户可以在任何时间、任何地点访问服务，更容易共享数据和劳动，并安全地将数据存储在基础系统中。云计算不仅不会改变这一切，而且还能为更多的应用服务供应商提供选择，因为他们可以在没有数据中心的情况下将其产品以 SaaS 方式发布。正如半导体代工的出现使芯片公司可以不拥有生产线而专注于芯片设计与销售一样，云计算使企业能不建立和提供数据中心就可以方便地发布 SaaS 服务。如同 SaaS 供应商减轻了传统的软件使用者的许多困难一样，云计算供应商将可以极大地帮助

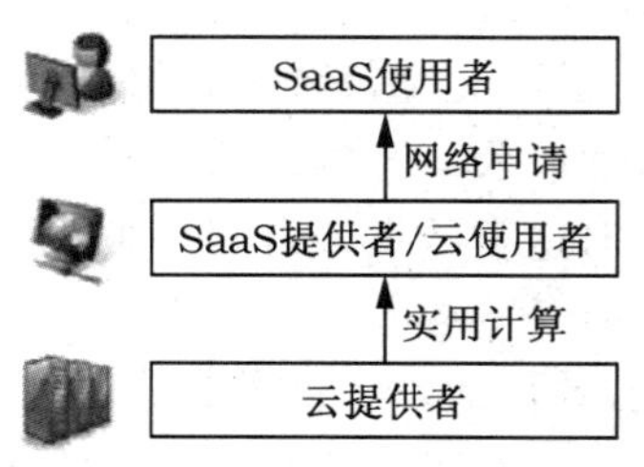


**图 3—9　云计算的用户和供应商**

SaaS 供应商解决困难。

从硬件上看，云计算在三个方面突破了传统：首先，云计算能够提供近乎无限的计算资源，云计算终端用户无需再为计算力准备计划或预算。其次，云用户（SaaS 服务供应商）可以根据需要，逐步追加硬件资源，而不需要预先给出承诺。最后，云计算提供其用户短期使用资源的灵活性（按小时购买处理器或按天购买存储）。当不再需要这些资源的时候，用户可以方便地释放这些资源。

我们认为这三点都是云计算可能会对技术和经济带成的重要变革。事实上，我们注意到，过去在效用计算上的努力都失败了，正是因为遗漏了这三个方面中的一到两点。举例来说，2000～2001 年英特尔计算服务要求客户以合同方式长期使用，而不是以小时为单位的购买方式。云计算对于其用户（SaaS 供应商）的吸引力已经非常明了了，那么谁将成为云计算的供应商呢？他们为什么要这样做？首先，实现所谓复用性和大宗采购这样的规模经济需要建立超大型数据中心。建造、提供、启动这样一个数据中心需要数百万美元的投资。另一个重要的条件是，这些公司还必须开发出可扩展的基础软件（如 MapReduce、Google 的文件系统、BigTable 和 Dynamo）以及配备专业的运营维护人员，以确护数据中心免受物理或电子攻击。

因此，成为云计算供应商的必要非充分条件是：必须拥有大型的数据中心、大规模的基础软件和运营维护数据中心的高级人才。

在此前提下，以下因素也可能影响一个公司是否能成为云计算的供应商：

第一，能挣很多的钱。一个足够大的公司仍然可以利用规模经济，以低于中等规模公司的成本提供很好的服务，同时获得可观的利润。

第二，利用已有的投资。在现有体系中增加云计算服务，可以新增一种收入方式。理想情况下，追加的成本并不高，而且能分摊前期数据中心的巨大投资。

第三，捍卫特许经营权。随着传统服务器和公司应用转入云计算，拥有特许经营权的供应商将希望为他们自己的应用提供云。

第四，占据技术要塞。拥有足够数据中心和软件资源的公司都希望在云计算时代真正来临之前建立自己的立足点。Google App Engine 提供了另一种迁移到云环境的方式。它的吸引力在于它提供大量自动化的可扩展性和负载均衡的功能，这样开发人员不再需要在开发中考虑这些问题了。

第五，利用客户关系。IT 服务企业，如 IBM 全球服务，通过他们提供的服务拥有了广泛的客户关系。提供一个品牌的云计算，客户可以不用担心迁移过程，从而维持双方的投资

和客户关系。

第六，成为一个平台。正如我们所见到的那样，Facebook 提倡的应用程序插件方式是非常适合云计算的。Facebook 应用插件的提供商 Joyent，同时也是一个云计算供应商。但是，Facebook 的动机是让其社交网络应用变成一个新的开发平台。

## 一、国外云供应商

云计算作为一项服务功能是人们长久以来的梦想。使用的弹性符合了通过互联网向用户直接提供服务的商业需求，因为，相比 20 年前，工作量的增长和收缩变得更加快速。过去要花好几年时间来增加业务和发展几百万用户，现在只要一个月的时间就可以做到。

从云供应商的观点出发，利用商品化的计算、存储和网络低成本来建立大型数据中心使得以低于许多中等规模的数据中心的价格"即用即付"的销售资源成为可能，并且可以利用资源在大量用户间的复用来获取利润。从云用户的观点出发，云计算可以令一个初创的软件公司像初创的芯片厂商拥有为之服务的代工厂一样拥有自己的数据中心。除了初创公司，许多老牌公司或机构同样充分利用了云计算的伸缩性。

虽然云计算提供商可能碰到上文提及的问题，我们相信经过长期的运行，这些提供商将会成功地完成这些挑战并建立一套可以让其他提供商效仿的运营模式，也许正是通过成功地把握我们提及的解决这些问题的那些机遇来实现。

因此，开发人员需要明智地设计下一代的系统，以适应云计算。一般来说，重点应该放在成百上千个虚拟机上运行应用的横向可扩展性，而不是考虑单个系统的使用效率。这隐含了如下几点：

首先，应用软件。将来的应用软件将会同时在客户端和云中运行。在云中的运行部分需要具备快速的向上和向下伸缩的能力，这是对软件的新需求。客户端部分需要在与云断开的情况下仍然可用，这与现在的 WEB2.0 技术不同。同时，这样的软件必须采用支付使用许可证的模式来满足云计算。

其次，基础软件。将来的基础软件不仅能在物理机上运行，也需要能够在虚拟机上运行。此外，基础软件需要在一开始就建立自己的记账系统。

最后，硬件系统。将来的硬件系统需要被设计成按某个容器(至少 12 个机柜)而不是按单个服务器或单机柜进行扩展，因为这个容器将是云计算时代采购硬件的最小单位。运维的成本将与购置成本变得一样重要，当内存、磁盘和网络闲置的时候，可将其调至节能状态。处理器要求在虚拟机环境下能很好地工作，闪存应该被加入到存储结构中，局域网交换机和广域网路由器都需要在带宽和成本上进行改善。

"云计算"将是一场改变 IT 格局的划时代变革，几乎所有重量级跨国 IT 巨头都从不同领域和角度开始在"云计算"领域布局，这个阵营的主力包括 Microsoft、IBM、HP、SAP、Oracle(Sun)、Google、VMware 等。许多厂商推出了相应的云计算战略，如 Microsoft 的"S+S"，IBM 的"智慧的云计算"，HP 的"一切皆服务"，SAP 的"Business By Design 和以按需随选(On Demand)"，Oracle 的"On Demand"，Google 的"在线公共云服务"，VMware 的"IT 即服务"等。

显然，全球 IT 巨头争相进入"云计算"领域的驱动力是未来市场所蕴藏的巨大机遇。各大厂商纷纷发布自己的云计算战略，以期在激烈的市场竞争中抢占先机。为了梳理当前中国市场云计算提供商的纷繁万象，从中发现各个方案的价值所在，这里采用以下的评价方式，从用户的核心关注和解决方案提供商的供应能力及价值的对标出发，对当前主流的云计算解决方案进行客观的综合评析，以期更好地推动政府、企业、个人用户加速云计算的应用。如表3—4所示。

**表3—4　　重点厂商竞争力评价及SWOT分析**

| 关键因素 | 权重 | IBM | 微软 | HP | Oracle（SUN） | SAP | EMC | VMware | Red hat | 华胜天成 | 世纪互联 |
|---|---|---|---|---|---|---|---|---|---|---|---|
| 竞争能力 | 15% | 85 | 80 | 85 | 77 | 68 | 71 | 67 | 70 | 57 | 56 |
| 运行机制 | 15% | 84 | 81 | 84 | 75 | 73 | 74 | 65 | 66 | 59 | 58 |
| 品牌信誉 | 18% | 83 | 79 | 72 | 72 | 85 | 72 | 72 | 63 | 64 | 59 |
| 市场份额 | 12% | 88 | 78 | 58 | 62 | 65 | 72 | 70 | 64 | 62 | 62 |
| 财务状况 | 20% | 86 | 80 | 71 | 72 | 82 | 71 | 63 | 65 | 64 | 67 |
| 内部运作有效性 | 20% | 85 | 84 | 85 | 80 | 64 | 74 | 77 | 63 | 58 | 58 |
| 总　计 | 100% | 85 | 81 | 76 | 74 | 73 | 72 | 69 | 65 | 61 | 60 |

（一）IBM竞争策略分析

IBM竞争策略分析如表3—5所示。

**表3—5　　IBM竞争策略分析**

<table>
<tr><td colspan="2">关键价值点</td><td>要点/评价</td></tr>
<tr><td colspan="2">云计算战略</td><td>“智慧的云计算”、“蓝云”</td></tr>
<tr><td colspan="2">云计算产品和解决方案概述</td><td>1. 需要纳入云计算中心的软硬件资源。硬件包括X86或Power服务器、存储服务器、交换机和路由器等网络设备。软件包括各种操作系统、中间件、数据库及应用，如AIX、Linux、DB2、WebSphere、Lotus、Rational等。<br>2.“蓝云”管理软件及IBM Tivoli管理软件。“蓝云”管理软件由IBM云计算中心开发，专门用于提供云计算服务。<br>3.“蓝云”咨询服务、部署服务及客户化服务。“蓝云”解决方案可以按照客户的特定需求和应用场景进行二次开发，使云计算管理平台与客户已有软件硬件进行整合。</td></tr>
<tr><td>为政府带来的核心价值</td><td>产业生态建设和产值拉动效应</td><td>IBM联合了包括超图软件、杭州创业软件、中电广通、中金富通、Amazon、Juniper Networks等ISV和SI作为其合作伙伴推广云计算，并参与多个地方政府的云计算服务平台建设。<br>IBM由于自身拥有从基础硬件到软件和服务的全系列产品，往往可以单独为用户提供全套的云计算解决方案。</td></tr>
</table>

续表

| 关键价值点 | | 要点/评价 |
|---|---|---|
| 为企业带来的核心价值 | 云服务运营经验和行业典型成功案例 | IBM 国内外的成功案例包括越南电信（VNTT）、荷兰 i-Tricity 云计算中心、比勒陀利亚大学、贵州移动、黄河三角洲云计算中心、北京工业大学云计算实验平台、无锡云计算中心等。 |
| | 总体拥有成本（TCO） | IBM 云计算解决方案可以对企业现有的基础架构进行整合，通过虚拟化技术和自动化技术，构建企业自有的云计算中心，实现企业硬件资源和软件资源的统一管理、统一分配、统一部署、统一监控和统一备份，打破应用对资源的独占，从而帮助企业实现云计算理念。可以使用户通过更自动化的管理降低系统管理人员的工作负担，提高系统资源利用率，从而在整体上帮助企业降低 IT 的投入成本和运营维护成本。 |
| 为用户安全带来的价值 | | IBM 通过包括单点登录、隔离管理的验证和基于角色访问控制，服务器，存储，网络安全管理、镜像安全管理、元数据安全管理，访问控制，授权管理，审计和配置管理、策略管理、威胁管理等手段和机制来保障用户的云安全，满足企业对于风险控制以及合规性的要求。 |

（二）竞争策略分析

微软竞争策略分析如表 3－6 所示。

**表 3－6　　微软竞争策略分析**

| 关键价值点 | | 要点/评价 |
|---|---|---|
| 云计算战略 | | 微软可以为自己的客户和合作伙伴提供三种不同的云计算运营模式，包括微软运营、伙伴运营和客户自建模式。<br>微软的云计算战略的特点包括软件加服务（S＋S）、开放安全的平台以及自由选择战略。 |
| 云计算产品和解决方案概述 | | 1. Live 和 Online 解决方案：微软针对消费者提供了包括 Windows Live、Office Live、Live Messenger、Bing 以及 Xbox Live 等在内的多种服务；对企业用户的服务为 Microsoft Online Services。<br>2. Windows Azure Platform 解决方案：Windows Azure、SQL Azure 和 Windows Azure platform AppFabric。<br>3. 动态云解决方案：面向企业客户方案 DIT-SC（基于 Dynamic Infrastructure Toolkit for System Center 等产品）以及面向服务提供商方案（基于 Dynamic Datacenter Toolkit for Hoster 等产品）。 |
| 为政府带来的核心价值 | 产业生态建设和产值拉动效应 | 作为平台厂商，微软云计算解决方案聚合了大量的产业链合作伙伴，从软件、硬件、网络、ISV、SI 到政府、企业、个人用户，构建了较为完善的产业生态系统，使其具有很强的产业带动效应，将有效地促进中国云计算产业集群效益的发挥。<br>其合作伙伴包括用友、金蝶、超图、太极、浪潮、联想、曙光、济南市政府、上海市政府、山西移动、四川移动、广东移动、戴尔、富士通、HP、AMD、Intel、DEL、Autodesk、SAP、Infosys、GE 医疗、ESRI 等。 |

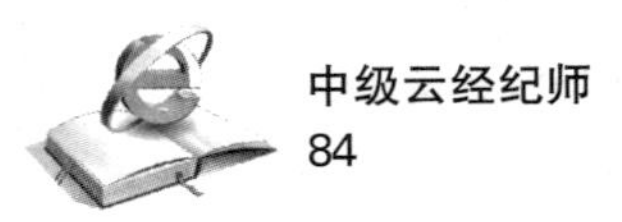



续表

| 关键价值点 | | 要点/评价 |
| --- | --- | --- |
| 为企业带来的核心价值 | 云服务运营经验和行业典型成功案例 | 微软在国内外拥有众多云服务运营和解决方案提供的成功案例，微软在芝加哥、都柏林等构建和运营数十个全球化的大型数据中心并拥有可口可乐公司、联邦快递、Intertec、再生能源生产公司、Staser Consulting Group、Kelley Blue Book、欧洲环境局、迈阿密市政府、Associated Press 等客户。在国内，微软的成功案例包括苏州风云在线、杭州云计算开发培训平台、上海云计算应用孵化中心的“健康云”和“中小企业云”，获得了客户的认可。 |
| | 总体拥有成本（TCO） | 微软的云计算解决方案可以在用户现有的 IT 硬件环境下进行部署，最大化利用企业现有 IT 资产，实现节能减排和绿色 IT，降低企业总体拥有成本。同时，微软的产品较好地保护了开发人员的现有技能，减少了使用者的学习成本。产品的一致性也为用户提供了较低的迁移成本和较好的数据集成，降低企业云计算应用成本。 |
| 为用户安全带来的价值 | | 微软云安全的内容包括兼容性与风险管理、身份与访问管理、服务完整性、服务设计开发和交付、终端完整性和信息保护。可以通过软件和服务更好地帮助客户确保信息和数据的安全与保密，并基于保护客户的隐私来开发在线服务，保证产品和支持服务的高可靠性。微软遵循 IEC 27001:2005 国际标准，在信息安全管理、风险管理和信息安全政策等方面严格保障用户使用安全，无论是在公共云运营还是私有云搭建中都能很好地满足客户对于安全性的要求，实现云计算的可控、安全、高效。 |
| 为个人用户带来的核心价值 | 口碑和户数量 | 微软 Live Messenger、MSN、Hotmail 等产品拥有大量的个人用户，在用户中有良好的口碑，尤其在白领等工作人群中拥有很大的影响力。 |
| | 一致性体验 | 微软产品具有端到端的一致性体验，无论是从手机 Windows Mobile 到 PC，再到云端的 Azure，个人用户都拥有一致性的体验和良好的兼容集成性，减少用户的学习成本，增强了使用便利性。 |

（三）HP 竞争策略分析

HP 竞争策略分析如表 3—7 所示。

**表 3—7　HP 竞争策略分析**

| 关键价值点 | | 要点/评价 |
| --- | --- | --- |
| 云计算战略 | | “一切皆服务”、“众包”是 HP 云计算的主要理念，其重点体现在下一代数据中心的整体解决方案，主要聚焦在企业私有云的建设。 |
| 云计算产品和解决方案概述 | | 1. HP Operations Orchestration 可以帮助企业自动配置服务、HP Cloud Assure 进行治理及管理云服务、HP Communications as a Service 以外包的形式为中小企业提供以云为基础的通信服务。<br>2. CloudStart(私有云快速部署)解决方案，包括硬件、软件及咨询服务。<br>3. 其他解决方案，包括 HP Server Automation Server、HP Network Automation、HP Service Automation Reporter、HP Blade System、HP Virtual Connect、HP Systems Insight Manager、HP Integration Services 等。 |
| 为政府带来的核心价值 | 产业生态建设和产值拉动效应 | HP 在全球的云计算合作伙伴包括英特尔、三星、VMware、卡内基·梅隆大学、微软、雅虎等公司和高校。<br>HP 具有从服务器、存储、网络到软件和服务的全系列解决方案，可以单独为客户提供全套的解决方案。 |

续表

<table>
<tr><th colspan="2">关键价值点</th><th>要点/评价</th></tr>
<tr><td rowspan="2">为企业带来的核心价值</td><td>云服务运营经验和行业典型成功案例</td><td>HP 在国内外的成功案例和客户包括新加坡电信、Verizon、Continental Airlines、micros FIDELIO、Capgemini 等。国内主要在电信行业表现较为突出，包括内蒙移动云计算发展规划、江苏移动 IDC、中国联通云计算前期规划、广东电信云计算规划、中国移动云计算 IDC 规划等。</td></tr>
<tr><td>总体拥有成本（TCO）</td><td>HP 在下一代数据中心方面的云计算应用可以为用户设计、交付和支持高度可扩展的基础设施服务器、存储、网络)，构建高密度、分布式存储，并利用管理数据中心和基础设施的软件为用户提供数据中心设计和优化服务，实现绿色计算，节约用户在电源、制冷和数据中心基础设施方面的投入。</td></tr>
<tr><td colspan="2">为用户安全带来的价值</td><td>HP 通过基础架构安全、数据安全、网络安全、访问安全和信息隔离、安全运维管理制度与审计等方面加强云计算用户的安全等级，为用户搭建安全的云计算环境。</td></tr>
</table>

(四)Oracle(SUN)竞争策略分析

Oracle(SUN)竞争策略分析如表 3—8 所示。

**表 3—8　　Oracle(SUN)竞争策略分析**

<table>
<tr><th colspan="2">关键价值点</th><th>要点/评价</th></tr>
<tr><td colspan="2">云计算战略</td><td>企业级私有云和公共云服务提供商，包括 PaaS、IaaS、SaaS 应用，主要关注私有云建设，云服务主要是其在线 CRM 等产品。</td></tr>
<tr><td colspan="2">云计算产品和解决方案概述</td><td>1. 基于 SaaS/PaaS 的 Oracle Platform 及 Oracle IaaS 服务。<br>2. Oracle Enterprise Manager，包括用于实现虚拟化的 Oracle VM、操作系统 Oracle Enterprise Linux、数据网格、应用网格以及一些管理中间件等。<br>3. Sun Cloud，包括管理程序(Sun xVM Server)、OS(Solaris Containers)、网络(Crossbow)、存储(COMSTAR，ZFS)和应用程序(GlassFish 和 Java CAPS 技术)等。</td></tr>
<tr><td>为政府带来的核心价值</td><td>产业生态建设和产值拉动效应</td><td>生态建设上，一方面与英特尔、戴尔等进行合作，另一方面主要联合 SI/ISV 合作伙伴进行云计算推广和部署。收购了 SUN 之后，Oracle 成为了一家同时拥有从硬件到软件服务的全 IT 解决方案公司，可以单独为客户提供全套的解决方案。</td></tr>
<tr><td rowspan="2">为企业带来的核心价值</td><td>云服务运营经验和行业典型成功案例</td><td>Oracle 在国内外的成功案例包括：哈佛医学院、University of Massachusetts (UMASS)、MercadlLibre、Credit Suisse、Pacific Gas & Electric、宝马、埃森哲、NEC、索尼、Visa、宝洁等。</td></tr>
<tr><td>总体拥有成本（TCO）</td><td>Oracle 云计算解决方案可以使客户节约数据中心的空间和电力，简化 IT 服务管理，并可以使用户较快地构建、部署、伸缩和分配资源，并进行故障切换和增加新服务，提高了 IT 运行的效率，降低用户总体拥有成本。</td></tr>
<tr><td colspan="2">为用户安全带来的价值</td><td>Oracle 通过身份管理、角色管理、目录服务、授权、联合的身份服务管理，加密和屏蔽、访问控制、监视、用户角色管理、活动监视和审计报告的数据库安全策略为用户提供综合的安全解决方案，保障用户私有云和公共云安全。</td></tr>
</table>

(五)SAP 竞争策略分析

SAP 竞争策略分析如表 3—9 所示。

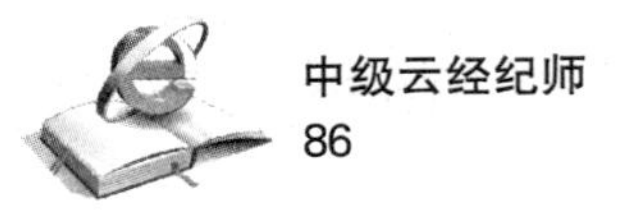



表 3—9　　SAP 竞争策略分析

| 关键价值点 | | 要点/评价 |
|---|---|---|
| 云计算战略 | | Business ByDesign、On Premise、On Demand、On Device、Orchestration。 |
| 云计算产品和解决方案概述 | | 1. SAP 不断发展 NetWeaver 和商务智能的核心技术平台，使之不仅成为 SAP 各种管理软件的核心和基础平台，同时也是实现基于 SOA 理念开发和基于云部署软件的基础平台。<br>2. SAP 将推出一个按需随选 On Demand 和 SaaS 的软件开发部署平台，目前该产品被称为“River”。<br>3. SAP Business ByDesign 为企业提供一站式的集成 ERP 解决方案。SAP 云产品还包括：SAP 战略循原、SAP 合同管理、SAP 供应商管理、SAP 销售管理、SAP 差旅管理、SAP Business Objects 商务智能、SAP Streamwork 应用、SAP 供应商管理、SAP 碳排放管理等。 |
| 为政府带来的核心价值 | 产业生态建设和产值拉动效应 | SAP 和诸多 IT 厂商，如 Amazon、Google、Cisco、EMC、VMware、IBM、INTEL 等在云计算方面均有着非常密切的合作。例如，SAP 与 VMware、EMC、Cisco、Intel 等公司合作打造云计算平台，并基于内存计算技术发布自己的应用产品，基于自身的云计算平台整合自己和合作伙伴的应用，帮助客户打造端到端的解决方案。 |
| 为企业带来的核心价值 | 云服务运营经验和行业典型成功案例 | 国内外的成功案例和客户包括：郑泰集团、友信行、Doers Management Consulting、Archimedes Pharma Limited、Arum Technologies、Obifive、Skullcandy、Sunflower Corporation、TAM Ceramics、Zippel Media GmbH 等。 |
| | 总体拥有成本（TCO） | 1. SAP 从客户的角度出发，致力于为客户带来更大的商业价值：将新技术融入 SAP 的产品及服务中，不仅保证客户能够充分利用已有的 IT 投资，而且客户还能优先享受到最新的技术和业务模式所产生的价值。<br>2. SAP 将专门推出一套工具软件，帮助企业管理软件“搬”到云平台，使企业不但能充分利用已部署的管理软件，同时还能享受到“云”带来的价值，从而节约用户成本。<br>3. 通过基于云计算的企业管理信息系统，客户能够方便部署并快速获得价值；在获得优质服务的同时，简单清晰的定价模式还可以帮助客户方便计算各个时期的应用成本。 |
| 为用户安全带来的价值 | | SAP 通过完善的资产保护和数据完整性、数据加密、网络安全、访问角色控制、内部审计流程等保证客户应用的安全性。 |

## 二、国内云供应商

### (一)阿里巴巴“聚宝盆”项目

阿里巴巴宣布，将整合集团旗下各方面资源推出阿里金融云服务，这一服务在阿里巴巴内部被称为“聚宝盆”项目。

阿里巴巴集团资深副总裁兼副首席技术官姜鹏表示，阿里金融云服务以云计算为支撑，联合众多知名金融产品解决方案提供商，为银行、基金、保险及证券等金融机构提供安全稳定的 IT 资源和互联网运维服务，并提供支付宝的标准接口和沙箱环境。阿里巴巴将整合金融生态系统的各方力量，把其云计算资源输出给需要的行业与用户。

阿里巴巴方面表示，目前阿里云已成为国内最大的云计算公共服务平台之一，运行着几十万家客户的电商网站、企业管理软件、游戏和移动应用程序等各类应用和数据。在其金融

云服务中还部署了阿里云自主研发的云操作系统——“飞天”大规模分布式计算平台。这一平台相当于将几千台服务器合成一台“超级计算机”，目前世界上只有脸书、谷歌、雅虎和阿里巴巴具备此类大规模分布式集群技术。

“聚宝盆”究竟要做哪些事？按照阿里云业务总经理陈金培的说法，它将帮助金融机构“借云拥抱互联网”，强大的云计算能力将支撑它们开发灵活多变的互联网金融产品并应对互联网金融带来的庞大业务量。

以天弘基金在2013年6月推出的“余额宝”为例，其上线短短4个半月时间，用户数就超过了1 600万。基于传统架构的直销和清算系统已经遇到“瓶颈”。2013年9月26日，天弘基金成功上云，是国内第一个将核心系统放在云上的基金公司。“上云”后，余额宝3亿笔交易的清算可在140分钟内完成，“双11”促销当天，余额宝赎回61亿元，支付1 679万笔。天弘基金管理有限公司创新支持部总经理樊振华估算，与传统方式相比，“上云”至少为天弘节省了4 000万元成本。

同样经历“双11”海量交易数据大考的，还有国内第一家互联网保险公司众安在线。“双11”当天，众安在线承保的退运险达到了160万笔。如果使用传统的服务器与网络宽带购买，仅这一天的投入就要上亿元，部署周期也至少需要一个月。而在云上，这仅仅需要提前1小时开通新的计算资源。

此外，“聚宝盆”还将帮助中小银行以较低的成本实现在线支付和网上银行。我国农村商业银行、农村信用社、村镇银行超过2 000家，其在IT架构和互联网方面较为薄弱，在网上支付以及与支付宝对接的过程繁琐。山西省晋中市榆次融信村镇银行行长薛建华表示，该行3年多来虽然在“支农支小”和发展传统金融业务上有了长足的发展，但由于没有网银，银行卡功能的发挥及应用受到诸多限制。

据介绍，目前已有包括吴江农村商业银行、广东南粤银行等多家银行通过阿里金融云实现了网上交易支付的功能。中小银行通过云计算享受了大型银行才有的IT架构水准，这在提升其竞争力的同时，也给银行业带来了新的空间。对于阿里巴巴来讲，诸多区域银行接入支付宝，也有利于电子商务下沉到中小城镇和农村消费者。

### (二)华为企业云服务解决方案

随着宽带网络、软硬件技术发展，云计算已然成为当今IT界最热门的流行语，不仅IT厂商、电信运营商和设备厂商纷纷加入云计算潮流中，而且很多国家政府也将云计算纳入到政府IT长期发展战略，在商业组织和政府推动下云计算及相关产业将会加速发展。

云服务就是利用云计算来提供服务，可直观理解为将各种资源能力(电信应用能力、互联网能力、IT和数据能力等)像水电一样让用户随需使用、按量付费的服务模式，即我们常说的XaaS(X as a Service)。资源、应用集中远程访问成为必然，而宽带网络的发展，为云计算发展奠定了基础，如果没有宽带网络的发展，云计算也不会得到广泛推广和应用。因此，我们认为云服务本质就是基于移动化IP网络服务。比如，你可以把日常办公相关的信息和事存在网络上，无论走到哪里，都可以随时随地通过各种渠道接入到网络中享受这种服务。

那么，云服务到底给我们带来了什么？云服务对整个IT行业的各个层面带来了翻天覆地的变化，包括计算模式、商务模式、终端体验等，比如终端的智能化，让我们享受到了很多以前享受不到的服务。从技术的走向来看，我们的软件逐步走向分布式，但这个分步式是采用传统的分步式技术去处理的。自从有了云计算、有了虚拟化，这个分布式简单了，就是

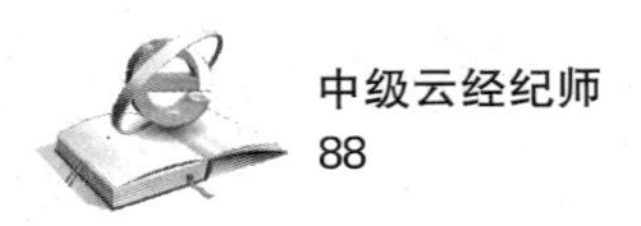



说不用再关心软件运行在哪里、部署在哪里、应用在哪里，只要有网络资源就可以动态地进行整合，可以随时随地提供服务。

其实，云计算的发起和发展，从应用的角度来说，通信融入生活之中，融入日常的工作流程之中后，ICT 的融合应用变成了主角。服务器提供商，IT 服务提供商，从相互竞争走向互相渗透和融合。

云服务提供低成本、高效率服务，而低成本、高效率是符合企业发展核心诉求。综观当前云服务如 Amazon S3、Salesforce CRM、IBM 蓝云等主要是面向企业客户。IDC 的调查报告显示，将近一半的大型企业对云计算感兴趣，而且他们构建企业内部的 IT 构架都是采用云服务的框架。因此，我们相信云服务商业成功将从企业云服务开始。

云服务在企业、行业的应用是必然的发展趋势。华为面向企业和行业的解决方案能够很好地满足这种趋势。华为提供的是“云管端”的云服务框架，通过一个整体的 ICT 的平台，基于数据中心来支撑企业和行业解决方案。终端朝智能化、多元化、网络化方向发展，未来各种各样的终端需要连入网络，从云中获取服务，同时也是用户感知云服务界面。因此，我们提供多种接入终端，包括系列化企业网关、瘦终端、M2M 终端以及多样化软终端(PC/手机)等，为用户提供多种的业务接入和一致的业务体验。

统一企业 ICT 平台是华为企业云服务核心，统一企业 ICT 平台是一个以云管理为中心的、开放的、聚合各种能力和资源的云服务平台，集成了电信、互联网(如 Portal Engine、Search 等)、企业业务(如会议、呼叫、媒体等)、IT 资源等能力，为应用开发者提供一个业务创新环境和运行环境，并以统一的运营管理和企业应用商场拉通端到端的业务生产、销售和维护系统。统一企业 ICT 平台另一个重要能力是要解决各种商业应用如何快速方便地部署并运行到云上，为应用提供云上的设计、部署、管理、弹性伸缩服务和工具支撑，能够快速将业务部署在云上，并发挥云的按需分配计算资源和智能管控的特长，降低计算成本和维护成本。

华为云数据中心不仅包括数据中心物理设施建设如服务器、存储设备、网络设备以及机房设施建设，如供电、制冷等，并在此基础上构建虚拟化层提供计算、存储、网络虚拟化，对应用提供各种计算、存储资源；而且提供完善的云设施管理系统。云设施管理是云数据中心心脏，承担了云基础设施中所有资源管理和调度功能，如实现资源按需分配，提供计算、存储、网络三类资源按需分配和相应的 QoS 保障等。

面向中小企业，我们提供以 Hosting 为主企业云服务，包括电信业务、ICT 应用、IT 应用以及资源服务(存储资源、计算资源等)的运营管理能力，为企业用户提供一站式服务。举一个简单例子，新开张的小企业，在企业 App Store 上购买桌面、应用、宽带接入等多种服务，甚至打印机、传真机等，而在企业内只需要部署几个小盒子就可以使用服务。企业不用关心谁来管理、谁来维护以及升级设备。

针对大型企业，我们提供私有云、私有云和公共云混合的云服务解决方案。在企业中，我们可以把移动办公、统一通信、会议等系统与企业流程结合起来，提供整体的解决方案。例如，企业日常工作中的一个业务，我们把办公软件等都在统一的服务器端(云)，员工只需要一个显示器加一个盒子就可以办公了。这样不仅有利于办公室环境改善，同时也有利于信息安全。另外，在统一通信解决方案里，我们提供私有云和公共云混合架构，企业用户可根据自己需求部署 UC 解决方案。如一个企业可以根据需要部署 UC 方案，可以将全部部

件部署企业内，也可以将部分能力如会议等使用 Hosting 托管业务，而核心设备(如企业通信录等)部署在企业，实现企业按需部署。

行业用户业务也聚集了大量云服务需求，以政府为例，政府在城市发展中最关心的是三保：保稳定，城市要安全、稳定；保增长，经济上的增长；保民生，人民日常生活的方便。相应地，我们可以提供政府热线、数字城管、平安城市和应急指挥等方面的解决方案。同时，政府现在越来越要求高效率，比如应急指挥，当发生一个紧急事故的时候，常常要求把很多部门协同起来去完成，这就需要多个部门的数据共享，形成联动。我们在政府的解决方案可以很好地基于云计算实现这些需求。再比如在交通方面，虽然现在城市里交通环境非常好，但是上下班堵车的情况越来越严重。我们可以随时通过视频监控看到主要路段交通状况是不是阻塞，然后选择一条方便快捷的路。另外，我们可以通过专门的设备监测到哪些地方交通阻塞了，从而来调整红绿灯的状况进行交通的疏导。

相信在未来，云服务会深入到我们生活的各个方面。华为面向企业用户构建的“云管端”云服务开放框架，聚焦为客户构建低成本、高效的 ICT 云服务解决方案，协助客户实现商业目标成功。同时，通过云业务开发框架，与众多合作伙伴一起构建更多面向企业、行业云服务，共同分享云时代的成果。

(三)NetIQ 云管理解决方案

随着服务提供商寻求创建具有差异化的服务产品，他们开始寻找可帮助优化现有 IT 投资和虚拟化部署，以及可满足商业用户 IT 服务要求的技术。针对这一变化，NetIQ 宣布推出 NetIQ Cloud Manager 2.0，这是一个能够使服务提供商通过将 IT 资产应用于重点业务来响应 IT 消费的解决方案。利用 NetIQ Cloud Manager 2.0，企业现在可协作管理整个基础设施即服务(IaaS)体验，从商业服务要求到部署到完成，使其更加快速且更具效率。

“为了向遍及非洲的公司实体提供商业服务，我们需要具备跨数据中心和私有及公共云按需交付工作负载的能力，以便我们可快速地满足客户的经营需要”，沃达丰商业服务公司主机托管服务执行负责 Richard Vester 说，“NetIQ Cloud Manager 2.0 给我们带来了一个商业平台和简化高效的用户体验，使我们可以支持一个可扩充的、可管理和控制的云，从而使企业能够在多种系统管理平台上使用他们所选择的云基础设施公共、私有或混合云。在给我们的客户带来极大的成本节约的同时，它还为我们所提交的服务起到关键性的差异化作用”。

“当今的商业用户都期待能跨所有设备无缝、自动、按需的交付 IT 服务，并且 IT 可以无需打破现有交付模型或工作团队就可快速顺应这些需要。”NetIQ 公司云解决方案产品管理总监 Tom Cecere 说。通过管理 IaaS 体验同时有效控制资源的分配，NetIQ Cloud Manager 2.0 帮助服务提供商有效管理服务，并使他们改进能力，从而满足用户的需求。

NetIQ 虚拟化和云管理解决方案贯穿企业所经历的从初始采用虚拟化技术到成功进行云开发和管理的每一个阶段。从虚拟化初始构想到管理一个成熟的私有/公共/混合云模型，NetIQ 都有解决方案来帮助服务提供商和企业 IT 组织有效地满足商业用户不断发展的 IT 服务需求。

(四)富士通 EasyCloud 云计算解决方案

EasyCloud 是以富士通刀片服务器及存储系统为基础，在业界标准的虚拟化技术之上，采用由富士通云计算资源管理核心组件 ROR(Resource Orchestratcr)组建的一个预先定义、预先测试验证、标准配置的云计算平台，从而帮助用户实现云计算环境的快速部署。

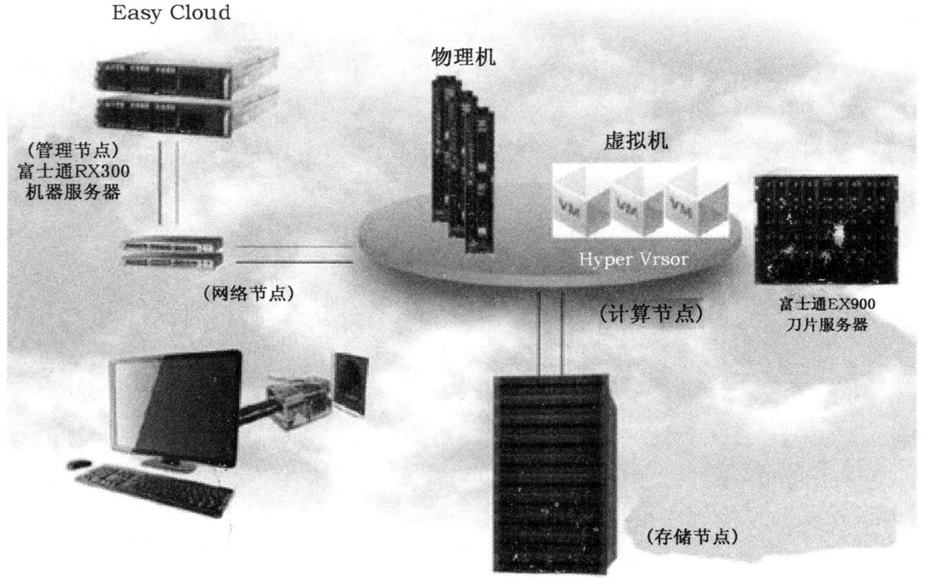


图 3—10　富士通云平台原理

EasyCloud 是基于富士通云基础架构解决方案的产品化，是基于一定配置和导向型的产品。作为首款云基础架构产品，它采用了云计算资源管理的核心组件 ROR。ROR 支持 VMware、Hypervisor、Microsoft Hyper-V 等业界开放标准的虚拟化技术，并通过卷的方式对资源池进行管理，在多租户使用云技术平台资源的情况下，有效创建安全的运行环境。ROR 支持 Windows、Linux 等主流开放操作系统。

富士通致力于帮助广大企业用户搭建自己的云，这主要通过以下三个层次来实现：一是通过 X86 刀片服务器和 ETERNUS 存储系统等核心节点组成硬件平台；二是使用富士通自主开发的 ROR/RCVE 软件平台，进行资源动态调配和管理；三是利用交互式友好界面的管理门户，真正实现高效管理、调配资源。

其中，硬件平台主要由刀片服务器和存储系统有机结合而成。富士通针对不同云计算规格需求和不同云计算服务模式的中国企业用户，制定了四个云基础架构解决方案产品等级，以供用户自由选择。如图 3—11 所示。

另外，富士通还提供了 ServerView RCVE 资源协调器。RCVE 是 ROR 的一个组件，主要应用在服务器整合、虚拟化环境相关的解决方案中，能够对服务器资源及物理、虚拟机进行管理。它是最新一代的综合系统管理工具，为复杂的物理、虚拟服务器阵列提供了统一的管理，为客户提供了更便捷高效的平台管理体验。

*(五)惠普 CloudStart 私有云解决方案*

CloudStart 是 HP 帮助企业快速建立自己的私有云而推出的一个解决方案，它的初衷是通过工业标准服务器(包括客户已经部署的其他厂商的 X86 服务器)、存储与网络以及相应的管理软件组件，在 30 天内为客户建立自己的私有云平台。

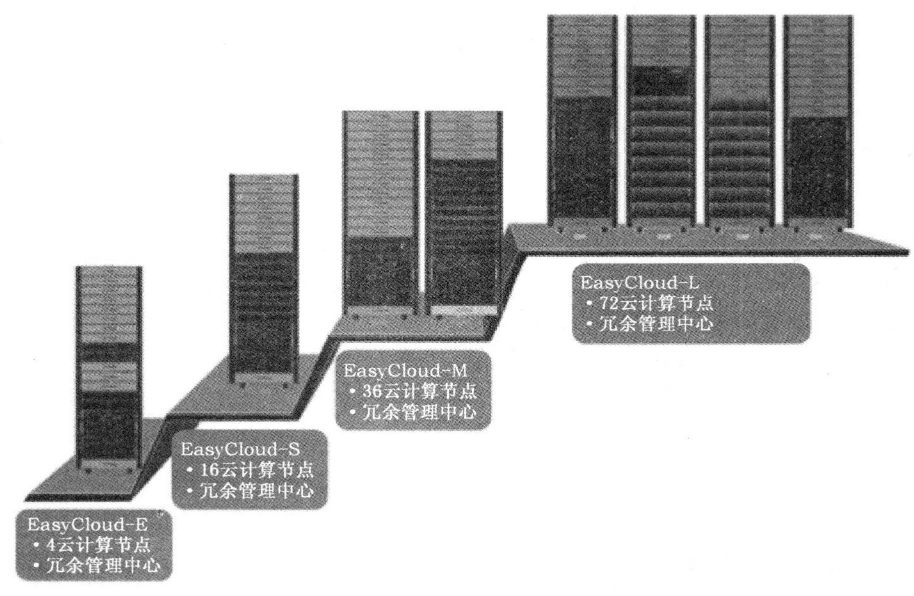


图 3—11　富士通云平台产品线

就基础架构来说，CloudStart 支持 VMware vSphere 与微软 Hyper-V 的虚拟化平台，而对于思杰公司的 XenServer 平台则视客户需求而定，主体上讲，则以 VMware 和微软的云计算解决方案为主(尤其是 VMware)。

CloudStart 包括的内容：一是规划和服务定义、计算服务实施、分级备份策略、安全策略和费用分摊和报告。二是应用生命周期，即基于 Matrix 的云服务自动化，应用程序资源分配、应用程序监控。三是基础设施，即 BladeSytem Matrix、自助服务门户网站、基础设施资源分配、性能优化、整合始于设计。如图 3—12 所示。

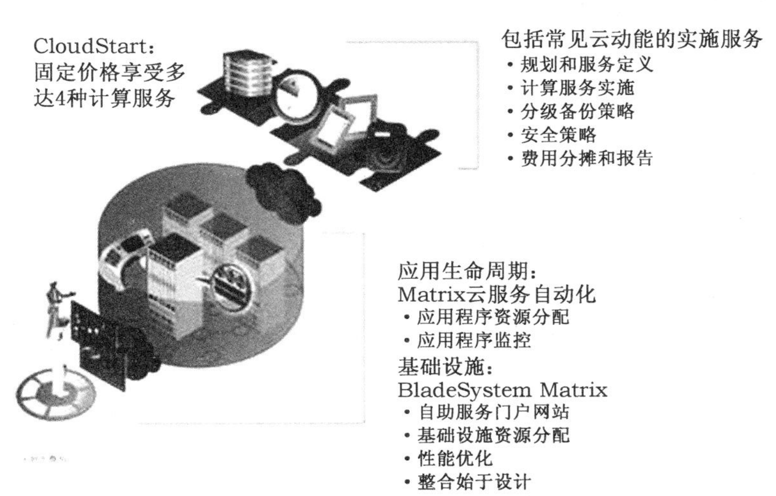


图 3—12　惠普 CloudStart 私有云解决方案

说到这里,大家应该清楚 CloudStart 在基础云计算底层上的软件架构并不是 HP 自己的,但 CloudStart 的精华——管理组件,则就是 HP 独家的了。这里主要包括著名的 Insight 管理软件家族,另外 HP 的融合基础架构(Converged Infrastructure,CI)也在 CloudStart 中起到了重要的支撑作用,因为没有服务器、存储、网络这些基础硬件的融合与协作,在其之上的底层与管理软件也将是无米之炊。

(六)浪潮"云海战略"

"云海战略"是浪潮提出的全面进军云计算市场的战略,将着力"行业云",遵循开放标准化的技术路线,重点发展高端服务器、海量存储等云基础装备和云计算操作系统,成为中国领先的云计算基础架构供应商。

浪潮"云海"较为详尽地阐述了云计算的整体架构、技术核心、实施关键等,让客户第一次详尽地了解云计算技术架构。这是国内 IT 企业第一次系统阐述云计算的技术架构和应用模式。

浪潮的云海战略可以概括为"一个目标,两线产品",即以行业云为目标市场,推出云 OS 以及大服务器、海量存储、高密度服务器等云计算专属硬件产品线。

浪潮云计算战略首次提出了"行业云"概念。行业云,就是指由行业内或某个区域内起主导作用或者掌握关键资源的组织建立和维护,以公开或者半公开的方式,向行业内部或相关组织和公众提供有偿或无偿服务。目前,行业用户已经占据了中国信息化市场 50%以上的市场份额,从行业组织的分散性、数据的封闭性等方面看,云计算无疑是实现行业数据和资源共享,推动数据向服务转化的最佳途径。因此,行业云是公有云最具潜力和战略意义的市场,是中国云计算未来的主导力量。

浪潮云海是第一款国产的云计算中心操作系统,采用"linux+Xen"开放标准技术路线,兼容异构平台;全面采用虚拟化、分布式计算、分布式存储等,支持"云计算+云存储"整体架构,领先于当前其他厂商"云计算+SAN 存储"的方案,性能更好、可用性更强、成本更低。

其具体技术指标为:支持多租户服务,支持多种智能终端,能够管理计算机数量超过 5 000的数据中心管理,可池化的数据存储容量超过 50PB,能够提供超过 99.99%的总体可用性,支持百万量级虚拟资源与虚拟进程的管理。

浪潮明确提出了针对云计算不同模块,提供定制化产品的全定制化策略,并且逐步形成从高到低的全线的云计算专属产品线。从云端客户需求看,云计算中心通常需要规模化地提供以下几种类型的计算力:一是高性能的、稳定可靠的高端计算,二是面向众多普通应用的通用型高密度计算,三是面向科学计算。因而,浪潮的云计算专属产品线涵盖了 8-32 路高端服务器、海量存储设,以及高密度服务器和高性价比存储,与云海 OS 整合为软、硬一体的 PaaS 整体解决方案。

浪潮已经与山东计算中心共同签署云计算合作协议,双方将共同完成山东省 13 个软件园的资源整合、共享、协同,建成国内最大的区域行业云和未来云计算研究中心,着力研究开发下一代云计算前沿技术,并逐步丰富云计算的服务。此次合作同时也是浪潮云海战略的首个落地行业云项目。

在我国,百度、360、金山快盘是我国个人云产品市场领导品牌。如表 3—10 所示,百度、360、金山等传统互联网时期的优势企业在个人云服务领域继续保持了优势,其云存储用户比例位居前三。国外品牌在国内个人云产品市场优势并不明显,苹果手机拥有率的提升推

动了 iCloud 产品使用率。国内以移动端为主切入云服务的品牌较为弱势，如酷派、魅族的个人云服务使用比例偏低。

**表 3—10**　　个人云服务产品用户使用率

| 品　牌 | 使用率 | 品　牌 | 使用率 |
|---|---|---|---|
| 百度云 | 12.21% | 谷歌 Google 云 | 2.64% |
| 360 云盘 | 11.39% | 腾讯微云 | 2.48% |
| 金山快盘 | 10.56% | 酷派 Cool Cloud | 1.65% |
| iCloud | 5.12% | 盛大网盘 | 1.16% |
| 华为 Cloud+ | 3.30% | 微软 SkyDrive | 0.83% |

其中，国内传统互联网行业领军品牌由于其用户认知度高、用户喜好明显等优势，拉动旗下云服务产品的高用户使用率。结合用户对个人云产品母品牌的认知率和喜好度来看，可以看到对于国内品牌而言，母品牌的高认知率拉动了个人云产品的使用，除腾讯由于云产品推出时间较晚外，认知率最高的三家国内品牌百度、360 和金山的个人云产品使用率位居前三。

对于国内云服务品牌的选择，主要影响用户推荐意愿的是使用经验及母品牌的实力。如表 3—11 所示，百度、腾讯、谷歌等产品更依赖母品牌的实力，360、金山、华为等品牌更依赖用户使用经验。

**表 3—11**　　用户云产品推荐意愿

| 品　牌 | 用户云产品第一推荐品牌 | 其中，没有使用过该品牌云产品 | 其中，使用过该品牌云产品 |
|---|---|---|---|
| 百度 | 22.29% | 11.68% | 10.62% |
| 360 | 20.84% | 8.71% | 12.13% |
| 腾讯 | 9.51% | 8.71% | 0.81% |
| 谷歌 | 8.91% | 5.84% | 3.07% |
| 微软 | 8.15% | 7.25% | 0.91% |
| 苹果 | 7.50% | 5.13% | 2.37% |
| 金山 | 4.98% | 2.01% | 2.97% |
| 华为 | 3.27% | 1.51% | 1.76% |
| 盛大 | 1.06% | 0.60% | 0.45% |
| 酷派 | 0.45% | 0.35% | 0.10% |
| 魅族 | 0.40% | 0.35% | 0.05% |

表 3—12 可以看出，用户认同品牌、在选择个人云产品时，最重要的衡量标准是产品能提供安心感、品牌号召力强、产品可靠性高、产品服务稳定、技术实力强、习惯使用的品牌。

表 3－12　　个人云服务产品衡量标准

| | 衡量标准 | 百分比 |
|---|---|---|
| 提供安心感 | 品牌号召力强 | 57.55% |
| | 可靠性高 | 54.60% |
| | 服务稳定 | 53.75% |
| | 技术实力强 | 47.10% |
| | 习惯使用品牌 | 40.15% |
| 附加服务提升价值 | 服务全面 | 34.40% |
| | 创新能力强 | 27.30% |
| | 容易获得 | 22.40% |
| 从众效用 | 周围有人用 | 18.65% |
| | 比较流行 | 15.45% |

在品牌选择、品牌认同方面，国内产品与国外产品具有不同的优势和不足。下面主要分析国内外品牌的优势与不足。

对于国内三大领军品牌，百度、360、腾讯，品牌使用习惯是其获取用户认可的关键因素。具体如表 3－13 所示。其中，优势和不足是与整体平均水平相对比的。正值表示高于平均水平，负值表示低于平均水平。可见，国内三大品牌产品用户使用习惯显著高于平均水平，但在技术实力、创新实力及用户认可度方面有待提高。

表 3－13　　国内三大品牌用户认同要素分析

| | 百度 | | 360 | | 腾讯 | |
|---|---|---|---|---|---|---|
| 品牌首选率 | 23.4% | | 21.4% | | 10.9% | |
| 优势 | 习惯使用品牌 | 6.8% | 习惯使用品牌 | 12.1% | 习惯使用品牌 | 9.6% |
| | 服务稳定 | 5.2% | 周围有人用 | 5.5% | 比较流行 | 7.3% |
| | 品牌号召力强 | 4.8% | 服务全面 | 3.7% | 周围有人用 | 6.0% |
| | 服务全面 | 4.3% | 容易获得 | 3.0% | — | — |
| | 容易获得 | 1.3% | 比较流行 | 0.4% | — | — |
| | 可靠性高 | 0.8% | 服务稳定 | 0.2% | — | — |
| 不足 | 比较流行 | －2.8% | 可靠性高 | －0.9% | 容易获得 | －0.5% |
| | 技术实力强 | －3.8% | 创新能力强 | －7.8% | 服务全面 | －3.2% |
| | 周围有人用 | －4.1% | 品牌号召力强 | －11.9% | 品牌号召力强 | －6.9% |
| | 创新能力强 | －7.2% | 技术实力强 | －12.7% | 创新能力强 | －8.2% |
| | — | — | — | — | 服务稳定 | －12.8% |
| | — | — | — | — | 可靠性高 | －15.1% |
| | — | — | — | — | 技术实力强 | －15.5% |

相对应地，现在来分析国外三大知名品牌，微软、谷歌、苹果的竞争优势与不足。如表 3－14所示，技术实力、创新能力是国外三大知名品牌获胜的主要因素。可见，国外三大知名品牌通过技术、创新能力打造品牌号召力，提升客户安心感，但是其用户品牌习惯相对较弱。

表 3—14　　国内三大品牌用户认同要素分析

| | 百度 | | 360 | | 腾讯 | |
|---|---|---|---|---|---|---|
| 品牌首选率 | 23.4% | | 21.4% | | 10.9% | |
| 优势 | 技术实力强 | 30.7% | 技术实力强 | 20.9% | 创新能力强 | 21.3% |
| | 品牌号召力强 | 15.5% | 创新能力强 | 19.9% | 技术实力强 | 18.4% |
| | 创新能力强 | 15.2%% | 品牌号召力强 | 15.0% | 比较流行 | 15.5% |
| | 可靠性高 | 10.7%% | 可靠性高 | 7.3% | 品牌号召力强 | 11.5% |
| | 服务全面 | 6.3%% | 服务稳定 | 6.2% | 可靠性高 | 0.3% |
| | 服务稳定 | 6.1% | 服务全面 | 2.2% | — | — |
| | 容易获得 | 4.6% | — | — | — | — |
| 不足 | 比较流行 | −2.3% | 容易获得 | −0.6% | 周围有人用 | −1.8% |
| | 习惯使用品牌 | −2.4% | 比较流行 | −4.3% | 服务稳定 | −8.0% |
| | 周围有人用 | −6.1% | 周围有人用 | −10.5% | 容易获得 | −9.0% |
| | — | — | 习惯使用品牌 | −18.3% | 服务全面 | −11.2% |
| | — | — | — | — | 习惯使用品牌 | −16.9% |

对于国内一些比较弱势的品牌，用户认可主要受从众效应的影响。不能给用户带来安心感是影响用户首选率的主要原因。如表 3—15 所示。

表 3—15　　国内弱势品牌用户认同要素分析

| | 金山 | | 华为 | | 盛大 | |
|---|---|---|---|---|---|---|
| 品牌首选率 | 4.6% | | 3.1% | | 0.8% | |
| 优势 | 周围有人用 | 7.6% | 技术实力强 | 12.4% | 周围有人用 | 7.4% |
| | 习惯使用品牌 | 2.6% | 周围有人用 | 7.0% | 服务稳定 | 2.8% |
| | 容易获得 | 0.9% | 容易获得 | 1.9% | 比较流行 | 1.9% |
| | — | — | 创新能力强 | 1.1% | 可靠性高 | 1.9% |
| | — | — | 服务稳定 | 0.3% | — | — |
| 不足 | 可靠性高 | −0.2% | 比较流行 | −1.9% | 容易获得 | −0.7% |
| | 技术实力强 | −3.4% | 可靠性高 | −7.3% | 创新能力强 | −5.6% |
| | 创新能力强 | −4.0% | 品牌号召力强 | −13.0% | 习惯使用品牌 | −14.1% |
| | 服务全面 | −4.3% | 服务全面 | −14.1% | 技术实力强 | −16.7% |
| | 服务稳定 | −7.2% | 习惯使用品牌 | −19.9% | 服务全面 | −17.0% |
| | 比较流行 | −7.7% | — | — | — | — |
| | 品牌号召力强 | −16.8% | — | — | — | — |

通过上述分析可以看出，国外知名品牌依靠技术实力、创新能力获取用户认同，国内知名品牌依靠用户使用习惯、母品牌知名度获取用户认同，其他品牌依靠母品牌用户量获取用户认同。在个人云服务市场中，产品、品牌竞争核心为依靠技术、创新提升用户使用安心感，培养使用习惯，扩大用户量。

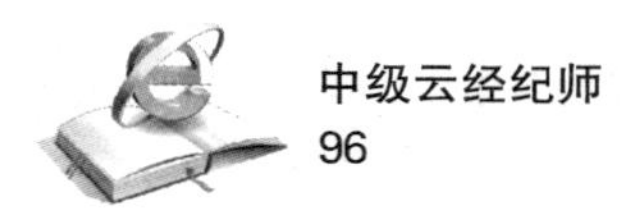


## 第三节　云市场:云需求商及结构

### 一、云需求商

随着电子商务的迅速发展,"大数据"的爆发和应用逐渐改变了过去的商业方式。点击率、浏览量不仅意味着企业成长指标,更可能是潜在庞大的消费群体、模式或趋势,它的价值换算或许是量级的石油或黄金。从制造业时代到数字化时代,财富故事已经更多是1和0的组合。对于电商行业来说,企业的商业决策更多的是根据数据分析作出的,而不是像过去更多地凭借经验和直觉。

云计算对电子商务服务模式的影响不仅表现在成本的降低和服务形式的改变,更重要的是它促进了服务外包与电子商务经营的融合。作为外包服务提供商,云计算运营商建立标准化的统一的服务平台,将传统的基础设施、应用软件和开发平台等集中在云平台上,并根据用户的需求对其进行定制化,然后通过网络提供给终端用户。根据企业开展电子商务的服务层次,云计算技术在电子商务领域的实现与应用可以归纳为以下三个方面:

第一,电子商务平台建设云服务化。对于想要开展电子商务的众多中小企业、小微企业而言,利用云计算厂商提供的各种应用服务按需选择,快速构建具有本企业特色的电子商务系统,能够有效地降低成本,提高企业的核心竞争力。云主机、云虚拟主机等为企业提供了便捷、高效的服务器资源,同时由于应用程序是在云中,使用云端的存储服务就降低了对企业客户端的硬件设备和软件成本的要求。

在电子商务领域,亚马逊最早实现了云计算的商业化。为应对高峰时期的电子商务交易需要,亚马逊采购了大量的服务器。然而,在平时这些服务器只能闲置,造成了资源的浪费。亚马逊于是尝试将这些资源出租给其他电子商务企业,反而形成了新的市场。

随着移动互联网的蓬勃发展,移动电子商务应用将逐渐从生活服务和公共服务领域向工农业生产和生产性服务业领域延伸,用户可以随时随地接入移动"云",享用基于移动"云"的电子商务平台提供的服务。

第二,电子商务支撑环节云服务化。企业在电子商务的实施过程中,面临着电子支付、安全、信用、物流等一系列电子商务支撑服务的解决。与现有的互联网模式相比,云计算为这些电子商务支撑服务的实现提供了更便捷、可靠、快速的方案。

"云支付"作为云计算在电子支付领域的应用,构思是在云端实现支付服务,实现用户在各种电子商务用户终端(个人电脑、平板电脑、手机、电话、电视、自助设备等),通过商户的销售平台(含网站平台、移动终端、呼叫中心等)完成购物支付流程,并且支持银行借记卡、贷记卡等多卡种的支付,同时可以覆盖B2B、B2C、C2C多种交易类型。云支付可以支持用户多样的支付终端需求,并减少用户在使用电子支付时的心理与操作障碍,同时可以为商户省去相关IT设施的初始投入等优势,并提高支付的安全性诉求。

第三,电子商务运营管理云服务化。对于企业而言,搭建好电子商务平台仅仅是迈出的第一步,如何借助电子商务产生经济效益,才是企业电子商务的真正目标。国内众多企业由于经验、技术的缺乏,在实施电子商务的过程中,往往不清楚经营不善的真正问题所在,即依

靠自身力量往往很难达到上述诉求。随着电商快速发展，各种数据爆炸式增长，卖家对于解决安全、稳定、成本、速度响应、集成、数据推送等问题的需求越来越迫切。借助于云端提供的电子商务运营管理服务，可以帮助企业有效地分析经营数据，进行数据挖掘，使企业的电子商务经营活动更有目标和效率。

（一）聚石塔

2012年7月10日，天猫与阿里云、万网宣布联合推出聚石塔平台，率先以云计算为“塔基”，为天猫、淘宝平台上的电商及电商服务商提供IT基础设施和数据云服务，打造开放、安全稳定的电商云工作平台，国内首个电商云工作平台就此诞生。

平台现状：借助聚石塔平台，天猫商城已由过去的电商销售平台变为现在的供应链协同服务平台，目前进入聚石塔的用户数已超过2万，每日可处理超过50万份订单，超过90%的用户系统总体成本降低了1倍以上。

目前，聚石塔第一步是“纳贤”，让广大电商及服务商系统进入聚石塔，如主机、存储、数据交换等。接下来便是“互通”，聚石塔将建设信息交换平台，通过将会员信息、商品信息和交易信息等数据处理、整合、开放和共享，让各种服务商系统彼此连通。

这样做的好处在于，可以为电商提供安全的数据环境，海量的数据能够互通，淘宝的商家进行更高效的店铺管理、供应链管理、库存管理以及跨平台支持；甚至在服务器等基础资源不足的情况下可以做弹性的资源升级。如“双11”促销，很多商家都会出现访问量暴增的情况，如何实时增加带宽、提高存储量；什么时间需要增加、增加多少都会在聚石塔里呈现，商家可以根据实际情况，弹性地调用资源。

服务模式：聚石塔是基于阿里巴巴数据分享战略、依托云计算技术的开放电商云平台，现在可提供五项服务，包括弹性托管服务、数据存储服务、开放缓存服务、历史数据库服务和负载均衡服务，用户会享受到电商数据推送、开放增值数据对接、在线电子发票、24小时技术支持等功能，并且只需一次性买断费用，而无需专门购买配置服务器。

聚石塔通过电商云基础云平台提供VM、RDS等电商应用系统运行环境，通过应用平台提供应用接口和数据服务，通过服务市场提供给ISV展示、销售、服务于商家的ERP/CRM/WMS等应用的窗口。聚石塔将协助ISV应用SaaS化改造，提供高性价比、可弹性扩展的电商系统服务。另外，聚石塔也可以对消费者进行固定频率、偏好商品等浅层分析。如图3－13所示。

未来计划：未来聚石塔将由底层聚石塔的云、上层聚石塔容器和顶层的聚石塔服务市场三部分组成。其中，聚石塔的云为更具弹性的云基础设施提供底层支撑；聚石塔容器则是用于对进驻聚石塔的第三方服务商的管理；聚石塔服务最终将通过SaaS云平台向更多的卖家开放。具体部署包括五个方面：订单状态透明、财务数据更加清晰、客户精准服务、科学管理进销存、全链路商业解决方案。它以C2B为方向，为品牌商提供基于互联网的全渠道布局，用无线实现线上线下的串联，并提升云计算能力。

通过聚石塔，商家除了可以享受基础云技术（如虚拟主机及云数据库）、数据推送、数据集成、资源弹性升级等云端服务外，还可以在后期享受强大的物流、订单、账户权限等开放与升级。

开放的电商云工作平台将整合电商生态系统的全链路数据，帮助商家提高运营管理效率、降低成本，从“繁”电商转变为“易”电商，以更轻盈的姿态最终为消费者提供更确定性的

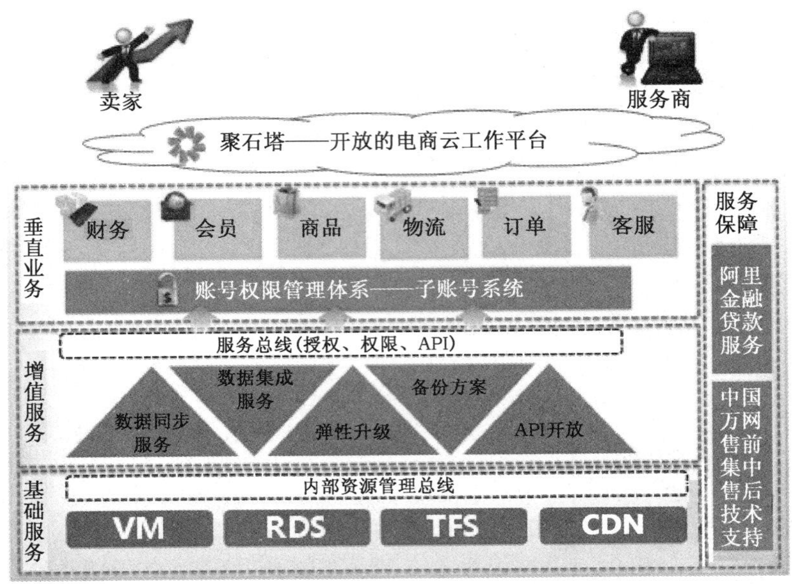


图 3－13　聚石塔工作原理

服务。数据,就像放在银行里一样,用时可取不用即存,要分享他人需要授权和密码;不用担心黑客、宕机或出错,也不用担心客户档案丢失;甚至通过前后台数据、生态系统各环节数据打通、汇总和分析,不怕没有营销技巧或是专业的运维人员,商家也可以精准服务用户。这些碎片化的信息在电商云平台上不断被梳理,继而形成条理清晰的数据,让商业更具爆发力。

在过去的做法中,电商商家运用的系统各自分离。这家的 ERP(企业资源系统)、那家的 CRM(客户关系管理系统),这家的 SCM(供应链管理系统)、那家的 WMS(仓库管理系统)等,企业整体的数据资源分散在不同服务商开发的软件中,虽然底层数据可以和淘宝对接,但是由于各自属于不同软件商,系统与系统之间并不能互通,IT 业界把这称作"信息孤岛"。

这样的"信息孤岛"随着电商群体的增加会越来越多。仅天猫就拥有 5 万多商家、每天面对 4.7 亿的客户群,庞大的用户量产生巨量的消费信息、订单信息,如何完整地调用生产、销售、运营、仓储、物流等环节,把所有和买卖有关的信息都收集起来,让企业所有相关环节的人员都可以看到,正是聚石塔工作平台的运作原理——化"繁"为"易"。

"繁"到"易"的最直接表现便是企业成本的降低。天猫卖家们不用单独组建上百人的开发团队、建造前台、后台系统,或者专门的运维团队去寻机房、做不断电设备、容灾及数据切换等。"过去的这些隐性成本,都将可以通过聚石塔平台分担掉。"王文彬说。据天猫商家业务部数据分析,使用聚石塔的 90%商家其系统总体成本降低了 100%以上,且商家规模越大,降低的成本越多。

另一表现在于,对那些线上线下两条路兼走的传统企业来说,可以通过聚石塔打通线上、线下的仓储、供应链体系,让线上到线下的 O2O 模式成为可能。

业内人士认为,这或许不仅仅是一场 B2C 电商行业的革命,从云概念的引入到数据集

成，这场竞赛已经充分凸显了平台化B2C较于自营B2C的优越性。此外，开放的数据环境或许还将开启中国企业的另一场IT系统革命。在美国的SAAS化中，Salesforce.com和Oracle的竞争已经显示出网上定制软件系统的趋势，单品整套的软件销售已经逐渐走向“瓶颈”。“美国的IT系统已经互联网化了，相信中国企业的IT系统也可以互联网化，而聚石塔的模型以及强大的电商群体似乎已经初具雏形。”业内人士认为。

聚石塔使得巨量的用户需求以数据形式被商家捕捉，快速地反映在生产、供应链、库存、物流等环节，用户网购体验将更好。比如，当用户需要了解订单状态，通过咨询聚石塔商家则可以完整地知道订单进程。是在工厂下单和打包还是从某库房调货、途径某地中转、哪家物流承运、目前达到哪个城市等，都通过系统打通呈现。如果用户需要修改收货地址，拆单、并单或退货，商家可一目了然地知道订单状态，而不用一一调用各个系统。这样对于消费端信息的把握也会更加完整。

（二）苏宁云商

近几年，苏宁一直在探索转型云服务模式。2006年，苏宁上线SAP/ERP系统，推进“云服务”模式的全面市场化运作，2011年以来陆续推出苏宁私享家、云应用商店、云阅读等。苏宁将从组织架构、年度计划、经营策略、人员任命等方面进行全面部署，以确保“云商”模式的全面落地。

平台类型上：苏宁云商＝连锁店面平台＋电子商务平台

从服务类型上：苏宁云商＝实体产品＋内容平台＋服务产品

平台现状：苏宁云商被描述为“一体两翼”。所谓“一体”，就是以互联网销售为主体。所谓“两翼”，就是打造O2O的全渠道经营模式和线上线下的开放平台，希望其线上线下的资源融为一体，打造一个全终端的零售平台。

苏宁云商系统拥有一支4 000余人的IT研发队伍，已经开发了涵盖运营、管理、服务等10大类120多个应用模块和子系统，由苏宁与IBM共同研发。现在苏宁云商已经构建了三大云——面向内部员工的管理云、面向供应商的供应云以及面向消费者的消费云，并逐步推进“云服务”模式的全面市场化运作。

服务模式：苏宁的云商模式是基于线上线下多渠道融合、全品类经营、开放平台服务的业务形态。苏宁的云商模式是以“店商＋电商＋零售服务商”来呈现的，其云特点更多体现在线下。苏宁开放平台在供应链方面的优势将在于利用SAP/ERP系统，以及B2B、B2C、OA、SOA、HR、BI、WMS、TMS、CRM、Call Center等信息应用系统，实现了供应商、苏宁、消费者“三位一体”的全流程信息集中管理。物流云同样是苏宁的发展重点，依托WMS、TMS等先进信息系统，用户可以享受到长途配送、短途调拨与零售配送到户一体化等服务。

未来计划：早前，苏宁易购表示将向供应商开放自己的后台资源，主要包括信息平台、物流平台和资金平台。信息平台包括供应链管理、云计算资源、广域专网的资源、ERP管理等，这是希望通过智能系统将滞销、库存等问题降到最低。物流方面，苏宁表示将在全国打造四级的物流平台，并向供应商全面开放，包括地区、主要城市、社区网店等。苏宁预计到2015年全国80%左右的渠道将完成建设，预计投入200亿元建设物流体系。资金方面，苏宁易购向供应商提供支付平台、贸易垫资、投资合作、供应链融资、合同融资等平台，也是希望通过渠道的资金支持厂商的生产和研发。苏宁已经开始大力投入IT方面的研发，计划在全国建设10～12个云计算数据中心，未来向合作方开放云服务与系统成套解决方案。苏

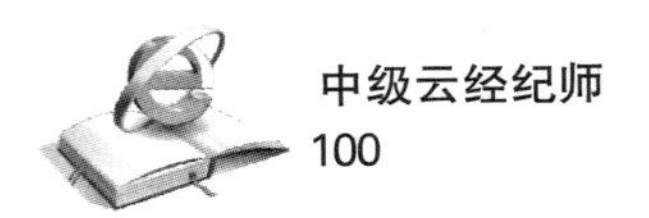



宁的目标是，向为入驻商家提供支付、金融、数据、营销、托管服务、仓储物流、云计算等全套服务，为入驻商家提供免费的供应链管理系统，利用供应链管理系统拥有强大的数据分析和供应链管理能力，商家可根据苏宁易购供应链管理系统后台数据制定相应的销售策略。

（三）京东云

京东云又称京东电商云，是京东电商开放生态的云信息平台。为了更好地满足卖家和买家的电商应用和 IT 服务需求，京东电商云提供围绕电商应用全生命周期的云服务，与广大商家、用户、ISV 和应用开发者，共同培育电商应用生态。目前，京东推出了京东宙斯、京东云鼎、京东云擎、京东云汇和京东云峰五个解决方案，向合作 ISV 和个人开发者，提供京东系统开放接口、电商应用开发云平台、电商应用托管平台、应用与服务交易市场、社区生态环境等电商云服务，初步形成了一个完整的电商云服务链条。

京东云已初步形成了完整闭环的电商云服务链条，已面向上游和下游共提供了 8 大类 300 多个开放接口，在其私有云平台上有超过3 000名开发人员已开发了上千种不同的应用。当前，京东集团已经形成了以京东宙斯、京东云鼎、京东云擎、京东云汇四大解决方案为核心的完整的电商云服务链条技术体系。

随着陆续推出了京东宙斯、京东云鼎、京东云擎、京东云汇、京东云峰等云计算解决方案，京东已实现全面面向平台卖家、物流合作方、电商服务商及个人开发者，提供京东系统开放接口、服务交易市场、电商应用云托管平台、应用开发云平台、社区生态环境等电商云服务，初步形成了一个完整闭环的电商云服务链条。如表 3—16 所示。

表 3—16　　京东五大电商云

| 名称 | 定　位 | 作　用 |
| --- | --- | --- |
| 宙斯 | 开放服务的直接载体 | 面向上游和下游提供 8 大类开放接口 |
| 云鼎 | 电商应用云托管平台 | 帮助使用者实现基础资源的弹性伸缩，低成本解决资源“瓶颈” |
| 云擎 | 应用开发云平台 | 提高业务开发效率和应用成功率，降低成本门槛 |
| 云汇 | 开发组社区互动平台 | 为开发者提供交流学习、问题解答、代码托管等服务 |
| 云峰 | 移动应用开发云工具平台 | 为移动应用开发者提供各种便捷的移动应用客户端开发服务 |

服务模式：京东电商云解决方案共包括四个方面：提供京东信息系统开放接口服务的京东宙斯、为卖家与 ISV 提供电商应用托管云平台的京东云鼎、为开发者提供应用开发平台的京东云擎以及提供移动应用客户端开发平台的京东云峰。总体来看，京东云可以为用户提供京东系统开放接口、服务交易市场、电商应用云托管平台、应用开发云平台、社区生态环境等电商云服务。京东利用 SaaS 式的服务向上游卖家和下游买家提供丰富的电商应用以减少成本支出、提高效率，并改善用户购物体验。

未来计划：京东表示，2015 年目标成为国内第一的电商云服务供应商，2017 年京东云成为全球领先的云计算服务商。未来电商云将成为京东业务发展战略重要的后台基础支撑力量，京东将投入5 000万元扶持基金，构建完整的电商云平台，培育电商应用生态，并整合更多的外部电商资源，实现更广泛电商资源的统一使用和调配，使平台外卖家与买家也都可以从平台上享受到更多的服务。

京东云发展现状：京东电商云发展分为三个阶段。第一阶段是京东内部各种电商资源

和能力的云化；第二阶段是将云化后的电商资源对外开放，构建电商云平台，培育电商应用生态；第三阶段京东电商云将整合更多的外部电商资源，向全行业和全社会提供更广泛、更有价值的电商云服务。目前，京东电商云的发展已经实现了第一阶段目标，京东 IT 资源的内部云化已完成，对京东业务平稳、系统优化和效能提升的作用已经显现，系统在"6·18店庆"等大规模促销活动中经受住了巨大流量的考验。在此基础上，京东电商云正走入第二阶段，努力培育京东电商应用生态。关于第三阶段，京东将努力在 2015 年开放京东电商业务全部资源和能力，以云的形式向全产业链各环节提供京东云服务，成为中国首屈一指的电商云提供商。

依托京东作为中国领先的综合网络零售企业，在电商领域中积累超过十年的宝贵经验，京东电商云解决方案根据企业的需求差异将电商云解决方案分成了面向传统零售企业和品牌商的 E-commerce 版和面向本地生活服务商的 Local-commerce 版，助力传统企业快速完成电商化进程，目前有超过 3 万家传统企业正在使用京东电商云服务。京东电商云 E-commerce 版能够为传统零售企业以及品牌商提供自主品牌商城、全网营销体系、多平台运营等服务。其中，"自主品牌商城"可为企业快速打造属于自己的 WEB 商城和 APP 商城；"全网营销体系"可整合全网营销资源为企业带来优质用户；"多平台运营服务"可统一管理多电商平台的订单与仓储配送，实现电商业务的高效运营。同时，还能为客户提供伙伴式的电商咨询服务，包括需求分析、产品定位、用户挖掘、模式创新、品牌重塑等，帮助企业制定完整的电商蓝图和实施策略，满足企业的个性化需求。

京东电商云 Local-commerce 版是面向本地生活服务商提供的移动互联网 CRM 云解决方案，可打造商家自主品牌 APP。商家可以在云端快速便捷地进行会员及商品管理，为消费者提供个性化服务，提升消费者黏性及满意度。

京东电商云可为企业带来七大价值：第一，可为企业快速部署自有品牌的电子商城及平台，实现线上线下一体化销售，建立自己的用户体系；第二，提供全流程、全产业链的电商解决方案，客户可共享京东平台资源，灵活配置、使用各种电商经营管理模块；第三，实现一站式多电商平台的统一管理与运营；第四，以京东自主研发的信息系统以及云计算、大数据等创新技术的强大支撑，以云服务的方式为企业搭建信息化所需要的所有网络基础设施及软件、硬件平台；第五，开放的服务模式既可以与企业原有的 ERP 等系统实现对接，同时也将引入众多优秀的 ISV 满足企业更多的个性化需求；第六，为企业提供互联网金融等衍生服务，实现商家信贷和消费者信用消费；第七，结合京东十年电商平台经营管理经验，为客户全程提供电子商务诊断、流量管理、客户管理等咨询服务。

## 二、云需求结构

### （一）电子商务对云服务的需求

所谓电子商务云服务，指的是向第三方用户开放的电子商务云服务平台，电商企业向电商平台上的商户、供应链中的物流服务商、其他开发者提供开放的云计算和大数据服务，利用云计算技术成本低、效率高、弹性强等优势特点，使用户在开放平台上能够更加便利地进行商业应用开发与优化工作，或是获得业务数据处理服务以及内部云管理服务。电商云概念的出现，与互联网的发展息息相关。

随着电子商务的发展推进，电子商务是未来商业运作模式的必然选择，电子商务对于信

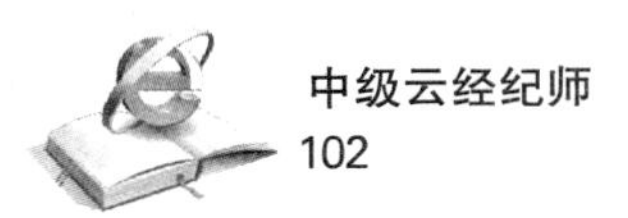


息处理、信息存储和信息安全的要求也越来越高，而云计算强大的资源分配和共享模式为电子商务开辟了全新的发展领域。电子商务领域的云服务模式将会整合现有的电子商务资源，催生新的服务模式和企业合作方式，引领着电子商务服务模式的变革。

从 2011 年开始，阿里、京东、苏宁等电商巨头纷纷发力以试图找到自己的平台差异化创新优势。在经历多次大规模价格战之后，人们不难发现在这种竞争愈发白热化的情况下，传统的“在线零售式”电商业务已经无法让巨头们在市场中赢得更多优势。传统的电商基础架构模式通常具有管理成本高、风险大，数据获取延迟、不准确，IT 资源不足或资源冗余，信息孤岛恶化，缺乏专业 IT 人员管理等众多缺陷。而云计算强大的后台支撑力，则能较好地解决这些问题。

（二）商务智能对云服务的需求

1. 商务智能云服务介绍

商务智能（Business Intelligence，BI）是一个从海量数据中发现潜在的、新颖的、有用的知识，用以支持组织的业务运作和管理决策的过程。海量的数据是商务智能提供服务的基础，对这些数据的存储及加工处理在商务智能中占有很重要的位置。

云计算系统是一种把大数量的低成本运算单元通过 IP 网络相连而组成的超大型运算平台，其核心是组成云计算平台和管理软件。如果在企业商务智能层面上来看云计算，它是一个提供元数据的数据层以及支撑过程全部占有优势的基础设施。

云计算环境下的商业智能会迎来一个需求增长期。企业用户对于部署周期长、成本高、IT 基础设施复杂的传统的商业智能解决方案是较为头疼的，尤其是升级过程。而随着商业智能的地位被提升，也可能会增加整套方案的复杂性。

Daniel 认为“云商业智能”解决方案恰恰解决了这个问题。“其提供了一个快速部署、低成本和弹性大的替代方案，能大大提高业务和 IT 灵活性。尤其是一些较为小型的企业，可以很好地通过云的方式享受到以前有大公司才能负担得起的处理能力及 IT 服务。”

据了解，从 Gartner Pace Layer Model 层模型角度分析，云配置模型特别有利于商业智能领域中被标签为“创新的系统”层。

Daniel 详细分析指出：“一些高价值的资料分析如假定模型（what-if analysis）和业务流程通常是有策略地从企业系统和数据仓库中分离，并且所需的市场和基准数据已是外部的。”因此，云计算环境让商业智能解决方案中的“创新的系统”层扩展到一个全新的用户群中，令 BI 在企业中更普及。

因此，对于企业用户自身而言，保持这个系统的独立性和公正性是必需的，以提供更加有价值的数据分析结果。

Daniel 最后指出，对于业界的 IT 厂商而言在积极推动云商业智能之时，还需积极引导云商业智能在企业中健康地普及。在针对不同的企业时，需要根据其企业自身特点，提供合适的模型和解决方案。

2. 商务智能云服务应用

据国外媒体报道，多家云计算创业公司近年来纷纷进军原本由 IBM、SAP 和 Oracle 等大公司占领的商务智能市场，使普通用户也能使用到复杂的商务智能解决方案。

GoodData（gooddata. com）的按需提供服务模式能让用户在数分钟内就能上手，并提供了与 Salesforce. com 和 NetSuite 整合的方案。二手电子设备购买及再销售商 Gazelle 的用

户案例分析表明，GoodData 能配置和使用多个来源的数据，包括谷歌分析、AdWords 广告、企业内部运营软件和电子商务合作伙伴等，这一切都只需要使用 GoodData 的 API（应用程序接口）就能实现，完全不需要用到中间件。

商务智能市场上另一家提供云计算解决方案的是 Indicee(indicee. com)，其目的是借助恰当的云计算方案，使电子表格处理工作变得更轻松。你可以迅速从多个来源加载数据，然后生成商务智能报告，并在整个企业里发布这些报告。Indicee 背后的开发团队同时成立了 Crystal Reports 公司，该公司提供大获流行的报表生成工具，目前已被 SAP 收购。

与此同时，另一家创业公司 Loggly(loggly. com)则把重点放在系统管理员、应用开发人员和数据分析师等。的确，对于通信量巨大的网站来说，数据记录可能是件痛苦的事情。记录数据时首先需要从上千台服务器上收集数据并加以存储，然后再迁移至他处加以分析，随后再次存储。Loggly 提供了基于云计算的数据记录管理服务，免去了许多繁冗的步骤，让以往需要一组开发人员耗时数周甚至数月才能完成的工作现在只需点几下鼠标就能轻松完成。

Datameer(datameer. com)采用了 Apache 基金会的分布式计算框架 Hadoop，该公司试图让电子表格处理界面变得简单。许多人一直宣称，比起传统解决方案，Hadoop 速度更快、可扩容性更强而且成本更加低廉，但使用 Hadoop 的仅限于那些技术出众的开发人员。Datameer 的解决方案旨在让更多用户能享受到 Hadoop 的强劲性能和可扩容性。

云计算不会在一夜之间改变商务智能市场格局，但足以让该领域出现一些创新。这四家公司提供的服务表明，云计算能让人们轻易获得那些曾经复杂无比的工具，而在以往这是不可能的。

3. 云商务智能云服务的特征：

商务智能和云计算的结合将为 BI 带来如下的显著特征：

(1)云计算使得 BI 具有处理海量数据的能力。能够处理海量的数据是 BI 系统提供智能的保障，是 BI 存在的基础，但是传统的 BI 在运算能力上还存在很大的缺陷。在数据挖掘的过程中，BI 往往面临大量的数据，比如一次小规模的数据挖掘所需要的数据也要有几个 GB 或十几个 GB，而稍大规模的数据挖掘要处理的数据量可以达到十几个 TB 的规模，有些公司年业务数据量能够达到几千个 TB。云计算的出现让 BI 很好地摆脱了传统 Unix 平台所面临的窘境，使得其具有处理海量数据的能力，经试验 BI 系统的处理能力可以提高十几到几十倍，为 BI 系统的“智能”提供保障。

(2)云计算环境下，BI 的共享性将成为最重要的优势之一。现实的企业运行情况表明，公司之间及公司内部协调性并不理想，共享服务呼之欲出。企业的发展重心应该是其核心业务，而通过不同区域和国家的非核心业务进行共享合作，可以使不同部门实现更好的协同、规模效应和成本节约。云计算下的 BI 提供了一个信息共享的平台，可以通过强有力的信息共享、数据共享、计算共享等手段实现实体共享服务中心的功能。由于云计算下 BI 的共享性，可以将分布在不同地区的信息资源和智力资源进行整合，能够使企业通过规模经济、流程再造、管理聚焦等手段提升企业的效率。

(3)云计算能够提升 BI 的时效性。企业对 BI 系统时效性的要求没有得到满意的解决，造成这种实时性需求的压力主要来源于企业多种业务的需求。目前，大部分企业并没有真正实时反应的商业智能系统，所提供的信息还无法达到即时反馈的要求。提升 BI 系统的时效性有着一些先天的困难，比如，虽然可以轻松地检测到特定的交易，但无法即时地获取客户的个人数据和历史交易记录等，另外，在实际的操作中可能会受到人为因素的影响，如一些人为的错误等。但是，BI 系统时效性的提升并没有完全丧失操作上的可能性，比如数据仓库技术就是时效性提升的一个突破。但其与云计算下的 BI 相比仍有不足的地方，比如企业仓库运行的平台单一，虽然它有着很快的运算速度，但无法与云计算的速度相比，云计算能够让 BI 在更短的时间内获取并下载交易数据、能够执行更强的数据分析功能、运行更强大的业务活动检测工具、在业务发生的同时提供更好的信息反馈。云计算下的 BI 可以随时加载分散于不同地理位置的业务数据，很好地让历史数据和个人数据整合，实现高级的 BI 功能，让企业从中获益。

(4)云计算与 BI 的结合增强了 BI 系统的开放性。企业对信息具有很高的实时性要求，有时效性的商业决策才能引导企业作出正确的经营决策，但传统的 BI 是相对封闭的，这也成为它提供实时性智慧服务的阻碍。这一矛盾将在云计算环境下得到改观，因为在云计算环境下系统处理的数据将具有更好的时效性，整个数据的挖掘过程将具有更好的开放性，从而满足企业对信息的时效性的要求。BI 系统处在相对开放的环境中可以拥有很好的扩展性，使得 BI 能够满足企业不断变化的需求，为企业提供更具个性化的服务。

(5)云计算与 BI 的结合将降低成本。云计算的出现使得 BI 可以运行在云上，通过相应的服务提供商提供云计算的服务完成 BI 的功能。企业只需要支付相应的服务费便可以运行自己的 BI 系统，这样企业既省去了购买服务器的成本又可以得到小型的服务器无法实现的功能。例如，Google 的 PC 集群的成本要比昂贵的商用服务器低得多，但是功能上要比商用服务器强大。中国移动的试验成本也比小型机系统的成本低得多，只占小型机系统的 1/6。

另外，由于云的出现使得企业可以方便地得到云提供的服务，这样使得企业不必再花费资金和时间来对 BI 系统进行维护，这也是节约成本的重要因素之一。

(三)制造业对云服务的需求

目前我国是制造大国，但要成为制造强国还需要不断地发展和努力。制造业存在着资源消耗高、环境污染大等特点，因此如何实现可持续发展成为制造业的一个重要问题。随着我国大力发展现代服务业的进程，制造业如何向服务业转化、提高制造业中服务的比例、提供制造服务，已经成为一个重要课题。现代制造业作为一个整体产业链条，包含了研发、生产、品牌、营销、物流、金融、网络、文化、客户管理等诸多方面，是一个整合了很多元素的整体。其中，生产只占一小部分比例，制造服务则包括了除生产以外的各个环节。制造服务是现代服务的一部分，一方面，通过提供现代制造服务，可以增加制造业中服务的比例，合理分配和使用资源，降低能源消耗，实现绿色制造。另一方面，从制造企业自身的发展来看，由于产品在成本、技术、功能与质量方面已经达到竞争的极限，因此只有选择采用服务策略，才能达到提供差异化产品的目的。就价值链分析来看，产品生产过程创造的价值远不如在服务阶段所创造的价值，因此制造业向服务业转化有利于获取更多利润。提供制造服务有助于制造业企业的发展，可见发展制造服务符合我国大力发展现代服务业的发展方向。

云制造是在“制造即服务”理念的基础上，借鉴了云计算思想发展起来的一个新概念。云制造是先进的信息技术、制造技术及新兴物联网技术等交叉融合的产物。云制造是希望采取包括云计算在内的当代信息技术前沿理念，支持制造业在广泛的网络资源环境下，为产

品提供高附加值、低成本和全球化制造的服务。

## 第四节 云市场:云交易

### 一、云交易

云服务是基于互联网的相关服务的增加、使用和交付模式,通常涉及通过互联网来提供动态易扩展且经常是虚拟化的资源。云是网络、互联网的一种比喻说法。过去在图中往往用云来表示电信网,后来也用云来表示互联网和底层基础设施的抽象。云服务是指通过网络以按需、易扩展的方式获得所需服务。这种服务可以是 IT 和软件、互联网相关,也可是其他服务。它意味着计算能力也可作为一种商品通过互联网进行流通。

按需(on-demand)计算将计算机资源(处理能力、存储等)打包成类似公共设施的可计量的服务。在这一模式中,客户只需为他们所需的处理能力和存储支付费用。那些具有很大的需求高峰并伴有低得多的正常使用期的公司特别受益于效用计算。当然,该公司需要为高峰使用支付更多,但是,当高峰结束,正常使用模式恢复时,他们的费用会迅速下降。

按需计算服务的客户端基本上将这些服务作为异地虚拟服务器来使用。无需投资自己的物理基础设施,公司与云服务提供商之间执行现用现付的方案。

按需计算本身并不是一个新概念,但它因云计算而获得新的生命。在过去的岁月里,按需计算由一台服务器通过某种分时方式而提供。

一个比较云供应商的简单直接的方法似乎就是云服务成本。问题在于考虑到客户实际使用的资源和支付的费用,它在供应商中并不具备可比性。供应商提供虚拟机(VM)资源,但其内存容量、CPU 时钟速度及其他功能却各不相同。此外,实际提供给客户的部件也是虚拟的,这也造成难以对客户实际使用的资源以及其他同在云中的客户如何影响这些资源进行度量。

Amazon 公司拥有 EC2 计算部门,Heroku 向 Dynos 提交度量业务而其他厂商则创建自己的度量部门。度量和评估不同云供应商成本与性能比的唯一真正可靠方法是使用相同的应用程序对多个供应商的服务进行试验,并比较运行结果。

关于云服务的计费也是一个不小的挑战。云服务供应商们总是喜欢吹嘘说他们的服务使用起来有多么简单,实际上,广大 IT 经理们都已发现云计算服务的计费并不简单。

云服务的计费是基于许多因素的,从所需的存储空间,到所使用的时间周期,再到每个月的流量分配,等等,这些因素都可能成为计费参考。实际上,还不止这些,一些云服务供应商还会基于 SLA 之内的一些隐性条款来收费。为了弄明白一项云计算服务的总费用,用户需要了解供应商账单上的每一项服务要素及其计费方式。

另一个决定服务真正费用的关键因素是所需的服务类型。对于一些企业而言,所谓的云服务可能只是服务器托管、专用服务器租赁,或是将应用运行在云中。而对于其他一些企业而言,云服务可能就是基于云的数据备份、业务持续性的维持,或是基本的存储托管。

对于广大用户而言,要弄明白云计算服务最简单的方式就是将注意力放在最主要的服务项目上。大多数云服务供应商都会将其服务分为三个基本类型:云中服务器、云存储、云工作站和云应用。每一项服务都有各自的计费方式。

云中服务器主要分为两种形式:虚拟服务器和物理服务器。换句话说,你既可以在虚拟服务器(与其他人共享物理硬件)上购买使用时间,也可以在专用服务器(你是该服务器唯一的租户)上购买使用时间。

## 二、三大主流 IaaS 云服务计费方式

在对比不同云服务供应商的服务价格和计费方式,每个供应商都会对一些额外的服务和功能征收额外的费用。此外,每项服务的价格也会随着协议长短、总的带宽需求或所需存储规模的大小而有所变化。在许多情况下,用户是可以和供应商进行讨价还价的。

不同的云服务供应商,其服务类型也是不一样的,如果仔细观察供应商之间的区别及其处理用户需求的方式,就会发现这种差别是很明显的。为了给大家做一个对比,我们挑选了最为知名的三家云架构供应商:GoGrid、Rackspace 和 Amazon。

GoGrid 将负载均衡服务放在其服务器产品当中,而且不收取额外的费用。此外,他们还免费提供 20GB 的存储空间。

Rackspace 使用的是一种完全不同的计费机制,随着使用量的增长,他们会降低每 10 亿字节带宽的费用。此外,该公司还在一些虚拟服务器上提供免费的备份服务。

Amazon 的大多数服务随着使用量的增加都提供打折优惠,但是对于存储服务的启用和终止都会收取一定费用。

对于使用其服务器托管服务的用户,GoGrid 最初提供 20GB 的免费存储空间,而且他们只为服务器托管用户提供云存储服务。独具特色的是,随着用户所购买的存储容量的增加,GoGrid 的服务可以提供打折优惠。GoGrid 的云存储服务是以一种定量的方式提供,目前为止还不提供用于启动或停止其他命令的 Web 服务应用程序接口。

Rackspace 试图让它的存储服务计费方式变得尽可能简单化。他们对于云存储服务的采购提供按比例增减的模式,随着总量的增加,服务的单价也会有所下降。此外,如果文件的大小超过 250KB,他们不会收取存取费用。

Amazon S3 对于已删除数据不进行收费,根据所需存储总量的增加还会提供一定折扣。对于那些试图将价格稳定下来的公司,他们提供定价合同。对于一些规模较大的文件传输公司,他们建议使用其输入和输出服务,这样可以节省成本。

理想来讲,云计算服务的计费模式应该与选择所需的存储功能和服务器计算资源没什么差别。而事实上,大多数 IT 经理发现这种理想很难实现。他们必须仔细去考虑一些"隐性成本",或是计费标准的变化,从而确定某项服务的真正费用。

更大的挑战来自于一些"非技术"的因素,用户必须考虑到那些独立于谈判条款之外或是隐藏于 SLA 协议之中因素。如表 3—17 所示。

**表 3—17　　云计算发展的 10 大问题及相应的机会**

| | 问　题 | 机　会 |
|---|---|---|
| 1 | 服务的可用性 | 选用多个云计算提供商;利用弹性来防范 DDOS 攻击 |
| 2 | 数据丢失 | 标准化的 API;使用兼容的软硬件以进行波动计算 |

续表

| | 问　题 | 机　会 |
|---|---|---|
| 3 | 数据安全性和可审计性 | 采用加密技术，VLANs 和防火墙；跨地域的数据存储 |
| 4 | 数据传输“瓶颈” | 快递硬盘；数据备份/获取；更加低的广域网路由开销；更高带宽的LAN 交换机 |
| 5 | 性能不可预知性 | 改进虚拟机支持；闪存；支持 HPC 应用的虚拟集群 |
| 6 | 可伸缩的存储 | 发明可伸缩的存储 |
| 7 | 大规模分布式系统中的错误 | 发明基于分布式虚拟机的调试工具 |
| 8 | 快速伸缩 | 基于机器学习的计算自动伸缩；使用快照以节约资源 |
| 9 | 声誉和法律危机 | 采用特定的服务进行保护 |
| 10 | 软件许可 | 使用即用即付许可；批量销售 |

解决这一问题的技巧就是用清晰而又精确的语言将每个合同期内每项服务的总费用写在纸上，这样才能明白真正的总预算金额。

# 第四章 云经纪师财务报表基础

**学习要点**

1. 了解财务报表基础知识
2. 了解财务报表的初步分析
3. 了解云经纪相关会计实务
4. 了解财务预算管理

财务报表分析是以企业基本活动为对象、以财务报表为主要信息来源、以分析和综合为主要方法的系统认识企业的过程。其目的是了解过去、评价现在和预测未来，以帮助报表使用人改善决策。

财务报表分析的对象是企业的各项基本活动。财务报表分析就是从报表中获取符合报表使用人分析目的的信息，认识企业活动的特点，评价其业绩，发现其问题。

企业的基本活动分为筹资活动、投资活动和经营活动三类。

筹资活动是指筹集企业投资和经营所需要的资金，包括发行股票和债券、取得借款，以及利用内部积累资金等。

投资活动是指将所筹集到的资金分配于资产项目，包括购置各种长期资产和流动资产。投资是企业基本活动中最重要的部分。

经营活动是在必要的筹资和投资前提下，运用资产赚取收益的活动，它至少包括研究与开发、采购、生产、销售和人力资源管理五项活动。经营活动是企业收益的主要来源。

企业的三项基本活动是相互联系的，在业绩评价时不应把它们割裂开来。

财务报表分析的起点是阅读财务报表，终点是作出某种判断（包括评价和找出问题），中间的财务报表分析过程，由比较、分类、类比、归纳、演绎、分析和综合等认识事物的步骤和方法组成。其中，分析与综合是两种最基本的逻辑思维方法。因此，财务报表分析的过程也可以说是分析与综合的统一。

## 第一节　财务报表基础知识

### 一、财务报表分析的主体

财务报表的使用人有许多种，包括权益投资人、债权人、经理人员、政府机构和其他与企

业有利益关系的人士。他们出于不同目的使用财务报表，需要不同的信息，采用不同的分析程序。

（一）债权人

债权人是指借款给企业并得到企业还款承诺的人。债权人关心企业是否具有偿还债务的能力。债权人可以分为短期债权人和长期债权人。这主要是指债权人向企业贷放资金，企业按借款合同的规定按时支付利息和归还本金所形成的经济关系。企业的债权人主要有金融机构、企业和个人。企业除利用权益资金进行经营活动外，还要借入一定数量的资金，以便扩大企业经营规模、降低资金成本。企业与债权人的财务关系在性质上属于债务与债权关系。在这种关系中，债权人不向资本投资者那样有权直接参与企业经营管理，对企业的重大活动不享有表决权，也不参与剩余收益的分配，但在企业破产清算时享有优先求偿权。因此，债权人投资的风险相对较小，收益也较低。

债权人的主要决策是决定是否给企业提供信用，以及是否需要提前收回债权。他们进行财务报表分析是为了回答以下问题：

（1）公司为什么需要额外筹集资金？

（2）公司还本付息所需资金的可能来源是什么？

（3）公司对于以前的短期和长期借款是否按期偿还？

（4）公司将来在哪些方面需要借款？

（二）投资人

投资人是指公司的权益投资人即普通股东。普通股东投资于公司的目的是扩大自己的财富。他们所关心的，包括偿债能力、收益能力及风险等。这主要是指企业以购买股票或直接投资的形式向其他企业投资所形成的经济关系。随着市场经济的不断深入发展，企业经营规模和经营范围的不断扩大，这种关系将会越来越广泛。企业与受资方的财务关系体现为所有权性质的投资与受资的关系。企业向其他单位投资，依其出资额，可形成独资、控股和参股情况，并根据其出资份额参与受资方的重大决策和利润（股利）分配。企业投资最终目的是取得收益，但预期收益能否实现，也存在一定的投资风险。投资风险越大，要求的收益越高。

权益投资人进行财务报表分析，是为了回答以下几方面的问题：

（1）公司当前和长期的收益水平高低，以及公司收益是否容易受重大变动的影响？

（2）目前的财务状况如何，公司资本结构决定的风险和报酬如何？

（3）与其他竞争者相比，公司处于何种地位？

（三）经理人员

经理人员是指被所有者聘用的、对公司资产和负债进行管理的个人组成的团体，有时称之为管理层。

经理人员关心公司的财务状况、盈利能力和持续发展的能力。经理人员可以获取外部使用人无法得到的内部信息。他们分析报表的主要目的是改善报表。

（四）政府机构有关人士

政府机构也是公司财务报表的使用人，包括税务部门、国有企业的管理部门、证券管理机构、会计监管机构和社会保障部门等。他们使用财务报表是为了履行自己的监督管理职责。

（五）其他因素

根据以上分析，财务管理是基于企业再生产过程中客观存在的财务活动和财务关系而产生的，是企业组织财务活动、处理与各方面财务关系的一项经济管理工作。企业筹资、投资和利润分配构成了完整的企业财务活动，与此对应的，企业筹资管理、投资管理和利润（股利）分配管理便成为企业财务管理的基本内容。

1. 筹资管理

筹资管理是企业财务管理的首要环节，是企业投资活动的基础。事实上，在企业发展过程中，筹资及筹资管理是贯穿始终的。无论在企业创立之时，还是在企业成长过程中追求规模扩张，甚至日常经营周转过程中，都可能需要筹措资金。可见，筹资是指企业为了满足投资和用资的需要而筹措和集中所需资金的过程。在筹资过程中，企业一方面要确定筹资的总规模，以保证投资所需要的资金；另一方面要选择筹资方式，降低筹资的代价和筹资风险。

企业的资金来源按产权关系可以分为权益资金和负债资金。一般来说，企业完全通过权益资金筹资是不明智的，不能得到负债经营的好处。但负债的比例大则风险也大，企业随时可能陷入财务危机。因此，筹资决策的一个重要内容是确定最佳的资本结构。

企业资金来源按使用的期限可分为长期资金和短期资金。长期资金和短期资金因筹资速度、筹资成本、筹资风险及借款时企业所受到的限制而不同。因此，筹资决策要解决的另一个重要内容是安排长期资金与短期资金的比例关系。

2. 投资管理

投资是指企业资金的运用，是为了获得收益或避免风险而进行的资金投放活动。在投资过程中，企业必须考虑投资规模；同时，企业还必须通过投资方向和投资方式的选择，确定合理的投资结构，以提高投资效益、降低投资风险。投资是企业财务管理的重要环节。投资决策的失败，对企业未来经营成败具有根本性影响。

投资按其方式可分为直接投资和间接投资。直接投资是指将资金投放在生产经营性资产上，以便获得利润的投资，如购买设备、兴建厂房、开办商店等。间接投资又称证券投资，是指将资金投放在金融商品上，以便获得利息或股利收入的投资，如购买政府债券、购买企业债券和企业股票等。

按投资影响的期限长短分为长期投资和短期投资。长期投资又称资本性投资，是指其影响超过一年以上的投资，如固定资产投资和长期证券投资。短期投资又称流动资产投资或营运资金投资，是指其影响和回收期限在一年以内的投资，如应收账款、存货和短期证券投资。由于长期投资涉及的时间长、风险大，直接决定着企业的生存和发展，因此，在决策分析时更重视资金时间价值和投资风险价值。

按投资的范围分为对内投资和对外投资。对内投资是对企业自身生产经营活动的投资，如购置流动资产、固定资产、无形资产等。对外投资是以企业合法资产对其他单位或对金融资产进行投资，如企业与其他企业联营、购买其他企业的股票、债券等。

3. 利润（股利）分配管理

企业通过投资必然会取得收入，获得资金的增值。分配总是作为投资的结果而出现的，它是对投资成果的分配。投资成果表现为取得各种收入，并在扣除各种成本费用后获得利润，所以，广义来说，分配是指对投资收入（如销售收入）和利润进行分割和分派的过程，而狭义的分配仅指对利润的分配。利润（股利）分配管理就是要解决在所得税缴纳后的企业获得

的税后利润中，有多少分配给投资者、有多少留在企业作为再投资之用。如果利润发放过多，会影响企业再投资能力，使未来收益减少，不利于企业长期发展；如果利润分配过少，可能引起投资者不满。因此，利润（股利）决策的关键是确定利润（股利）的支付率。影响企业股利决策的因素很多，企业必须根据具体情况制定出企业最佳的利润（股利）政策。

## 二、财务报表分析的内容

（一）财务报表分析的内容

它主要包括六项内容：短期偿债能力分析、长期偿债能力分析、资产运用效率分析、获利能力分析、投资报酬分析、现金流动分析。这六个方面是相互联系的。一个公司偿债能力差，收益能力也不会好；收益能力差，偿债能力也不会好。提高资产运用效率有利于改善偿债能力和收益能力。偿债能力和收益能力下降，必然表现为现金流动状况恶化。

（二）财务报表分析的原则

财务报表分析的原则是指各类报表使用人在进行财务分析时应遵循的一般规范，可以概括为目的明确原则、实事求是原则、全面分析原则、系统分析原则、动态分析原则、定量分析与定性分析结合原则、成本效益原则。

## 三、财务报表分析的一般步骤

财务报表分析的一般步骤包括：

(1)明确分析目的；

(2)设计分析程序；

(3)搜集有关信息；

(4)将整体分为各个部分；

(5)研究各个部分的特殊本质；

(6)研究各个部分之间的联系；

(7)得出分析结论。

## 四、财务报表分析使用的方法

进行财务报表分析，最主要的方法是比较分析法和因素分析法。

（一）比较分析法

比较分析法的理论基础是客观事物的发展变化是统一性与多样性的辩证结合。共同性使它们具有可比的基础，差异性使它们具有不同的特征。在实际分析时，这两方面的比较往往结合使用。

1.按比较的参照标准分类

(1)趋势分析。趋势分析就是分析期与前期或连续数期项目金额的对比。这种对财务报表项目纵向比较分析的方法，是一种动态的分析。

通过分析本期与前期（上月、上季、上年同期）财务报表中有关项目金额的对比，可以从差异中及时发现问题，查找原因，改进工作。连续数期的财务报表项目的比较，能够反映出企业的发展动态，以揭示当期财务状况和营业情况，判断引起变动的主要项目是什么，这种变动的性质是有利还是不利，发现问题并评价企业财务管理水平，同时也可以预测企业未来

的发展趋势。

(2)同业分析。将企业的主要财务指标与同行业的平均指标或同行业中先进企业指标进行对比,可以全面评价企业的经营成绩。与行业平均指标的对比,可以分析判断该企业在同行业中所处的位置。与先进企业的指标对比,有利于吸收先进经验,克服本企业的缺点。

(3)预算差异分析。将分析期的预算数额作为比较的标准,实际数与预算数的差距就能反映完成预算的程度,可以给进一步分析和寻找企业潜力提供方向。

比较法的主要作用在于揭示客观存在的差距以及形成这种差距的原因,帮助人们发现问题、挖掘潜力、改进工作。比较法是各种分析方法的基础,不仅报表中的绝对数要通过比较才能说明问题,计算出来的财务比率和结构百分数也都要与有关资料(比较标准)进行对比,才能得出有意义的结论。

2.按比较的指标分类

(1)总量指标。总量是指财务报表某个项目的金额总量,如净利润、应收账款、存货等。

由于不同企业的会计报表项目的金额之间不具有可比性,因此总量比较主要用于历史和预算比较。有时候,总量指标也用于不同企业的比较,如证券分析机构按资产规模或利润多少建立的企业排行榜。

(2)财务比率。财务比率是用倍数或比例表示的分数式,它反映各会计要素的相互关系和内在联系,代表了企业某一方面的特征、属性或能力。财务比率的比较是最重要的比较。它们是相对数,排除了规模的影响,使不同的比较对象建立起可比性,因此广泛用于历史比较、同业比较和预算比较。

(3)结构百分比。结构百分比是用百分率表示某一报表项目的内部结构。它反映该项目内各组成部分的比例关系,代表了企业某一方面的特征、属性或能力。结构百分比实际上是一种特殊形式的财务比率。它们同样排除了规模的影响,使不同的比较对象建立起可比性,可以用于本企业历史比较、与其他企业比较以及与预算比较。

(二)因素分析法

因素分析法也是财务报表分析常用的一种技术方法,它是指把整体分解为若干个局部的分析方法,包括财务比率因素分解法和差异因素分解法。

1.比率因素分解法

比率因素分解法,是指把一个财务比率分解为若干个影响因素的方法。例如,资产收益率可以分解为资产周转率和销售利润率两个比率的乘积。财务比率是财务报表分析的特有概念,财务比率分解是财务报表分析所特有的方法。

在实际的分析中,分解法和比较法是结合使用的。比较之后需要分解,以深入了解差异的原因;分解之后还需要比较,以进一步认识其特征。不断的比较和分解,构成了财务报表分析的主要过程。

2.差异因素分解法

为了解释比较分析中所形成差异的原因,需要使用差异分解法。例如,产品材料成本差异可以分解为价格差异和数量差异。

差异因素分解法又分为定基替代法和连环替代法两种。

(1)定基替代法。定基替代法是测定比较差异成因的一种定量方法。按照这种方法,需要分别用标准值(历史的、同业企业的或预算的标准)替代实际值,以测定各因素对财务指标

的影响。

(2)连环替代法。连环替代法是另一种测定比较差异成因的定量分析方法。按照这种方法,需要依次用标准值替代实际值,以测定各因素对财务指标的影响。

在财务报表分析中,除了普遍、大量地使用比较法和因素分析法之外,有时还使用回归分析、模拟模型等技术方法。

## 五、财务管理的目标

### (一)企业财务管理目标的选择

任何管理都是有目的的行为,财务管理也不例外。财务管理目标是企业财务管理工作尤其是财务决策所依据的最高准则,是企业财务活动所要达到的最终目标。

目前,人们对财务管理目标的认识尚未统一,主要有三种观点:利润最大化、资本利润率最大化(或每股利润最大化)和企业价值最大化。

1. 利润最大化

这种观点认为,利润代表了企业新创造的财富,利润越多说明企业的财富增加得越多,越接近企业的目标。

这种观点的缺陷是:

(1)利润最大化是一个绝对指标,没有考虑企业的投入与产出之间的关系,难以在不同资本规模的企业或同一企业的不同期间进行比较。

(2)没有区分不同时期的收益,没有考虑资金的时间价值。投资项目收益现值的大小,不仅取决于其收益将来值总额的大小,还要受取得收益时间的制约。因为早取得收益,就能早进行再投资,进而早获得新的收益,而利润最大化目标则忽视了这一点。

(3)没有考虑风险问题。一般而言,收益越高,风险越大。追求最大利润,有时会增加企业风险,但利润最大化的目标不考虑企业风险的大小。

(4)利润最大化可能会使企业财务决策带有短期行为,即片面追求利润的增加,不考虑企业长远的发展。

2. 资本利润率最大化

这种观点认为:应该把企业利润与投入的资本相联系,用资本利润率(每股利润)概括企业财务管理目标。其观点本身概念明确,将企业实现的利润与投入的资本或股本进行对比,可以在不同资本规模的企业或期间进行对比,揭示其盈利水平的差异。但是,这种观点仍然存在两个问题:一是没有考虑资金的时间价值,二是没有考虑风险问题。

3. 企业价值最大化

投资者建立企业的重要目的在于,创造尽可能多的财富。这种财富首先表现为企业的价值。企业价值的大小取决于企业全部财产的市场价值和企业潜在或预期获利能力。这种观点认为:企业价值最大化可以通过企业的合理经营,采用最优的财务决策,充分考虑资金的时间价值和风险与报酬的关系,在保证企业长期稳定发展的基础上,使企业总价值达到最大。这是现代西方财务管理理论普遍公认的财务目标,其认为这是衡量企业财务行为和财务决策的合理标准。

对于股份制企业,企业价值最大化可表述为股东财富最大化。对于上市的股份公司,股东财富最大化可用股票市价最大化来代替。股票市价是企业经营状况及业绩水平的动态描

述,代表了投资大众对公司价值的客观评价。股票价格是由公司未来的收益和风险决定的,其股价的高低,不仅反映了资本和获利之间的关系,而且体现了预期每股收益的大小、取得的时间、所面对的风险以及企业股利政策等诸多因素的影响。企业追求其市场价值最大化,有利于避免企业在追求利润上的短期行为,因为不仅目前的利润会影响企业的价值,预期未来的利润对企业价值的影响所起的作用更大。

企业是一个通过一系列合同或契约关系将各种利益主体联系在一起的组织形式。企业应将长期稳定发展摆在首位,强调在企业价值增长中满足与企业相关各利益主体的利益,企业只有通过维护与企业相关者的利益,承担起应有的社会责任(如保护消费者利益、保护环境、支持社会公众活动等),才能更好地实现企业价值最大化这一财务管理目标。

由于企业价值最大化是一个抽象的目标,在运用时也存在一些缺陷:

(1)非上市企业的价值确定难度较大。虽然通过专门评价(如资产评估)可以确定其价值,但评估过程受评估标准和评估方式的影响使估价不易做到客观和标准,从而影响企业价值的准确性与客观性。

(2)股票价格的变动除受企业经营因素影响之外,还会受到其他企业无法控制的因素影响。

(二)不同利益主体财务管理目标的矛盾与协调

企业从事财务管理活动,必然发生企业与各个方面的经济利益关系。在企业财务关系中,最为重要的关系是所有者、经营者与债权人之间的关系。企业必须处理、协调好这三者之间的矛盾与利益关系。

1. 所有者与经营者的矛盾与协调

企业是所有者的企业,企业价值最大化代表了所有者的利益。现代公司制企业所有权与经营权完全分离,经营者不持有公司股票或持部分股票,其经营的积极性就会降低,因为经营者辛勤努力所得不能全部归自己所有。此时,他会干的轻松点,不愿意为提高股价而冒险,并想利用企业的钱为自己谋福利,如坐豪华轿车、奢侈的出差旅行等,因为这些开支可计入企业成本由全体股东分担。甚至蓄意压低股票价格,以自己的名义借款买回,导致股东财富受损,自己从中渔利。由于两者行为目标不同,必然导致经营者利益和股东财富最大化的冲突,即经理个人利益最大化和股东财富最大化的矛盾。

为了协调所有者与经营者的矛盾,防止经理背离股东目标,一般有两种方法:

一是监督。经理背离股东目标的条件是,双方的信息不一致。经理掌握企业实际的经营控制权,对企业财务信息的掌握远远多于股东。为了协调这种矛盾,股东除要求经营者定期公布财务报表外,还应尽量获取更多信息,对经理进行必要的监督。但监督只能减少经理违背股东意愿的行为,因为股东是分散的,得不到充分的信息,全面监督实际上做不到,也会受到合理成本的制约。

二是激励。就是将经理的管理绩效与经理所得的报酬联系起来,使经理分享企业增加的财富,鼓励他们自觉采取符合股东目标的行为。如允许经理在未来某个时期以约定的固定价格购买一定数量的公司股票。股票价格提高后,经理自然获取股票涨价收益;或以每股收益、资产报酬率、净资产收益率以及资产流动性指标等对经理的绩效进行考核,以其增长率为标准,给经理以现金、股票奖励。但激励作用与激励成本相关,报酬太低,不起激励作用;报酬太高,又会加大股东的激励成本,减少股东自身利益。可见,激励也只能减少经理违

背股东意愿的行为，不能解决全部问题。

通常情况下，企业采用监督和激励相结合的办法使经理的目标与企业目标协调起来，力求使监督成本、激励成本和经理背离股东目标的损失之和最小。

除了企业自身的努力之外，由于外部市场竞争的作用，也促使经理把公司股票价格最高化作为他经营的首要目标。其主要表现在三个方面：

第一，经理人才市场评价。经理人才作为一种人力资源其价值是由市场决定的。来自资本市场的信息反映了经理的经营绩效，公司股价高说明经理经营有方，股东财富增加，同时经理在人才市场上的价值也高，聘用他的公司会向其付出高报酬。此时经理追求利益最大的愿望便与股东财富最大的目标一致。

第二，经理被解聘的威胁。现代公司股权的分散使个别股东很难通过投票表决来撤换不称职的总经理。同时，由于总经理被授予了很大的权力，他们实际上控制了公司。股东看到他们经营企业不力、业绩欠佳而无能为力。自 20 世纪 80 年代以来，许多大公司为机构投资者控股，养老基金、共同基金和保险公司在大企业中占的股份，足以使他们有能力解聘总经理。由于高级经理被解聘的威胁会动摇他们稳固的地位，因而促使他们不断创新、努力经营，为股东的最大利益服务。

第三，公司被兼并的威胁。当公司经理经营不力或决策错误，导致股票价格下降到应有的水平时，就会有被其他公司兼并的危险。被兼并公司的经理在合并后的公司的地位一般都会下降或被解雇，这对经理利益的损害是很大的。因此，经理人员为保住自己的地位和已有的权力，会竭尽全力使公司的股价最高化，这是与股东利益一致的。

2. 所有者与债权人的矛盾与协调

企业的资本来自股东和债权人。债权人的投资回报是固定的，而股东收益随企业经营效益而变化。当企业经营的好时，债权人所得的固定利息只是企业收益中的一小部分，大部分利润归股东所有。当企业经营状况差陷入财务困境时，债权人承担了资本无法追回的风险。这就使得所有者的财务目标与债权人可望实现的目标发生了矛盾。一方面，所有者可能未经债权人同意，要求经营者投资于比债权人预计风险要高的项目，这会增加负债的风险。若高风险的项目一旦成功，额外利润就会被所有者独享；但若失败，债权人却要与所有者共同负担由此而造成的损失。这对债权人来说风险与收益是不对称的。另一方面，所有者或股东未征得现有债权人同意，而要求经营者发行新债券或借新债，这增大了企业破产风险，致使旧债券或老债的价值降低，侵犯了债权人的利益。因此，在企业财务拮据时，所有者和债权人之间的利益冲突往往会加剧。

所有者与债权人的上述矛盾协调，一般通过以下方式解决：

第一，限制性借款。它是通过对借款的用途限制、借款的担保条款和借款的信用条件来防止和迫使股东不能利用上述两种方法剥夺债权人的债权价值。

第二，收回借款不再借款。它是当债权人发现公司有侵蚀其债权价值的意图时，采取收回债权和不给予公司重新放款，从而保护自身的权益。

除债权人外，与企业经营者有关的各方都与企业有合同关系，都存在着利益冲突和限制条款。企业经营者若侵犯职工雇员、客户、供应商和所在社区的利益，都会影响企业目标的实现。所以说企业是在一系列限制条件下实现企业价值最大化的。

## 六、财务报表分析使用的资料

财务报表分析使用的主要资料是对外发布的财务报表，但财务报表不是财务分析唯一的信息来源。公司还以各种形式发布补充信息，分析时经常需要查阅这些补充来源的信息。

财务报表是根据统一规范编制的反映企业经营成果、财务状况及现金流量的会计报表。包括：资产负债表及附表、利润表及附表、现金流量表、财务报表附注等。

### （一）资产负债表及附表

资产负债表是反映企业会计期末全部资产、负债和所有者权益情况的报表。它与企业基本活动有着密切的关系。资产负债表有三张附表，包括资产减值明细表、所有者权益（股东权益）增减变动表和应交增值税明细表。

### （二）利润表及附表

利润表是反映企业在一定期间全部活动成果的报表，是两个资产负债表日之间的财务业绩。我国的利润表采用多步式格式，分为主营业务收入、主营业务利润、营业利润、利润总额和净利润五个步骤，分步反映净利润的形成过程。

利润表项目如下：

1．主营业务收入（主要经营活动收入）

减：主营业务成本　　　　　主要经营活动费用

　　主营业务税金及附加　　主要经营活动费用

2．主营业务利润（主要经营活动毛利）

加：其他业务利润　　次要经营活动毛利

减：营业费用　　　　经营活动费用

　　管理费用　　　　经营活动费用

　　息前、税前经营利润（报表中未列示）　　全部经营活动利润

　　财务费用　　　　筹资活动费用（债权人所得）

3．营业利润［全部经营活动利润（已扣债权人利息）］

加：投资收益　　　　投资活动收益

　　补贴收入　　　　非经营活动收益

　　营业外收入　　　投资和其他非经营活动收益

减：营业外支出　　　投资和其他非经营活动损失

4．利润总额［全部活动净利润（未扣除政府所得）］

减：所得税　　　　全部活动费用（政府所得）

5．净利润［全部活动净利润（所有者所得）］

利润表有6项补充资料，反映利润总额中的非正常损益，包括：①出售部门或投资的所得收益；②自然灾害发生的损失；③会计政策变更增加（或减少）的利润总额；④会计估计变更增加（或减少）的利润总额；⑤债务重组损失；⑥其他非正常损益。区分正常和非正常损益，对于考察企业的业绩有重要意义。非正常损益不具有可持续性，并非企业的经营目的，在分析企业收益能力时应将其排除。

利润表有三张附表，包括利润分配表、分部报表（业务分部）和分部报表（地区分部）。

（三）现金流量表

现金流量表反映企业一定会计期间内有关现金和现金等价物的流入和流出的信息。该表的项目，按经营活动、投资活动和筹资活动三项基本活动分别列示。

上述三张主要的财务报表，分别从一个侧面反映三项基本活动。无论是分析企业的经营活动，还是筹资或投资活动，都会涉及三张报表，而不是一张报表。

（四）财务报表附注

按照我国《企业会计制度》的规定，在财务报表附注中至少应披露以下13项内容：

（1）不符合会计核算前提的说明。

（2）重要会计政策和会计估计的说明。重要的会计政策具体包括：①合并原则；②外币折算方法；③收入确认的原则；④所得税的处理方法；⑤存货的计价方法；⑥长期投资的核算方法；⑦坏账损失的核算；⑧借款费用的处理；⑨其他会计政策。

需要进行会计估计的事项主要有：①坏账是否会发生以及坏账的数额；②存货的毁损和过时损失；③固定资产的使用年限和净残值大小；④无形资产的受益期；⑤长期待摊费用的摊销期；⑥收入能否实现以及实现的金额；⑦或有损失和或有收益的发生以及发生的数额。

（3）重要会计政策、会计估计变更以及重大会计差错更正的说明。有关会计变更和差错更正需要披露的重要事项主要是：①会计政策变更的内容和理由；②会计政策变更的影响数；③会计政策变更的累积影响数不能合理确定的理由；④会计估计变更的内容和理由；⑤会计估计变更的影响数；⑥会计估计变更的影响数不能合理确定的理由；⑦重大会计差错的内容；⑧重大会计差错的更正金额。

（4）或有事项的说明。或有事项，是指过去交易或事项形成的一种状况，其结果需通过未来不确定事项的发生或不发生予以证实。或有事项分为或有负债和或有资产两类。

企业在报表附注中应对以下或有负债进行披露：①已贴现商业承兑汇票形成的或有负债；②未决诉讼、仲裁形成的或有负债；③为其他单位提供债务担保形成的或有负债；④其他或有负债（不包括极小可能导致经济利益流出企业的或有负债）。

披露的内容包括：①或有负债的形成原因；②预计产生的财务影响（如无法预计，应说明理由）；③获得补偿的可能性。

或有资产，是指有可能导致经济流入的或有事项。出于谨慎原则的考虑，一般不需要披露或有资产。但是，如果或有资产"很可能"给企业带来经济利益时，则应说明其形成的原因，如果能预计其产生的财务影响，也应作相应披露。

（5）资产负债表日后事项的说明。资产负债表日后事项，是指资产负债表日至报表报出日之间发生或存在的事项。有两种事项要作特殊处理：调整事项和非调整事项。典型的调整事项有：已经证实资产发生减损、销售退回和已确定获得或支付的赔偿等。典型的非调整事项有：资产负债表日后发生的股票和债券的发行、对一个企业的巨额投资、自然灾害导致的资产损失以及外汇汇率发生较大变动等。

（6）关联方关系及其交易的说明。关联方关系，是指一方有能力直接或间接控制、共同控制另一方的财务和经营决策，或者对另一方的财务和经营决策能施加重大影响。这种企业或个人称为报告企业的"关联方关系"。

按照我国现行会计制度规定，在存在控制关系的情况下，关联方如为企业时，不论他们之间有无交易，都应说明如下事项：①企业经济性质或类型、名称、法定代表人、注册地、注册

资本及其变化；②企业的主营业务；③所持股份或权益及其变化。

在企业与关联方发生交易的情况下，企业应说明关联方关系的性质、交易类型及其交易要素。这些要素一般包括：①交易的金额或相应比例；②未结算项目的金额或相应比例；③定价政策（包括没有金额或只有象征性金额的交易）。

（7）重要资产转让及其出售的说明。

（8）企业合并、分立的说明。

（9）会计报表重要项目的说明。会计报表重要项目的说明通常包括：①应收款项（不包括应收票据，下同）及计提坏账准备的方法；②存货核算方法；③投资的核算方法；④固定资产计价和折旧方法；⑤无形资产的计价和摊销方法；⑥长期待摊费用的摊销方法。

（10）收入。

（11）所得税的会计处理方法。

（12）合并会计报表的说明。

（13）有助于理解和分析会计报表需要说明的其他事项。

另外，在进行财务报表分析时，除了依托财务报表之外，其他企业报告也是财务报表分析所需信息的一部分，分析人员应当给予足够重视。

## 第二节　财务报表的初步分析

### 一、资产负债表的初步分析

对于具有会计知识的报表使用人来说，阅读并理解资产负债表项目的含义并不困难。主要问题是掌握阅读的顺序，以及把比较、解释和调整结合起来，获得对企业财务状况的初步印象，为进一步分析建立基础。

（一）资产的初步分析

资产负债表的左方列示企业资产，代表了该企业的投资规模。资产越多表明企业可以用来赚取收益的资源越多，可以用来偿还债务的财产越多。但是，这并不意味着资产总是越多越好。资产并不代表收益能力，也不代表偿债能力。资产规模只是代表企业拥有或控制的经济资源的多少。

1. 货币资金

资产负债表中的“货币资金”项目反映企业库存现金、银行存款和其他货币资金的期末余额。企业持有货币资金的目的主要是为了经营的需要、预防的需要和投机的需要。企业持有过多货币资金，会降低企业的获利能力；持有过少的货币资金，不能满足上述需要并且会降低企业的短期偿债能力。货币资金过多和过少，都会对扩大股东财富产生不利的影响。

2. 短期投资

资产负债表上“短期投资”项目反映企业购入的能随时变现且持有时间不准备超过 1 年（含 1 年）的投资成本。“短期投资跌价准备”项目反映企业已计提的短期投资跌价准备。“短期投资”项目金额减“短期投资跌价准备”项目金额为短期投资净值。“短期投资净值”项目反映短期投资的市场价值。

按照新的《企业会计制度》规定，在资产负债表中“短期投资”项目反映短期投资的净额，而将“短期投资跌价准备”放在“资产减值明细表”中列示。

3. 应收款项

应收款项包括应收账款和其他应收款。资产负债表的“应收账款”项目，反映企业尚未收回的应收账款净额；“其他应收款”反映尚未收回的其他应收款净额。“坏账准备”项目是“应收账款”项目和“其他应收款”项目的抵减项目，反映企业已提取、尚未抵消的坏账准备。“应收账款”项目和“其他应收款”项目的合计，减“坏账准备”项目后的余额是应收款项净额。

应收款项增长较大，应当分析其原因。一般来说，应收账款增加的原因主要有三个：一是销售增加引起应收账款的自然增加；二是客户故意拖延付款；三是企业为扩大销售适当放宽信用标准，造成应收账款增加。

4. 存货

在资产负债表上，“存货”项目反映企业期末在库、在途以及在加二中的各项存货的实际成本；“存货跌价准备”项目反映计提的存货跌价准备；“存货”项目减“存货跌价准备”项目的余额为“存货净额”项目，反映存货资产的可变现净值。

存货资产分为原材料、库存商品、低值易耗品、包装物、在产品和产成品等。存货规模的变动取决于各类存货的规模和变动情况。

5. 其他流动资产

资产负债表中的“其他流动资产”是指除流动资产各项目以外的其他流动资产，通常应根据有关科目的期末余额填列。当其他流动资产数额较大时，应在报表附注中披露。

6. 长期投资

在资产负债表中，反映长期投资的项目有以下几个：①“长期股权投资”项目反映企业投出的期限在 1 年(不含 1 年)以上的各种股权性投资的价值。②“长期债权投资”项目反映企业购入的在 1 年内不能变现或不准备变现的债务和其他债权投资的本金利息和尚未摊销的溢折价金额。③“长期投资减值准备”项目反映企业提取的长期股权投资和长期债权投资的减值准备。④“长期投资净值”项目反映长期投资的可收回金额，用“长期股权投资”项目和“长期债权投资”项目的合计数减“长期投资减值准备”项目后的余额填列。

7. 固定资产

在资产负债表上，固定资产价值是通过以下项目反映的：①“固定资产”项目反映报告期末固定资产的原值。②“累计折旧”项目反映企业提取的固定资产折旧累计数。③“固定资产减值准备”项目反映企业已提取的固定资产减值准备。④“固定资产净值”项目反映固定资产原值减累计折旧、固定资产减值准备后的余额。⑤“工程物资”项目反映各种工程物资的实际成本。⑥“在建工程”项目反映企业各项在建工程的实际支出。⑦“固定资产清理”项目反映企业转入清理的资产价值及在清理中发生的清理费用等。将工程物资、在建工程和固定资产清理项目纳入固定资产总额中，是因为它们具有固定资产的特点。

影响固定资产净值升降的直接因素包括固定资产原值的增减、固定资产折旧方法和折旧年限的变动、固定资产减值准备的计提。

8. 无形资产

无形资产按取得时的实际成本作为入账价值，在取得当月起在预计使用年限内分期平均摊销，计入损益。无形资产应按账面价值与可收回金额的低者计量，对可收回金额低于账

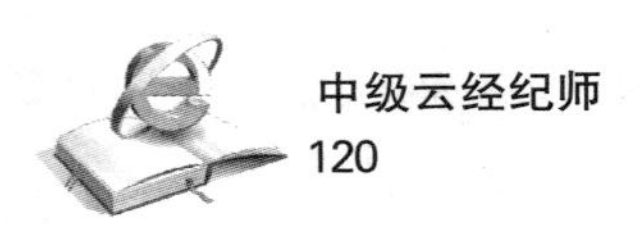


面价值的差额，应计提无形资产减值准备。在资产负债表中，无形资产通过以下 3 个项目反映：①“无形资产”项目，反映无形资产的摊余价值。②“无形资产减值准备”项目，反映无形资产可收回金额低于账面价值的差额。③“无形资产净额”项目，反映无形资产的可收回金额，是“无形资产”项目减“无形资产减值准备”项目的差额。无形资产是以净额计入资产总值的。

9. 递延税款借项

递延税款借项反映企业尚未转销的递延税款的借方余额。该项目反映由于时间性差异，应纳税所得额大于会计利润，企业尚未转回的应纳所得税大于所得税费用的金额。

（二）负债的初步分析

1. 流动负债

流动负债是指在一年内或超过一年的一个营业周期内偿还的债务。一般包括：短期借款、应付票据、应付账款、预收账款、应付工资及福利费、应付股利、应交税金等项目。

流动负债具有两个特征：一是偿还期在一年内或超过一年的一个营业周期内；二是到期必须用流动资产或新的流动负债偿还。

2. 长期负债

长期负债是指偿还期在一年或超过一年的一个营业周期以上的债务。企业的长期负债一般包括：长期借款、应付债券、长期应付款等项目。

在我国的会计实务中，除长期应付债券按公允价值入账外，其他长期负债一般直接按负债发生时的实际金额记账。

3. 递延税款贷项

递延税款贷项反映企业尚未转销的递延税款的贷方余额。与递延借项不同，递延税款贷项的反映由于时间性差异，应纳税所得额小于会计利润，企业尚未转回的应纳所得税小于所得税费用的金额，与递延税款借项项目正好相反。

（三）股东权益的初步分析

企业组织形式不同，所有者权益的表现形式也不同。在股份有限公司，所有者权益以股东权益的形式表示。

1. 股本

股本是股份有限公司通过股份筹资形成的资本。股份公司在核定的股本总额和股份总数的范围内发行股票，股票面值与股份总数的乘积为股本。一般情况下，股本相对固定不变，企业股本不得随意变动，如有增减变动，必须符合一定的条件。

2. 资本公积

资本公积指由股东投入，但不构成股本，或从其他来源取得的属于股东的权益，主要包括两项内容：一是股票溢价；二是资本本身的增值。资本公积在资产负债表的“资本公积”项目列示，表示会计期期末资本公积的余额。

3. 盈余公积

盈余公积是指企业按规定从净利润中提取的各种累计留利。主要包括三部分：法定盈余公积、任意盈余公积和法定公益金。盈余公积按实际提取数计价，资产负债表的“盈余公积”项目反映会计期期末盈余公积的余额。

4. 未分配利润

从数量上来说，未分配利润是期初未分配利润，加上本期实现的净利润，减去提取的盈余公积和分出利润后的余额。资产负债表的“未分配利润”项目反映企业尚未分配的利润。

(四)利润表的初步分析

利润表的初步分析可以分为净利润形成分析和利润分配分析两个部分。

1. 净利润形成的初步分析

净利润的形成过程，反映在利润表的上半部分。它包括四个步骤：主营业务利润的形成、营业利润的形成、利润总额的形成和净利润的形成。在进行分析时，一般应与会计核算的综合过程相反，从净利润开始，逐步寻找净利润形成和变动的原因。

在分析上述利润形成各步骤时，应特别关注是否存在报表粉饰问题。报表粉饰的主要途径有：

(1)提前确认收入，如提前开具销售发票、滥用完工百分比法、存在重大不确定性时确认收入、在仍需提供未来服务时确认收入等；

(2)延后确认收入，如不及时确认已实现收入等；

(3)制造收入事项，如年底虚做销售并在第二年退货、利用一个子公司出售给第三方而后由另一子公司购回以避免合并抵消等；

(4)不当的费用资本化，如将不应资本化的借款费用予以资本化处理、研究开发费用的资本化等；

(5)递延当期费用，如广告费用跨期分摊、开办费和递延资产摊销期变动等；

(6)潜亏挂账，如少转完工产品成本和已销产品成本、报废的存货不在账面上注销、不良资产挂账、高估存货价值、少计折旧、不及时确认负债等；

(7)利用关联方交易操纵利润，如托管、经管、转嫁费用负担、资产重组和债务重组等；

(8)利用非经常性损益操纵利润，如出售、转让和资产置换、债务重组等；

(9)变更折旧方法和折旧年限；

(10)变更长期股权投资的核算方法；

(11)改变合并报表的合并范围等。

为了发现报表粉饰的线索，分析时应注意以下几方面的资料：注册会计师的审计报告；公司管理当局对审计报告的解释性说明或保留意见的说明；会计报表附注中关于会计政策和会计估计变更的披露、会计报表合并范围发生变动的披露、关联方交易的披露、非经常性损益项目的披露等。此外，连续观察若干年度的财务报表，也有助于发现报表粉饰情况。

2. 利润分配的初步分析

利润分配的过程及结果反映在利润表的下半部分。

该表的“未分配利润”与资产负债表的“未分配利润”衔接，因此可以把利润表看成是资产负债表“未分配利润”的注释。

未分配利润是指公司历年净利润数字经扣除历年累计分配后的余额。

未分配利润＝历年累计盈余－历年累计分配

＝年初未分配利润＋本年净利润－本年利润分配

历年累计盈余的来源包括经营损益、投资损益、筹资损益、前期损益调整等。历年累计分配包括分给股东的利润、提取盈余公积和转增资本等。未分配利润是两者的差额，代表着

可供以后向股东分配红利的盈余。

## 二、短期偿债能力分析

(一)短期偿债能力

短期偿债能力是指企业用流动资产偿还流动负债的现金保障程度。一个企业的短期偿债能力大小,要看流动资产和流动负债的多少及质量状况。

流动资产的质量是指其"流动性",即转换成现金的能力,包括是否能不受损失地转换为现金以及转换需要的时间。对于流动资产的质量应着重理解以下三点:第一,资产转换成现金是经过正常交易程序变现的。第二,流动性的强弱主要取决于资产转换成现金的时间和资产预计出售价格与实际出售价格的差额。第三,流动资产的流动性期限在 1 年以内或超过 1 年的一个正常营业周期。

流动负债也有"质量"问题。一般来说,企业的所有债务都是要偿还的,但是并非所有债务都需要在到期时立即偿还,债务偿还的强制程度和紧迫性被视为负债的质量。

企业流动资产的数量和质量超过流动负债的程度,就是企业的偿债能力。

短期偿债能力是企业的任何利益关系人都应重视的问题。首先,对企业管理者来说,短期偿债能力的强弱意味着企业承受财务风险的能力大小。其次,对投资者来说,短期偿债能力的强弱意味着企业盈利能力的高低和投资机会的多少。再次,对企业的债权人来说,企业短期偿债能力的强弱意味着本金与利息能否按期收回。最后,对企业的供应商和消费者来说,企业短期偿债能力的强弱意味着企业履行合同能力的强弱。

(二)营运资本

营运资本也称净营运资本,是指流动资产总额减流动负债总额后的剩余部分,它意味着企业的流动资产在偿还全部流动负债后还有多少剩余。营运资本的计算公式如下:

营运资本=流动资产-流动负债

在确定流动资产的数额时,要注意以下几点:①现金是用来偿还债务的,用于特殊用途的现金不能作为流动资产;②短期投资必须是短期持有的,要么是管理当局不准备长期持有的有价证券,要么是即将到期的证券投资;③应收账款中包含的来自于非正常业务且收账期长于一年的应收款项应予以扣除;④存货中应扣除那些超出正常经营需要的存货,同时应注意存货计价方法对资产总额带来的影响。比如当通货紧缩时,采用后进先出法将增大流动资产的数额。

在确定流动负债的数额时,需注意以下几点:①流动负债是在一年内准备使用流动资产或产生其他流动负债偿还的债务,不属于这个范畴的负债应该扣除;②如同递延税款借项不属于流动资产一样,递延税款贷项也不属于流动负债。

(三)衡量短期偿债能力的指标

1. 流动比率

流动比率是流动资产与流动负债的比值,反映企业短期偿债能力的强弱。

流动比率=流动资产÷流动负债

流动比率越高,企业的偿债能力越强,债权人利益的安全程度也越高。

流动资产能否用于偿债,要看它们是否能顺利转换成现金。通过报表附注,可以了解各项流动资产的变现能力,并据此对计算口径进行调整。

在确定流动资产时，应扣除具有特殊用途的现金，扣除不能随时变现的短期投资，扣除坏账准备和有退货权的应收账款数额，扣除回收期在一年以上的应收款项，扣除超出需要的存货等。

流动负债的调整，主要是注意“表外负债”。需要偿还的债务不仅仅是报表列示的“流动负债”，还应包括长期负债的到期部分以及未列入报表的债务。

除了对流动资产和流动负债进行计算口径的调整外，还要注意短期投资和存货的计价问题。当短期投资的市价与成本有较大差异时，计算流动比率时应按市价计量短期投资。由于存货是从不同的来源取得的，并且是分次购入(或生产)的，因此会有不同的取得成本。企业可以选择先进先出法、加权平均法、移动平均法、个别计价法、后进先出法等确定其实际成本。

另外，在学习时要注意：流动比率虽然能较好地分析短期偿债能力，但其局限性不可忽视。一方面，流动比率是一个静态指标，只表明在某一时点每一元流动负债的保障程度，即在某一时点流动负债与可用于偿债资产的关系。只有债务的出现与资产的周转完全均匀发生时，流动比率才能正确反映偿债能力。另一方面，流动资产的变现能力与其周转性有关，对流动比率的评价也应与流动资产的周转情况相结合。

2. 速动比率

速动比率是速动资产与流动负债的比值。所谓速动资产，是流动资产扣除存货后的数额。速动比率的内涵是每一元流动负债有多少元速动资产作保障。速动比率的计算公式为：

速动比率＝(流动资产－存货)÷流动负债

该指标越高，表明企业偿还流动负债的能力越强。

在计算速动比率时要把存货从流动资产中剔除，其主要原因是：①在流动资产中存货的变现速度最慢；②由于某种原因，存货中可能含有已损失报废但还没作处理的不能变现的存货；③部分存货可能已抵押给某债权人；④存货估价还存在着成本与合理市价相差悬殊的问题。

在计算速动比率时，要注意货币资金、短期投资和应收账款的计算口径及计算价格的调整。

速动比率也有其局限性：第一，速动比率只是揭示了速动资产与流动负债的关系，是一个静态指标。第二，速动资产中包含了流动性较差的应收账款，使速动比率所反映的偿债能力受到怀疑。特别是当速动资产中含有大量不良应收账款时，必然会减弱企业的短期偿债能力。第三，各种预付款项及预付费用的变现能力很差。

3. 保守速动比率

保守速动比率，是指保守速动资产与流动负债的比值，而保守速动资产一般是指货币资金、短期证券投资净额和应收账款净额的总和。其计算公式如下：

保守速动比率＝(货币资金＋短期证券投资净额＋应收账款净额)÷流动负债

4. 现金比率

现金比率是现金类资产与流动负债的比值。现金类资产是指货币资金和短期投资净额。这两项资产的特点是随时可以变现。现金比率的计算公式如下：

现金比率＝(货币资金＋短期投资净额)÷流动负债

现金比率反映企业的即时付现能力，就是随时可以还债的能力。企业保持一定的合理的现金比率是很必要的。

（四）短期偿债能力的分析

短期偿债能力的分析主要进行流动比率的同业比较分析、历史比较分析和预算比较分析。

1. 同业比较分析

同业比较包括同业先进水平、同业平均水平和竞争对手比较三类。它们的原理是一样的，只是比较标准不同。

同业比较分析有两个重要的前提：一是如何确定同类企业，二是如何确定行业标准。短期偿债能力的同业比较程序如下：

(1)计算反映短期偿债能力的核心指标——流动比率，将实际指标值与行业标准值进行比较，并得出比较结论。

(2)分解流动资产，目的是考察流动比率的质量。

(3)如果存货周转率低，可进一步计算速动比率，考察企业速动比率的水平和质量，并与行业标准值比较，得出结论。

(4)如果速动比率低于同行业水平，说明应收账款周转速度慢，可进一步计算现金比率，并与行业标准值比较，得出结论。

(5)通过上述比较，综合评价企业短期偿债能力。

2. 历史比较分析

短期偿债能力的历史比较分析采用的比较标准是过去某一时点的短期偿债能力的实际指标值。比较标准可以是企业的最好水平，也可以是企业正常经营条件下的实际值。在分析时，经常采用与上年实际指标进行对比。

采用历史比较分析的优点：一是比较基础可靠，历史指标是企业曾经达到的水平，通过比较，可以观察企业偿债能力的变动趋势。二是具有较强的可比性，便于找出问题。其缺点：一是历史指标只能代表过去的实际水平，不能代表合理水平。因此，历史比较分析主要通过比较，揭示差异，分析原因，推断趋势。二是经营环境变动后，也会减弱历史比较的可比性。

3. 预算比较分析

预算比较分析是指对企业指标的本期实际值与预算值所进行的比较分析。预算比较分析采用的比较标准是反映企业偿债能力的预算标准。预算标准是企业根据自身经营条件和经营状况制定的目标。

4. 影响短期偿债能力的表外因素

在进行财务报表分析时，除了从财务报表中取得资料外，还需要分析财务报表资料中没有反映出来的因素，以作出正确的判断。

(1)增加变现能力的因素。这包括可动用的银行贷款指标、准备很快变现的长期资产、偿债能力的声誉。

(2)减少变现能力的因素。这包括已贴现商业承兑汇票形成的或有负债、未决诉讼及仲裁形成的或有负债、为其他单位提供债务担保形成的或有负债。

## 三、长期偿债能力分析

（一）长期偿债能力

长期偿债能力是企业偿还长期债务的现金保障程度。企业的长期债务是指偿还期在一

年或者超过一年的一个营业周期以上的负债，包括长期借款、应付债券、长期应付款等。分析一个企业长期偿债能力，主要是为了确定该企业偿还债务本金和支付债务利息的能力。

由于长期债务的期限长，企业的长期偿债能力主要取决于企业资产与负债的比例关系，取决于获利能力。

1. 资本结构

资本结构是指企业各种长期筹资来源的构成和比例关系。长期资本来源，主要是指权益筹资和长期债务。

资本结构对企业长期偿债能力的影响主要体现在以下两个方面：一方面，权益资本是承担长期债务的基础。另一方面，资本结构影响企业的财务风险，进而影响企业的偿债能力。

2. 获利能力

长期偿债能力与获利能力密切相关。企业能否有充足的现金流入偿还长期负债，在很大程度上取决于企业的获利能力。一般来说，企业的获利能力越强，长期偿债能力越强；反之，则越弱。

(二)衡量长期偿债能力的指标

1. 资产负债率

资产负债率是全部负债总额除以全部资产总额的百分比，也就是负债总额与资产总额的比例关系，也称为债务比率。资产负债率的计算公式如下：

资产负债率=(负债总额÷资产总额)×100%

公式中的负债总额是指企业的全部负债，不仅包括长期负债，而且包括流动负债。公式中的资产总额是指企业的全部资产总额，包括流动资产、固定资产、长期投资、无形资产和递延资产等。

资产负债率是衡量企业负债水平及风险程度的重要标志。一般认为，资产负债率的适宜水平是40%～60%。对于经营风险比较高的企业，为减少财务风险应选择比较低的资产负债率；对于经营风险低的企业，为增加股东收益应选择比较高的资产负债率。

在分析资产负债率时，可以从以下三个方面进行：

首先，从债权人的角度看，资产负债率越低越好。资产负债率低，债权人提供的资金与企业资本总额相比，所占比例低，企业不能偿债的可能性小，企业的风险主要由股东承担，这对债权人来讲，是十分有利的。

其次，从股东的角度看，他们希望保持较高的资产负债率水平。站在股东的立场上，可以得出结论：在全部资本利润率高于借款利息率时，负债比例越高越好。

最后，从经营者的角度看，他们最关心的是在充分利用借入资本给企业带来好处的同时，尽可能降低财务风险。

2. 产权比率

产权比率是负债总额与股东权益总额之间的比率，也称为债务股权比率。它也是衡量企业长期偿债能力的指标之一。其计算公式如下：

产权比率=(负债总额÷所有者权益总额)×100%

公式中的"所有者权益"在股份有限公司是指"股东权益"。

产权比率与资产负债率都是用于衡量长期偿债能力的，具有相同的经济意义。资产负债率和产权比率可以互相换算。

产权比率只是资产负债率的另一种表示方法，产权比率的分析方法与资产负债率分析类似。资产负债率分析中应注意的问题，在产权比率分析中也应引起注意。比如，将本企业产权比率与其他企业对比时，应注意计算口径是否一致等。

3. 有形净值债务率

有形净值债务率是企业负债总额与有形净值的百分比。有形净值是所有者权益减去无形资产净值后的净值，即所有者具有所有权的有形资产净值。有形净值债务率用于揭示企业的长期偿债能力，表明债权人在企业破产时的被保护程度。其计算公式如下：

有形净值债务率=[负债总额÷(股东权益－无形资产净值)]×100%

有形净值债务率主要用于衡量企业的风险程度以及对债务的偿还能力。这个指标越大，则表明风险越大；反之，则越小。同理，该指标越小，表明企业长期偿债能力越强；反之，则越弱。

对有形净值债务率的分析，可以从以下几个方面进行：

第一，有形净值债务率揭示了负债总额与有形资产净值之间的关系，能够计量债权人在企业处于破产清算时能获得多少有形财产保障。从长期偿债能力来讲，指标越低越好。

第二，有形净值债务率指标最大的特点是在可用于偿还债务的净资产中扣除了无形资产，这主要是由于无形资产的计量缺乏可靠的基础，不可能作为偿还债务的资源。

第三，有形净值债务率指标的分析与产权比率分析相同，负债总额与有形资产净值应维持1∶1的比例。

第四，在使用产权比率时，必须结合有形净值债务率指标，做进一步分析。

4. 利息偿付倍数

利息偿付倍数是指企业经营业务收益与利息费用的比率，也称为已获利息倍数或利息偿付倍数。它表明企业经营业务收益相当于利息费用的多少倍，其数额越大，企业的偿债能力越强。其计算公式如下：

利息偿付倍数=息税前利润÷利息费用

或　　=(税前利润+利息费用)÷利息费用

或　　=(税后利润+所得税+利息费用)÷利息费用

公式中的分子“息税前利润”是指利润表中未扣除利息费用和所得税之前的利润。它可以用“利润总额加利息费用”来测算，也可以用“净利润加所得税、利息费用”来测算。

对于利息偿付倍数的分析，应从以下几个方面进行：

第一，利息偿付倍数指标越高，表明企业的债务偿还越有保障；相反，则表明企业没有足够资金来源偿还债务利息，企业偿债能力低下。

第二，因企业所处的行业不同，利息偿付倍数有不同的标准界限。一般公认的利息偿付倍数为3。

第三，从稳健的角度出发，应选择几年中最低的利息偿付倍数指标作为最基本的标准。

第四，在利用利息偿付倍数指标分析企业的偿债能力时，还要注意一些非付现费用问题。

5. 固定支出偿付倍数

固定支出偿付倍数是利息偿付倍数的扩展形式，是从利润表方面评价企业长期偿债能力的又一指标。固定支出偿付倍数是指企业经营业务收益与固定支出的比率。其计算公式

如下：

$$固定支出偿付倍数=(税前利润+固定支出)\div 固定支出$$

这里的固定支出是指利息费用加上企业发生的、类似于利息费用的固定性费用。该指标数额越大，偿债能力越强。该指标用于考察与负债有关的固定支出和经营业务收益的关系，用于衡量企业用经营业务收益偿付固定支出的能力。

固定支出应包括以下内容：首先，计入财务费用的利息支出。这部分利息支出是最基本的固定支出。其次，资本化利息，即计入固定资产成本的利息费用。最后，经营租赁费中的利息部分。

固定支出偿付倍数指标计算时使用的息税前利润是在利润表的基础上调整得来的，使用税前利润加利息费用，这两个指标的计算口径是一致的。

$$固定支出偿付倍数=\frac{息税前利润+租赁费中的利息费用}{利息费用+租赁费中的利息费用+优先股股息\times(1-所得税率)}$$

（三）影响长期偿债能力的其他因素

1. 长期资产

资产负债表中的长期资产主要包括固定资产、长期投资和无形资产。将长期资产作为偿还长期债务的资产保障时，长期资产的计价和摊销方法对长期偿债能力的影响最大。

(1)固定资产。资产的市场价值最能反映资产偿债能力。事实上，报表中固定资产的价值是采用历史成本法计量的，不反映资产的市场价值，因而不能反映资产的偿债能力。固定资产的价值受以下因素影响：固定资产的入账价值、固定资产折旧、固定资产减值准备。

(2)长期投资。长期投资包括长期股权投资和长期债权投资。报表中长期投资的价值受长期投资的入账价值和长期投资减值准备的影响。

(3)无形资产。资产负债表上所列的无形资产同样影响长期资产价值。

2. 长期负债

在资产负债表中，属于长期负债的项目有长期借款、应付债券、长期应付款、专项应付款和其他长期负债。在分析长期偿债能力时，应特别注意以下问题：首先，会计政策和会计方法的可选择性，使长期负债额产生差异。分析时应注意会计方法的影响，特别是中途变更会计方法对长期负债的影响。其次，应将可转换债券从长期负债中扣除。最后，有法定赎回要求的优先股也应作为负债。

3. 长期租赁

融资租赁是由租赁公司垫付资金，按承租人要求购买设备，承租人按合同规定支付租金，所购设备一般于合同期满转归承租人所有的一种租赁方式。因而，企业通常将融资租赁视同购入固定资产，并把与该固定资产相关的债务作为企业负债反映在资产负债表中。

不同于融资租赁，企业的经营租赁不在资产负债表上反映，只出现在报表附注和利润表的租金项目中。当企业经营租赁量比较大、期限比较长或具有经常性时，经营租赁实际上就构成了一种长期性筹资。因此，必须考虑这类经营租赁对企业债务结构的影响。

4. 退休金计划

退休金是支付给退休人员用于保障退休后生活的货币额。退休金计划是一种企业与职工之间关于职工退休后退休金支付的协议。退休金计划应包括以下内容：参与该计划职工的资格和条件、计算给付退休金的方法、指定的退休金受托单位、定期向退休基金拨付的现金额、退休金的给付方式等。

5. 或有事项

或有事项是指过去的交易或事项形成的一种状态，其结果需通过未来不确定事项的发生或不发生予以证实。或有事项分为或有资产和或有负债。或有资产是指过去交易或事项形成的潜在资产，其存在要通过未来不确定事项的发生或不发生予以证实。

产生或有资产会提高企业的偿债能力；产生或有负债会降低企业的偿债能力。因此，在分析企业的财务报表时，必须充分注意有关或有项目的报表附注披露，以了解未在资产负债表上反映的或有项目，并在评价企业长期偿债能力时，考虑或有项目的潜在影响。同时，应关注有否资产负债表日后的或有事项。

6. 承诺

承诺是企业对外发出的将要承担的某种经济责任和义务。企业为了经营的需要，常常要作出某些承诺，这种承诺有时会大量增加该企业的潜在负债或承诺义务，而却没有通过资产负债表反映出来。因此，在进行企业长期偿债能力分析时，报表分析者应根据报表附注及其他有关资料等，判断承诺变成真实负债的可能性，并判断承诺责任带来的潜在长期负债，并做相应处理。

7. 金融工具

金融工具是指引起一方获得金融资产并引起另一方承担金融负债或享有所有者权益的契约。与偿债能力有关的金融工具主要是债券和金融衍生工具。

金融工具对企业偿债能力的影响主要体现在两方面：一方面，金融工具的公允价值与账面价值发生重大差异，但并没有在财务报表中或报表附注中揭示。另一方面，未能对金融工具的风险程度恰当披露。

报表使用者在分析企业的长期偿债能力时，要注意结合具有资产负债表表外风险的金融工具记录，并分析信贷风险集中的信用项目和金融工具项目，综合起来对企业偿债能力作出判断。

## 四、资产运用效率分析

### (一)资产运用效率

资产运用效率是指资产利用的有效性和充分性。有效性是指使用的后果，是一种产出的概念；充分性是指使用的进行，是一种投入概念。

资产的运用效率评价的财务比率是资产周转率，其一般公式为：

$$资产周转率=周转额/资产$$

资产周转率可以分为总资产周转率、分类资产周转率(流动资产周转率和固定资产周转率)和单项资产周转率(应收账款周转率和存货周转率等)三类。

不同报表使用人衡量与分析资产运用效率的目的各不相同：首先，股东通过资产运用效率分析，有助于判断企业财务安全性及资产的收益能力，以进行相应的投资决策。其次，债权人通过资产运用效率分析，有助于判明其债权的物质保障程度或其安全性，从而进行相应的信用决策。最后，管理者通过资产运用效率的分析，可以发现闲置资产和利用不充分的资产，从而处理闲置资产以节约资金，或提高资产利用效率以改善经营业绩。

（二）资产运用效率的衡量指标

1. 总资产周转率

总资产周转率是指企业一定时期的主营业务收入与资产总额的比率，它说明企业的总资产在一定时期内（通常为一年）周转的次数。其计算公式如下：

总资产周转率（次）＝主营业务收入净额/平均资产总额×100％

总资产周转率的高低，取决于主营业务收入和资产两个因素。增加收入或减少资产都可以提高总资产周转率。

2. 分类资产周转率

（1）流动资产周转率。流动资产周转率是指企业一定时期的主营业务收入与流动资产平均余额的比率，即企业流动资产在一定时期内（通常为一年）周转的次数。流动资产周转率是反映企业流动资产运用效率的指标。其计算公式如下：

流动资产周转率＝销售收入净额÷流动资产平均余额

流动资产周转率指标不仅反映流动资产运用效率，同时也影响企业的盈利水平。企业流动资产周转率越快，周转次数越多，表明企业以相同的流动资产占用实现的主营业务收入越多，说明企业流动资产的运用效率越好，进而使企业的偿债能力和盈利能力均得以增强；反之，则表明企业利用流动资产进行经营活动的能力差，效率较低。

（2）固定资产周转率。固定资产周转率是指企业一定时期的主营业务收入与固定资产平均净值的比率。它是反映企业固定资产周转状况、衡量固定资产运用效率的指标。其计算公式为：

固定资产周转率＝销售收入净额÷固定资产平均净值

固定资产周转率越高，表明企业固定资产利用越充分，说明企业固定资产投资得当，固定资产结构分布合理，能够较充分地发挥固定资产的使用效率，企业的经营活动越有效；反之，则表明固定资产使用效率不高，提供的生产经营成果不多，企业固定资产的运营能力较差。

（3）长期投资周转率。长期投资的数额与主营业务收入之间的关系不一定很明显，因此很少计算长期投资的周转率。

3. 单项资产周转率

单项资产周转率是指根据资产负债表左方项目分别计算的资产周转率。其中最重要和最常用的是应收账款周转率和存货周转率。

（1）应收账款周转率。应收账款周转率是指企业一定时期的主营业务收入与应收账款平均余额的比值，它意味着企业的应收账款在一定时期内（通常为一年）周转的次数。应收账款周转率是反映企业的应收账款运用效率的指标。其计算公式如下：

$$应收账款周转率=\frac{当前销售净收入}{(期初应收账款余额+期末应收账款余额)\div 2}$$

一定期间内，企业的应收账款周转率越高，周转次数越多，表明企业应收账款回收速度越快，企业应收账款的管理效率越高，资产流动性越强，短期偿债能力越强。同时，较高的应收账款周转率能有效地减少收款费用和坏账损失，从而相对增加企业流动资产的收益能力。

对应收账款周转率的进一步分析，还需要注意以下问题：首先，影响应收账款周转率下降的原因主要是企业的信用政策、客户故意拖延和客户财务困难。其次，应收账款是时点指标，易于受季节性、偶然性和人为因素的影响。为了使该指标尽可能接近实际值，计算平均数时应采用尽可能详细的资料。最后，过快的应收账款周转率可能是由紧缩的信用政策引起的，其结果可能会危及企业的销售增长，损害企业的市场占有率。

(2)存货周转率。存货周转率有两种计算方式：一是以成本为基础的存货周转率，主要用于流动性分析；二是以收入为基础的存货周转率，主要用于盈利性分析。计算公式分别如下：

存货周转率＝销货成本÷平均存货余额

存货周转率＝计算期天数×平均存货余额÷销货成本

以成本为基础的存货周转率，可以更切合实际的表现存货的周转状况；而以收入为基础的存货周转率既维护了资产运用效率比率各指标计算上的一致性，由此计算的存货周转天数与应收账款周转天数建立在同一基础上，从而可直接相加可得营业周期。

在计算分析存货周转率指标时，还应注意以下两个方面：一方面，报表使用者在分析存货周转率指标时，应尽可能结合存货的批量因素、季节性变化因素等情况对指标加以理解，同时对存货的结构以及影响存货周转率的重要指标进行分析。通过进一步计算原材料周转率、在产品周转率或某种存货的周转率，从不同角度、环节上找出存货管理中的问题，在满足企业生产经营需要的同时，尽可能减少经营占用资金，提高企业存货管理水平。另一方面，存货周转过快，有可能会因为存货储备不足而影响生产或销售业务的进一步发展，特别是那些供应较紧张的存货。

(三)影响资产周转率的因素

一般而言，影响资产周转率的因素包括：企业经营周期的长短、企业的资产构成及其质量、资产的管理力度以及企业所采用的财务政策等。

## 五、获利能力分析

获利能力是指企业赚取利润的能力。

从企业的角度看，获利能力可以用两种方法评价：一种是利润和销售收入的比例关系，另一种是利润和资产的比例关系。

利润一般是指收入扣除费用后的剩余。扣除的费用项目范围不同，会得出不同含义的利润。利润依扣除费用项目的范围不同，划分为毛利、息税前利润、利润总额、税后利润等。根据不同的利润，可以计算出不同的销售利润率，它们有着不同的经济意义。

(一)销售毛利分析

所谓销售毛利，是指主营业务收入与主营业务成本之差。计算公式如下：

销售毛利额＝主营业务收入－主营业务成本

1. 影响毛利变动的因素

影响毛利变动的因素可分为外部因素和内部因素两大方面：

(1)外部因素。主要是指市场供求变动而导致的销售数量和销售价格的升降以及购买价格的升降。

(2)影响毛利变动的内部因素。这包括：开拓市场的意识和能力、成本管理水平(包括存货管理水平)、产品构成决策、企业战略要求。

此外，还应注意销售毛利率指标具有明显的行业特点。一般来说，营业周期短、固定费

用低的行业的毛利率水平比较低；营业周期长、固定费用高的行业，则要求有较高的毛利率，以弥补其巨大的固定成本。

2. 单一产品毛利变动分析

单一产品毛利额、毛利率的计算公式为：

毛利额＝销量×（销售单价－单位成本）

毛利率＝（销售单价－单位销售成本）÷销售单价

用因素分析法进行单一产品毛利变动分析：

（1）销售数量变动的影响。当其他因素不变时，销售数量正比例的影响毛利额。

某产品销售数量变动的影响额＝（本期销售数量－上期销售数量）×上期单位销售毛利

（2）销售单价变动的影响。销售单价的变动，会正比例地影响毛利总额的变动。

某产品销售单价变动的影响额＝本期销售数量×（本期销售单价－上期销售单价）

（3）单位销售成本变动的影响。单位销售成本的变动，会导致单位销售毛利的反方向、等额的变动，从而反比例地影响毛利额。

某产品单位销售成本变动的影响额＝本期销售数量×（上期单位销售成本－本期单位销售成本）

3. 多种产品毛利变动分析

在经营多种产品的企业中，其毛利的变动除了受每一种产品的销售数量、销售单价、单位销售成本等因素影响外，当销售总量一定时，各种产品之间的销售构成也会对企业的毛利总额产生影响。它们之间的关系用公式可表述为：

毛利额＝∑［某产品销售数量×（该产品销售单价－该产品单位销售成本）］

或　　＝∑（企业销售总额×各产品销售比重×各该产品毛利率）

其中，∑（各产品销售比重×各该产品毛利率）＝综合毛利率。

多种产品毛利变动分析就是对各种相关因素变动对毛利的影响程度所进行的分析。

用因素分析法进行单一产品毛利变动分析：

（1）主营业务收入总额变动对毛利的影响。在其他条件不变的情况下，主营业务收入总额的增减会正比例地影响毛利额，其计算式如下：

主营业务收入总额对毛利的影响额＝（本期主营业务收入－上期主营业务收入）×上期综合毛利率

销售数量变动对主营业务收入的影响额＝∑（本期各产品销售数量×上期销售单价）－上期主营业务收入总额

销售单价变动对主营业务收入的影响额＝∑［本期各产品销售数量×（本期销售单价－上期销售单价）］

（2）综合毛利率变动对毛利的影响额。当主营业务收入总额一定时，毛利额的高低取决于综合毛利率的高低，其计算公式为：

综合毛利率变动对毛利的影响额＝本期主营业务收入总额×（本期综合毛利率－上期综合毛利率）

当然，综合毛利率的变动又是品种结构和各产品毛利率变动的结果，对此也可进一步分析如下：

品种结构变动对综合毛利率的影响＝∑（本期各产品销售比重×上期毛利率）－上期综合毛利率

$$\text{各产品毛利率变动对综合毛利率的影响}=\sum[\text{本期各产品销售比重}\times(\text{本期毛利率}-\text{上期毛利率})]$$

(二)营业利润率分析

营业利润率是指企业营业利润与主营业务收入的比率,该指标用于衡量企业主营业务收入的净获利能力。其计算公式为:

$$\text{营业利润率}=\text{营业利润}\div\text{全部业务收入}\times 100\%$$

其中,营业利润=主营业务利润+其他业务利润-资产减值准备-营业费用-管理费用-财务费用。

1. 影响营业利润率的因素

营业利润和主营业务收入是影响营业利润率的两大因素。其中,营业利润同方向影响营业利润率,主营业务收入则反方向影响营业利润率。

(1)影响营业利润的基本要素。

①主营业务收入对营业利润的影响。当成本、费用额不变时,主营业务收入的增减变动额同方向影响着营业利润额。对于企业内部管理者,还应进一步了解数量和价格两个因素对主营业务收入的影响:

$$\text{销售数量变动对营业利润的影响额}=(\text{实际销售数量}-\text{基期或预计销售数量})\times\text{基期或预计单位贡献毛益}$$

$$\text{销售价格变动对营业利润的影响额}=(\text{实际售价}-\text{基期或预计售价})\times\text{实际销售数量}$$

②主营业务成本对营业利润的影响。

$$\text{主营业务成本变动对营业利润的影响额}=\text{实际销售数量}\times(\text{基期或预计单位成本}-\text{实际单位成本})$$

或

$$=\text{主营业务收入}\times\left(\text{基期或预计主营业务成本率}-\text{实际主营业务成本率}\right)$$

③主营业务税金及附加对营业利润的影响。相对而言,主营业务税金及附加是一个企业所不可控的外部客观影响因素。所以,当其他因素不变时,税率降低会增加营业利润,从而相应增强企业的获利能力;反之,则会降低企业的获利能力。

④营业费用对营业利润的影响。营业费用也是营业利润的负影响因素。营业费用变动对营业利润的影响额则可计算如下:

$$\text{营业费用变动对营业利润的影响额}=\text{主营业务收入}\times(\text{基期或预计营业费用率}-\text{实际营业费用率})$$

⑤管理费用对营业利润的影响。管理费用同为营业利润的负影响因素。我们主要应从其总额变动的角度分析其对营业利润的影响。管理费用变动对营业利润的影响可计算如下:

$$\text{管理费用变动对营业利润的影响额}=\text{基期或预计管理费用额}-\text{实际管理费用额}$$

⑥其他因素对营业利润的影响。除了上述各主要因素之外,其他业务利润将从正面影响营业利润。财务费用和资产减值准备从负面影响营业利润。所以对该因素的分析最好是运用趋势分析和同业比较分析。

2. 经营杠杆及其对营业利润的影响

经营杠杆是对销售量变动和营业利润之间变动关系的描述。根据本量利之间的量变关系,销售量的较小变动会引起营业利润的较大变动,这就是经营杠杆现象。

(1)经营杠杆系数的计算。经营杠杆系数即营业利润变动率相当于产销量变动率的倍数,计算公式为:

经营杠杆系数=息税前利润变动率÷产销量变动率

(2)经营杠杆系数的运用。经营杠杆系数既可以进行营业利润的预测分析,又可以进行营业利润的考核分析。

①营业利润的预测分析。经营杠杆系数反映了营业利润变动与产销量变动之间的客观联系,可以用来预测已知产销量变动情况下的营业利润实现情况,计算公式如下:

预计营业利润额=基期营业利润额×(1+预计产销量增长率×经营杠杆系数)

②营业利润的考核分析。企业的预算或计划总是对应于一定的业务量水平制定的,当实际完成的业务量水平和预算或计划不一致时,用经营杠杆系数来分析预算或计划的执行情况往往更为准确和科学。

(3)经营杠杆对营业利润的影响。经营杠杆意味着营业利润变动相当于产销量变动的倍数,因此,当其他因素不变时,经营杠杆的大小既意味着营业利润的增长快慢,同时也意味着经营风险的大小。所以,一方面,我们可以通过分析经营杠杆来探求增加营业利润、提高获利能力的途径;另一方面,还可通过经营杠杆分析来探求降低经营风险的途径。

3. 营业利润率的比较分析

营业利润率的比较分析通常可从因素分析、结构比较分析和同业比较分析等多方面进行。

(1)因素分析。即对同一企业不同时期之间或不同企业同一时期之间的营业利润率差异原因所进行的分析。企业的营业利润与营业利润率成正比关系,而主营业务收入与之成反比关系。企业在增加主营业务收入额的时候,必须相应地获得更多的营业利润,才能使营业利润率保持不变或有所提高。

(2)结构比较分析。营业利润率的结构比较分析是从营业利润率的构成要素及其结构比重的变动情况所进行的分析,旨在进一步分析营业利润率增减变动的具体原因。

(3)同业比较分析。将企业的个别营业利润率指标与同行业的其他企业进行对比分析,可以发现企业获利能力的相对地位,从而更好地评价企业获利能力的状况。

(三)资产收益率分析

企业的获利能力,也可以用投入资产与获得利润的比例关系来评价。

1. 总资产收益率分析

总资产收益率也称总资产报酬率,是企业一定期限内实现的收益额与该时期企业平均资产总额的比率。它是反映企业资产综合利用效果的指标,也是衡量企业总资产获利能力的重要指标。其计算公式如下:

总资产收益率=息税前利润÷平均资产总额×100%

公式中的"平均资产总额"是指期初资产总额与期末资产总额的平均数。

(1)总资产收益率分析的重要意义。首先,总资产收益率指标集中体现了资产运用效率和资金利用效果之间的关系。其次,在企业资产总额一定的情况下,利用总资产收益率指标可以分析企业盈利的稳定性和持久性,确定企业所面临的风险。最后,总资产收益率指标还

可反映企业综合经营管理水平的高低。

(2)影响总资产收益率的因素。影响总资产收益率的因素包括两类:息税前利润额、资产平均占用额。

①息税前利润额。息税前利润额是总资产收益率的正影响因素。在息税前利润总额中,其构成因素包含营业利润总额、投资收益额和营业外收支净额三部分,其中起决定性影响作用的是营业利润总额。

②资产平均占用额。资产平均占用额是总资产收益率的负影响因素。在分析资产占用额对总资产收益率的影响时,不仅应注意尽可能降低资产占用额,提高资产运用效率,还应该重视资产结构的影响,合理安排资产构成,优化资产结构。

(3)总资产收益率的比较分析。仅仅分析企业某一个会计年度的总资产收益率不足以对企业的资产管理状况作出全面的评价,因为利润总额中可能包含着非经常或非正常的因素,因此,我们通常应进行连续几年(如5年)的总资产收益率的比较分析,对其变动趋势进行判断,才能取得相对准确的信息。在此基础上再进行同业比较分析,有利于提高分析结论的准确性。

2. 长期资本收益率分析

长期资本收益率是收益总额与长期资本占用额之比。长期资本收益率是从资产负债表的右边所进行的“投入”与“产出”比。其计算公式如下:

$$长期资本收益率=收益总额\div长期资本占用额\times100\%$$

长期资本占用额是长期资本收益率的反方向影响因素。长期资本占用额由两部分组成:一是长期负债,二是所有者权益。这两者的构成数量直接决定着长期资本数额的多少,这两者的构成比率则是一个非常重要的财务现象——资本结构。因此,欲提高长期资本收益率、增强企业获利能力,既要尽可能减少资本占用,又要妥善安排资本结构。

长期资本收益率的比较分析包括两方面:长期资本收益率的趋势分析、长期资本收益率的同业比较分析。

(四)分部报告和中期报告分析

1. 分部报告分析

集团化的企业通常从事多种行业的经营业务,在组织形式上则多采用分部化分散经营,各个分部的经营业务及其经营成果可能各不相同。因此,为了了解集团化企业的整体状况,《企业会计制度》中的《财务会计报告》明确要求对外提供分部报告。分部报告以行业分部为主体,披露其有关销售、营业利润、资产占用等信息,并要求按地区、出口额及主要客户报告其国外经营活动情况。

分部报告的分析方法也可以采用趋势分析和指标分析。趋势分析又可以采用结构比较式趋势分析,指标分析则通常采用营业利润率、资产收益率等获利能力指标。

2. 中期报告分析

中期报告是指不满一个会计年度的会计报告,通常包括半年报、季报、月报等。它们是正式会计报告的附加信息来源,主要提供分阶段的详细会计信息。

作为年度报告的组成部分,年度报告的披露原则和要求基本上也适用于半年度报告。但鉴于资料的及时性可在一定程度上弥补资料细节的不足,除非特别重大的事项,中期报告可以不对资产负债表日后事项和或有项目进行调整或披露。

中期报告必须披露企业经营活动的季节性特征。报告分析者应通过此信息确定企业的发展趋势，识别可能存在的潜在问题及问题的影响范围和程度。

## 六、投资报酬分析

投资报酬分析也是获利能力分析的一个重要部分。投资者和债权人，尤其是长期债权人，比较关注企业基本的获利能力。对于投资者而言，投资报酬是与其直接相关的、影响其投资决策的最关键的因素，因此，投资报酬分析的最主要分析主体是企业所有者。

### （一）财务杠杆及其计算

当企业资金总额和资本结构既定，企业支付的利息费用总额不变时，随着息税前利润的增长，单位利润所分担的利息费用相应减少，从而导致权益资金利润率的增长速度将超过息税前利润的增长速度，也即给投资者收益带来更大幅度的提高，这种借入资金对投资者收益的影响，称为财务杠杆。

1. 财务杠杆程度的计算

财务杠杆程度大小通常用财务杠杆系数表示。所谓财务杠杆系数，就是指息税前利润增长所引起的每股盈余增长的幅度。其计算公式为：

$$DFL=(\Delta EPS\div EPS)\div(\Delta EBIT\div EBIT)$$

或

$$=EBIT\div(EBIT-I)$$

其中，$DFL$ 表示财务杠杆系数、$EPS$ 表示变动前的普通股每股盈余、$\Delta EPS$ 表示普通股每股盈余变动额、$EBIT$ 表示变动前的息税前利润、$\Delta EBIT$ 表示息税前利润变动额、$I$ 表示企业的债务利息。

财务杠杆系数反映了企业的负债经营能否提高企业的普通股的每股盈余。

总的来说，在企业资本总额、息税前利润相同的情况下，企业的负债比例越高，财务杠杆系数越大，表明财务杠杆的作用越强，企业的财务风险也就越大，同时企业的预期每股盈余（投资者收益）也越高；反之，则表明财务杠杆的作用弱，财务风险也就越小。

2. 财务杠杆对净收益的影响

财务杠杆对投资者净收益的影响是双方面的：当借入资金所获得的收入高于借入资金所支付的成本，财务杠杆将发挥正效益；反之，当借入资金所获得的收入低于借入资金所支付的成本，财务杠杆将发挥负效益。

由于财务杠杆的双面性，决定了其风险性。通常，财务杠杆作用程度越强，其风险性也越大。

### （二）净资产收益率的分析

净资产收益率也称所有者权益报酬率，是企业利润净额与平均所有者权益之比。该指标是表明企业所有者权益所获得收益的指标。其计算公式为：

$$净资产收益率=净利润\div所有者权益平均余额\times100\%$$

式中，净利润应为税后净利，因为它反映了净资产的所得额。

所有者权益也就是企业的净资产，在数量上关系是：

$$所有者权益=资产总额-负债总额$$

$$=实收资本+资本公积+盈余公积+未分配利润$$

$$平均所有者权益=(期初所有者权益+期末所有者权益)\div2$$

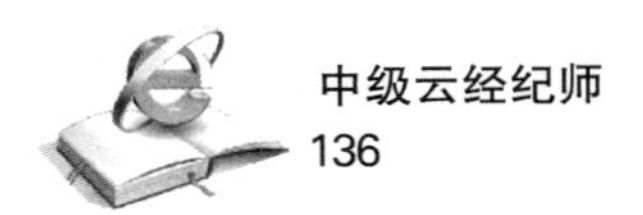



净资产收益率是立足于所有者总权益的角度来考核其获利能力的，因而它是最被所有者关注的、对企业具有重大影响的指标。通过净资产收益率指标，一方面可以判定企业的投资效益；另一方面体现了企业管理水平的高低，尤其是直接反映了所有者投资的效益好坏，是所有者考核其投入企业的资本的保值增值程度的基本方式。

1. 按权益乘数对净资产收益率的分解(杜邦分析法)

杜邦分析法，又称杜邦财务分析体系，简称杜邦体系，是利用各主要财务比率指标间的内在联系，对企业财务状况及经济效益进行综合系统分析评价的方法。该分析法是以净资产收益率为龙头，以资产净利率和权益乘数为核心，重点揭示企业获利能力及权益乘数对净资产收益率的影响，以及各相关指标间的相互影响作用关系。因其最初由美国杜邦公司成功应用，所以得名。

杜邦分析法中的几种主要财务指标关系为：

净资产收益率＝资产净利率×权益乘数

而：资产净利率＝销售净利率×资产周转率

即：净资产收益率＝销售净利率×资产周转率×权益乘数

运用杜邦分析法对净资产收益率进行分析时需要注意以下几点：

首先，净资产收益率是一个综合性极强的投资报酬指标。净资产收益率高低的决定因素主要有两大方面，即资产净利率和权益乘数，而资产净利率又可进一步分解为销售净利率、资产周转率。

其次，资产净利率是影响净资产收益率的关键指标，净资产收益率的高低首先取决于资产净利率的高低。而资产净利率又受两个指标的影响：一是销售净利率，二是资产周转率。要想提高销售净利率，一方面要扩大销售收入，另一方面要降低成本费用。资产周转率反映了企业资产占用与销售收入之间的关系，影响资产周转率的一个重要因素是资产总额：销售净利率越大，资产净利率越大；资产周转率越大，资产净利率越大；而资产净利率越大，则净资产收益率越大。

最后，权益乘数对净资产收益率具有倍率影响。权益乘数主要受资产负债率指标的影响。在资产总额不变的条件下，适度开展负债经营，可以减少所有者权益所占的份额，从而达到提高净资产收益率的目的。

显然，净资产收益率按权益乘数分解展现了资产净利率和资产负债率对净资产收益率的影响。

利用净资产收益率公式，我们不仅可以了解资产获利能力和资本结构对净资产收益率的影响，而且可在已知其中任何两个指标的条件下，求出另一个指标的数值。

2. 按财务杠杆对净资产收益率的分解

按财务杠杆对净资产收益率进行分解可表现为如下公式：

净资产收益率＝(净利润÷总资产)×(总资产÷股东权益)

净资产收益率的变动率＝资产收益率的变动率×财务杠杆系数

由第二个分解式可见，当资产收益率一定时，财务杠杆对净资产收益率的变动具有倍率影响。财务杠杆系数越大，资产收益率向有利方向变动时，对净资产收益率的正杠杆效益也越大，但当资产收益率向不利方向变动时，对净资产收益率的负影响也越大。

（三）每股收益的计算分析

每股收益是企业净收益与发行在外普通股股数的比率。它反映了某会计年度内企业平均每股普通股获得的收益，用于评价普通股持有者获得报酬的程度。因此，只有普通股才计算每股收益。

每股收益是评价上市公司获利能力的基本和核心指标。该指标具有引导投资、增加市场评价功能、简化财务指标体系的作用：每股收益指标具有联结资产负债表和利润表的功能；每股收益指标反映了企业的获利能力，决定了股东的收益数量；每股收益是确定企业股票价格的主要参考指标。

1. 简单资本结构的每股收益

如果企业发行的产权证券只有普通股一种，或虽有其他证券，但无稀释作用或稀释作用不明显，则该企业是简单资本结构。简单资本结构的每股收益计算较为简单，其计算公式如下：

$$\text{简单资本结构下每股收益}=\frac{\text{净收益}-\text{优先股股利}}{\text{发行在外的普通股加权平均股数}}$$

其中，加权平均股数＝∑（流通在外的股数×流通在外的月数占全年月数的比例）。

2. 复杂资本结构的每股收益

如果企业发行的产权证券中既包括普通股，又包括普通股的同等权益，如可转换债券、认股权证等，则企业的资本结构类型要视具体情况而定：如果企业因认股权证持有者行使认股权利，而增发的股票不超过现有流通在外的普通股的20%，则该企业仍属于简单资本结构；如果企业因认股权证持有者行使认股权利，增发的股票超过现有流通在外的普通股的20%时，则该企业属于复杂资本结构。

（1）基本每股收益。基本每股收益是指将企业真正稀释的证券加入普通股，一并计算确定的每股收益。其计算公式如下：

$$\text{基本每股收益}=\frac{\text{净利润}-\text{优先股股利}}{\text{流通在外的普通股股数}+\text{增量股股数}}$$

（2）充分稀释的每股收益。充分稀释的每股收益是指将所有可能的影响（并非真正稀释）因素都加入到普通股股权中去，计算出的每股收益值，目的在于更为稳健地反映每股收益状况。其计算公式为：

$$\text{充分稀释的每股收益}=\frac{\text{净利润}+\text{增量净利润}}{\text{普通股股数}+\text{增量股股数}}$$

3. 影响每股收益的因素

（1）属于普通股的净利润。属于普通股的净利润大小是每股收益的正影响因素。由于在计算普通股的每股收益时只应采用属于普通股的净利润，因此应在企业净利润中扣除不属于普通股的净利润额，如优先股股利等。还应该注意的是：在计算确定每股收益时，应着重于正常和经常性项目，尽可能将非正常和非经常性项目剔除。

（2）普通股股数。普通股股数是每股收益的负影响因素。普通股股数的变动影响因素很多，普通股股数变动既受到普通股发行状况的影响，又与企业的证券构成有关。在确定普通股股数时，我们应注意把握以下几点：

①对于企业在本会计年度发行的现金增资股票，应依据其实际流通的期间比例进行折

算。

②企业在年度内将资本公积金或法定盈余公积金转增为资本配股，不论该配股何时发放，这些新股对企业当年现金股利的分配权，均回溯到年初方有效。

③企业发行的可转换证券是否为约当普通股，应于发行时予以确认，一旦确定，不能再改变；企业以前发行的、发行时未确认为约当普通股的可转换证券，在后来又发行相同证券时确认为约当普通股的，则应从该发行日起，将先前发行的证券一起确定为约当普通股；若企业以前年度发行的已确认为约当普通股的可转换证券，后来又发行了相同类型但不符合约当普通股认定条件的证券，仍应自发行日起将其确认为约当普通股。

④企业发行的一些具有固定股利或利率，并有权参加普通股利润分配的证券，如参加优先股、参加债券等，仅从利润分配的角度看，其性质与普通股类似，因此在计算每股盈余时，将其视为约当普通股，即使它们不能转换为普通股。

⑤某些企业规定在满足某种条件时，将发行股票，这种或有股份的发行条件一旦在该年度内得到满足，就可视为普通股。

⑥集团企业在编制合并报表、计算合并后的每股收益时，其子公司自身的约当普通股、子公司可转换为母公司普通股的证券、子公司发行的可购买母公司普通股的认股权（认股证）等产权证券，均应视为普通股。

4. 每股收益的趋势分析与同业比较分析

单一的指标值并不能很好地说明企业的盈利状况。通常，我们还应该对其进行趋势分析和同业比较分析。

每股收益的趋势分析即对连续若干年的每股收益变动状况及其趋势所进行的分析，旨在了解企业投资报酬在较长时期中的变动规律。

每股收益的同业比较分析，可以帮助我们更进一步了解企业该指标在同业中所处的地位，从而在市场平均状况下对其作出客观的判断。

（四）市价比率分析

1. 股票获利率分析

股票获利率是指普通股每股利润与其市场价格之间的比例关系，也可称为股利率。其计算公式如下：

$$股票获利率=每股利润\div每股市场价格\times100\%$$

股票获利率的高低取决于企业的股利政策和股票市场价格的状况。所以，股票获利率指标通常不单独作为判断投资报酬的指标，而应将它与其他各种投资报酬指标结合运用。

2. 市盈率分析

市盈率是市价与每股盈余比率的简称，也称为本益比，它是指普通股每股市价与普通股每股收益的比率。其计算公式如下：

$$市盈率=每股市价\div每股收益\times100\%$$

市盈率是投资者衡量股票潜力、借以投资入市的重要指标。但是，市盈率高低的评价还必须依据当时的金融市场平均市盈率进行，并非越高越好或越低越好。

此外，在使用该指标评价企业的获利能力时，还需注意以下几个问题：

（1）市盈率指标对投资者进行投资决策的指导意义是建立在健全金融市场的假设基础之上的。

(2)导致企业的市盈率发生变动的因素包括以下几种：

①股票市场的价格波动，而影响股价升降的原因除了企业的经营成果和发展前景外，还受整个经济环境、政府宏观政策、行业发展前景及某些意外因素的制约。

②把股票市盈率与同期银行存款利率结合起来分析判断股票的风险。

③市盈率与行业发展的关系。

④上市公司的规模对其股票市盈率的影响不容忽视。

(3)当企业的利润与其资产相比低得出奇时，或者企业该年度发生亏损时，市盈率指标就变得毫无意义了，因为这时的市盈率会异常地高，或者是负数。

3. 市净率分析

市净率是普通股每股市价与每股净资产的比例关系。其计算公式如下：

市净率＝每股市价÷每股净资产×100％

式中，每股净资产是指股东权益总额与发行在外的普通股股数的比值，也称为每股账面价值。其计算公式为：

每股净资产＝股东权益总额÷总股数

由于每股净资产是根据历史成本数据计算的，在投资分析中我们只能有限度地使用每股净资产指标。市净率小于1，表明这个企业没有发展前景；反之，市净率则会大于1，表明投资者对股票的前景感到乐观。市净率越大，说明投资者普遍看好该企业，认为该企业有希望、有足够的发展潜力。

市净率指标与市盈率指标不同，市盈率指标主要从股票的盈利性角度进行考虑，而市净率则主要从股票的账面价值角度考虑。但两者又有不少相似之处，它们都不是简单的越高越好或越低越好的指标，都代表着投资者对某股票或某企业未来发展潜力的判断。同时，与市盈率指标一样，市净率指标也必须在完善、健全的资本市场上，才能据以对企业作出正确、合理的分析和评价。

## 七、现金流量分析

(一)现金及现金等价物

现金流量表中的“现金”，是指企业的库存现金以及可以随时用于支付的存款，包括现金、可以随时用于支付的银行存款和其他货币资金。

一项投资被确认为现金等价物必须同时具备四个条件：期限短、流动性强、易于转换为已知金额现金、价值变动风险小。

(二)现金流量

现金流量是指企业一定时期的现金和现金等价物的流入和流出的数量。

1. 现金流量的分类

在现金流量表中，现金流量可以分为三大类：经营活动现金流量、投资活动现金流量和筹资活动现金流量。经营活动是指直接进行产品生产、商品销售或劳务提供的活动，它们是企业取得净收益的主要交易和事项。投资活动是指长期资产的购建和不包括现金等价物范围内的投资及其处置活动。筹资活动是指导致企业资本及债务规模和构成发生变化的活动。

现金流量表按照经营活动、投资活动和筹资活动进行分类报告，目的是便于报表使用人

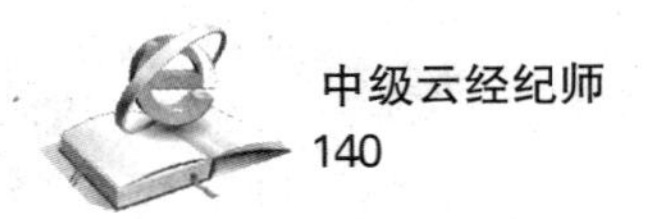


了解各类活动对企业财务状况的影响,以及估量未来的现金流量。

在上述划分的基础上,又将每大类活动的现金流量分为现金流入和现金流出两类,即经营活动现金流入、经营活动现金流出、投资活动现金流入、投资活动现金流出、筹资活动现金流入、筹资活动现金流出。

2. 现金净流量

现金净流量是指现金流入与现金流出的差额。现金净流量可能是正数,也可能是负数。如果是正数,则为净流入;如果是负数,则为净流出。现金净流量反映了企业各类活动形成的现金流量的最终结果,即企业在一定时期内,现金流入大于现金流出,还是现金流出大于现金流入。现金净流量是现金流量表要反映的一项重要指标。

(三)现金流量表

现金流量表是反映企业在一定会计期内有关现金和现金等价物的流入和流出信息的报表。现金流量表的内容概括起来主要是回答以下三个问题:本期现金从何而来、本期的现金用向何方、现金余额发生了什么变化。

(四)经营、投资和筹资活动的现金流量分析

现金流量分析具有以下作用:对获取现金的能力作出评价、对偿债能力作出评价、对收益的质量作出评价、对投资活动和筹资活动作出评价。

1. 经营活动现金流量

经营活动现金流量的列报方法有直接法和间接法两种。

(1)直接法经营活动现金流量。直接法是指通过现金流入和支出的主要类别直接反映来自企业经营活动的现金流量的报告方法。采用直接法报告现金流量,可以揭示企业经营活动现金流量的来源和用途,有助于预测企业未来的现金流量。

经营活动现金流入的主要项目包括:销售商品和提供劳务收到的现金、收到的税费返还、收到的其他与经营活动有关的现金。

经营活动现金流出的主要项目包括:购买商品和接受劳务支付的现金、支付给职工以及为职工支付的现金、支付的各项税费、支付的其他与经营活动有关的现金。

经营活动现金流量净额是经营活动现金流入与经营活动现金流出的差额。

(2)间接法经营活动现金流量。间接法是在企业当期取得的净利润的基础上,通过有关项目的调整,从而确定出经营活动的现金流量。采用间接法报告现金流量,可以揭示净收益与净现金流量的差别,有利于分析收益的质量和企业的营运资金管理状况。

将“净利润”调整为“经营活动现金净额”,需要进行以下四类调整计算:

①扣除非经营活动的损益(筹资和投资活动的损益):处置固定资产、无形资产、其他长期资产的损失;固定资产报废损失;财务费用;投资损失(减收益)。净利润扣除“非经营活动损益”后,得出的是“经营活动净损益”。

②加上不支付经营资产的费用:计提的减值准备、计提固定资产折旧、无形资产摊销、长期待摊费用摊销、待摊费用减少、预提费用增加。这六种费用已在计算利润时扣除,但没有在本期支付现金,将其加回去,得出“经营活动应得现金”。

③加上非现金流动资产减少:存货减少(减增加);经营性应收项目减少,包括应收票据减少(减增加)、应收账款减少(减增加)、预付账款减少(减增加)、其他应收款减少(减增加)。

④加上经营性应付项目增加:应付票据增加(减减少)、应付账款增加(减减少)、其他应

付款增加(减减少)、应付工资增加(减减少)、应付福利增加(减减少)、应交税金增加(减减少)、递延税款贷项(该项目的性质比较特殊,也可列作非经营损益)。

2. 投资活动产生的现金流量

投资活动的现金流入项目有:收回投资所收到的现金;取得投资收益所收到的现金;处置固定资产、无形资产和其他长期资产所收到的现金;收到的其他与投资活动有关的现金。

投资活动的现金流出项目有:购建固定资产、无形资产和其他长期资产所支付的现金;投资所支付的现金;支付的其他与投资收到的现金。

投资活动的现金流量净额,是指上述现金流入与现金流出的差额。

3. 筹资活动的现金流量

筹资活动的现金流入项目包括:吸收投资所收到的现金、借款收到的现金、收到的其他与筹资活动有关的现金。

筹资活动的现金流出项目包括:偿还债务所支付的现金;分配股利、利润或偿付利息所支付的现金;支付的其他与筹资活动有关的现金。

筹资活动产生的现金净额,是指筹资活动现金流入与流出的差额。

(五)现金流量财务比率

1. 现金流动性分析

现金流动性分析主要考察企业经营活动产生的现金流量与债务之间的关系。它的主要指标包括以下几种:

(1)现金流量与当期债务比。现金流量与当期债务比是指年度经营活动产生的现金流量与当期债务相比值,表明现金流量对当期债务偿还满足程度的指标。其计算公式为:

$$现金流量与当期债务比=经营活动现金流量\div当期债务\times100\%$$

这项比率与反映企业短期偿债能力的流动比率有关。该指标数值越高,现金流入对当期债务清偿的保障越强,表明企业的流动性越好;反之,则表明企业的流动性较差。

(2)债务保障率。债务保障率是以年度经营活动所产生的现金净流量与全部债务总额相比较,表明企业现金流量对其全部债务偿还的满足程度。其计算公式为:

$$债务保障率=经营活动现金净流量\div全部债务总额\times100\%$$

现金流量与债务总额之比的数值也是越高越好,它同样也是债权人所关心的一种现金流量分析指标。

2. 获取现金能力分析

分析获取现金能力的指标主要有:每元销售现金净流入、每股经营现金流量和全部资产现金回收率。

(1)每元销售现金净流入。每元销售净现金流入是现金净流入与主营业务销售流入的比值,它反映企业通过销售获取现金的能力。其计算公式为:

$$每元销售现金净流入=现金净流入\div主营业务销售流入$$

(2)每股经营现金流量。每股经营现金流量是反映每股发行在外的普通股票所平均占有的现金流量,或者说是反映公司为每一普通股获取的现金流入量的指标。其计算公式为:

$$每股经营现金流量=\frac{现金净流入-优先股股利}{普通股股数}\times100\%$$

该指标实质上是作为每股盈利支付保障的现金流量,因而每股经营现金流量指标越高

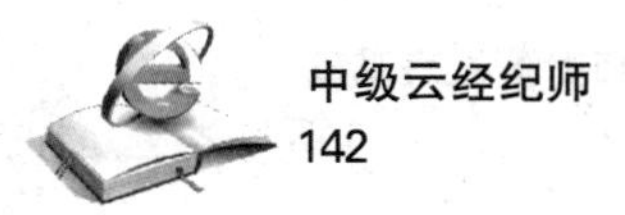



越为股东们所乐意接受。

(3)全部资产现金回收率。全部资产现金回收率，是指营业现金净流入与全部资产的比值，反映企业运用全部资产获取现金的能力。其计算公式为：

$$全部资产现金回收率=现金净流入\div 全部资产$$

3. 财务弹性分析

所谓财务弹性，是指企业自身产生的现金与现金需求之间的适合程度。反映财务弹性的财务比率主要有现金流量适合率、现金满足投资比率和现金股利保障倍数。

(1)现金流量适合比率。现金流量适合比率是指经营活动现金净流入与同期资本支出、存货购置及发放现金股利的比值，它反映经营活动现金满足主要现金需求的程度。其计算公式为：

$$现金流量适合比率=\frac{经营活动现金净流入}{同期资本支出+存货购置+现金股利}\times 100\%$$

(2)现金再投资比率。现金再投资比率，是指经营现金净流量与企业总投资之间的比率。总投资是指固定资产总额、对外投资、其他长期资产和营运资金之和。这个比率反映有多少现金留下来，并投入公司用于资产更新和企业发展。其计算公式如下：

$$现金再投资比率=经营现金净流量\div 总投资\times 100\%$$

现金再投资比率的行业有较为重要的意义。通常，它应当在 7%～11%，行业不同，该比率会有差异。同一企业的不同年份有区别，高速扩张的年份低一些，稳定发展的年份高一些。

(3)现金股利保障倍数。现金股利保障倍数，是指经营活动现金净流量与现金股利支付额之比。支付现金股利率越高，说明企业的现金股利占结余现金流量的比重越小，企业支付现金股利的能力越强。其计算公式如下：

$$现金股利保障倍数=经营活动现金净流量\div 现金股利支付额\times 100\%$$

需要注意的是，仅仅以 1 年的数据很难说明该指标的好坏，利用 5 年或者更长时间的平均数计算更能说明问题。

4. 收益质量分析

评价收益质量的财务比率是营运指数，它是经营活动现金净流入与经营所得现金的比值。

$$营运指数=经营活动现金净流入\div 经营所得现金$$

经营所得现金是指经营活动净收益与非付现费用之和。

$$经营所得现金=经营活动净收益+非付现费用$$

营运指数反映了企业营运管理的水平和收益的质量。营运指数等于 1，说明经营所得现金全部实现；营运指数小于 1，说明经营所得现金被营运资金占用；营运指数大于 1，说明一部分营运资金被收回，返回现金状态。

(六)现金流量的结构分析和趋势分析

1. 现金流量的结构分析

现金流量表的结构分析就是在现金流量表有关数据的基础上，进一步明确现金流入的构成、现金支出的构成及现金余额是如何形成的。现金流量的结构分析可以分为现金流入、现金支出及现金余额结构分析，在此介绍前两者。

(1)现金流入结构分析。现金流入构成是反映企业的各项业务活动现金流入，如经营活动的现金流入、投资活动现金流入、筹资活动现金流入等在全部现金流入中的比重，以及各项业务活动现金流入中具体项目的构成情况，明确企业的现金究竟来自何方，要增加现金流入主要应在哪些方面采取措施等。

(2)现金支出结构分析。现金支出结构分析是指企业的各项现金支出占企业当期全部现金支出的百分比。它具体反映了企业的现金用于哪些方面。

2. 现金流量的趋势分析

趋势分析通常是采用编制历年财务报表的方法，即将连续多年的报表，至少是最近二三年，甚至五年、十年的财务报表并列在一起加以分析，以观察变化趋势。观察连续数期的会计报表，比单看一个报告期的财务报表能了解到更多的信息和情况，有利于分析变化的趋势。

## 八、企业业绩的计量指标

企业业绩的计量指标，可以分为财务指标和非财务指标两类。

(一)企业业绩计量的财务指标

1. 净收益

(1)净收益的概念。净收益是一个企业一定时期的收入减去全部费用的剩余部分，是属于普通股东的净收益。

$$净收益=净利润-优先股股利$$

为了便于企业之间的横向比较，也便于投入资本变化时同一企业的各期比较，因此需要使用每股收益来反映净收益情况：

$$每股收益=净收益\div 平均发行在外普通股股数$$

需要注意的是，计算每股收益使用的“净收益”，既包括正常活动损益，也包括特别项目损益。

(2)净收益指标的优点和局限性。优点：对于净收益和每股收益的计算方法，具有很好的一致性和一贯性；净收益数字是经过审计的，其可信性比其他业绩指标要高得多。局限性：净收益在计算时没有考虑通货膨胀的影响；由于缺乏确定性和可计量性，某些价值创造活动缺乏确认收益；每股净收益指标的“每股”的“质量”不同，限制了该指标的可比性；净收益容易被经理人员进行主观的控制和调整。

2. 现金流量

(1)现金流量的概念。现金流量就是一定时期内现金流入和现金流出的统称。从业绩评价来看，现金流量可有三种不同的含义：

①净现金流量。净现金流量是净收益加上(或减去)非现金损益项目：

$$净现金流量=净收益+非现金的费用$$

净现金流量是公司的“现金盈利”，可以衡量一个公司产生现金的能力。它与按权责发生制计算的净收益是有区别的。

②经营活动现金流量。

$$经营活动现金净流量=净现金流量-流动资产增加额+流动负债增加额-非经营活动收益$$

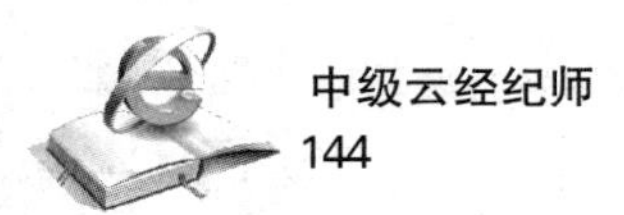


经营活动现金净流量就是现金流量表中列示的“经营活动现金流量净额”。作为衡量产生现金的能力，它承认了流动资产和流动负债的变化和非经营活动的损益，真实反映了经营活动给企业增加的资金。

③自由现金流量。自由现金流量是支付了有价值的投资需求后，能向股东和债权人派发的现金总量。

自由现金流量＝经营活动现金净流量－资产投资支出

自由现金流量反映了企业业务所产生的可以向所有资本供应者提供的现金流量。企业为股东创造财富的主要手段是增加自由现金流量。只有自由现金流量，才是股东可以拿到的财富。因此，自由现金流量是企业价值评估的基础。

(2)现金流量的优点和局限性。优点：现金流量受会计估计和会计分摊的影响较小；现金流量不仅可以用来评价企业业绩，可以用来评价企业支付利息、支付股息的能力和偿付债务的能力，还可以用于现金管理业绩的计量；便于报表使用人理解企业的经营、投资以及筹资活动的动态情景。局限性：现金流量不区分收益性支出和资本性支出，使得年度现金净流量很难直接作为业绩评价指标；单独的现金流量不能反映业绩的全貌，也不能借以可靠预测将来的业绩。

3. 投资收益率

(1)投资收益率的概念。投资收益是一个企业赚得的收益和所使用的资产的比值。

作为业绩评价指标，投资收益有两种相互补充的衡量方法：总资产收益率和所有者权益收益率。

总资产收益率是指息税前利润除以总资产的百分比。它着眼于企业整体的经营效率，反映企业管理人员综合利用全部资产、创造营业利润的业绩。总资产收益率假设纳税、付息前的收益是运用总资产赚取的，两者存在因果关系。

所有者权益收益率是指利润表中的税后利润除以资产负债表中的所有者权益的百分比，也称净资产收益率或股本收益率。它着眼于经营效率转化为所有者收益的情况，反映股东获得回报的水平。所有者权益收益率假设税后利润是运用股东资本赚取的，两者存在因果关系。

所有者权益收益率是财务管理中最重要的核心指标。

(2)投资收益率的优点和局限性。优点：投资收益率是财务管理中最重要、最综合的财务比率；投资收益率指标可以把企业赚取的收益和所使用的资产联系起来，是衡量企业资产使用的效率水平，并且把经营利润与维持生产经营必要的资本联系在一起的评价指标，是监控资产管理和经营策略有效性的有力工具。局限性：由于会计方法等存在多种选择，从而影响投资收益率的客观性；经理人员对它有一定的粉饰能力；在一定程度上受通货膨胀的影响；不同的企业发展阶段，投资收益率会有变化；诱使经理人员放弃收益率低于企业平均收益率但高于企业资本成本的投资机会。

4. 经济增加值

(1)经济增加值的概念。经济增加值是指企业收入扣除所有成本(包括股东权益的成本)后的剩余收益，在数量上等于息前税后营业收益再减去债务和股权的成本。

经济增加值＝息前税后经营收益－使用的全部资金×资本成本率

或　　＝税后经营收益－使用的股权资金×股权成本率

经济增加值是资本在特定时期内创造的收益，也称剩余收益。

①基本经济增加值。基本经济增加值是根据未经调整的经营利润和总资产计算的经济增加值。

基本经济增加值＝息前税后经营利润－资本成本率×报表总资产

②披露的经济增加值。披露的经济增加值是利用公开会计数据进行十几项标准的调整计算出来的。这种调整是根据公布的财务报表及其附注中的数据进行的。

③特殊的经济增加值。特殊的经济增加值是特定企业根据自身情况定义的经济增加值。它涉及公司的组织结构、业务组合、经营战略和会计政策，以便在简单和精确之间实现最佳的平衡。这些调整项目都是“可控制”的项目，调整结果使得经济增加值更接近公司的市场价值。

④真实的经济增加值。真实的经济增加值是公司经济利润最正确和最准确的度量指标。它要对会计数据作出所有必要的调整，并对公司中每一个经营单位都使用不同的、更准确的资本成本。

真实的经济增加值要求对每一个经营单位使用不同的资金成本，以便更准确地计算部门的经济增加值。

(2)经济增加值的优点和局限性。优点：经济增加值最直接地与股东财富的创造联系起来；经济增加值不仅是一种业绩评价指标，还是一种全面财务管理和薪金激励体制的框架；经济增加值还是股票分析家手中的一个强有力的工具。局限性：经济增加值在业绩评价中还没有被多数人所接受；不具有比较不同规模企业的能力；在企业成长的不同阶段，经济增加值的含义是不同的。

5. 市场增加值

(1)市场增加值的概念。市场价值是指由供求关系所形成的价值。用来评价公司业绩的指标不是市场价值，而是市场增加值。市场增加值是总市值和总资本之间的差额。

市场增加值＝总市值－总资本

总市值包括债权价值和股权价值，总资本是资本供应者投入的全部资本。

(2)市场增加值的优点和局限性。优点：从理论上看，市场增加值是评价公司创造财富的准确方法，是从外部评价公司管理业绩的最好方法；市场增加值可以反映公司的风险；市场增加值等价于金融市场对一家公司净现值的估计，便于人们普遍接受。局限性：股票市场并不能真正评价企业的价值；股票价格不仅受管理业绩的影响，还受股市总水平的影响；非上市公司的市值估计往往是不可靠的；即使是上市公司也只能计算其整体经济增加值，对于下属部门和单位无法计算其经济增加值，也就不能用于内部业绩评价。

6. 经济收益

(1)经济收益的概念。一个企业的经济收益的定义是在期末和期初拥有等量资产的情况下，可以给股东分出的最大金额。

经济收益与会计收益的含义不同，计算会计收益和经济收益的成本含义也不同。由于财富可以用未来现金流量的现值来估计，经济收益也可以定义为一个时期到另一个时期给所有者产生的预期未来现金流量的现值减去所有者的净投资后的差额。

经济收益＝预期未来现金流入现值－净投资的现值

经济收益是在业绩评价期内由于生产经营、培训职工、提高工作效率等使企业增加的

价值。

经济收益与市场增加值是有区别的。经济收益的计量不依赖股票价格，而是根据现金流量估计的。只有在预期未来业绩没有变化，而且加权平均的资本成本在年度内始终不变的情况下，市场增加值才等于经济利润。

(2)经济收益的优点和局限性。优点：经济收益比会计收益更接近真实收益，更能反映客观实际；经济收益与经济学概念一致，容易被管理人员和投资者理解。局限性：企业的未来现金流量的数量和时间的确定、折现率的确定是困难的，难以做到精确，因此，在实务中，经济收益的计量是不精确的，并且是不易验证的。

(二)调整通货膨胀的业绩计量

一般来说，通货膨胀对于业绩评价的影响很大。

1. 通货膨胀与利润表

通货膨胀对利润表的影响主要表现在三个方面：固定资产折旧、存货成本、利息费用。

2. 通货膨胀与资产负债表

通货膨胀对资产负债表的影响，也来自于上面提到的三个方面，只是表现形式不同。其分别表现为：低估长期资产价值、低估存货、高估负债。

(三)企业业绩计量的非财务指标

在业绩评价中，比较重要的非财务计量指标有以下几种：

1. 市场占有率

市场占有率是指长期、稳定的市场占有率。市场占有率可以反映企业的业绩，也可以间接反映企业的盈利能力和经营业绩。

2. 质量和服务

质量和服务是指企业可以给顾客某种具有独特性的东西。这种独特性使企业可以在一定价格下售出更多的东西，或者在经济衰退时获得买方忠诚等利益。

评价产品和服务，实际上是识别买方对企业满足其要求的看法，或者说是对买方采购决策起作用的因素。它们包括：信誉和形象、产品的重量和外观、包装、价格(当价格意味着质量时)、顾客清单、规模、财务稳定性、供应的历史长短等。

3. 创新

评价一个企业是否具有创新能力，主要包括：有无技术开发的技术和创造新技术的能力；有无率先从行业外引进新技术的能力；有无在别人引进新技术后紧紧跟上的能力；公司在技术创新和引进人才方面的投入量多少；利用收购、合资、购买专利等方面引进技术的情况。

4. 生产力

生产力是指企业的生产技术水平。技术只有对企业的相对成本地位或产品独特化方面作用显著，才对竞争优势产生影响。

评价一种新技术是否有利于形成竞争优势的标志是：这种技术能使企业降低成本或提高产品独特性，并可以使企业长期居于技术领导地位；该技术的进一步发展应对本企业有利，即使它被别人效仿也会扩大自己的市场份额；该技术能使企业形成行业的率先行动者优势，而不是“为别人做嫁衣”的“烈士”。如果一种技术不能为该企业带来利益，即使是巨大的技术成就，仍然不能认为企业具有良好的技术优势。

5. 雇员培训

雇员培训是企业在人力资源方面的投资，它与企业的长期业绩相关联。提高雇员胜任工作的能力，是企业的重要业绩之一。雇员培训可以分为新职工上岗培训和后续培训两部分。

综上所述，非财务指标既可以直接计量创造财富活动的业绩，也可以计量企业的长期业绩。

## 九、企业的生命周期

企业的生命周期可以分为创业阶段、成长阶段、成熟阶段和衰退阶段。

（一）创业阶段

在典型的创业阶段，企业最重要的任务是开发一个新产品，用有限的资金在市场中占据一席之地。收入增长和自由现金流量是非常重要的财务指标，而各项非财务指标比财务指标更重要。

（二）成长阶段

在成长阶段，企业收入增长、投资收益率和经济增加值指标同等重要。如果筹集资金比较容易，则自由资金流量相对不太重要。

（三）成熟阶段

在成熟阶段，企业应主要关心资产收益率和权益收益率，必须严格管理资产和控制费用支出，设法使企业恢复活力。

（四）衰退阶段

在衰退阶段，企业现金流量成为关键问题。经理人员要特别关注投资的收回，谨慎投资以改善获利能力。此时，投资收益率和经济增加值等长期业绩指标以及各种非财务指标已经变得不太重要。

## 十、企业业绩的综合评价

（一）沃尔综合评分法

沃尔综合评分法是选择 7 个财务比率，分别给定了其在总评价中占的比重，总和为 100 分，最后求出总评分。沃尔综合评分法无论从理论上还是从技术上都存在一定的问题，但它还是在实践中被较多地应用。

（二）综合评价原理

综合评价的主要问题是指标的选取、权重的分配、比较标准的设定和指标的综合。

1. 指标的选取

综合评分的首要问题是确定选择指标。在综合评价时，盈利能力是最重要的，其次才是偿债能力。

(1)盈利能力。反映盈利能力的财务比率有许多，在评价时都应给予一定重视：

①产品盈利能力＝营业收益÷销售收入，它与资产的周转无关。

②总资产盈利能力＝息税前收益÷总资产，它与资产的周转有关，但与资本结构无关。

③股权投资的盈利能力＝税后净利÷所有者权益，它综合了企业的全部盈利能力。

(2)偿债能力。反映偿债能力的指标主要有以下几种：

①流动比率＝流动资产÷流动负债，它反映短期偿债能力；

②已获利息倍数＝息税前收益÷利息费用，它反映长期偿债能力；

③资本结构＝净权益÷总资产，它反映长期偿债能力。

(3)反映资产的周转情况的指标。

①应收账款周转率＝销售收入÷期末应收账款(或平均应收账款)

②存货周转率＝销售收入(或成本)÷期末存货(或平均存货)

(4)反映成长能力的三种常见的计量方法。

①销售增长率＝(本期销售－基期销售)÷基期销售

②净利增长率＝(本期净利－基期净利)÷基期净利

③人均净利增长率＝(本期人均净利－基期人均净利)÷基期人均净利

2. 权重的分配

通常，在 4 类指标间按 4∶2∶2∶2 来分配比重。分配的权重可以根据评价目的调整。

3. 标准比率的确定

标准比率通常应以本行业的平均数为基础，适当进行理论修正。

4. 评价指标的综合

评价指标的综合，主要是解决从差异到评分的换算问题。可以采取两个办法来克服沃尔综合评分法个别指标异常变动对总分影响过大的缺点：一是为差异规定上限和下限；二是给分时不采用“乘”的关系处理，而采用“加”的关系处理。

### 十一、国有资本金效绩评价制度

(一)评价的主体和对象

国有资本金效绩评价主要是以政府为主体的评价行为，由政府有关部门直接组织实施，也可以委托社会中介机构实施。

评价的对象是国有独资企业、国家控股企业。除政府外的其他评价主体，在对其投资对象进行评价时，也可参照该办法进行。

(二)评价的方式和指标体系

评价的方式分为例行评价和特定评价。而评价的指标体系可以分为工商企业和金融企业两类。工商企业又分为竞争性企业和非竞争性企业。具体的评价指标分为定量指标和定性指标两大类，其中的定量指标又分为基本指标和修正指标两类。

(三)评价的步骤和方法

评价的步骤和方法可以分为 5 个步骤：基本指标的评价、修正系数的计算、修正后得分的计算、定性指标的计分方法、综合评价的计分方法。

## 第三节　云经纪相关会计实务

### 一、云应用资产认定的会计处理

关于云应用中的资产处理问题。是否能将云资源认定为一个企业的资产或资产组，除

了看该资源属于“公有云”或“私有云”以外，还需要认定该资源是否能由企业控制并为企业带来经济利益。因此，对云资源是否能够认定为资产的处理必须格外谨慎，需要考虑对云资源的长期控制能力以及该资源与出让方或者托管方的关系。同时，云资源认定为资产后，需进一步确认资产性质是属于固定资产还是无形资产，其具体标准的区别如下：

（一）从定义看

固定资产：企业为生产商品、提供劳务、出租或经营管理而持有的超过一个会计年度的有形资产。

无形资产：企业拥有或控制的没有实物形态的，可辨认的非货币资产。

（二）从范围上看

固定资产：房屋、建筑物、机器设备、运输工具等。

无形资产：专利权、土地使用权、商标权、专营权、特许权等。

（三）从特征上看

固定资产：有形资产、可供企业长期使用、不以投资和销售为目的、具有可衡量的未来经济利益。

无形资产：没有实物形态、将在较长时期内为企业带来经济利益、企业持有无形资产的目的不是为了销售、所提供的未来经济利益具有高度的不确定性。

（四）从固定资产折旧与无形资产摊销

1. 计算方法不同

固定资产：折旧方法比较灵活，有如平均年限法、工作量法、加速折旧法等。根据各企业的实际情况采用不同的折旧方法。

无形资产：折旧方法也有很多，目前国际普遍采用直线法。

2. 残值的保留不一样

固定资产：一般是有残值的，其预计净残值是假定固定资产预计使用寿命已满并处于使用寿命终了时的预期状态，企业目前从该项资产处置中获得的扣除预计处置费用后的金额。实务上，一般通过固定资产在报废清理时预计残值收入扣除预计清理费用后的净额来确定。

无形资产：没有实物形态的使用寿命有限的无形资产，一般其残值应当视为零。除非有第三方承诺在无形资产使用寿命结束时购买该无形资产，或者可以根据活跃市场得到残值信息，并且该活跃市场在无形资产寿命结束时很可能存在，才对无形资产残值加以预计。这样做比较符合客观实际，也避免了无形资产价值高估和费用低估。

3. 会计处理方法不同

固定资产：折旧需要设立“累计折旧”科目，借记“制造费用”、“管理费用”、“其他业务支出”等科目，贷记“累计折旧”，因而固定资产的账面价值始终保持原始价值。

无形资产：摊销额不能直接冲减无形资产的账面价值，借记“管理费用”（出售、捐赠等）、“其他业务收入”（出租）、贷记“累计摊销”。同时，还可以借本科目期末贷方余额反映企业无形资产的累计摊销额。

4. 摊销的期限

固定资产：固定资产计提折旧，当月新增的固定资产次月计提折旧，当月减少的固定资产当月照提折旧。固定资产提足折旧后，不管能否继续使用，均不再提取折旧；提前报废的固定资产，也不再提取折旧。

无形资产：无形资产摊销时，当月新增的无形资产当月摊销，当月减少的无形资产当月不摊销。

5. 初始确认

固定资产：设置"固定资产"科目，及相关的"累计折旧"、"在建工程"等科目。

无形资产：企业应设置"无形资产——××"科目及相关的"研发支出"等科目进行相应业务核算。

应当注意的是，当云资源认定为资产后，根据我国相关会计准则，能准确区分云资源中软件部分的，应当单独认定为无形资产并在后期进行摊销，对难以区分云资产的固定资产部分与无形资产部分的，应当根据重要性原则，一般按固定资产的摊销方法进行后续计量。

## 二、云应用经营租赁会计处理

### (一)云应用经营租赁会计处理

在实际的云应用中，大多数情况仍然为经营租赁，经营租赁的具体会计处理如下：

2008 年 1 月 1 日，A 公司和 B 公司(专门从事云应用租赁服务)签订一项租赁合同，合同条款如下：

(1)A 公司向 B 公司租赁云服务，租期为 4 年，云服务价值为2 000 000元，提供该云服务的资产预计可使用年限为 10 年。

(2)租赁开始日 A 公司向 B 公司一次性预付租金 150 000 元，第一年年末支付租金200 000元，第二年年末支付租金250 000元，第三年年末支付租金300 000元，第四年年末支付租金300 000元。

(3)租赁期届满后 B 公司收回设备。

**【知识 4—1】**

**经营租赁业务租赁双方需要解决主要会计问题**

经营租赁的最大特点在于，承租人租入资产的目的仅限于获得短期或临时的资产使用权，不考虑取得所有权。出租人仅是为了获取租金收入而不准备转移资产的所有权，仍然承担着与资产所有权有关的风险和报酬。

租赁期开始日，承租人不将租入资产的使用权资本化，会计上的主要问题是解决应支付的租金与计入当期费用的关系。对出租人而言，经营租赁资产仍按自有资产核算和管理，包括在资产负债表的相关项目内。会计上的主要问题是解决应收租赁与计入当期收入的关系、经营租赁资产折旧的计提。

**【知识 4—2】**

**出租方的兼营租赁和主营租赁业务会计处理的区别**

兼营租赁，出租的仅是闲置资产，租金收入作为企业的其他业务收入核算；租赁期内计提的资产折旧，相应作为其他业务支出处理；对经营出租资产，通过"固定资产——租出固定资产"明细账户核算。

对租赁公司而言，租赁是其主营业务，取得的资产专供出租之用。为了与融资出租资产相区别，对以经营租赁方式出租的资产，应专设"经营租赁资产"、"经营租赁资产累计折旧"账户，分别核算其实际成本及累计折旧。租金收入应确认为企业的主营业务收入，可通过"主营业务收入"或专设"租赁收入"账户核算；租赁期内对租赁资产计提的折旧，则确认为主

营业务成本。如有应收的租金，则通过“应收账款”账户核算。

（二）A公司承租方的会计处理

1. 业务性质判断

此项租赁没有满足融资租赁的任何一条标准，应作为经营租赁处理。确认租金费用时，不能依据各期实际支付的租金金额确定，而应采用直线法分摊确认各期的租金费用。

2. 租赁开始日（2008年1月1日）会计处理

借：长期待摊费用　　150 000
　　贷：银行存款　　150 000

3. 2008年12月31日按直线法计算，每年应分摊的租金费用

（150 000＋200 000＋250 000＋300 000×2）/4＝300 000（元）

借：管理费用　　300 000
　　贷：长期待摊费用　　100 000
　　　　银行存款　　200 000

4. 2009年12月31日的相关借贷费用

借：管理费用　　300 000
　　贷：长期待摊费用　　50 000
　　　　银行存款　　250 000

5. 2010年12月31日的相关借贷费用

借：管理费用　　300 000
　　贷：银行存款　　300 000

6. 2011年12月31日的相关借贷费用

借：管理费用　　300 000
　　贷：银行存款　　300 000

（三）B公司出租方会计处理

1. 判断租赁性质

此项租赁没有满足融资租赁的任何一条标准，应作为经营租赁处理。

2. 租赁开始日（2008年1月1日）会计处理

借：银行存款　　150 000
　　贷：应收账款　　150 000

3. 2008年12月31日按直线法计算，每年应分摊的租金收入

借：银行存款　　200 000
　　长期应收账款　　100 000
　　贷：租赁收入　　300 000

4. 2009年12月31日的相关借贷费用

借：银行存款　　250 000
　　长期应收账款　　50 000
　　贷：租赁收入　　300 000

5. 2010年12月31日的相关借贷费用

借：银行存款　　300 000

贷:租赁收入 300 000

6.2011 年 12 月 31 日的相关借贷费用

借:银行存款 300 000

贷:租赁收入 300 000

7. 每年出租设备折旧

2 000 000/10=200 000(元)

借:主营业务成本 200 000

贷:累计折旧 200 000

(四)承租人和出租人在经营租赁业务中的会计处理

1. 承租人会计处理项目

(1)租金费用

借:制造费用

销售费用

管理费用

贷:银行存款

借:银行存款

贷:租赁收入

其他业务收入

(2)初始直接费用的会计处理

借:管理费用

贷:银行存款

①金额较大的应当资本化

发生费用支出

借:长期待摊费用

贷:银行存款

分期计入当期损益

借:管理费用

贷:长期待摊费用

②金额较少的计入当期损益

借:管理费用

贷:银行存款

(3)或有租金的会计处理

借:销售费用

贷:其他应付款——出租方公司

借:银行存款(或应收账款)

贷:租赁收入

(4)计提设备折旧

借:主营业务成本(其他业务成本)

贷:累计折旧

2. 出租人会计处理项目

(1)它包括:租金收入、初始直接费用的会计处理、或有租金的会计处理等。

(2)出租人提供激励措施的处理。

出租人提供免租期的,承租人应将租金总额在不扣除免租期的整个租赁期内,按直线法或其他合理的方法进行分摊,免租期内应当确认租金费用及相应的负债。

(3)出租人提供免租期的会计处理。

出租人应将租金总额在不扣除免租期的整个租赁期内,按直线法或其他合理的方法进行分配,免租期内出租人应当确认租金收入。

## 三、云应用融资租赁会计处理

(一)租赁合同及相关租赁资产会计制度规定

1. 租赁合同

2005 年 12 月 28 日,A 公司与 B 公司签订了一份租赁合同。合同主要条款如下:

(1)租赁标的物:程控生产线。

(2)租赁期开始日:租赁物运抵 A 公司生产车间之日(即 2006 年 1 月 1 日)。

(3)租赁期:从租赁期开始日算起 36 个月(即 2006 年 1 月 1 日～2008 年 12 月 31 日)。

(4)租金支付方式:自租赁期开始日起每年年末支付租金 1 000 000 元。

(5)该生产线在 2006 年 1 月 1 日 B 公司的公允价值为 2 600 000 元。

(6)租赁合同规定的利率为 8%(年利率)。

(7)该生产线为全新设备,估计使用年限为 5 年。

(8)2007 年和 2008 年,A 公司每年按该生产线所生产的产品——微波炉的年销售收入的 1%向 B 公司支付经营分享收入。

2. A 公司对租赁固定资产会计制度规定

(1)采用实际利率法确认本期应分摊的未确认融资费用。

(2)采用年限平均法计提固定资产折旧。

(3)2007 年和 2008 年,A 公司分别实现微波炉销售收入 10 000 000 元和 15 000 000 元。

(4)2008 年 12 月 31 日,将该生产线退还 B 公司。

(5)A 公司在租赁谈判和签订租赁合同过程中发生可归属于租赁项目的手续费、差旅费 10 000 元。

**【知识 4—3】**

**租赁性质判断标准**

根据我国《企业会计准则第 21 号——租赁》规定,一项租赁业务如符合下列一项或数项标准的,应当确认为融资租赁:

(1)在租赁期届满时,租赁资产的所有权转移给承租人。租赁期届满出租人会将租赁资产的所有权转移给承租人,则该项租赁应当认定为融资租赁。

(2)承租人有购买租赁资产的选择权。一是承租人拥有在租赁期届满或某一特定日期选择购买或不购买租赁资产的权利;二是当承租人行使购买租赁资产的选择权时,在租赁协议中订立的购买价款远低于届时该项租赁资产的公允价值。因而,在租赁开始日就可以合

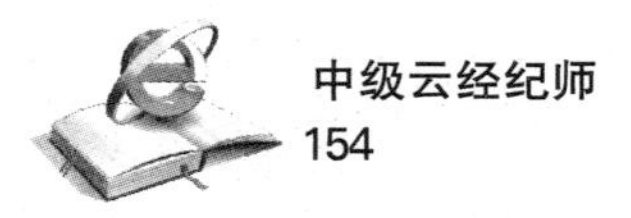


理确定承租人将会行使这种选择权。

(3)租赁期占租赁资产尚可使用年限的大部分。“尚可使用年限的大部分”是指占租赁开始日租赁资产(通常为75%以上,含75%),而不是租赁期占该项资产全新时可使用年限的大部分。如果租赁的是一项旧资产,在开始此次租赁前已使用年限超过该资产全新时可使用年限的75%,则此条判断标准不适用。

(4)承租人在租赁开始日最低租赁付款额的现值,几乎相当于租赁开始日租赁资产的公允价值,这里的“几乎相当于”在90%(含90%)以上;出租人在租赁开始日最低租赁收款额的现值,几乎相当于租赁开始日租赁资产的公允价值。

(5)租赁资产性质特殊,如果不作较大改造,只有承租人才能使用。标准针对租赁资产是出租人专门为承租人订购或建造的专用设备,这种设备具有专购、专用性质,只能供此项租赁交易中的承租人使用,如果不作较大重新改制,其他企业无法使用。

从上述标准来看,符合上述条件之一的租赁协议,是从租赁一开始与该项资产所有权有关的风险和报酬实质上已经转移给了承租人,因此可以确认为融资租赁。

**【知识4—4】**

## 融资租赁业务承租人的会计处理

承租人对融资租入的资产,在租赁期会计核算内容主要包括:

(1)租赁期开始日确认租赁资产与负债。应按租赁开始日租赁资产公允价值与最低租赁付款额现值两者中较低的金额作为租赁资产的入账价值,按最低租赁付款额反映租赁负债;两者的差额作为“未确认融资费用”处理。

(2)初始直接费用。在租赁谈判和签订租赁合同过程中承租人发生的、可直接归属于租赁项目的初始直接费用,如印花税、佣金、律师费、差旅费等;租入资产发生的运输费、途中保险费、安装调试费等。这些均应计入租赁资产的价值,这与外购资产的核算原则相同。

(3)租赁期内对租入资产进行改扩建的费用。将改扩建支出扣除改扩建过程中发生的变价收入后的差额,符合条件的予以资本化、计入租赁资产的价值;或作为当期的费用处理。这与企业自有固定资产后续支出的核算原则相同。

(4)对租赁资产计提折旧。关于租赁资产的折旧期确认,一种情况是,能够合理确定租赁期届满,承租人将取得资产的所有权,在资产此次租赁开始的整个使用年限内,使用权均属承租人,承租人应按租赁资产尚可使用年限(使用寿命)计提折旧;另一种情况是,承租人无法合理确定租赁期届满时能够取得资产所有权的,应当在租赁期与租赁资产使用寿命两者中较短的期限内计提折旧。

(5)支付租金。支付的租赁资产本金从性质上讲属于资本性支出;租金利息属于收益性支出;或有租金因其金额不固定,无法采用系统合理的方法对其进行分摊,故在实际发生时确认为当期费用。

(6)分摊未确认融资费用。未确认融资费用,是承租人在整个租赁期间应支付的利息总额,按规定在租赁期内进行合理分配并作为各期融资费用处理。我国租赁准则规定,未确认融资费用的摊销采用实际利率法。

(7)履约成本。承租人发生的履约成本一般直接计入当期费用;金额较大时,采取分期摊销的做法。

(8)租赁期满。第一种情况，行使廉价购买选择权。承租人要另支付购买价格，购买价格一般已在租赁合同中约定并包括在租赁付款额中，计入了租赁资产价值。承租人在支付最后一笔租金时支付该笔名义价，反映资产所有权的转移，无需调整固定资产的价值。

第二种情况，退还租赁资产。会计上应注销资产的账面价值。承租人对资产余值提供担保的，应对期满时资产的实际余值与担保余值的差额进行核算。

第三种情况，续租。期满续租时，视同该项租赁一直存在而进行正常账务处理。若租赁期满没有续租，根据租赁合同规定承租人须支付赔偿金，作为营业外支出处理。

**【知识 4—5】**

### 承租人最低租赁付款额的确定

最低租赁付款额即资本化的租赁金额。在两种不同的租赁合同下，其包括的内容各不相同。

第一种情况，租赁合同规定承租人有廉价购买选择权时：最低租赁付款额＝承租人按照租约支付给出租人的租金总额＋支付购买价格。

第二种情况，租赁合同未规定承租人有廉价购买选择权时：最低租赁付款额＝承租人按照租赁合同支付给出租人的租金总额＋担保的资产余值＋租赁期届满时承租人未能续租或展期而应由承租人支付的款项。

在最低租赁付款额中不包括履约成本、未担保余值和或有租金。

履约成本是指租赁期内为租赁资产支付的各种使用成本，如技术咨询和服务费、人员培训费、维修费、保险费等。

为了维护出租方的经济利益，防止承租方过度使用资产等，出租方在出租资产时要求承租方对融资租入资产到期时的资产余值提供担保，因此产生了担保余值和未担保余值两个概念。担保余值，就承租人而言，是指由承租人或与其有关的第三方担保的资产余值；就出租人而言，是指就承租人而言的担保余值加上与承租人和出租人均无关、但在财务上有能力担保的第三方担保的资产余值。其中，资产余值是指在租赁开始日估计的租赁期届满时租赁资产的公允价值。未担保余值，指租赁资产余值中扣除就出租人而言的担保余值以后的资产余值。

或有租金是指金额不固定，以时间长短以外的其他因素（如销售百分比、使用量、物价指数等）为依据而计算的租金。

**【知识 4—6】**

### 承租人最低租赁付款额现值计算

最低租赁付款额现值＝(承租人支付的租金＋承租人担保余值＋租赁到期时购买款)×折现系数

最低租赁付款额现值与租赁设备的公允价值较低者作为固定资产入账价值，两者差额作为未确认融资费用。

最低租赁付款额现值＝每期租金（等额）×年金现值系数（即：$P/A,i,n$）＋担保余值×复利现值系数（即：$P/F,i,n$）

其中折现率($i$)按如下情况确定：

承租人在计算最低租赁付款额的现值时，如果知悉出租人的租赁内含利率，应当采用出租人的租赁内含利率作为折现率；否则，应当采用租赁合同规定的利率作为折现率。如果出租人的租赁内含利率和租赁合同规定的利率均无法知悉，应当采用同期银行贷款利率作为折现率。

**【知识 4—7】**

### 承租人未确认融资费用的确定

在租赁期开始日，承租人应当将租赁开始日租赁资产公允价值与最低租赁付款额现值两者中较低者作为租入资产的入账价值，将最低租赁付款额作为长期应付款的入账价值，其差额作为未确认融资费用。

最低租赁付款额－最低租赁付款额现值(或租赁资产公允价值)＝未确认融资费用

对未确认融资租赁费用的处理，会计界有两种观点：资本化、费用化。

主张融资租赁费用“资本化”主要理由是：

(1)融资租赁期限较长，租赁期内，企业虽然不拥有租赁资产的所有权，但通过支付租金，取得了长期的使用权。这种使用权的价值也应视作一种资产。

(2)融资租入资产，租赁期满时企业一般都可取得资产的所有权。从这点看，它类似于分期付款购买。所以，收入资产时，企业应同时确认租赁资产与负债。

(3)如计入当期损益，会可能导致企业会计信息的不真实。

主张融资租赁费用“费用化”主要理由是：

(1)租赁是出租人与承租人双方的一种契约行为。会计上对未来生效的契约(如购销合同)，并不予以确认和反映，融资租赁业务也不应例外，将支付的租金直接计入各期费用即可。

(2)从企业的实际考虑，将租赁费用资本化，会增加企业的资产与负债，从而提高企业的产权比率，降低企业的资产报酬。

国际会计准则根据实质重于形式的原则，主张融资租赁费用资本化。租赁开始日，租赁资产和未来租赁付款负债以相同的金额在资产负债表中予以确认，并作为资产、负债分别列示。与此相对应，出租人在资产负债表中不再计列租出的资产，应以租赁业务中的投资净额反映应收账款。

我国对融资租赁费用的处理与国际会计准则的做法基本相同。

**【知识 4—8】**

### 承租人未确认融资费用的分摊

我国租赁准则规定，未确认融资费用的摊销采用实际利率法。未确认融资费用的分摊具体分为以下几种情况：

(1)租赁资产和负债以最低租赁付款额的现值为入账价值，且以出资人的租赁内含利率为折现率。在这种情况下，应以出资人的租赁内含利率为分摊率。

(2)租赁资产和负债以最低租赁付款额的现值为入账价值，且以租赁合同中规定的利率作为折现率。在这种情况下，应以租赁合同中规定的利率作为分摊率。

(3)租赁资产和负债以租赁资产原账面价值为入账价值，且不存在承租人担保余值和优

惠购买选择权。在这种情况下，应重新计算融资费用分摊率。融资费用分摊率是指，在租赁开始日，使最低租赁付款额的现值等于租赁资产原账面价值的折现率。在承租人或与其有关的第三方对租赁资产余值提供担保的情况下，与上类似，在租赁期满时，未确认融资费用应全部摊完，并且租赁负债也应减为零。

(4)租赁资产和负债以租赁资产原账面价值为入账价值，且不存在承租人担保余值，但存在优惠购买选择权。在这种情况下，应重新计算融资费用分摊率。在租赁期满时，未确认融资费用应全部摊完，并且租赁负债也应减为零。

(5)租赁资产和负债以租赁资产原账面价值为入账价值，且存在承租人担保余值。应重新融资费用分摊率。在承租人或与其有关的第三方对租赁资产余值提供了担保或由于在租赁期满时没有续租而支付违约金的情况下，在租赁期满时，未确认融资费用应全部摊完，并且租赁负债也应减少至担保余值或该日应支付的违约金。

**【知识 4—9】**

## 承租人对租赁资产计提折旧

融资租入固定资产，承租人应视同于自有资产，承担该项资产所有的风险负担，如定期计提设备折旧，这里的关键是确定租赁资产的折旧期。如果能够合理确定租赁期届满，承租人将取得资产的所有权，这意味着在资产此次租赁开始的整个使用年限内，使用权均属承租人，承租人应按租赁资产尚可使用年限(使用寿命)计提折旧；如果承租人无法合理确定租赁期届满时能够取得资产所有权的，应当在租赁期与租赁资产使用寿命两者中较短的期限内计提折旧。计提折旧的基础是租赁资产入账价减去担保余值。

**【知识 4—10】**

## 承租人履约成本的会计处理

履约成本是指租赁期内为租赁资产支付的各种使用费用，如技术咨询和服务费、人员培训费、维修费、保险费等。承租人发生的履约成本通常应计入当期损益。

**【知识 4—11】**

## 或有租金的处理

或有租金是指金额不固定、以时间长短以外的其他因素(如销售量、使用量、物价指数等)为依据计算的租金。由于或有租金的金额不固定，无法采用系统合理的方法对其进行分摊，因此或有租金在实际发生时计入当期损益。

**【知识 4—12】**

## 承租人租赁届满时会计处理

租赁期满，应区分不同情况对租赁资产进行处理：

(1)行使廉价购买选择权。在这种情况下，承租人一般要另外支付购买价格，我国的租赁行业称之为“名义价”。这个购买价格一般已在租赁合同中约定并包括在租赁付款额中，计入了租赁资产价值。承租人在支付最后一笔租金时支付该笔名义价，反映资产所有权的转移，无需调整固定资产的价值。

(2)退还租赁资产。会计上应注销资产的账面价值。承租人对资产余值提供担保的,还应对期满时资产的实际余值与担保余值的差额进行核算。

(3)续租。这是指承租人行使优惠续租选择权的情况。承租人有权选择续租该项资产,并在租赁开始日就可以合理确定承租人会行使这种选择权的,租赁期包括了续租期限,并在租赁期开始日的会计确认、计量中,考虑了租期届满续租的情况。期满续租时,视同该项租赁一直存在而进行正常账务处理。若租赁期满没有续租,根据租赁合同规定承租人须支付赔偿金,作为营业外支出处理。

**【知识 4—13】**

## 出租人确认应收融资租赁款

由于在融资租赁下,出租人将与租赁资产所有权有关的风险和报酬实质上转移给了承租人,将租赁资产的使用权长期转让给了承租人,并以此获取租金,因此,出租人的租赁资产在租赁开始日实际上就变成了收取租金的债权。

出租人应在租赁开始日,将租赁开始日最低租赁收款额作为应收融资租赁款的入账价值,并同时记录未担保余值,将最低租赁收款额与未担保余值之和与其现值之和的差额记录为未实现融资收益。

具体计算公式:

**最低租赁收款额=最低租赁付款额+第三方对出租人担保资产余值**

**(最低租赁收款额+初始直接费用+未担保余值)-(最低租赁收款额现值+初始直接费用+未担保余值现值)=未实现融资收益**

融资租赁固定资产在租赁期开始日的账面价值正好与公允价值一致。如果账面价值高于或者低于公允价值,其差额应当计入当期损益,通过“营业外收入”或“营业外支出”科目核算。

**【知识 4—14】**

## 出租人未实现融资收益摊销

出租人在租赁期开始日确认的“未实现融资收益”相当于它对客户贷款的利息收入,该项利息收入总额应按租赁期逐期分摊、确认为各期的租赁收入,就像银行在贷款期内确认利息收入一样。租赁期开始日,出租人一般应编制“租赁摊销表”,以便据此进行相应的账务处理。

根据租赁准则的规定,未实现融资收益应当在租赁期内各个期间进行分配,确认为各期的租赁收入。分配时,出租人应当采用实际利率法计算当期应当确认的租赁收入。出租人每期收到租金时,按收到的租金金额,借记“银行存款”科目,贷记“应收融资租赁款”科目。同时,每期确认租赁收入时,借记“未实现融资收益”科目,贷记“租赁收入”科目。

**【知识 4—15】**

## 未担保余值发生变动时的处理

由于未担保余值的金额决定了租赁内含利率的大小,从而决定着未实现融资收益的分配,因此,为了真实地反映企业的资产和经营业绩,根据谨慎性原则的要求,在未担保余值发

生减少和已确认损失的未担保余值得以恢复的情况下，均应当重新计算租赁内含利率，以后各期根据修正后的租赁投资净额和重新计算的租赁内含利率确定应确认的租赁收入。在未担保余值增加时，不做任何调整。其账务处理如下：

(1)期末，出租人的未担保余值的预计可收回金额低于其账面价值的差额，借记"资产减值损失"科目，贷记"未担保余值减值准备"科目。同时，将未担保余值减少额与由此所产生的租赁投资净额的减少额的差额，借记"未实现融资收益"科目，贷记"资产减值损失"科目。

(2)如果已确认损失的未担保余值得以恢复，应在原已确认的损失金额内转回，借记"未担保余值减值准备"科目，贷记"资产减值损失"科目。同时，将未担保余值恢复额与由此所产生的租赁投资净额的增加额的差额，借记"资产减值损失"科目，贷记"未实现融资收益"科目。

**【知识 4—16】**

## 租赁期届满时的处理

租赁期届满时出租人应区别以下情况进行会计处理：

(1)出租人收回租赁资产

这时有可能出现以下三种情况：

第一，对资产余值全部担保的。出租人收到承租人交还的租赁资产时，应当借记"融资租赁资产"科目，贷记"长期应收款——应收融资租赁款"科目。如果收回租赁资产的价值低于担保余值，则应向承租人收取价值损失补偿金，借记"其他应收款"科目，贷记"营业外收入"科目。

第二，对资产余值部分担保的。出租人收到承租人交还的租赁资产时，借记"融资租赁资产"科目，贷记"长期应收款——应收融资租赁款"、"未担保余值"等科目。如果收回租赁资产的价值扣除未担保余值后的余额低于担保余值，则应向承租人收取价值损失补偿金，借记"其他应收款"科目，贷记"营业外收入"科目。

第三，对资产余值全部未担保的。出租人收到承租人交还的租赁资产时，借记"融资租赁资产"科目，贷记"未担保余值"科目。

(2)优惠续租租赁资产

第一，如果承租人行使优惠续租选择权，则出租人应视同该项租赁一直存在而作出相应的账务处理，如继续分配未实现融资收益等。

第二，如果租赁期届满时承租人未按租赁合同规定续租，出租人应向承租人收取违约金时，并将其确认为营业外收入。同时，将收回的租赁资产按上述规定进行处理。

(3)出租人出售租赁资产

租赁期届满时，承租人行使了优惠购买选择权。出租人应按收到的承租人支付的购买资产的价款，借记"银行存款"等科目，贷记"长期应收款——应收融资租赁款"科目。

(二)A 公司(承租人)租赁业务会计处理

1. 租赁开始日会计处理

(1)判断租赁类型

本例中租赁期(3 年)占租赁资产尚可使用年限(5 年)的 60%(小于 75%)，没有满足融资租赁的第 3 条标准；

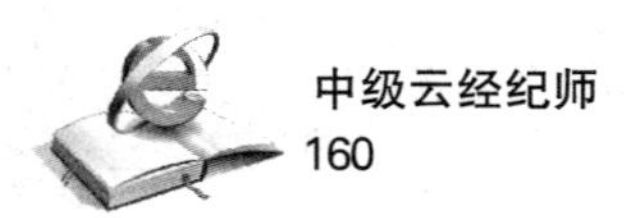


另外，最低租赁付款额的现值为 2 577 100 元(计算过程见后)大于租赁资产原账面价值的 90%，即 2 340 000 元(2 600 000×90%)，满足融资租赁的第 4 条标准，因此，A 公司应当将该项租赁认定为融资租赁。

(2)计算租赁开始日最低租赁付款额的现值，确定租赁资产的入账价值

最低租赁付款额＝各期租金之和＋承租人担保的资产余值

＝1 000 000×3＋0＝3 000 000(元)

计算现值的过程如下：

每期租金 1 000 000 元的年金现值＝1 000 000×($P/A$，3，8%)查表得知：

$$(P/A,3,8\%)=2.5771$$

每期租金的现值之和＝1 000 000×2.577 1＝2 577 100(元)

该值小于租赁资产公允价值 2 600 000 元。

根据孰低原则，租赁资产的入账价值应为其折现值 2 577 100 元。

(3)计算未确认融资费用

未确认融资费用＝最低租赁付款额－最低租赁付款额现值

＝3 000 000－2 577 100＝422 900(元)

(4)将初始直接费用计入资产价值账务处理

2006 年 1 月 1 日，租入程控生产线：

租赁资产入账价：2 577 100＋10 000＝2 587 100(元)

借：固定资产——融资租入固定资产　　2 587 100
　　未确认融资费用　　422 900
　　贷：长期应付款——应付融资租赁款　　3 000 000
　　　　银行存款　　10 000

2. 分摊未确认融资费用的会计处理

(1)确定融资费用分摊率

折现率就是其融资费用分摊率，即 8%。

(2)在租赁期内采用实际利率法分摊未确认融资费用

(3)会计处理

2006 年 12 月 31 日，支付第一期租金：

借：长期应付款——应付融资租赁款　　1 000 000
　　贷：银行存款　　1 000 000

2006 年 1～12 月，每月分摊未确认融资费用时，

每月财务费用＝206 168÷12＝17 180.67(元)

借：财务费用　　17 180.67
　　贷：未确认融资费用　　17 180.67

2007 年 12 月 31 日，支付第二期租金：

借：长期应付款——应付融资租赁款　　1 000 000
　　贷：银行存款　　1 000 000

2007 年 1～12 月，每月分摊未确认融资费用时，

每月财务费用＝142 661.44÷12＝11 888.45(元)

借:财务费用　　11 888.45
　　贷:未确认融资费用　　11 888.45

2008 年 12 月 31 日,支付第三期租金:

借:长期应付款——应付融资租赁款　　1 000 000
　　贷:银行存款　　1 000 000

2008 年 1～12 月,每月分摊未确认融资费用时,

每月财务费用=74 070.56÷12=6 172.55(元)

借:财务费用　　6 172.55
　　贷:未确认融资费用　　6 172.55

3. 计提租赁资产折旧的会计处理

(1)融资租入固定资产折旧的计算

租赁期固定资产折旧期限=11+12+12=35(月)

2007 年和 2008 年折旧率=100%/35×12=34.29%

(2)会计处理

2006 年 2 月 28 日,计提本月折旧=812 866.82÷11=73 896.98(元)。

借:制造费用——折旧费　　73 896.98
　　贷:累计折旧　　73 896.98

2006 年 3 月～2008 年 12 月的会计分录,同上。

4. 或有租金的会计处理

2007 年 12 月 31 日,根据合同规定应向 B 公司支付经营分享收入 100 000 元:

借:销售费用　　100 000
　　贷:其他应付款——B 公司　　100 000

2008 年 12 月 31 日,根据合同规定应向 B 公司支付经营分享收入 150 000 元:

借:销售费用　　150 000
　　贷:其他应付款——B 公司　　150 000

5. 租赁期届满时的会计处理

2008 年 12 月 31 日,将该生产线退还 B 公司:

借:累计折旧　　2 587 100
　　贷:固定资产——融资租入固定资产　　2 587 100

(三)B 公司(出租人)租赁业务会计处理

1. 租赁开始日的会计处理

(1)计算租赁内含利率

最低租赁收款额=租金×期数+承租人担保余值

最低租赁收款额=1 000 000×3+0=3 000 000(元)

因此,　$1\ 000\ 000\times(P/A,R,3)=2\ 600\ 000+100\ 000$

$=2\ 700\ 000$(租赁资产的公允价值+初始直接费用)

根据这一等式,可通过多次测试,用插值法计算租赁内含利率。

当 $R=5\%$ 时:

$$(P/A,5\%,3)=2.723\ 2$$

$$1\ 000\ 000\times 2.723\ 2=2\ 723\ 200>2\ 700\ 000$$

当 $R=6\%$ 时：

$$(P/A,6\%,3)=2.673\ 0$$

$$1\ 000\ 000\times 2.673\ 0=2\ 673\ 000<2\ 700\ 000$$

因此，$5\%<R<6\%$。

(2)计算租赁开始日最低租赁收款额及其现值和未实现融资收益

最低租赁收款额＋未担保余值＝(最低租赁付款额＋第三方担保的余值)＋未担保余值
＝[(各期租金之和＋承租人担保余值)＋第三方担保余值]＋未担保余值
＝[(1 000 000×3＋0)＋0]＋0
＝3 000 000(元)

最低租赁收款额＝1 000 000×3＝3 000 000(元)

最低租赁收款额的现值＝1 000 000×$(P/A,3,5.46\%)$＝2 700 000(元)

未实现融资收益＝{最低租赁收款额＋初始直接费用＋未担保余值{－{最低租赁收款额的现值＋初始直接费用＋未担保余值的现值}
＝(3 000 000＋10 000)－(2 700 000 ＋10 000)
＝300 000(元)

(3)判断租赁类型

本例中租赁期(3 年)占租赁资产尚可使用年限(5 年)的 60%，没有满足融资租赁的第 3 条标准。

另外，最低租赁收款额的现值为2 600 000元，大于租赁资产原账面价值的 90%，即2 340 000元(2 600 000×90%)，满足融资租赁的第 4 条标准，因此，B 公司应当将该项租赁认定为融资租赁。

(4)账务处理

2006 年 1 月 1 日，租出程控生产线，发生初始直接费用：

| | 借 | 贷 |
|---|---|---|
| 借：长期应收款——应收融资租赁款 | 3 000 000 | |
| 　　贷：融资租赁资产 | | 2 600 000 |
| 　　　　银行存款 | | 100 000 |
| 　　　　未实现融资收益 | | 300 000 |

2. 未实现融资收益分配的账务处理

(1)计算租赁期内各租金收取期应分配的未实现融资收益

(2)账务处理

2006 年 12 月 31 日，收到第一期租金：

| | 借 | 贷 |
|---|---|---|
| 借：银行存款 | 1 000 000 | |
| 　　贷：长期应收款——应收融资租赁款 | | 1 000 000 |

2006 年 1～12 月，每月确认融资收入时：

| | 借 | 贷 |
|---|---|---|
| 借：未实现融资收益(147 420÷12) | 12 285 | |
| 　　贷：租赁收入 | | 12 285 |

20×7 年 12 月 31 日，收到第二期租金：

借:银行存款　　1 000 000

　　贷:长期应收款——应收融资租赁款　　1 000 000

2007 年 1～12 月,每月确认融资收入时:

借:未实现融资收益(100 869.13÷12)　　8 405.76

　　贷:租赁收入　　8 405.76

2008 年 12 月 31 日,收到第三期租金时:

借:银行存款　　1 000 000

　　贷:长期应收款——应收融资租赁款　　1 000 000

2008 年 1～12 月,每月确认融资收入时:

借:未实现融资收益(51 710.87÷12)　　4 309.24

　　贷:租赁收入　　4 309.24

(3)或有租金的会计处理

2007 年 12 月 31 日,根据合同规定应向 A 公司收取经营分享收入 100 000:

借:应收账款——A 公司　　100 000

　　贷:租赁收入　　100 000

2008 年 12 月 31 日,根据合同规定应向 A 公司收取经营分享收入 150 000 元:

借:应收账款——A 公司　　150 000

　　贷:租赁收入　　150 000

3. 租赁期届满时的会计处理

2008 年 12 月 31 日,将该生产线从 A 公司收回,作备查登记。

(四)承租人和出租人在融资租赁业务中的会计处理

1. 承租人会计处理项目

(1)租赁资产的资本化及其金额的确定

借:固定资产——融资租入固定资产

　　未确认融资费用

　　贷:长期应付款——应付融资租赁款

借:长期应收款——应收融资租赁款

　　贷:银行存款

　　　　融资租赁固定资产

　　　　未实现融资收益

(2)初始直接费用的会计处理

借:固定资产——融资租入固定资产

　　贷:银行存款

借:未实现融资收益

　　贷:长期应收款——应收融资租赁款

(3)未确认融资费用分摊的会计处理

借:长期应付款——应付融资租赁款

　　贷:银行存款

借:财务费用

贷:未确认融资费用
借:银行存款
贷:长期应收款——应收融资租赁款
借:未实现融资收益
贷:租赁收入
(4)租赁资产折旧的计提
借:制造费用(管理费用)
贷:累计折旧
借:资产减值损失
贷:未担保余值减值准备
借:未实现融资收益
贷:资产减值损失
已确认减值转回时核算:
借:未担保余值减值准备
贷:资产减值损失
同时,
借:资产减值损失
贷:未实现融资收益
(5)履约成本的会计处理
借:制造费用(管理费用)
贷:银行存款
(6)或有租金的会计处理
借:销售费用
贷:其他应付款——出租方公司
借:银行存款(或应收账款)
贷:租赁收入
(7)租赁期届满时的会计处理
①返还租赁资产
借:长期应付款——应付融资租赁款
贷:固定资产——融资租入固定资产
②优惠续租租赁资产
承租人行使优惠续租选择权,应视同该项租赁一直存在而作出相应的账务处理。
③留购租赁资产
借:长期应付款——应付融资租赁款
贷:银行存款
同时,
借:固定资产——生产(非生产)
贷:固定资产——融资租入固定资产
2. 出租人会计处理项目

(1)它包括：租赁开始日租赁债权的确认、初始直接费用的会计处理、未确认融资收益分摊的会计处理、未担保余值发生减值的会计处理确认减值的核算、或有租金的会计处理、租赁期届满时的会计处理。

(2)出租人收回租赁资产

借：融资租赁资产

贷：长期应收款——应收融资租赁款收回租赁资产的价值低于担保余值

借：其他应收款

贷：营业外收入

(3)优惠续租租赁资产

承租人行使优惠续租选择权，则出租人应视同该项租赁一直存在而作出相应的账务处理。

(4)出租人出售租赁资产

借：银行存款

贷：长期应收款——应收融资租赁款

## 第四节　财务管理

### 一、财务管理概述

企业财务管理一般包括以下几个环节。

(一)财务预测

财务预测是企业根据财务活动的历史资料(如财务分析)，考虑现实条件与要求，运用特定方法对企业未来的财务活动和财务成果作出科学的预计或测算。财务预测是进行财务决策的基础，是编制财务预算的前提。

财务预测所采用的方法主要有两种：一是定性预测，是指在企业缺乏完整的历史资料或有关变量之间不存在较为明显的数量关系下，专业人员进行的主观判断与推测。二是定量预测，是指企业根据比较完备的资料，运用数学方法，建立数学模型，对事物的未来进行的预测。实际工作中，通常将两者结合起来进行财务预测。

(二)财务决策

决策即决定。财务决策是企业财务人员按照企业财务管理目标，利用专门方法对各种被选方案进行比较分析，并从中选出最优方案的过程。它不是拍板决定的瞬间行为，而是提出问题、分析问题和解决问题的全过程。正确的决策可使企业起死回生，错误的决策可导致企业毁于一旦，所以财务决策是企业财务管理的核心，其成功与否直接关系到企业的兴衰成败。

(三)财务预算

财务预算是指企业运用科学的技术手段和数量方法，对未来财务活动的内容及指标进行综合平衡与协调的具体规划。财务预算是以财务决策确立的方案和财务预测提供的信息为基础编制的，是财务预测和财务决策的具体化，是财务控制和财务分析的依据，贯穿企业财务活动的全过程。

（四）财务控制

财务控制是在财务管理过程中，利用有关信息和特定手段，对企业财务活动所施加的影响和进行的调节。实行财务控制是落实财务预算、保证预算实现的有效措施，也是责任绩效考评与奖惩的重要依据。

（五）财务分析

财务分析是根据企业核算资料，运用特定方法，对企业财务活动过程及其结果进行分析和评价的一项工作。财务分析既是本期财务活动的总结，也是下期财务预测的前提，具有承上启下的作用。通过财务分析，可以掌握企业财务预算的完成情况，评价财务状况，研究和掌握企业财务活动的规律，改善财务预测、财务决策、财务预算和财务控制，提高企业财务管理水平。

## 二、财务管理环境

财务管理环境是指对企业财务活动和财务管理产生影响作用的企业内外部的各种条件。通过环境分析，提高企业财务行为对环境的适应能力、应变能力和利用能力，以便更好地实现企业财务管理目标。

企业财务管理环境按其存在的空间，可分为内部财务环境和外部财务环境。内部财务环境主要内容包括企业资本实力、生产技术条件、经营管理水平和决策者的素质四个方面。由于内部财务环境，存在于企业内部，是企业可以从总体上采取一定的措施施加控制和改变的因素。而外部财务环境，由于存在于企业外部，它们对企业财务行为的影响无论是有形的硬环境，还是无形的软环境，企业都难以控制和改变，更多的是适应和因势利导。因此，本章主要介绍外部财务环境。影响企业外部财务环境有各种因素，其中最主要的有法律环境、经济环境和金融市场环境等因素。

（一）法律环境

财务管理的法律环境是指企业和外部发生经济关系时所应遵守的各种法律、法规和规章。市场经济是一种法治经济，企业的一切经济活动总是在一定法律规范范围内进行的。一方面，法律提出了企业从事一切经济业务所必须遵守的规范，从而对企业的经济行为进行约束；另一方面，法律也为企业合法从事各项经济活动提供了保护。企业财务管理中应遵循的法律法规主要包括：

1.企业组织法

企业是市场经济的主体，不同组织形式的企业所适用的法律是不同的。按照国际惯例，企业划分为独资企业、合伙企业和公司制企业，各国均有相应的法律来规范这三类企业的行为。因此，不同组织形式的企业在进行财务管理时，必须熟悉其企业组织形式对财务管理的影响，从而作出相应的财务决策。

2.税收法规

税收法规是税收法律制度的总称，是调整税收征纳关系的法规规范。与企业相关的税种主要有以下五种：

（1）所得税类：企业所得税、外商投资企业和外国企业所得税、个人所得税。

（2）流转税类：增值税、消费税、营业税、城市维护建设税。

(3)资源税类:资源税、土地使用税、土地增值税。

(4)财产税类:财产税。

(5)行为税类:印花税、车船使用税、屠宰税。

3.财务法规

企业财务法规制度是规范企业财务活动,协调企业财务关系的法令文件。我国目前企业财务管理法规制度有企业财务通则、行业财务制度和企业内部财务制度三个层次。

4.其他法规

如《证券交易法》、《票据法》、《银行法》等。

从整体上说,法律环境对企业财务管理的影响和制约主要表现在以下三个方面:

首先,在筹资活动中,国家通过法律规定了筹资的最低规模和结构,如《公司法》规定股份有限公司的注册资本的最低限额为人民币 1 000 万元,规定了筹资的前提条件和基本程序,如《公司法》就对公司发行债券和股票的条件作出了严格的规定。

其次,在投资活动中,国家通过法律规定了投资的方式和条件,如《公司法》规定股份公司的发起人可以用货币资金出资,也可以用实物、工业产权、非专利技术、土地使用权作价出资,规定了投资的基本程序、投资方向和投资者的出资期限及违约责任,如企业进行证券投资必须按照《证券法》所规定的程序来进行,企业投资必须符合国家的产业政策,符合公平竞争的原则。

最后,在分配活动中,国家通过法律如《税法》、《公司法》、《企业财务通则》及《企业财务制度》规定了企业成本开支的范围和标准,企业应缴纳的税种及计算方法,利润分配的前提条件、利润分配的去向、一般程序及重大比例。在生产经营活动中,国家规定的各项法律也会引起财务安排的变动或者说在财务活动中必须予以考虑。

(二)经济环境

财务管理作为一种微观管理活动,与其所处的经济管理体制、经济结构、经济发展状况、宏观经济调控政策等经济环境密切相关。

1.经济管理体制

经济管理体制,是指在一定的社会制度下,生产关系的具体形式以及组织、管理和调节国民经济的体系、制度、方式和方法的总称,分为宏观经济管理体制和微观经济管理体制两类。宏观经济管理体制是指整个国家宏观经济的基本经济制度,而微观经济管理体制是指一国的企业体制及企业与政府、企业与所有者的关系。宏观经济体制对企业财务行为的影响主要体现在,企业必须服从和服务于宏观经济管理体制,在财务管理的目标、财务主体、财务管理的手段与方法等方面与宏观经济管理体制的要求相一致。微观经济管理体制对企业财务行为的影响与宏观经济体制相联系,主要体现在如何处理企业与政府、企业与所有者之间的财务关系。

2.经济结构

经济结构一般是指从各个角度考察社会生产和再生产的构成,包括产业结构、地区结构、分配结构和技术结构等。经济结构对企业财务行为的影响主要体现在产业结构上:一方面,产业结构会在一定程度上影响甚至决定财务管理的性质,不同产业所要求的资金规模或投资规模不同,不同产业所要求的资本结构也不一样;另一方面,产业结构的调整和变动要求财务管理作出相应的调整和变动,否则企业日常财务运作艰难,财务目标难以实现。

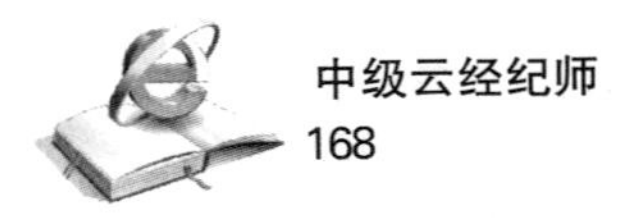


3.经济发展状况

任何国家的经济发展都不可能呈长期的快速增长之势，而总是表现为“波浪式前进，螺旋式上升”的状态。当经济发展处于繁荣时期，经济发展速度较快，市场需求旺盛，销售额大幅度上升。企业为了扩大生产，需要增加投资，与此相适应，则需筹集大量的资金以满足投资扩张的需要。当经济发展处于衰退时期，经济发展速度缓慢，甚至出现负增长，企业的产量和销售量下降，投资锐减，资金时而紧缺、时而闲置，财务运作出现较大困难。另外，经济发展中的通货膨胀也会给企业财务管理带来较大的不利影响，主要表现在：资金占用额迅速增加；利率上升，企业筹资成本加大；证券价格下跌，筹资难度增加；利润虚增、资金流失。

4.宏观经济调控政策

政府具有对宏观经济发展进行调控的职能。在一定时期，政府为了协调经济发展，往往通过计划、财税、金融等手段对国民经济总运行机制及子系统提出一些具体的政策措施。这些宏观经济调控政策对企业财务管理的影响是直接的，企业必须按国家政策办事，否则将寸步难行。例如，国家采取收缩的调控政策时，会导致企业的现金流入减少、现金流出增加，资金紧张、投资压缩；反之，当国家采取扩张的调控政策时，企业财务管理则会出现与之相反的情形。

（三）金融市场环境

金融市场是指资金筹集的场所。广义的金融市场，是指一切资本流动（包括实物资本和货币资本）的场所，其交易对象为：货币借贷、票据承兑和贴现、有价证券的买卖、黄金和外汇买卖、办理国内外保险、生产资料的产权交换等。狭义的金融市场一般是指有价证券市场，即股票和债券的发行及买卖市场。

1. 金融市场的分类

（1）按交易的期限分为短期资金市场和长期资金市场。短期资金市场是指期限不超过一年的资金交易市场，因为短期有价证券易于变成货币或作为货币使用，所以也称货币市场。长期资金市场，是指期限在一年以上的股票和债券交易市场，因为发行股票和债券主要用于固定资产等资本货物的购置，所以也称资本市场。

（2）按交易的性质分为发行市场和流通市场。发行市场是指从事新证券和票据等金融工具买卖的转让市场，也称初级市场或一级市场。流通市场是指从事已上市的旧证券或票据等金融工具买卖的转让市场，也称次级市场或二级市场。

（3）按交易的直接对象分为同业拆借市场、国债市场、企业债券市场、股票市场和金融期货市场等。

（4）按交割的时间分为现货市场和期货市场。现货市场是指买卖双方成交后，当场或几天之内买方付款、卖方交出证券的交易市场。期货市场是指买卖双方成交后，在双方约定的未来某一特定的时日才交割的交易市场。

2. 金融市场与企业财务活动

企业从事投资活动所需要资金，除了所有者投入以外，主要从金融市场取得。金融政策的变化必然影响企业的筹资与投资。所以，金融市场环境是企业最为主要的环境因素，它对企业财务活动的影响主要有：

（1）金融市场为企业提供了良好的投资和筹资的场所。当企业需要资金时，可以在金融市场上选择合适的方式筹资；而当企业有闲置的资金时，又可以在市场上选择合适的投资方

式，为其资金寻找出路。

(2)金融市场为企业的长短期资金相互转化提供方便。企业可通过金融市场将长期资金，如股票、债券，变现转为短期资金，也可以通过金融市场购进股票、债券等，将短期资金转为长期资金。

(3)金融市场为企业财务管理提供有意义的信息。金融市场的利率变动反映资金的供求状况，有价证券市场的行情反映投资人对企业经营状况和盈利水平的评价。这些都是企业生产经营和财务管理的重要依据。

3. 我国主要的金融机构

(1)中国人民银行。中国人民银行是我国的中央银行，它代表政府管理全国的金融机构和金融活动，经理国库。

(2)政策银行。政策银行是指有政府设立，以贯彻国家产业政策、区域发展政策为目的，不以营利为目的的金融机构。我国目前有三家政策银行：国家开发银行、中国进出口银行、中国农业发展银行。

(3)商业银行。商业银行是以经营存款、放款、转账结算为主要业务，以盈利为主要经营目标的金融企业。我国商业银行有：国有独资商业银行、股份制商业银行。

(4)非银行金融机构。我国主要的非银行金融机构有：保险公司、信托投资公司、证券机构、财务公司、金融租赁公司。

4. 金融市场利率

在金融市场上，利率是资金使用权的价格，其计算公式为：

利率＝纯利率＋通货膨胀附加率＋风险附加率

纯利率是指没有风险和通货膨胀情况下的平均利率。在没有通货膨胀时，国库券的利率可以视为纯利率。

通货膨胀附加率是由于通货膨胀会降低货币的实际购买力，为弥补其购买力损失而在纯利率的基础上加上通货膨胀附加率。

风险附加率是由于存在违约风险、流动性风险和期限风险而要求在纯利率和通货膨胀之外附加的利率。其中，违约风险附加率是指为了弥补因债务人无法按时还本付息而带来的风险，由债权人要求附加的利率；流动性风险附加率是指为了弥补因债务人资产流动不好而带来的风险，由债权人要求附加的利率；期限风险附加率是指为了弥补因偿债期长而带来的风险，由债权人要求附加的利率。

## 三、财务管理的基础知识

(一)资金的时间价值

1. 资金的时间价值的概念

资金的时间价值是指一定量资金在不同时点上价值量的差额，也称为货币的时间价值。资金在周转过程中会随着时间的推移而发生增值，使资金在投入、收回的不同时点上价值不同，形成价值差额。

日常生活中，经常会遇到这样一种现象，一定量的资金在不同时点上具有不同价值，现在的一元钱比将来的一元钱更值钱。例如，我们现在有 1 000 元，存入银行，银行的年利率为 5%，1 年后可得到 1 050 元，于是现在 1 000 元与 1 年后的1 050元相等。因为这 1 000 元经过1年的时间增值了50元，这增值的50元就是资金经过1年时间的价值。同样企业的资金投到生产经营中，经过生产过程的不断运行，资金的不断运动，随着时间的推移，会创造新的价值，使资金得以增值。因此，一定量的资金投入生产经营或存入银行，会取得一定的利润和利息，从而产生资金的时间价值。

2. 资金时间价值产生的条件

资金时间价值产生的前提条件，是由于商品经济的高度发展和借贷关系的普遍存在，出现了资金使用权与所有权的分离，资金的所有者把资金使用权转让给使用者，使用者必须把资金增值的一部分支付给资金的所有者作为报酬，资金占用的金额越大，使用的时间越长，所有者所要求的报酬就越高。而资金在周转过程中的价值增值是资金时间价值产生的根本源泉。

3. 资金时间价值的表示

资金的时间价值可用绝对数（利息）和相对数（利息率）两种形式表示，通常用相对数表示。资金时间价值的实际内容是没有风险和没有通货膨胀条件下的社会平均资金利润率，是企业资金利润率的最低限度，也是使用资金的最低成本率。

由于资金在不同时点上具有不同的价值，不同时点上的资金就不能直接比较，必须换算到相同的时点上，才能比较，因此掌握资金时间价值的计算就很重要。资金时间价值的计算包括一次性收付款项和非一次性收付款项（年金）的终值、现值。

（二）一次性收付款项的终值和现值

一次性收付款项是指在某一特定时点上一次性支出或收入，经过一段时间后再一次性收回或支出的款项。例如，现在将一笔10 000元的现金存入银行，5年后一次性取出本利和。

资金时间价值的计算涉及两个重要的概念：现值和终值。现值又称本金，是指未来某一时点上的一定量现金折算到现在的价值。终值又称将来值或本利和，是指现在一定量的现金在将来某一时点上的价值。由于终值与现值的计算与利息的计算方法有关，而利息的计算有复利和单利两种，因此终值与现值的计算也有复利和单利之分。在财务管理中，一般按复利来计算。

（三）单利的现值和终值

单利是指只对本金计算利息，利息部分不再计息，通常用$P$表示现值，$F$表示终值，$i$表示利率（贴现率、折现率），$n$表示计算利息的期数，$I$表示利息。

1. 单利的利息

$$I=P\times i\times n$$

2. 单利的终值

$$F=P\times(1+i\times n)$$

3. 单利的现值

$$P=F/(1+i\times n)$$

从上面计算中，显而易见，第一年的利息在第二年不再计息，只有本金在第二年计息。此外，无特殊说明，给出的利率均为年利率。

**【例4－1】** 某人希望5年后获得10 000元本利和，银行利率为5%。

上面求现值的计算，也可称贴现值的计算，贴现使用的利率称贴现率。

（四）复利的现值和终值

复利是指不仅对本金要计息，而且对本金所生的利息也要计息，即“利滚利”。

1. 复利现值

复利现值是指在将来某一特定时间取得或支出一定数额的资金，按复利折算到现在的价值。

复利现值的计算公式为：

$$P=F/(1+i)^n=F\times(1+i)^{-n}$$

式中，$(1+i)^{-n}$称为“复利现值系数”或“1 元复利现值系数”，用符号$(P/F,i,n)$表示，其数值可查阅 1 元复利现值表。

2. 复利终值

复利终值是指一定量的本金按复利计算的若干年后的本利和。

复利终值的计算公式为：

$$F=P\times(1+i)^n$$

式中，$(1+i)^n$ 称为“复利终值系数”或“1 元复利终值系数”，用符号$(F/P,i,n)$表示，其数值可查阅 1 元复利终值表。

将单利终值与复利终值比较，发现在第一年，单利终值和复利终值是相等的，在第二年，单利终值和复利终值不相等，两者相差：5 512.5－5 500＝12.5(元)。这是因为第一年本金所生的利息在第二年也要计算利息，即 250×5%＝12.5(元)。因此，从第二年开始，单利终值和复利终值是不相等的。

3. 复利利息的计算

$$I=F-P$$

4. 名义利率和实际利率

在前面的复利计算中，所涉及的利率均假设为年利率，并且每年复利一次。但在实际业务中，复利的计算期不一定是 1 年，可以是半年、一季、一月或一天复利一次。当利息在一年内要复利几次时，给出的年利率称名义利率，用 $r$ 表示；根据名义利率计算出的每年复利一次的年利率称实际利率，用 $i$ 表示。实际利率和名义利率之间的关系如下：

$$i=(1+r/m)^m-1$$

（五）年金的终值和现值（非一次性收付款项的终值和现值）

年金是指一定时期内，每隔相同的时间，收入或支出相同金额的系列款项。例如，折旧、租金、等额分期付款、养老金、保险费、另存整取等都属于年金问题。年金具有连续性和等额性特点。连续性要求在一定时间内，间隔相等时间就要发生一次收支业务，中间不得中断，必须形成系列。等额性要求每期收、付款项的金额必须相等。

年金根据每次收付发生的时点不同，可分为普通年金、预付年金、递延年金和永续年金四种。要注意的是，在财务管理中，讲到年金，一般是指普通年金。

1. 普通年金

普通年金是指在每期的期末，间隔相等时间，收入或支出相等金额的系列款项。每一间隔期，有期初和期末两个时点，由于普通年金是在期末这个时点上发生收付，故又称后付年金。

(1)普通年金的终值

普通年金的终值是指每期期末收入或支出的相等款项，按复利计算，在最后一期所得的本利和。每期期末收入或支出的款项用 $A$ 表示，利率用 $i$ 表示，期数用 $n$ 表示，那么每期期末收入或支出的款项，折算到第 $n$ 年的终值如图 4—1 所示。

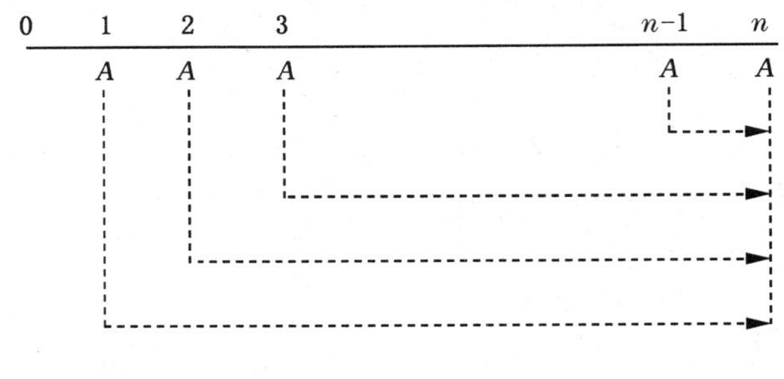


**图 4—1**

第 $n$ 年支付或收入的款项 $A$ 折算到最后一期（第 $n$ 年），其终值为 $A\times(1+i)^0$。

第 $n-1$ 年支付或收入的款项 $A$ 折算到最后一期（第 $n$ 年），其终值为 $A\times(1+i)^1$。

……

第 3 年支付或收入的款项 $A$ 折算到最后一期（第 $n$ 年），其终值为 $A\times(1+i)^{n-3}$。

第 2 年支付或收入的款项 $A$ 折算到最后一期（第 $n$ 年），其终值为 $A\times(1+i)^{n-2}$。

第 1 年支付或收入的款项 $A$ 折算到最后一期（第 $n$ 年），其终值为 $A\times(1+i)^{n-1}$。

那么 $n$ 年的年金终值和 $FA=A\times(1+i)^0+A\times(1+i)^1+\cdots+A\times(1+i)^{n-3}+A\times(1+i)^{n-2}+A\times(1+i)^{n-1}$。

这称为“年金终值系数”或“1 元年金终值系数”，记为 $(F/A,i,n)$，表示年金为 1 元、利率为 $i$、经过 $n$ 期的年金终值是多少，可直接查 1 元年金终值表。

（2）年偿债基金

计算年金终值，一般是已知年金，然后求终值。有时我们会碰到已知年金终值，反过来求每年支付的年金数额，这是年金终值的逆运算，我们把它称作年偿债基金的计算，计算公式如下：

$$(A/F,i,n)=1/(F/A,i,n)$$

即根据年金终值系数的倒数来得到。利用偿债基金系数可把年金终值折算为每年需要支付的年金数额。

（3）普通年金的现值

普通年金的现值是指一定时期内每期期末等额收支款项的复利现值之和。实际上就是指为了在每期期末取得或支出相等金额的款项，现在需要一次投入或借入多少金额，年金现值用 $PA$ 表示，其计算如下：

要将每期期末的收支款项全部折算到时点 0，则：

第 1 年年末的年金 $A$ 折算到时点 0 的现值为 $A\times(1+i)^{-1}$。

第 2 年年末的年金 $A$ 折算到时点 0 的现值为 $A\times(1+i)^{-2}$。

第 3 年年末的年金 $A$ 折算到时点 0 的现值为 $A\times(1+i)^{-3}$。

……

第$(n-1)$年年末的年金$A$折算到时点0的现值为$A\times(1+i)^{-(n-1)}$。

第$n$年年末的年金$A$折算到时点0的现值为$A\times(1+i)^{-n}$。

那么,$n$年的年金现值之和称为"年金现值系数"或"1元年金现值系数",记作$(P/A,i,n)$,表示年金1元,利率为$i$,经过$n$期的年金现值是多少,可查1元年金现值表。

**【例4—2】** 某人希望每年年末取得10 000元,连续取5年,银行利率为5%。

要求:第一年年初应一次存入多少元。

解:$PA=A\times(P/A,i,n)$

$=10\ 000\times(P/A,5\%,5)$

$=10\ 000\times4.329\ 5$

$=43\ 295$(元)

为了每年年末取得10 000元,第一年年初应一次存入43 295元。

(4)年回收额

上题是已知年金的条件下,计算年金的现值,也可以反过来在已知年金现值的条件下,求年金,这是年金现值的逆运算,可称作年回收额的计算,其值称作"回收系数",记作$(A/P,i,n)$,是年金现值系数的倒数,可查表获得,也可利用年金现值系数的倒数来求得。

**【例4—3】** 某人购入一套商品房,需向银行按揭贷款100万元,准备20年内于每年年末等额偿还,银行贷款利率为5%。

要求:每年应归还多少元?

解:$A=PA\times(A/P,i,n)$

$=100\times(A/P,5\%,20)$

$=100\times[1/(P/A,5\%,20)]$

$=100\times1/12.4622$

$=8.024\ 3$(万元)

2. 预付年金

预付年金是指每期收入或支出相等金额的款项是发生在每期的期初,而不是期末,也称先付年金或即付年金。

预付年金与普通年金的区别在于收付款的时点不同,普通年金在每期的期末收付款项,预付年金在每期的期初收付款项,收付时间如图4—2所示:

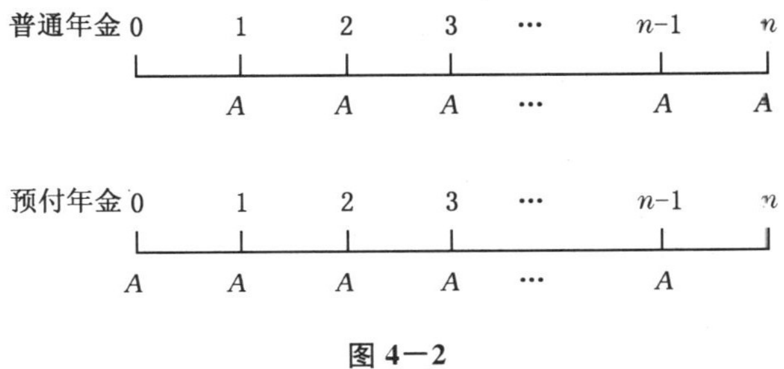


**图4—2**

由图4—2可见,$n$期的预付年金与$n$期的普通年金,其收付款次数是一样的,只是收付款时点不一样。如果计算年金终值,预付年金要比普通年金多计一年的利息;如计算年金现值，则预付年金要比普通年金少折现一年。因此，在普通年金的现值、终值的基础上，乘上$(1+i)$便可计算出预付年金的现值与终值。

预付年金的终值

$$F=A\times[(F/A,i,n+1)-1]$$

可利用普通年金终值表查得$(n+1)$期的终值，然后减去1，就可得到1元预付年金终值。

3. 递延年金

前二种年金的第一次收付时间都发生在整个收付期的第一期，要么在第一期期末，要么在第一期期初。但有时会遇到第一次收付不发生在第一期，而是隔了几期后才在以后的每期期末发生一系列收支款项，这种年金形式就是递延年金，它是普通年金的特殊形式。因此，凡是不在第一期开始收付的年金，称为递延年金。图4—3和图4—4可说明递延年金的支付特点：

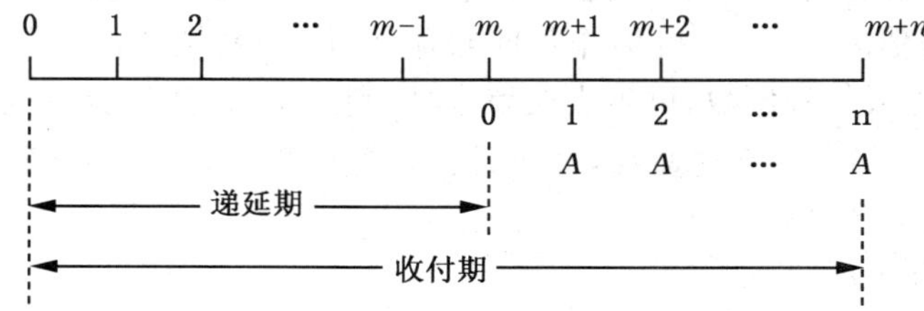


**图4—3　递延年金**

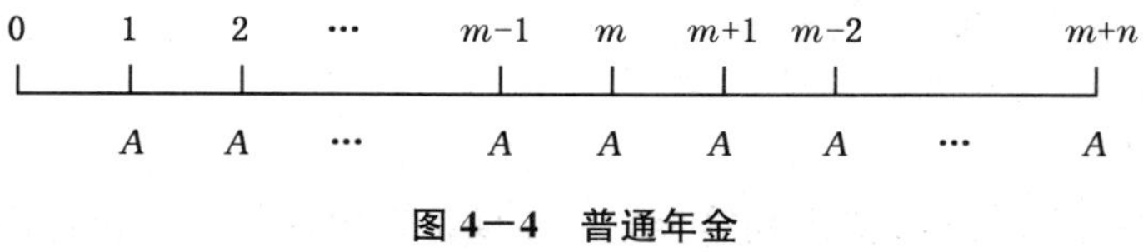


**图4—4　普通年金**

从图4—3和图4—4中可知，递延年金的第一次年金收付没有发生在第一期，而是隔了$m$期（这$m$期就是递延期），在第$m+1$期的期末才发生第一次收付，并且在以后的$n$期内，每期期末均发生等额的现金收支。尽管期限一样，都是$(m+n)$期，但普通年金在$(m+n)$期内，每个期末都要发生收支，而递延年金在$(m+n)$期内，只在后$n$期发生收支，前$m$期无收支发生。

(1)递延年金的终值

在图4—3和图4—4中，先不看递延期，年金一共支付了$n$期。只要将这$n$期年金折算到期末，即可得到递延年金终值。所以，递延年金终值的大小，与递延期无关，只与年金共支付了多少期有关，它的计算方法与普通年金相同。

$$FA=A\times(F/A,i,n)$$

(2)递延年金的现值

递延年金的现值可用三种方法来计算。

①把递延年金视为$n$期的普通年金，求出年金在递延期期末$m$点的现值，再将$m$点的

现值调整到第一期期初。

$$PA=A\times(P/A,i,n)\times(P/F,i,m)$$

②先假设递延期也发生收支，则变成一个$(m+n)$期的普通年金，算出$(m+n)$期的年金现值，再扣除并未发生年金收支的 $m$ 期递延期的年金现值，即可求得递延年金现值。

$$PA=A\times[(P/A,i,m+n)-(P/A,i,m)]$$

③先算出递延年金的终值，再将终值折算到第一期期初，即可求得递延年金的现值。

$$PA=A\times(F/A,i,n)\times(P/F,i,m+n)$$

4. 永续年金

永续年金是指无限期的收入或支出相等金额的年金，也称永久年金。它也是普通年金的一种特殊形式，由于永续年金的期限趋于无限，没有终止时间，因而也没有终值，只有现值。

## 四、风险与报酬

（一）风险的含义

风险是指一定条件下、一定时期内，某一项行动具有多种可能但结果不确定。风险产生的原因是由于缺乏信息和决策者不能控制未来事物的发展过程而引起的。风险具有多样性和不确定性，可以事先估计采取某种行动可能导致的各种结果，以及每种结果出现的可能性大小，但无法确定最终结果是什么。例如，掷一枚硬币，我们可事先知道硬币落地时有正面朝上和反面朝上两种结果，并且每种结果出现的可能性各为 50%，但却也无法事先知道硬币落地时是正面朝上还是反面朝上。

值得注意的是，风险和不确定性是不同的。不确定性是指对于某种行动，人们知道可能出现的各种结果，但不知道每种结果出现的概率，或者可能出现的各种结果及每种结果出现的概率都不知道，只能作出粗略的估计。如购买股票，投资者无法在购买前确定所有可能达到的期望报酬率以及该报酬率出现的概率。而风险问题出现的各种结果的概率一般可事先估计和测算，只是不准确而已。如果对不确定性问题先估计一个大致的概率，则不确定性问题就转化为风险性问题了。在财务管理的实务中，对两者不作严格区分。讲到风险，可能是指一般意义上的风险，也可能指不确定性问题。

风险是客观的、普遍的，广泛地存在于企业的财务活动中，并影响着企业的财务目标。由于企业的财务活动经常是在有风险的情况下进行的，各种难以预料和无法控制的原因，可能使企业遭受风险，蒙受损失，如果只有损失，没人会去冒风险，企业冒着风险投资的最终目的是为了得到额外收益。因此，风险不仅带来预期的损失，而且可带来预期的收益。仔细分析风险，以承担最小的风险来换取最大的收益，就十分必要。

（二）风险的类型

企业面临的风险主要有市场风险和企业特有风险。市场风险是指影响所有企业的风险。它由企业的外部因素引起，企业无法控制、无法分散，涉及所有的投资对象，又称系统风险或不可分散风险，如战争、自然灾害、利率的变化、经济周期的变化等。企业特有风险是指个别企业的特有事件造成的风险。它是随机发生的，只与个别企业和个别投资项目有关，不涉及所有企业和所有项目，可以分散，又称非系统风险和可分散风险，如产品开发失败、销售份额减少、工人罢工等。非系统风险根据风险形成的原因不同，又可分为经营风险和财务风险。

1. 经营风险

经营风险是指由于企业生产经营条件的变化对企业收益带来的不确定性，又称商业风险。这些生产经营条件的变化可能来自于企业内部的原因，也可能来自于企业外部的原因，如顾客购买力发生变化、竞争对手增加、政策变化、产品生产方向不对路、生产组织不合理等。这些内外因素，使企业的生产经营产生不确定性，最终引起收益变化。

2.财务风险

财务风险是指由于企业举债而给财务成果带来的不确定性，又称筹资风险。企业借款，虽可以解决企业资金短缺的困难、提高自有资金的盈利能力，但也改变了企业的资金结构和自有资金利润率，还须还本付息，并且借入资金所获得的利润是否大于支付的利息额，具有不确定性，因此借款就有风险。在全部资金来源中，借入资金所占的比重大，企业的负担就重，风险程度也就增加；借入资金所占的比重小，企业的负担就轻，风险程度也就减轻。因此，必须确定合理的资金结构，既提高资金盈利能力，又防止财务风险加大。

（三）风险报酬

企业的财务活动和经营管理活动总是在有风险的状态下进行的，只不过风险有大有小。投资者冒着风险投资，是为了获得更多的报酬，冒的风险越大，要求的报酬就越高。风险和报酬之间存在密切的对应关系，高风险的项目必然高报酬，低风险的项目必然低报酬，因此，风险报酬是投资报酬的组成部分。

那么，什么是风险报酬呢？它是指投资者冒着风险进行投资而获得的超过货币时间价值的那部分额外收益，是对人们所遇到的风险的一种价值补偿，也称风险价值。它的表现形式可以是风险报酬额或风险报酬率，在实务中一般以风险报酬率来表示。

如果不考虑通货膨胀，投资者冒着风险进行投资所希望得到的投资报酬率是无风险报酬率与风险报酬率之和，即：

投资报酬率＝无风险报酬率＋风险报酬率

无风险报酬率就是资金的时间价值，是在没有风险状态下的投资报酬率，是投资者投资某一项目肯定能够得到的报酬，具有预期报酬的确定性，并且与投资时间的长短有关，可用政府债券利率或存款利率表示。风险报酬率是风险价值，是超过资金时间价值的额外报酬，具有预期报酬的不确定性，与风险程度和风险报酬斜率的大小有关，并呈正比关系。风险报酬斜率可根据历史资料用高低点法、直线回归法或由企业管理人员会同专家根据经验确定，风险程度用期望值、标准差来确定。风险报酬率＝风险报酬斜率×风险程度，如图4－5所示：

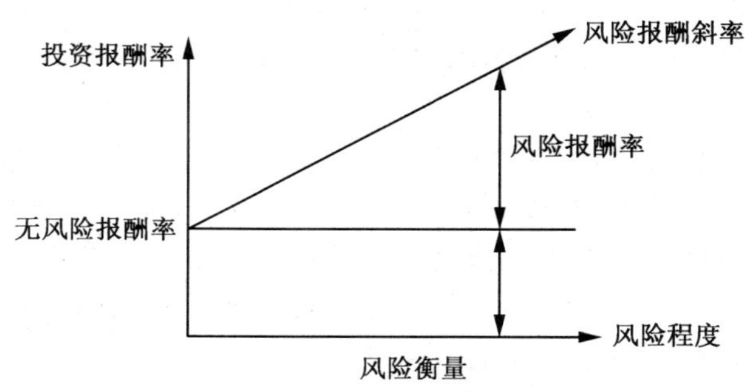


**图4－5　风险与投资报酬率关系**

（四）计算与衡量风险

由于风险具有普遍性和广泛性，因此正确地衡量风险就十分重要。既然风险是可能值对期望值的偏离，因此利用概率、期望值和标准差来计算与衡量风险的大小，是一种最常用的方法。

1. 概率

在完全相同的条件下，某一事件可能发生也可能不发生，可能出现这种结果也可能出现另外一种结果，这类事件称为随机事件。概率就是用来反映随机事件发生的可能性大小的数值，一般用 $X$ 表示随机事件，$X_i$ 表示随机事件的第 $i$ 种结果，$P_i$ 表示第 $i$ 种结果出现的概率。一般随机事件的概率在 0 与 1 之间，即 $0 \leqslant P_i \leqslant 1$，$P_i$ 越大，表示该事件发生的可能性越大；反之，$P_i$ 越小，表示该事件发生的可能性越小。所有可能的结果出现的概率之和一定为 1，即 $\sum P_i = 1$。肯定发生的事件概率为 1，肯定不发生的事件概率为 0。

如果我们将该企业年收益的各种可能结果及相应的各种结果出现的概率按一定规则排列出来，构成分布图，则称为概率分布。概率分布一般用坐标图来反映，横坐标表示某一事件的结果，纵坐标表示每一结果相应的概率。概率分布有两种类型：一是离散型概率分布，其特点是各种可能结果只有有限个值，概率分布在各个特定点上，是不连续图像；二是连续型概率分布，其特点是各种可能结果有无数个值，概率分布在连续图像上的两点之间的区间上。如图 4—6 所示：

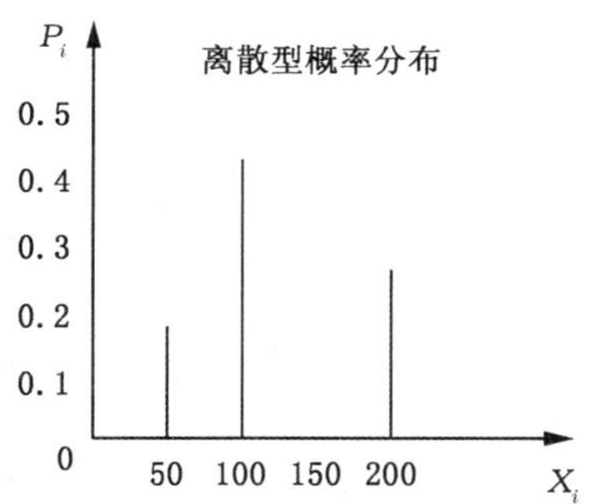


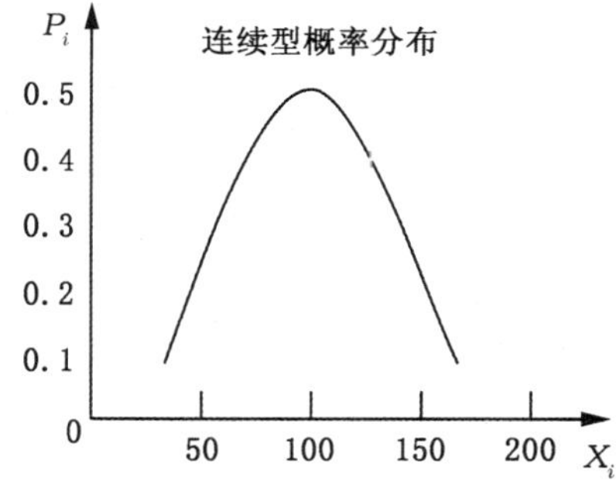


**图 4—6　概率分布**

2. 期望值

期望值是指可能发生的结果与各自概率之积的加权平均值，反映投资者的合理预期，用 $E$ 表示，根据概率统计知识，一个随机变量的期望值为：

$$E = \sum_{i=1}^{n} X_i P_i$$

3. 标准差

标准差是用来衡量概率分布中各种可能值对期望值的偏离程度，反映风险的大小，标准差用 $\sigma$ 表示。

标准差的计算公式为：

$$\sigma = \sum_{i=1}^{n} (X_i - E)^2 \times P_i$$

标准差用来反映决策方案的风险，是一个绝对数。在 $n$ 个方案的情况下，若期望值相同，标准差越大，表明各种可能值偏离期望值的幅度越大，结果的不确定性越大，则风险也越大；反之，标准差越小，表明各种可能值偏离期望值的幅度越小，结果的不确定性越小，则风险也越小。

标准差作为反映可能值与期望值偏离程度的一个指标，可用来衡量风险，但它只适用于在期望值相同条件下风险程度的比较，对于期望值不同的决策方案，则不适用，于是，我们引入标准差系数这个概念。

标准差系数是指标准差与期望值的比值，也称离散系数，用 $q$ 表示，计算公式如下：

$$q=\frac{\sigma}{E}$$

标准差系数是一个相对数，在期望值不同时，标准差系数越大，表明可能值与期望值偏离程度越大，结果的不确定性越大，风险也越大；反之，标准差系数越小，表明可能值与期望值偏离程度越小，结果的不确定性越小，风险也越小。

有了期望值和标准差系数，我们可利用这两个指标来确定方案风险的大小，选择决策方案。对单个方案，可将标准差(系数)与设定的可接受的此项指标最高限值比较；对于多个方案，选择标准差低、期望值高的方案，具体情况还要具体分析。

## 五、成本性态分析和本量利关系

### (一)成本性态分类

成本性态是指成本总额与特定的业务量之间在数量方面的依存关系，又称成本习性。其目的是要反映成本与生产量、销售量等业务量之间的内在联系，分析当业务量变动时，与之相应的成本是否相应变动，最终从数量上具体掌握产品成本与生产能力之间的规律性。

这里的业务量是指企业在一定的生产经营期内投入或完成的经营工作量的统称。有绝对量和相对量两大类，绝对量用实物量和价值量表示，相对量用百分比或比率表示。在财务管理中，一般用绝对量表示。业务量可以是生产量、销售量，也可以是直接人工工时、机器工作小时，通常业务量指生产量、销售量。成本总额是指为取得营业收入而发生的全部生产成本和推销费用、管理费用等非生产成本。

成本按性态分类可分为三大类：变动成本、固定成本和混合成本。

1. 变动成本

(1)变动成本含义

变动成本是指在一定时期和一定业务量范围内，总额随着业务量的变动而发生正比例变动的成本。

(2)变动成本内容

变动成本一般包括企业生产过程中发生的直接材料、直接人工，制造费用中的产品包装费、燃料费、动力费等，按销售量多少支付的推销佣金、装运费等。

(3)变动成本特点

这涉及单位变动成本的不变性和总额的正比例变动性。单位变动成本不受业务量变动的影响而保持不变，总的变动成本随着业务量的变动而发生正比例变动。在平面直角坐标系上，单位变动成本是一条平行于横轴的直线，变动成本总额是一条通过原点的直线。如图

4—7 所示。

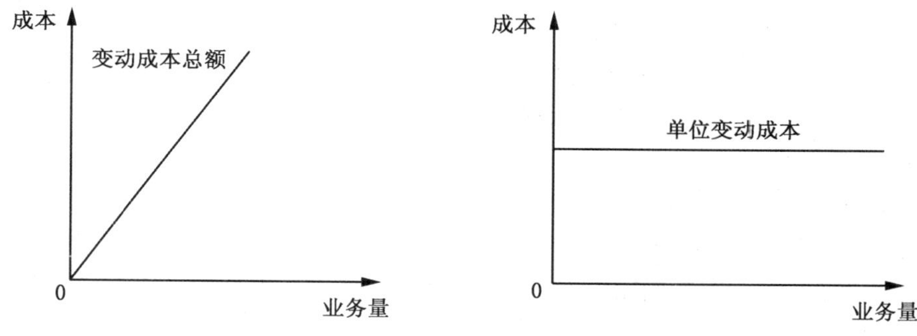


**图 4—7　变动成本**

2. 固定成本

(1)固定成本的含义

固定成本是指在一定时期和一定业务量范围内,总额不受业务量变动的影响而保持不变的成本。

(2)固定成本的内容

固定成本一般包括固定性制造费用,如按直线法计提的固定资产折旧费、劳动保护费、办公费等;固定性销售费用,如销售人员工资、广告费等;固定性管理费用,如租赁费、管理人员的工资、财产保险费等。

(3)固定成本的分类

固定成本按其支出的数额是否受管理当局短期决策的影响,可进一步分为约束性固定成本和酌量性固定成本。

约束性固定成本是指固定成本的数额支出不受管理当局的决策行动影响。其特点是在短时间内不能轻易改变,具有较大程度的约束性,可在较长时间内存在和发挥作用,如固定资产折旧、保险费、管理人员工资、财产税等。约束性固定成本是企业经营活动中必须负担的最低成本。

酌量性固定成本是指固定成本的数额支出,通过管理当局的决策行动能够改变。其特点是支出数额可以改变(一般随某一会计期间生产经营的实际需要与财务负担能力的变化而变化),只在某一会计期间内存在和发挥作用,如企业的开发研究费、广告费、职工培训费等。

3. 混合成本

混合成本是指成本总额随着业务量的变动而变动,但不与其成正比例变动,如企业的电话费、机器设备的维护保养费等。

成本按性态分类,无论哪一种形式,都可以用线性方程 $y=a+bx$ 来表示。其中,$y$ 表示成本总额,$a$ 表示固定成本总额,$b$ 表示单位变动成本,$bx$ 表示变动成本总额。

(二)成本按性态分类的相关范围和特点

固定成本总额和单位变动成本的不变性不是绝对的,而是在“一定的业务范围”和“一定时间”内保持其特点,这就涉及相关范围的概念。

1. 相关范围

相关范围是指不改变固定成本、变动成本性质的有关期间和业务量的特定范围。在相关范围内,固定成本总额不变,保持相对稳定,单位固定成本反比例变动;变动成本总额正比例变动,单位变动成本不变,保持相对稳定,超过了相关范围,固定成本和变动成本的特性就不存在。接下来,我们在讲固定成本、变动成本时,都是指在它们的相关范围内。

2. 特点

(1)相对性:同一时期内同一成本项目在不同企业之间可能具有不同的性态。

(2)暂时性:同一成本项目在不同时期内可能具有不同的性态。

(3)可转化性:某项成本可以随着业务量的变化在固定成本和变动成本之间相互转化。

(三)成本性态分析

1. 成本性态分析的含义

成本性态分析是指在成本性态分类的基础上,按一定的程序和方法,将全部成本最终区分为固定成本和变动成本两大类,并建立相应的成本函数模型。通过成本性态分析,可以掌握成本的各个组成部分与业务量的相互依存关系和变动规律,也为本量利分析奠定了基础。

2. 成本性态分析和成本性态分类的关系

成本性态分析和成本性态分类既有联系又有区别。两者都以总成本为研究对象,并且成本性态分析以成本性态分类为前提。但成本性态分析包括定性和定量分析两个方面,成本性态分类属于定性分析;成本性态分析最终将全部成本划分为固定成本和变动成本两部分,并建立相应的成本函数模型,成本性态分类将全部成本划分为固定成本、变动成本和混合成本三大类;成本性态分析能明确、直接反映业务量与成本之间的内在联系,满足企业内部管理的需要,成本性态分类不能明确、直接反映业务量与成本之间的内在联系,无法满足企业内部管理的需要。

3. 成本性态分析的程序

成本性态分析就是要把全部成本最终划分为两部分——固定成本和变动成本,并建立相应的成本函数模型。根据实际情况,可采用两种程序:多步骤分析程序和单步骤分析程序。

(1)多步骤分析程序。先将全部成本按性态分成固定成本、变动成本和混合成本,然后继续将混合成本用一定的方法区分为固定成本和变动成本,最后将混合成本中的固定成本和总成本中已分好的固定成本合并,混合成本中的变动成本和总成本中已分好的变动成本合并,使得所有的成本只分成固定成本和变动成本两大类,再建立成本函数 $y=a+bx$。

(2)单步骤分析程序。不进行成本性态分类,而是用一定的方法先将全部成本一次性划分为固定成本和变动成本,再建立成本函数 $y=a+bx$。

4. 成本性态分析的方法

不管采用多步骤分析程序还是单步骤分析程序,都要运用一定的技术方法将混合成本或总成本进行分解,使得所有的成本只分成固定成本和变动成本两大类,这种技术方法就被称作成本性态分析的方法,通常有以下三种:历史资料分析法、技术测定法和直接分析法。这里仅介绍历史资料分析法。

历史资料分析法是根据过去若干期实际发生的业务量与成本的相关资料,运用一定的数学方法进行计算分析,确定固定成本和单位变动成本的数值,然后建立成本—业务量之间

函数方程，以完成成本性态分析的一种定量分析方法。

历史资料分析法要求企业资料齐全，成本与业务量的资料要相关，该方法适用于生产条件稳定、成本水平波动不大、历史资料齐全的企业。根据利用资料的具体形式不同，有高低点法、散布图法、一元直线回归法三种具体形式。

（四）本量利分析

1. 本量利分析的含义

本量利分析是指在成本性态分析的基础上，运用数学模型与图形来分析成本、业务量、利润三者之间的依存关系，研究其变动规律，最终揭示变动成本、固定成本、销售量、销售单价、利润之间的内在规律。本量利分析的运用范围很广，可用于保本预测、销售预测、生产决策、全面预算、成本控制、不确定分析、经营风险分析、责任会计等方面。本量利分析法是财务管理的基本方法之一，是企业经营管理活动中一种实用的工具。

2. 本量利分析的前提条件

在进行具体分析时，为了方便使用本量利分析的数学模型与图形，需以一些基本假设为前提条件。有了这些假设，能够比较容易地建立模型，清楚地反映各因素之间的关系，便于理解、掌握，但这些假设也给本量利分析带来了一定的局限性，在操作过程中，要结合实际情况加以修正。这些基本假设如下：

(1)成本性态分析的假设。所有的成本都已划分为固定成本和变动成本两大类，并建立了相应的成本模型。

(2)相关范围及线性假设。假定一定时期内，固定成本总额和单位变动成本单价保持不变，业务量总是在相关范围内变动，它的变动不会改变固定成本总额和单位变动成本的特点，并且成本函数为线性方程 $y=a+bx$。

(3)产销平衡假设。在单一品种情况下，生产出来的产品总是可以销售出去的。

(4)品种结构不变假设。在多品种情况下，产销平衡，销售额发生变化时，各种产品的销售额在全部产品总销售额中所占的比重不变。

(5)目标利润假设。本量利分析中所使用的利润是指营业利润，不考虑投资收益和营业外收支。

3. 本量利分析基本内容

本量利分析包括单一品种下的保本分析、保利分析、本量利关系图，多品种下的本量利分析，我们在这里只介绍单一品种的保本分析、保利分析。

保本分析主要确定使企业既不亏损又不盈利的保本点，是本量利分析最基本的内容，是企业获利的基础，也是企业经营安全的前提。保利分析在保本分析的基础上进行，主要分析销售量变动对利润的影响，确定目标利润。

4. 本量利分析的基本关系

本量利分析的基本关系包括利润、边际贡献（单位边际贡献和边际贡献率）、变动成本率。

(1)利润：销售收入扣除成本后的差额。

利润＝销售收入－总成本

＝单价×销售量－（单位变动成本×销售量＋固定成本）

＝销售量×（单价－单位变动成本）－固定成本

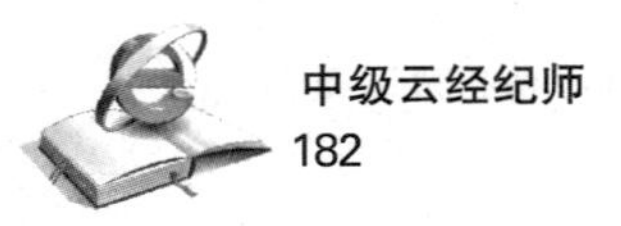


$$P=x(p-b)-a$$

其中，$P$ 表示利润，$p$ 表示销售单价，$x$ 表示销售量，$b$ 表示单位变动成本，$a$ 表示固定成本总额。该公式是本量利分析的基本公式，保本分析和保利分析是在这个基本公式的基础上进行的。

(2)边际贡献：销售收入总额和变动成本总额之间的差额，也称贡献毛益、边际利润，记作 $Tcm$。

$$\begin{aligned}\text{边际贡献}&=\text{销售收入}-\text{变动成本}\\&=\text{单价}\times\text{销售量}-\text{单位变动成本}\times\text{销售量}\\&=\text{销售量}\times(\text{单价}-\text{单位变动成本})\end{aligned}$$

$$Tcm=x(p-b)$$

(3)单位边际贡献：是指边际贡献除以销售量，或者单价减去单位变动成本后的差额，表示每增加一个单位的产品销售，可为企业带来的贡献，记作 $cm$。

$$\begin{aligned}\text{单位边际贡献}&=\frac{\text{边际贡献}}{\text{销售量}}\\&=\text{单价}-\text{单位变动成本}\end{aligned}$$

$$\begin{aligned}cm&=Tcm/x\\&=p-b\end{aligned}$$

有了边际贡献的概念后，利润就可转化为下列形式：

$$\text{利润}=\text{边际贡献}-\text{固定成本总额}=\text{单位边际贡献}\times\text{销售量}-\text{固定成本}$$

从上面的利润公式可知，边际贡献大于固定成本，企业才有利润，两者差额越大，利润越多；边际贡献小于固定成本，企业就亏损；边际贡献等于固定成本，企业不亏不盈。当固定成本不变时，边际贡献增加多少，利润就增加多少；边际贡献减少多少，利润就减少多少。

(4)边际贡献率：是指边际贡献占产品销售收入总额的百分比，表示每增加一元销售，可为企业带来的贡献，记作 $cmR$。

$$\text{边际贡献率}=\frac{\text{边际贡献}}{\text{销售收入}}\times100\%$$

(5)变动成本率：是指变动成本总额占销售收入总额的百分比，或者单位变动成本占销售单价的百分比，表示每增加一元销售，增加的变动成本，记作 $bR$ 。

$$\text{变动成本率}=\frac{\text{变动成本}}{\text{销售收入}}\times100\%$$

$$\text{边际贡献率}+\text{变动成本率}=\frac{\text{边际贡献}+\text{变动成本}}{\text{销售收入}}\times100\%=1$$

$$\text{边际贡献率}(cmR)=1-\text{变动成本率}=1-bR$$

$$\text{变动成本率}(bR)=1-\text{边际贡献率}=1-cmR$$

变动成本率和边际贡献率具有互补关系：变动成本率高，边际贡献率就低，盈利能力就低；变动成本率低，边际贡献率就高，盈利能力就高。

5. 单一品种的本量利分析

本量利分析包括单一品种和多品种的本量利分析，在这里，我们只介绍单一品种的本量利分析。

(1)保本分析

①保本的含义。保本是指企业在一定时期内收支相等，边际贡献等于固定成本，利润为零。它主要分析不亏不盈时，成本与业务量之间的特殊关系。保本分析也可称作盈亏平衡分析。

②保本点的含义。保本点是指企业达到边际贡献等于固定成本，利润为零，不亏不盈的这种保本状态时的业务量。在该业务量水平下，企业的收入正好等于全部成本，超过该业务量水平，企业就有盈利，低于该业务量水平，企业就亏损。保本点也可称作盈亏平衡点、盈亏临界点。保本点有保本量和保本额两种形式，保本量以实物量表示保本点，保本额以价值量表示保本点。

③保本点的计算。

$$保本量=\frac{固定成本}{单价-单位变动成本}=\frac{固定成本}{单位边际贡献}$$

$$保本额=单价\times保本量=单位变动成本\times销售量+固定成本$$

(2)保利分析

①保利分析的意义。保本分析以企业利润为零，不亏不盈为前提，保本是企业生产最基本的条件，是企业安全经营的前提，但企业的经营目标不在于保本，而是尽可能地获取利润，达到一定的盈利目标，所以保利才是企业生产的真正目的，也只有在盈利存在的条件下，才能充分揭示成本、业务量和利润之间的正常关系。通过保利分析，可以确定为了实现目标利润而应该达到的目标销售量和目标销售额，从而以销定产，使企业明确短期经营方向。

②保利点的含义。保利点是指在单价和成本水平确定的情况下，为了达到一定的目标利润，而应达到的业务量。保利点也有保利量和保利额两种：保利量是实现目标利润应达到的销售量，记作 $X$；保利额是实现目标利润应达到的销售额，记作 $Y$，目标利润记作 $TP$。

③保利点的计算。

$$保利量(x)=\frac{固定成本+目标利润}{单价-单位变动成本}=\frac{固定成本+目标利润}{单位边际贡献}=\frac{a+TP}{cm}$$

$$保利额(r)=保利量\times单价=\frac{固定成本+目标利润}{单位边际贡献}\times单价=\frac{固定成本+目标利润}{边际贡献率}$$

$$=\frac{a+TP}{cmR}$$

(3)安全边际和保本作业率

安全边际和保本作业率是用来评价企业经营安全程度的指标。

①安全边际。安全边际是指实际(预计)销售量与保本点销售量或实际(预计)销售额与保本点销售额之间的差额，它有安全边际量和安全边际额两种形式。安全边际量是以实物形态来表示，安全边际额是以价值形态来表示，但这两种形式都是绝对量，只能用来评价同一企业不同时期的经营安全程度。

$$安全边际量=实际或预计的销售量-保本量$$

$$\begin{aligned}安全边际额&=实际或预计的销售额-保本额\\&=单价\times实际或预计的销售量-单价\times保本量\\&=单价\times安全边际量\end{aligned}$$

安全边际量或安全边际额越大，表示企业经营安全程度越高，亏损的可能性越小；反之，安全边际量或安全边际额越小，表示企业经营安全程度越低，亏损的可能性越大。安全边际

是一个正指标，只有超过保本点以上的销售量或销售额（即在安全边际内的销售量或销售额）才能给企业带来利润，因为这时全部固定成本已被保本点所弥补，所以安全边际所提供的边际贡献就是企业的利润，安全边际越大，利润越大。

营业利润＝安全边际量×单位边际贡献＝安全边际额×边际贡献率

②安全边际率。安全边际率是指安全边际量与实际或预计的销售量的比例，也可以指安全边际额与实际或预计的销售额的比例，它是一个相对量，用来评价不同企业的经营安全程度。

$$安全边际率=\frac{安全边际量}{实际或预计的销售额}\times 100\%$$
$$=\frac{安全边际额}{实际或预计的销售额}\times 100\%$$

安全边际率的数值越大，企业的经营越安全，所以它也是一个正指标。下面是评价企业经营安全程度的检验标准。如表4—1所示：

**表4—1　　评价企业安全性的检验标准**

| 安全边际率 | 10%以下 | 10%～20% | 20%～30% | 30%～40% | 40%以上 |
|---|---|---|---|---|---|
| 安全程度 | 危险 | 要注意 | 较安全 | 安全 | 很安全 |

③保本点作业率

保本点作业率是指保本点业务量占实际或预计的销售量（额）的百分比，也可称危险率。它是一个逆指标，数值越小，企业的经营越安全；反之，则不安全。保本点作业率还可以说明企业在保本状态下的生产经营能力的利用程度。计算公式如下：

$$保本点作业率=\frac{保本点的销售量或销售额}{实际或预计的销售量（额）}\times 100\%$$

保本点作业率与安全边际率之间是互补关系：

保本点作业率＋安全边际率＝1

## 六、筹资决策

（一）企业筹资

1. 企业筹资的概念

企业筹资是指企业由于生产经营、对外投资和调整资本结构等活动对资金的需要，采取适当的方式，获取所需资金的一种行为。资金是企业生存和发展的必要条件。筹集资金既是保证企业正常生产经营的前提，又是谋求企业发展的基础。筹资工作做得好，不仅能降低资本成本，给经营或投资创造较大的可行或有利的空间，而且能降低财务风险，增大企业经济效益。筹集资金是企业资金运动的起点，它会影响乃至决定企业资金运动的规模及效果。企业的经营管理者必须把握企业何时需要资金、需要多少资金、以何种合理的方式取得资金。

2. 企业筹资的来源

企业资金的来源有两个方面：一个方面是由投资人提供的，称为所有者权益，这部分资金称为权益资金；另一个方面是由债权人提供的，称为负债，这部分资金称为负债资金。

3. 企业筹资的方式

企业筹资的方式是指企业筹措资金采用的具体形式，主要有以下六种：吸收直接投资、发行股票、发行债券、融资租赁、银行借款、商业信用。

4. 筹资的基本原则

采取一定的筹资方式，有效地组织资金供应，是一项重要而复杂的工作。为此，企业筹集资金应遵循以下基本原则：

(1)合理性原则。不论采取什么方式筹资，都必须预先合理确定资金的需要量，以需定筹。既要防止筹资不足，影响生产经营的正常进行；又要防止筹资过多，造成资金闲置。

(2)及时性原则。按照资金时间价值的原理，同等数量的资金，在不同时点上具有不同的价值。企业筹集资金应根据资金投放使用时间来合理安排，使筹资和用资在时间上相衔接。既要避免过早筹资使资金过早到位形成资金投放前的闲置，又要避免资金到位滞后丧失资金投放的最佳时机。

(3)效益性原则。不同资金来源的资本成本各不相同，取得资金的难易程度也有差异。筹集资金应从资金需要的实际情况出发，采用合适的方式操作，追求降低成本，谋求最大的经济效益。

(4)优化资金结构原则。企业的自有资金和借入资金要有合适的比例，长期资金和短期资金也应比例适当。资金筹集应注意这两方面内容，使企业减少财务风险，优化资金结构。

5. 企业资金需要量预测

企业筹集资金应以需定筹。测算企业资金需要量是筹集资金的基础工作。企业资金需要量的预测有很多方法，这里仅介绍销售百分比法。所谓销售百分比法，是指以未来销售收入变动的百分比为主要参数，考虑随销售变动的资产负债项目及其他因素对资金需求的影响，从而预测未来需要追加的资金量的一种定量计算方法。

在销售百分比法下，企业需要追加资金量的基本计算公式是：

$$\Delta F = K(A - L) - R$$

式中，$\Delta F$ 表示企业在预测年度需从企业外部追加筹措资金的数额。

$K$ 表示预测年度销售收入对于基年度增长的百分比。

$A$ 表示随销售收入变动而成正比例变动的资产项目基期金额。资产项目与销售收入的关系一般可分为三种情况：第一种情况是随销售收入变动成正比例变动，如货币资金、应收账款、存货等流动资产项目，这些是公式中 $A$ 的计量对象。第二种情况是与销售收入变动没有必然因果关系，如长期投资、无形资产等，这些项目不是 $A$ 的计量对象。第三种情况是与销售收入关系有多种可能的，如固定资产。假定基期固定资产的利用已经饱和，那么增加销售必需追加固定资产投资，且一般可以认为与销售增长成正比，应把基期固定资产净额计入 $A$ 之内；假定基期固定资产的剩余生产能力足以满足销售增长的需要，则不必追加资金添置固定资产；在销售百分比法中，固定资产仅作上述两种假定。

$L$ 表示随销售收入变动而成正比例变动的负债项目基期金额。负债项目与销售收入的关系一般可分为两种情况：第一种情况是随销售收入变动成正比例变动，如应付账款、应交税金等流动负债项目，这些是公式中 $L$ 的计量对象。第二种情况是与销售收入变动没有必然因果关系，如各种长期负债等，这些项目不是 $L$ 的计量对象。$L$ 在公式中前面取“－”号，是因为它能给企业带来可用资金。资产是资金的占用、负债是资金的来源。

$R$ 表示预测年度增加的可以使用的留存收益，在销售净利率、股利发放率等确定的情况下计算得到。$R$ 是企业内部形成的可用资金，可以作为向外界筹资的扣减数。

关于销售百分比法的使用应注意：资产、负债中各项目与销售收入的关联情况各个企业不一定是相同的，上面的叙述存在着假定性，应当考察企业本身的历史资料，确定 $A$ 与 $L$ 的计量范围。所有者权益类项目与销售收入变动无关，公式中没有涉及。

**【例 4—4】** 某公司 2002 年实现销售额 30 万元，销售净利率为 10%，并按净利润的 40%发放股利，假定该公司的固定资产利用能力已经饱和，2002 年底的资产负债如表 4—2 所示：

**表 4—2** **资产负债** 单位：万元

| 资　产 | | 负债及所有者权益 | |
|---|---|---|---|
| 1. 货币资金 | 10 | 负债：1. 应付账款 | 25 |
| 2. 应收账款 | 20 | 2. 应交税金 | 5 |
| 3. 存货 | 30 | 3. 长期负债 | 10 |
| 4. 固定资产 | 55 | 所有者权益：1. 实收资本 | 60 |
| 5. 无形资产 | 5 | 2. 留存收益 | 20 |
| 合计 | 120 | | 120 |

若该公司计划在 2003 年把销售额提高到 36 万元，销售净利率、股利发放率仍保持 2002 年水平。

要求：用销售百分比法预测该公司 2003 年需向外界融资额。

解：$K=(36-30)\div 30\times 100\%=20\%$

$A=10+20+30+55=115$（万元）

$L=25+5=30$（万元）

$R=36\times 10\%\times(1-40\%)=2.16$（万元）

$\Delta F=K(A-L)-R=20\%\times(115-30)-2.16=14.84$（万元）

该公司 2003 年需向外界融资 14.84 万元。

6. 权益资金筹集

企业的全部资产由两部分构成：投资人提供的所有者权益和债权人提供的负债。所有者权益是企业资金的最主要来源，是企业筹集债务资金的前提与基础。所有者权益是指投资人对企业净资产的所有权，包括投资者投入企业的资本金及企业在经营过程中形成的积累，如盈余公积金、资本公积金和未分配利润等。资本金是企业在工商行政管理部门登记的注册资金，是企业设立时的启动资金，资本金的数额不能低于国家规定的开办此类企业的最低资本数额（法定资本金）。企业通过吸收直接投资、发行股票、内部积累等方式筹集的资金都称为权益资金，权益资金不用还本，因而也称之为自有资金或主权资金。

(二)吸收直接投资

吸收直接投资是指非股份制企业按照“共同投资、共同经营、共担风险、共享利润”的原则直接吸收国家、法人、个人、外商投入资金的一种筹资方式。吸收直接投资不以股票为媒介，无需公开发行证券。吸收直接投资中的出资者都是企业的所有者，他们对企业拥有经营

管理权，并按出资比例分享利润、承担损失。

1. 吸收直接投资的渠道

企业通过吸收直接投资方式筹集资金有以下四种渠道：

(1)吸收国家投资。吸收国家投资是指有权代表国家投资的政府部门或者机构以国有资产投入企业，由此形成国家资本金。

(2)吸收法人投资。法人投资是指其他企业、事业单位以其可支配的资产投入企业，由此形成法人资本金。

(3)吸收个人投资。个人投资是指城乡居民或本企业内部职工以其个人合法财产投入企业，形成个人资本金。

(4)吸收外商投资。外商投资是指外国投资者或我国港澳台地区投资者的资金投入企业，形成外商资本金。

2. 吸收直接投资的出资方式

吸收直接投资中的投资者可采用现金、实物、无形资产等多种形式出资。主要出资方式有以下几种：

(1)现金投资。现金投资是吸收直接投资中最重要的出资形式。企业有了现金，就可获取所需物资，就可支付各种费用，具有最大的灵活性。因此，企业要争取投资者尽可能采用现金方式出资。

(2)实物投资。实物投资是指以房屋、建筑物、设备等固定资产和原材料、商品等流动资产所进行的投资。实物投资应符合以下条件：适合企业生产经营、科研开发等的需要；技术性能良好；作价公平合理；实物不能涉及抵押、担保、诉讼冻结。投资实物的作价，除由出资各方协商确定外，也可聘请各方都同意的专业资产评估机构评估确定。

(3)无形资产投资。无形资产投资是指以商标权、专利权、非专利技术、知识产权、土地使用权等所进行的投资。企业在吸收无形资产投资时应持谨慎态度，避免吸收短期内会贬值的无形资产，避免吸收对本企业利益不大及不适宜的无形资产，还应注意符合法定比例，即吸收无形资产的出资额一般不能超过注册资本的20%(不包括土地使用权)，对于高新技术等特殊行业，经有关部门审批最高放宽至30%。

3. 吸收直接投资的程序

企业吸收直接投资，一般要遵循以下程序：

(1)确定吸收直接投资所需的资金数量。企业新建或扩大经营规模时，应先确定资金的总需要量及理想的资本结构，然后据以确定吸收直接投资所需的资金数量。

(2)寻求投资单位，商定投资数额和出资方式。吸收直接投资中的双方是双向选择的结果。受资单位要选择相宜的投资者，投资单位要选择收益理想或对自身发展有利的受资者。为此，要做好信息交流工作，企业既要广泛了解有关投资者的财力和意向，又要主动传递自身的经营状况和盈利能力，以利于在较多的投资者中寻求最好的合作者。投资单位确定后，双方便可进行具体的协商，确定投资数额和出资方式。落实现金出资计划及实物、无形资产的评估作价。

(3)签署投资协议。企业与投资者商定投资意向和具体条件后，便可签署投资协议，明确双方的权利和责任。

(4)执行投资协议。企业与投资者按协议约定，做好投资交接及有关手续，并在以后确

保投资者参与经营管理的权利及盈利分配权利。

4. 吸收直接投资的优缺点

(1)吸收直接投资的优点主要有以下方面：

①筹资方式简便、筹资速度快。吸收直接投资的双方直接接触磋商，没有中间环节。只要双方协商一致，筹资即可成功。

②有利于增强企业信誉。吸收直接投资所筹集的资金属于自有资金，与借入资金比较，能提高企业的信誉和借款能力。

③有利于尽快形成生产能力。吸收直接投资可直接获得现金、先进设备和先进技术，与通过有价证券间接筹资比较，能尽快地形成生产能力，尽快开拓市场。

④有利于降低财务风险。吸收直接投资可以根据企业的经营状况向投资者支付报酬，没有固定的财务负担，比较灵活，所以财务风险较小。

(2)吸收直接投资的缺点主要有以下方面：

①资金成本较高。企业向投资者支付的报酬是根据企业实现的净利润和投资者的出资额计算的，不能减免企业所得税，当企业盈利丰厚时，企业向投资者支付的报酬很大。

②企业控制权分散。吸收直接投资的新投资者享有企业经营管理权，这会造成原有投资者控制权的分散与减弱。

(三)发行股票

股票是股份公司为筹集主权资金而发行的有价证券，是持股人拥有公司股份的凭证，它表示了持股人在股份公司中拥有的权利和应承担的义务。这里仅介绍股票与筹资有关的内容。

股票按股东权利和义务的不同，有普通股和优先股之分。

1. 普通股筹资

普通股是股份公司发行的具有管理权而股利不固定的股票，是股份制企业筹集权益资金的最主要方式。

(1)普通股的特点

①普通股股东对公司有经营管理权。

②普通股股东对公司有盈利分享权。

③普通股股东有优先认股权。

④普通股股东有剩余财产要求权。

⑤普通股股东有股票转让权。

(2)普通股的发行价格

普通股的发行价格可以按照不同情况采取两种方法：一是按票面金额等价发行；二是按高于票面金额的价格发行，即溢价发行。

公司始发股的发行价格与票面金额通常是一致的，增发新股的发行价格则需根据公司盈利能力和资产增值水平加以确定，主要有以下三种：

①以未来股利计算

$$每股价格=\frac{预期股利}{利息率}=\frac{票面价值\times股利率}{利息率}$$

公式中的利息率最好使用金融市场平均利率，也可用投资者的期望报酬率。

②以市盈率计算

$$每股价格=每股税后利润\times合适的市盈率$$

③以资产净值计算

$$每股价格=\frac{资产总额-负债总额}{普通股总股数}=\frac{所有者权益总额}{普通股总股数}$$

不论用以上三种方法中的哪一种，如果计算得到的结果低于股票面值，那么股票的发行价格就取股票面值。

(3)普通股筹资的优缺点

①普通股筹资的优点

a.能增加股份公司的信誉。普通股筹资能增加股份公司主权资金的比重，较多的主权资金为债务人提供了较大的偿债保障，这有助于增加公司的信誉，有助于增加公司的举债能力。

b.能减少股份公司的风险。普通股既无到期日，又无固定的股利负担，因此不存在不能偿付的风险。

c.能增强公司经营灵活性。普通股筹资比发行优先股或债券限制少，它的价值较少因通货膨胀而贬值，普通股资金的筹集和使用都较灵活。

②普通股筹资的缺点

a.资金成本较高。发行普通股的资金成本一般高于债务资金，因为普通股股东期望报酬高，又因为股利要从税后净利润中支付，且发行费用也高于其他证券。

b.新股东的增加，导致分散和削弱原股东对公司的控股权。

c.有可能降低原股东的收益水平。

2. 优先股筹资

优先股是股份公司发行的具有一定优先权的股票。它既具有普通股的某些特征，又与债券有相似之处。从法律上讲，企业对优先股不承担还本义务，因此它是企业自有资金的一部分。

(1)优先股的特点

优先股的特点是较普通股有某些优先权利，同时也有一定限制，其“优先”表现在以下方面：

①优先分配股利权

优先股股利的分配在普通股之前，其股利率是固定的。

②优先分配剩余财产权

当企业清算时，优先股的剩余财产请求权位于债权人之后，但位于普通股之前。

(2)优先股筹资的优缺点

①优先股筹资的优点

a.没有固定的到期日，不用偿还本金。

b.股利支付率虽然固定，但无约定性。当公司财务状况不佳时，也可暂不支付，不像债券到期无力偿还本息有破产风险。

c.优先股属于自有资金，能增强公司信誉及借款能力，又能保持原普通股股东的控制权。

②优先股筹资的缺点

a.资金成本高,优先股股利要从税后利润中支付,股利支付虽无约定性且可以延时,但终究是一种较重的财务负担。

b.优先股较普通股限制条款多。

(四)留存收益

留存收益也是权益资金的一种,是指企业的盈余公积、未分配利润等。与其他权益资金相比,取得更为主动简便,它不需做筹资活动,又无筹资费用,因此这种筹资方式既节约了成本,又增强了企业的信誉。留存收益的实质是投资者对企业的再投资。但这种筹资方式受制于企业盈利的多寡及企业的分配政策。

(五)负债资金的筹集

负债是企业所承担的能以货币计量、需以资产或劳务偿付的债务。企业通过银行借款、发行债券、融资租赁、商业信用等方式筹集的资金属于企业的负债。由于负债要归还本金和利息,因而称为企业的借入资金或债务资金。

(六)银行借款

银行借款是指企业根据借款合同向银行或非银行金融机构借入的需要还本付息的款项。

1. 银行借款的种类

(1)按借款期限长短分

按借款期限长短,可分为短期借款和长期借款。短期借款是指借款期限在 1 年以内的借款;长期借款是指借款期限在 1 年以上的借款。

(2)按借款担保条件分

按借款担保条件,可分为信用借款、担保借款和票据贴现。

(3)按借款用途分

按借款用途可分为基本建设借款、专项借款和流动资金借款。

(4)按提供贷款的机构分

按提供贷款的机构,可分为政策性银行贷款和商业性银行贷款。

2. 银行借款的程序

(1)企业提出借款申请

企业要向银行借入资金,必须向银行提出申请,填写包括借款金额、借款用途、偿还能力、还款方式等内容的《借款申请书》,并提供有关资料。

(2)银行进行审查

银行对企业的借款申请要从企业的信用等级、基本财务情况、投资项目的经济效益、偿债能力等多方面做必要的审查,以决定是否提供贷款。

(3)签订借款合同

借款合同是规定借款单位和银行双方的权利、义务和经济责任的法律文件。借款合同包括基本条款、保证条款、违约条款及其他附属条款等内容。

(4)企业取得借款

双方签订借款合同后,银行应如期向企业发放贷款。

(5)企业归还借款

企业应按借款合同规定按时足额归还借款本息。如因故不能按期归还，应在借款到期之前的3～5天内，提出展期申请，由贷款银行审定是否给予展期。

3. 银行借款的信用条件

向银行借款往往附带一些信用条件。主要有以下方面：

(1)补偿性余额

补偿性余额是银行要求借款企业在银行中保留一定数额的存款余额，约为借款额的10%～20%，其目的是降低银行贷款风险，但对借款企业来说，加重了利息负担。

(2)信贷额度

信贷额度是借款企业与银行在协议中规定的借款最高限额。在信贷额度内，企业可以随时按需要支用借款。但如果协议是非正式的，则银行并无必须按最高借款限额保证贷款的法律义务。

(3)周转信贷协议

周转信贷协议是银行具有法律义务地承诺提供不超过某一最高限额的贷款协议。企业享用周转信贷协议，要对贷款限额中的未使用部分付给银行一笔承诺费。

4. 银行借款的优缺点

(1)银行借款的优点

①筹资速度快。与发行证券相比，不需印刷证券、报请批准等，一般所需时间短，可以较快满足资金的需要。

②筹资的成本低。与发行债券相比，借款利率较低，且不需支付发行费用。

③借款灵活性大。企业与银行可以直接接触，商谈借款金额、期限和利率等具体条款。借款后如情况变化可再次协商。到期还款有困难，如能取得银行谅解，也可延期归还。

(2)银行借款的缺点

①筹资数额往往不可能很多。

②银行会提出对企业不利的限制条款。

(七)发行债券

债券是企业依照法定程序发行的、承诺按一定利率定期支付利息，并到期偿还本金的有价证券，是持券人拥有公司债权的凭证。

1. 债券的种类

(1)按发行主体分类

按发行主体，债券可分为政府债券、金融债券和企业债券。

政府债券是由中央政府或地方政府发行的债券。政府债券风险小、流动性强。

金融债券是银行或其他金融机构发行的债券。金融债券风险不大、流动性较强、利率较高。

企业债券是由各类企业发行的债券。企业债券风险较大、利率较高、流动性差别较大。

(2)按有无抵押担保分类

按有无抵押担保，债券可分为信用债券、抵押债券和担保债券。

信用债券又称无抵押担保债券，是以债券发行者自身的信誉发行的债券。政府债券属于信用债券，信誉良好的企业也可发行信用债券。企业发行信用债券往往有一些限制条件，如不准企业将其财产抵押给其他债权人，不能随意增发企业债券，未清偿债券之前股利不能分得过多等。

抵押债券是指以一定抵押品作抵押而发行的债券。当企业不能偿还债券时，债权人可将抵押品拍卖以获取债券本息。

担保债券是指由一定保证人作担保而发行的债券。当企业没有足够资金偿还债券时，债权人可以要求保证人偿还。

(3)按偿还期限分类

按偿还期限，债券可分为短期债券和长期债券。

短期债券是指偿还期在一年以内的债券。

长期债券是指偿还期在一年以上的债券。

(4)按是否记名分类

按是否记名，债券可分为记名债券和无记名债券。

(5)按计息标准分类

按计息标准，债券可分为固定利率债券和浮动利率债券。

(6)按是否标明利息率分类

按是否标明利息率，债券可分为有息债券和贴现债券。

(7)按是否可转换成普通股分类

按是否可转换成普通股，债券可分为可转换债券和不可转换债券。

2. 债券的发行

国有企业、股份公司、责任有限公司只要具备发行债券的条件，都可以依法申请发行债券。

(1)债券的发行方式

债券的发行方式有委托发行和自行发行。委托发行是指企业委托银行或其他金融机构承销全部债券，并按总面额的一定比例支付手续费。自行发行是指债券发行企业不经过金融机构直接把债券配售给投资单位或个人。

(2)债券的发行要素

①债券的面值。债券面值包括两个基本内容：币种和票面金额。币种可以是本国货币，也可以是外国货币，这取决于债券发行的地区及对象。票面金额是债券到期时偿还本金的金额。票面金额印在债券上，固定不变，到期必须足额偿还。

②债券的期限。债券从发行之日起至到期日之间的时间称为债券的期限。

③债券的利率。债券上一般都注明年利率，利率有固定的，也有浮动的。面值与利率相乘即为年利息。

④偿还方式。债券的偿还方式有分期付息、到期还本及到期一次还本付息两种。

⑤发行价格。债券的发行价格有三种：一是按债券面值等价发行，等价发行又称面值发行；二是按低于债券面值折价发行；三是按高于债券面值溢价发行。债券之所以会偏离面值发行是因为债券票面利率与金融市场平均利率不一致。如果债券利率大于市场利率，则由于未来利息多计，导致债券内在价值大而应采用溢价发行；如果债券利率小于市场利率，则由于未来利息少计，导致债券内在价值小而应采用折价发行。这是基于债券发行价格应该与它的价值贴近。债券溢价、折价可依据资金时间价值原理算出的内在价值确定。

若每年末支付利息，则到期支付面值的债券发行价格计算公式为：

$$\text{债券发行价格}=\text{债券面值}\times\text{按市场利率和债券期限计算的现值系数}+\text{债券应付年利息}\times\text{按市场利率和债券期限计算的年金现值系数}$$

若到期一次还本付息，则债券发行价格计算公式为：

$$\text{债券发行价格}=\text{按票面利率和期限计算债券到期的本利和}\times\text{按市场利率和债券期限计算的现值系数}$$

3. 债券筹资的优缺点

(1)债券筹资的优点

①债券利息作为财务费用在税前列支，而股票的股利需由税后利润发放，利用债券筹资的资金成本较低。

②债券持有人无权干涉企业的经营管理，因而不会减弱原有股东对企业的控制权。

③债券利率在发行时就确定，如遇通货膨胀，则实际减轻了企业负担；如企业盈利情况好，由财务杠杆作用导致原有投资者获取更大的得益。

(2)债券筹资的缺点

①筹资风险高。债券筹资有固定到期日，要承担还本付息义务。当企业经营不善时，会减少原有投资者的股利收入，甚至会因不能偿还债务而导致企业破产。

②限制条件多。债券持有人为保障债权的安全，往往要在债券合同中签订保护条款，这对企业造成较多约束，影响企业财务灵活性。

③筹资数量有限。债券筹资的数量一般比银行借款多，但它筹集的毕竟是债务资金，不可能太多，否则会影响企业信誉，也会因资金结构变差而导致总体资金成本的提高。

(八)融资租赁

租赁是承租人向出租人交付租金，出租人在契约或合同规定的期限内将资产的使用权让渡给承租人的一种经济行为。

1. 租赁的种类

租赁的种类很多，按租赁的性质可分为经营性租赁和融资性租赁两大类。

(1)经营性租赁

经营性租赁，又称服务性租赁。它是由承租人向出租人交付租金，由出租人向承租人提供资产使用及相关的服务，并在租赁期满时由承租人把资产归还给出租人的租赁。经营性租赁通常为短期租赁，其特点是：

①资产所有权属于出租人，承租人仅为获取资产使用权，不是为了融资。

②经营租赁是一个可解约的租赁，承租企业在租期内可按规定提出解除租赁合同。

③租赁期短，一般只是租赁物使用寿命期的小部分。

④出租企业向承租企业提供资产维修、保养及人员培训等服务。

⑤租赁期满或合同中止时，租赁资产一般归还给出租企业。

(2)融资性租赁

融资性租赁，又称财务租赁、资本租赁。它是承租人为融通资金而向出租人租用由出租人出资按承租人要求购买的租赁物的租赁。它是以融物为形式，融资为实质的经济行为，是出租人为承租人提供信贷的信用业务。融资性租赁通常为长期租赁，其特点如下：

①资产所有权形式上属于出租方，但承租方能实质性地控制该项资产，并有权在承租期内取得该项资产的所有权。承租方应把融资租入资产作为自有资产对待，如要在资产账户

上作记录、计提折旧。

②融资租赁是一种不可解约的租赁，租赁合同比较稳定，在租赁期内，承租人必须连续缴纳租金，非经双方同意，中途不得退租。这样既能保证承租人长期使用该项资产，又能保证出租人收回投资并有所得益。

③租赁期长，租赁期一般是租赁资产使用寿命期的绝大部分。

④出租方一般不提供维修、保养方面的服务。

⑤租赁期满，承租人可选择留购、续租或退还，通常由承租人留购。

2. 融资租赁的形式

一般来说，融资租赁有以下三种形式：

(1)直接租赁

直接租赁是指承租人直接向出租人租入所需要的资产。直接租赁的出租人主要是制造厂商、租赁公司。直接租赁是融资租赁中最为普遍的一种，是融资租赁的典型形式。

(2)售后回租

售后回租是指承租人先把其拥有主权的资产出售给出租人，然后再将该项资产租回的租赁。这种租赁方式既使承租人通过出售资产获得一笔资金，以改善其财务状况，满足企业对资金的需要，又使承租人通过回租而保留了企业对该项资产的使用权。

(3)杠杆租赁

杠杆租赁是由资金出借人为出租人提供部分购买资产的资金，再由出租人购入资产租给承租人的方式。因此，杠杆租赁涉及出租人、承租人和资金出借人三方。从承租人的角度来看，它与其他融资租赁形式并无多大区别。从出租人的角度来看，它只支付购买资产的部分资金(20％～40％)，其余部分(60％～80％)是向资金出借人借来的。在杠杆租赁方式下，出租人具有三重身份，即资产所有权人、出租人和债务人。出租人既向承租人收取租金，又向借款人偿还本息，其间的差额就是出租人的杠杆收益。从资金出借人的角度来看，它向出租人借出资金是由出租人以租赁物为抵押的，它的债权对出租人没有追索权，但对租赁物有第一留置权。即当承租人不履行支付租金义务时，资金出借人不能向出租人追索债务，但可向法院申请执行其担保物权。该项租赁物被清偿的所得，首先用以清偿资金出借人的债务，如有剩余再给出租人。

3. 融资租赁的程序

(1)作出租赁决策

当企业需要长期使用某项设备而又没有购买该项设备所需资金时，一般有两种选择：一是筹措资金购买该项设备；二是融资租入该项设备。孰优孰劣？可以通过现金流量的分析计算作出合适的抉择。

(2)选择租赁公司

当企业决定采用融资租赁方式取得某项设备时，即应开始选择租赁公司。从融资条件、租赁费率等有关资料比较，择优选定。

(3)办理租赁委托

当企业选定租赁公司后，便可向其提出申请，办理委托。这种委托包括填写“租赁申请书”及提供财务状况的文件资料。

(4)签订购货协议

租赁公司受理租赁委托后，即由租赁公司与承租企业的一方或双方选择设备的制造商或销售商，与其进行技术与商务谈判，签订购货协议。

(5)签订租赁合同

租赁合同由承租企业与租赁公司签订。租赁合同用以明确双方的权利与义务，它是租赁业务最重要的文件，具有法律效力。融资租赁合同的内容包括一般条款和特殊条款两部分。

(6)办理验货及投保

承租企业收到租赁设备，要进行验收。验收合格后签发租赁设备收据及验收合格证并提交租赁公司，租赁公司据以向制造商或销售商付款。同时，承租企业向保险公司办理投保事宜。

(7)交付租金

承租企业在租赁期内按合同规定的租金数额、交付日期、交付方式，向租赁公司交付租金。

(8)租赁期满的设备处理

融资租赁合同期满，承租企业可按合同规定对租赁设备留购、续租或退还。一般来说，租赁公司会把租赁设备在期满时以低价甚至无偿转给承租企业。

4. 融资租赁租金的计算

融资租赁租金是承租企业支付给租赁公司让渡租赁设备的使用权或价值的代价。租金的数额大小、支付方式对承租企业的财务状况有直接的影响，也是租赁决策的重要依据。

(1)租金的构成

①租赁资产的价款。包括设备的买价、运杂费及途中保险费等。

②利息。即租赁公司所垫资金的应计利息。

③租赁手续费。包括租赁公司承办租赁业务的营业费用及应得到的利润。租赁手续费的高低由租赁公司与承租企业协商确定，一般以租赁资产价款的某一百分比收取。

(2)租金的支付方式

①按支付时期长短，租金可分为年付、半年付、季付、月付。

②按每期支付租金的时间，租金可分为先付租金和后付租金。先付租金指在期初支付；后付租金指在期末支付。

③按每期支付金额，租金可分为等额支付和不等额支付。

(3)租金的计算方法

融资租赁租金计算方法较多，常用的有平均分摊法和等额年金法。

①平均分摊法。平均分摊法是指先以商定的利息率和手续费率计算出租赁期间的利息和手续费，然后连同租赁设备的购置成本的应该摊销总额按租金支付次数平均计算出每次应付租金的数额的方法。

平均分摊法下，每次应付租金数额的计算公式为：

$$R=\frac{(C-S)+I+F}{N}$$

式中：$R$ 表示每次应付租金数额；$C$ 表示租赁设备的购置成本；$S$ 表示期满时由租入方留购，支付给出租方的转让价；$I$ 表示租赁期间利息；$F$ 表示租赁期间手续费；$N$ 表示租赁期

间租金支付次数。

**【例 4—5】** 某企业向租赁公司租入一项云应用服务，设备原价 100 万元，租期 5 年，预计租赁期满租入企业支付的转让价为 5 万元。年利率为 10%，手续费为设备原价的 2%，租金每年末支付一次。

要求：计算该企业每年应付租金的数额。

$$解:R=\frac{(100-5)+[100\times(1+10\%)^5-100]+100\times2\%}{5}$$

$$=31.61(万元)$$

②等额年金法。等额年金法是运用年金现值的计算原理计算每次应付租金的方法。在这种方法下，要将利息率和手续费率综合在一起确定一个租费率，作为贴现率。这种方法与平均分摊法比，计算是复杂了，但因为考虑了资金的时间价值，结论更具客观性。

等额年金法下，每次应付租金数额的计算公式为：

$$R=\frac{C-S\cdot(P/F,i,n)}{(P/A,i,n)}$$

式中，$R$ 表示每次期末应付租金数额；$C$ 表示租赁设备的购置成本；$S$ 表示期满时由租入方留购，支付给出租方的转让价；$i$ 表示租费率；$n$ 表示租赁期间支付租金次数。

关于这一公式的正确使用应注意如下三点：

第一，这一公式假定每期租金是期末支付的，即租金是普通年金。假如每期租金是期初支付的，即租金是即付年金，那么计算公式应是：

$$R=\frac{C-S\times(P/F,i,n)}{(P/A,i,n-1)+1}$$

第二，公式中的 $i$ 是租费率，它是综合了资金利息率和租赁手续费率后由租赁双方认可的，它比纯粹的借款利率要大些。当租赁手续费是租赁开始一次付清的，也即各期租金不含手续费时，租费率与租金利息率相同。

第三，公式中分子、分母的 $i$ 是一样的，都是租费率，否则会造成租赁期结束时账面余额与预计残值不一致。

**【例 4—6】** 仍用【例 4—5】的资料。

要求：分别对以下三种情况用等额年金法计算该企业每年应付租金额。

①租费率为 12%，租金在每年年末支付。

②租费率为 12%，租金在每年年初支付。

③租金在每年年末支付，但租赁手续费在租入设备时一次付清。

解：设三种情况的每年应付租金额分别为 $R_1$、$R_2$、$R_3$，则：

$$R_1=\frac{100-5\times(P/F,12\%,5)}{(P/A,12\%,5)}=\frac{100-5\times0.5674}{3.6048}\approx 26.95(万元)$$

$$R_2=\frac{100-5\times(P/F,12\%,5)}{(P/A,12\%,4)+1}=\frac{100-5\times0.5674}{3.0373+1}\approx24.07(万元)$$

$$R_3=\frac{100-5\times(P/F,10\%,5)}{(P/A,10\%,5)}=\frac{100-5\times0.6209}{3.7098}\approx 25.56(万元)$$

5. 融资租赁的优缺点

(1)融资租赁的优点

①融资租赁的实质是融资，当企业资金不足，举债购买设备困难时，更显示其“借鸡生蛋，以蛋还鸡”办法的优势。

②融资租赁的资金使用期限与设备寿命周期接近，比一般借款期限要长，使承租企业偿债压力较小；在租赁期内租赁公司一般不得收回出租设备，使用有保障。

③融资与融物的结合，减少了承租企业直接购买设备的中间环节和费用，有助于迅速形成生产能力。

(2)融资租赁的缺点

①资金成本高。融资租赁的租金比举债利息高，因此总的财务负担重。

②不一定能享有设备残值。

(九)商业信用

商业信用是指商品交易中的延期付款、预收货款或延期交货而形成的借贷关系，是企业之间的直接信用行为。商业信用是商品交易中钱与货在时间上的分离，它的表现形式主要是先取货后付款和先付款后取货两种，是自然性融资。商业信用产生于银行信用之前，在银行信用出现以后，商业信用依然存在。企业之间商业信用的形式很多，主要有应付账款、应付票据、预收货款。

1. 应付账款

应付账款即赊购商品形成的欠款，是一种典型的商业信用形式。应付账款是卖方向买方提供信用，允许买方收到商品后不立即付款，可延续一定时间。这样做既解决了买方暂时性的资金短缺困难，又便于卖方推销商品。

卖方在销售中推出信用期限的同时，往往会推出现金折扣条款。如(2/10，$n$/30)表示信用期为30天，允许买方在30天内免费占用资金；如买方在10天内付款，可以享有2%的现金折扣。这时，买方就面临一项应付账款决策——要不要提前在现金折扣期内付款。例如：A企业向B企业购入一批原材料，价款总数为100万元，付款约定为(2/10，$n$/30)。下面分析A企业该如何决策：A企业可以到第30天时付款100万元，也可以在第10天时付款98万元，放弃现金折扣，把98万元占用20天(30－10)，就需支付“利息”2万元，放弃现金折扣的成本率为：$\frac{2}{98}\times\frac{360}{20}=36.73\%$。放弃现金折扣的成本是一种机会成本，它是买方该不该放弃现金折扣的决策依据。假定银行贷款利率为10%，则A企业不应该放弃现金折扣，宁可向银行借钱在第10天付款98万元，享有现金折扣。因为借款20天的利息为$98\times10\%\times\frac{20}{360}=0.54$(万元)，花0.54万元省下2万元是划算的。当放弃现金折扣成本率大于银行贷款利率时不应放弃现金折扣。不难得到计算公式：

$$\text{放弃现金折扣成本率}=\frac{\text{现金折扣率}\times360}{(1-\text{现金折扣率})\times(\text{信用期}-\text{折扣期})}$$

2. 应付票据

应付票据是企业在对外经济往来中，对应付债务所开出的票据。应付票据主要是商业汇票，商业汇票根据承兑人的不同可分为商业承兑汇票和银行承兑汇票。商业承兑汇票是由收款人开出，经付款人承兑，或由付款人开出并承兑的汇票。银行承兑汇票是由收款人或承兑申请人开出，由银行审查同意承兑的汇票。商业承兑汇票由付款人承兑，若到期时付款人银行存款账户余额不足支付票款，银行不承担付款责任，只负债将汇票退还收款人，由收款人与付款人自行协商处理。银行承兑汇票由承兑银行承兑，若到期时承兑申请人存款余额不足支付票款，承兑银行应向收款人或贴现银行无条件支付票款，同时对承兑申请人执行扣款，并对未扣回的承兑金额按每天5‰计收罚息。商业汇票是一种期票，最长期限6个月，对于买方(即付款人)来说，它是一种短期融资方式。对于卖方(即收款人)来说，也可能产生一种融资行为，就是票据贴现。票据贴现是指持票人把未到期的商业票据转让给银行，贴付一定的利息以取得银行资金的一种借贷行为。它是一种以票据为担保的贷款，是一种银行信用。票据贴现涉及贴现利息和银行实付贴现金额，有关计算公式为：

贴现利息＝票据到期金额×贴现率×贴现期

银行实付贴现金额＝票据到期金额－贴现利息

其中，贴现期是指自贴现日至票据到期前一日的实际天数。

**【例4－7】** 某企业1999年7月10日将一张出票日为4月10日、期限为6个月、票面价值1 000万元、票面利率月息5‰的商业汇票向银行贴现，贴现率为月息6‰。

要求：计算贴现利息及银行实付贴现金额。

解：该汇票到期日为10月10日，贴现期为91天。

汇票到期金额＝1 000×(1＋5‰×6)＝1 030(万元)

贴现利息＝1 030×6‰÷30×91＝18.746(万元)

银行实付贴现金额＝1 030－18.746＝1 011.254(万元)

如果办理贴现的是商业承兑汇票，而该票据到期时债务人未能付款，那么贴现银行因收不到款项而向贴现企业行使追索权。贴现企业办理贴现后对于这种或有负债应当在资产负债表附注中予以披露。

3. 预收货款

预收货款是指卖方按照合同或协议的规定，在发出商品之前向买方预收的部分或全部货款的信用行为。它等于卖方向买方先借一笔款项，然后用商品偿还。这种情况中的商品往往是紧俏的，买方乐意预付货款而取得期货，卖方由此筹集到资金。但应防止卖方企业乘机乱收预收货款，不合理地占用其他企业资金。

商业信用融资有简单方便、无实际成本、约束和限制少等优点，但它的融资期限短。

## 七、资本成本

### (一)资本成本的概念

企业从事生产经营活动必须要用资金，在市场经济条件下又不可能无偿使用资金，因此，企业除了必须节约使用资金外，还必须分析把握各种来源的资金的使用代价。资本成本，又称资金成本，它是企业为筹集和使用长期资金而付出的代价。资本成本包括资金筹集费和资金占用费两部分。资金筹集费是指企业为筹集资金而付出的代价。如向银行支付的借款手续费，向证券承销商支付的发行股票、债券的发行费等。筹资费用通常是在筹措资金时一次支付的，在用资过程中不再发生，可视为筹资总额的一项扣除。资金占用费主要包括资金时间价值和投资者要考虑的投资风险报酬两部分，如向银行借款所支付的利息、发放股票的股利等。资金占用费与筹资金额的大小、资金占用时间的长短有直接联系。

资本成本是在商品经济条件下，资金所有权与资金使用权分离的产物。资本成本是资

金使用者对资金所有者转让资金使用权利的价值补偿，我们有时也以如下思维方式考虑问题：投资者的期望报酬就是受资者的资本成本。资本成本与资金时间价值既有联系，又有区别。联系在于两者考察的对象都是资金。区别在于资本成本既包括资金时间价值，又包括投资风险价值。

资本成本是企业选择筹资来源和方式、拟定筹资方案的依据，也是评价投资项目可行性的衡量标准。资本成本可以用绝对数表示，也可以用相对数表示。资本成本用绝对数表示即资本总成本，它是筹资费用和用资费用之和。由于它不能反映用资多少，所以较少使用。资本成本用相对数表示即资本成本率，它是资金占用费与筹资净额的比率，一般讲资本成本多指资本成本率。其计算公式为：

$$\text{资本成本率}=\frac{\text{资金占用费}}{\text{筹资总额}-\text{资金筹集费}}$$

由于资金筹集费一般以筹资总额的某一百分比计算，因此，上述计算公式也可表示为：

$$\text{资本成本率}=\frac{\text{资金占用费}}{\text{筹资总额}\times(1-\text{筹资费率})}$$

企业以不同方式筹集的资金所付出的代价一般是不同的，企业总的资本成本是由各项个别资本成本及资金比重所决定的。我们对资本成本的计算必须从个别资本成本开始。

（二）个别资本成本

个别资本成本是指各种筹资方式所筹资金的成本。主要包括银行借款资本成本、债券资本成本、优先股资本成本、普通股资本成本和留存收益资本成本。

1. 银行借款资本成本

银行借款资本成本的计算公式为：

$$K_1=\frac{I_1(1-t)}{P_1(1-f_1)}=\frac{i_1(1-t)}{1-f_1}$$

式中，$K_1$ 表示银行借款资本成本；$I_1$ 表示银行借款年利息；$P_1$ 表示银行借款筹资总额；$t$ 表示所得税税率；$f_1$ 表示银行借款筹资费率；$i_1$ 表示银行借款年利息率。

2. 债券资本成本

债券资本成本的计算公式为：

$$K_2=\frac{I_2(1-t)}{P_2(1-f_2)}=\frac{B\cdot i_2(1-t)}{P_2(1-f_2)}$$

式中，$K_2$ 表示债券资本成本；$I_2$ 表示债券年利息；$P_2$ 表示债券筹资总额；$t$ 表示所得税税率；$f_2$ 表示债券筹资费率；$B$ 表示债券面值总额；$i_2$ 表示债券年利息率。

3. 优先股资本成本

优先股资本成本的计算公式为：

$$K_3=\frac{D}{P_3(1-f_3)}$$

式中，$K_3$ 表示优先股资本成本；$D$ 表示优先股年股利额；$P_3$ 表示优先股筹资总额；$f_3$ 表示优先股筹资费率。

**【例 4—8】** 某公司发行优先股，每股 10 元，年支付股利 1 元，发行费率 3%。

要求：计算该优先股资本成本率。

解：优先股资本成本率 $K_3=\frac{1}{10\times(1-3\%)}\approx10.31\%$

4. 普通股资本成本

普通股资本成本的计算公式为：

$$K_4=\frac{D_1}{P_4(1-f_4)}+G$$

式中，$K_4$ 表示普通股资本成本；$D_1$ 表示预期第 1 年普通股股利；$P_4$ 表示普通股筹资总额；$f_4$ 表示普通股筹资费率；$G$ 表示普通股年股利增长率。

**【例 4－9】** 某公司发行普通股，每股面值 10 元，溢价 12 元发行，筹资费率 4%，第一年末预计股利率 10%，以后每年增长 2%。

要求：计算该普通股资本成本率。

解：普通股资本成本率 $K_4=\frac{10\times10\%}{12\times(1-4\%)}+2\%\approx10.68\%$

5. 留存收益资本成本

一般企业都不会把盈利以股利形式全部分给股东，且在宏观政策上也不允许这样做，因此，企业只要有盈利，总会有留存收益。留存收益是企业的可用资金，它属于普通股股东所有，其实质是普通股股东对企业的追加投资。留存收益资本成本可以参照市场利率，也可以参照机会成本，更多的是参照普通股股东的期望收益，即普通股资本成本，但它不会发生筹资费用。其计算公式为：

$$K_5=\frac{D_1}{P_4}+G$$

式中，$K_5$ 表示留存收益资本成本，其余同普通股。

**【例 4－10】** 某公司留用利润 50 万元，其余条件与【例 4－7】相同。

要求：计算该留存收益资本成本率。

解：留存收益资本成本率 $K_5=\frac{10\times10\%}{12}+2\%\approx10.33\%$

（三）综合资本成本

在实际工作中，企业筹措资金往往同时采用几种不同的方式。综合资本成本就是指一个企业各种不同筹资方式总的平均资本成本，它是以各种资本所占的比重为权数，对各种资本成本进行加权平均计算出来的，所以又称加权平均资本成本。其计算公式为：

$$K_W=\sum_{j=1}^{n}K_jW_j$$

式中，$K_W$ 表示综合资本成本（加权平均资本成本）；$K_j$ 表示第 $j$ 种资金的资本成本；$W_j$ 表示第 $j$ 种资金占全部资金的比重。

**【例 4－11】** 某企业共有资金 1 000 万元，其中银行借款占 50 万元，长期债券占 250 万元，普通股占 500 万元，优先股占 150 万元，留存收益占 50 万元；各种来源资金的资本成本率分别为 7%、8%、11%、9%、10%。

要求：计算综合资本成本率。

解：综合资本成本率 $=\frac{50\times7\%+250\times8\%+500\times11\%+150\times9\%+50\times10\%}{1\,000}=9.7\%$

上述综合资本成本率的计算中所用权数是按账面价值确定的。使用账面价值权数容易从资产负债表上取得数据，但当债券和股票的市价与账面值相差过多时，计算得到的综合资本成本显得不客观。

计算综合资本成本也可采用市场价值权数和目标价值权数。市场价值权数是指债券、股票等以当前市场价格来确定的权数，这样做比较能反映当前实际情况，但因市场价格变化不定而难以确定。目标价值权数是指债券、股票等以未来预计的目标市场价值确定的权数，但未来市场价值只能是估计的。概括来说，以上三种权数分别有利于了解过去、反映现在、预知未来。在计算综合资本成本时，如无特殊说明，则要求采用账面价值权数。

## 八、杠杆原理

杠杆原理是物理学中的概念，财务管理中用杠杆原理来描述一个量的变动会引起另一个量的更大变动。财务管理中的杠杆有经营杠杆、财务杠杆、综合杠杆。

### （一）经营杠杆

1. 经营杠杆效应

企业在生产经营中会有这么一种现象：在单价和成本水平不变的条件下，销售量的增长会引起息税前利润以更大的幅度增长。这就是经营杠杆效应。经营杠杆效应产生的原因是不变的固定成本，当销售量增加时，变动成本将同比增加，销售收入也同比增加，但固定成本总额不变，单位固定成本以反比例降低，这就导致单位产品成本降低，每单位产品利润增加，于是利润比销量增加得更快。

2. 经营杠杆系数及其计算

经营杠杆系数，也称经营杠杆率（$DOL$），是指息税前利润的变动率相对于销售量变动率的倍数。其定义公式为：

$$\text{经营杠杆系数}(DOL)=\frac{\text{息税前利润变动率}}{\text{销售量变动率}}=\frac{\frac{\Delta EBIT}{EBIT_0}}{\frac{\Delta x}{x_0}}$$

以下标“0”表示基期数据，下标“1”表示预测期数据，推导如下：

$$DOL=\frac{\frac{\Delta EBIT}{EBIT_0}}{\frac{\Delta x}{x_0}}=\frac{EBIT_1-EBIT_0}{EBIT_0}\times\frac{x_0}{x_1-x_0}$$

$$=\frac{cm\cdot(x_1-x_0)}{EBIT_0}\times\frac{x_0}{x_1-x_0}=\frac{Tcm_0}{EBIT_0}$$

$$=\frac{\text{基期边际贡献}}{\text{基期息税前利润}}$$

用 $DOL$ 计算公式不仅可以算出第二年和第三年的经营杠杆系数，而且第四年的经营杠杆系数也可算出。

### （二）财务杠杆

1. 财务杠杆效应

企业在核算普通股每股利润时会有这么一种现象：在资金构成不变的情况下，息税前利

润的增长会引起普通股每股利润以更大的幅度增长。这就是财务杠杆效应。财务杠杆效应产生的原因是当息税前利润增长时，债务利息不变，优先股股利不变，这就导致普通股每股利润比息税前利润增加得更快。

2. 财务杠杆系数及其计算

财务杠杆系数，也称财务杠杆率（$DFL$），是指普通股每股利润的变动率相对于息税前利润变动率的倍数。其定义公式为：

$$\text{财务杠杆系数}(DFL)=\frac{\text{普通股每股利润变动率}}{\text{息税前利润变动率}}=\frac{\Delta EPS/EPS_0}{\Delta EBIT/EBIT_0}$$

利用上述 $DFL$ 的定义公式计算财务杠杆系数必须掌握普通股每股利润变动率与息税前利润变动率，这是事后反映，不便于利用 $DFL$ 进行预测。为此，我们设法推导出一个只需用基期数据计算财务杠杆系数的公式。推导如下：

$$\begin{aligned}DFL&=\frac{\Delta EPS/EPS_0}{\Delta EBIT/EBIT_0}\\&=\frac{\dfrac{(EBIT_1-I)\times(1-t)-E}{n}-\dfrac{(EBIT_0-I)\times(1-t)-E}{n}}{\dfrac{(EBIT_0-I)\times(1-t)-E}{n}}\div\frac{EBIT_1-EBIT_0}{EBIT_0}\\&=\frac{(EBIT_1-EBIT_0)\times(1-t)}{(EBIT_0-I)\times(1-t)-E}\times\frac{EBIT_0}{EBIT_1-EBIT_0}\\&=\frac{EBIT_0}{EBIT_0-I-\dfrac{E}{1-t}}\\&=\frac{\text{基期息税前利润}}{\text{基期息税前利润}-\text{债务利息}-\dfrac{\text{优先股股利}}{1-\text{所得税税率}}}\end{aligned}$$

式中，$I$ 表示债务利息；$t$ 表示所得税税率；$E$ 表示优先股股利；$n$ 表示普通股股数。

对于无优先股的股份制企业或非股份制企业，上述财务杠杆系数的计算公式可简化为：

$$DFL=\frac{EBIT_0}{EBIT_0-I}=\frac{\text{基期息税前利润}}{\text{基期税前利润}}$$

（三）综合杠杆

1. 综合杠杆效应

由于存在固定的生产经营成本，会产生经营杠杆效应，即销售量的增长会引起息税前利润以更大的幅度增长。由于存在固定的财务成本（债务利息和优先股股利），会产生财务杠杆效应，即息税前利润的增长会引起普通股每股利润以更大的幅度增长。一个企业会同时存在固定的生产经营成本和固定的财务成本，那么两种杠杆效应会共同发生，会有连锁作用，形成销售量的变动使普通股每股利润以更大幅度变动。综合杠杆效应就是经营杠杆和财务杠杆的综合效应。

2. 综合杠杆系数及其计算

综合杠杆系数，也称复合杠杆系数，又称总杠杆系数（$DTL$），是指普通股每股利润的变

动率相对于销售量变动率的倍数。其定义公式为：

$$综合杠杆系数(DTL)=\frac{普通股每股利润变动率}{销售量变动率}=\frac{\frac{\Delta EPS}{EPS_0}}{\frac{\Delta x}{x_0}}$$

对于综合杠杆系数可以推导出它的计算公式为：

$$\begin{aligned}DTL&=\frac{\Delta EPS/EPS_0}{\Delta x/x_0}\\&=\frac{\Delta EBIT/EBIT_0}{\Delta x/x_0}\times\frac{\Delta EPS/EPS_0}{\Delta EBIT/EBIT_0}\\&=DOL\times DFL\\&=\frac{Tcm_0}{EBIT_0}\times\frac{EBIT_0}{EBIT_0-I-\frac{E}{1-t}}\\&=\frac{Tcm_0}{EBIT_0-I-\frac{E}{1-t}}\end{aligned}$$

可见，综合杠杆系数可以由经营杠杆系数与财务杠杆系数相乘得到，也可以由基期数据直接计算得到。

## 九、资本结构及其优化

（一）资本结构的概念

资本结构是指企业各种来源的长期资金的构成及其比例关系。资本结构是否合理会影响企业资本成本的高低、财务风险的大小以及投资者的得益，它是企业筹资决策的核心问题。企业资金来源多种多样，但总的来说可分成权益资金和债务资金两类，资本结构问题主要是负债比率问题，适度增加债务可能会降低企业资本成本，获取财务杠杆利益，同时也会给企业带来财务风险。

（二）资本结构的优化

资本结构的优化意在寻求最优资本结构，使企业综合资本成本最低、企业风险最小、企业价值最大。下面介绍三种常用的优化资本结构的方法。

1. 比较综合资本成本

当企业对不同筹资方案作选择时可以采用比较综合资本成本的方法选定一个资本结构较优的方案。

2. 比较普通股每股利润

从普通股股东的得益这一角度考虑资本结构的优化可以采用比较普通股每股利润。

**【例 4—12】** 某企业现有权益资金 500 万元（普通股 50 万股，每股面值 10 元）。企业拟再筹资 500 万元，现有三个方案可供选择。A 方案：发行年利率为 9%的长期债券。B 方案：发行年股息率为 8%的优先股。C 方案：增发普通股 50 万股。预计当年可实现息税前盈利 100 万元，所得税率 30%。

要求：选择最优资本结构。

解：各方案的每股利润分别为：

$$EPS_A=\frac{(100-500\times9\%)\times(1-30\%)}{50}=0.77(\text{元})$$

$$EPS_B=\frac{100\times(1-30\%)-500\times8\%}{50}=0.60(\text{元})$$

$$EPS_C=\frac{100\times(1-30\%)}{50+50}=0.70(\text{元})$$

由以上计算结果可知，A 方案的每股利润最大，应采用 A 方案筹资。

3. 无差别点分析

无差别点分析是对不同资本结构的获利能力进行分析。无差别点是指使不同资本结构的每股利润相等的息税前利润点，这一点是两种资本结构优劣的分界点。无差别点分析可称 EBIT-EPS 分析。

**【例 4—13】** 某企业现有资本结构全部为普通股 100 万元，每股 10 元，折合 10 万股。现拟增资 20 万元，有甲、乙两种筹资方案可供选择。甲方案：发行普通股 2 万股，每股 10 元。乙方案：发行普通股 1 万股，每股 10 元；另发行债券 10 万元，债券年利率 10%。该企业所得税率为 40%。

要求：作 EBIT-EPS 分析。

解：设 $x$ 为该企业的息税前利润

$$EPS_{\text{甲}}=\frac{x\times(1-40\%)}{10+2}$$

$$EPS_{\text{乙}}=\frac{(x-10\times10\%)\times(1-40\%)}{10+1}$$

令 $EPS_{\text{甲}}=EPS_{\text{乙}}$，得：

$$\frac{x\times0.6}{12}=\frac{(x-1)\times0.6}{11}$$

$x=12$（万元）

此时：$EPS_{\text{甲}}=EPS_{\text{乙}}=0.6$（元）

则当企业息税前利润小于 12 万元时选择甲方案增资，大于 12 万元时选择乙方案增资。

EBIT-EPS 分析除用上述代数法外，也可用图解法。

上述三种优化资本结构的方法都有一定的局限性。首先，它们都仅对有限个方案选出最优方案，因此只能是“较优”，不可能是“最优”。其次，它们与财务管理的总目标——股东财富最大化——不可能完全一致，在第一种方法下，综合资本成本低，并不能保证股东财富最大；在第二种和第三种方法下，假定普通股每股利润越大，则普通股股价越高，从而股东财富越大，但事实上普通股股价并不仅仅取决于每股利润，还受很多因素的影响。

上述三种优化资本结构的方法适用于不同的情况。比较综合资本成本适用于个别资本成本已知或可计算的情况；比较普通股每股利润适用于息税前利润可明确预见的情况；无差别点分析适用于息税前利润不能明确预见，但可估测大致范围的情况。

## 十、项目投资

（一）项目投资的含义与类型

1. 项目投资的含义

项目投资，广义是指企业为了在未来取得收益而发生的投入财力的行为。它包括用于机器、设备、厂房的购建与更新改造等生产性资产的投资，也包括购买债券、股票等有价证券的投资和其他类型的投资。此处所介绍的项目投资是一种以特定项目为对象，直接与新建项目或更新改造项目有关的长期投资行为。

2. 项目投资的类型

项目投资主要分为新建项目和更新改造项目。

(1)新建项目：是以新建生产能力为目的的外延式扩大再生产。新建项目按其涉及内容又可细分为单纯固定资产投资项目和完整工业投资项目。

①单纯固定资产投资项目简称固定资产投资，其特点在于：在投资中只包括为取得固定资产而发生的垫支资本投入而不包括周转资本的投入。

②完整工业投资项目，其特点在于：不仅包括固定资产投资，而且包括流动资金投资，甚至包括无形资产等其他长期资产投资。

(2)更新改造项目：是以恢复或改善生产能力为目的的内含式扩大再生产。因此，不能将项目投资简单地等同于固定资产投资。项目投资对企业的生存和发展具有重要意义，是企业开展正常生产经营活动的必要前提，是推动企业生产和发展的重要基础，是提高产品质量，降低产品成本不可缺少的条件，是增加企业市场竞争能力的重要手段。

（二）项目投资的流程

1. 投资项目的设计

投资规模较大，所需资金较多的战略性项目，应由董事会提议，由各部门专家组成专家小组提出方案并进行可行性研究。投资规模较小，投资金额不大的战术性项目由主管部门提议，并由有关部门组织人员提出方案并进行可行性研究。

2. 项目投资的决策

(1)估算出投资方案的预期现金流量；

(2)预计未来现金流量的风险，并确定预期现金流量的概率分布和期望值；

(3)确定资本成本的一般水平，即贴现率；

(4)计算投资方案现金流入量和流出量的总现值；

(5)通过项目投资决策评价指标的计算，作出投资方案是否可行的决策。

3. 项目投资的执行

对已作出可行决策的投资项目，企业管理部门要编制资金预算，并筹措所需要的资金，在投资项目实施过程中，要进行控制和监督，使之按期按质完工，投入生产，为企业创造经济效益。

## 十一、现金流量

（一）现金流量的概念

在进行项目投资决策时，首要环节就是估计投资项目的预算现金流量。所谓现金流量，是指投资项目在其计算期内因资金循环而引起的现金流入和现金流出增加的数量。这里“现金”的概念是广义的，包括各种货币资金及与投资项目有关的非货币资产的变现价值。

现金流量包括现金流入量、现金流出量和现金净流量三个具体概念。

1. 现金流入量

现金流入量简称现金流入，是指投资项目实施后在项目计算期内所引起的企业现金收入的增加额。它包括以下方面：

(1)营业收入

营业收入是指项目投产后每年实现的全部营业收入。为简化核算，假定正常经营年度内，每期发生的赊销额与回收的应收账款大致相等。营业收入是经营期主要的现金流入量项目。

(2)固定资产的余值

固定资产的余值是指投资项目的固定资产在终结报废清理时的残值收入，或中途转让时的变价收入。

(3)回收流动资金

回收流动资金是指投资项目在项目计算期结束时，收回原来投放在各种流动资产上的营运资金。

固定资产的余值和回收流动资金统称为回收额。

(4)其他现金流入量

其他现金流入量是指以上三项指标以外的现金流入量项目。

2. 现金流出量

现金流出量简称现金流出，是指投资项目实施后在项目计算期内所引起的企业现金流出的增加额。它包括以下方面：

(1)建设投资(含更改投资)

①固定资产投资，包括固定资产的购置成本或建造成本、运输成本、安装成本等。

②无形资产投资。

建设投资是建设期发生的主要现金流出量。

(2)垫支的流动资金

垫支的流动资金是指投资项目建成投产后为开展正常经营活动而投放在流动资产(存货、应收账款等)上的营运资金。

建设投资与垫支的流动资金合称为项目的原始总投资。

(3)付现成本(或经营成本)

付现成本是指在经营期内为满足正常生产经营而需用现金支付的成本。它是生产经营期内最主要的现金流出量。

付现成本＝变动成本＋付现的固定成本
＝总成本－折旧额(及摊销额)

(4)所得税额

所得税额是指投资项目建成投产后，因应纳税所得额增加而增加的所得税。

(5)其他现金流出量

其他现金流出量是指不包括在以上内容中的现金流出项目。

3. 现金净流量

现金净流量是指投资项目在项目计算期内现金流入量和现金流出量的净额，由于投资项目的计算期超过一年，且资金在不同的时间具有不同的价值，所以此处所述的现金净流量是以年为单位的，并且在本节中不考虑所得税的因素。

现金净流量的计算公式为：

现金净流量(NCF)＝年现金流入量－年现金流出量

当流入量大于流出量时，净流量为正值；反之，净流量为负值。

(二)项目计算期的现金净流量

项目计算期是指投资项目从投资建设开始到最终清理结束的全部时间，用 $n$ 表示。

项目计算期通常以年为单位，第 0 年称为建设起点，若建设期不足半年，可假定建设期为零；项目计算期最后一年(第 $n$ 年)称为终结点，可假定项目最终报废或清理均发生在终结点，但更新改造除外。

项目计算期包括建设期和生产经营期，从项目投产日到终结点的时间间隔称为生产经营期，也称寿命期，由此可得：

项目计算期($n$)＝建设期＋经营期

所以，现金净流量可分为建设期的现金净流量和经营期的现金净流量。

1.建设期现金净流量的计算

现金净流量＝－该年投资额

由于在建设期没有现金流入量，所以建设期的现金净流量总为负值。另外，建设期现金净流量还取决于投资额的投入方式是一次投入还是分次投入，若投资额是在建设期一次全部投入的，上述公式中的该年投资额即为原始总投资额。

2. 经营期营业现金净流量的计算

经营期营业现金净流量是指投资项目投产后，在经营期内由于生产经营活动而产生的现金净流量。

现金净流量＝营业收入－付现成本
＝营业收入－(总成本－折旧额)
＝利润＋折旧额

如有无形资产摊销额，则：

付现成本＝总成本－折旧额及摊销额

3. 经营期终结现金净流量的计算

经营期终结现金净流量是指投资项目在项目计算期结束时所发生的现金净流量。

现金净流量＝营业现金净流量＋回收额

(三)确定现金流量需考虑的问题

1. 现金流量的假设

由于项目投资的现金流量的确定是一项很复杂的工作，为了便于确定现金流量的具体内容，简化现金流量的计算过程，本章特作以下假设：

(1)全投资假设

即假设在确定项目的现金流量时，只考虑全部投资的运动情况，不论是自有资金还是借入资金等具体形式的现金流量，都将其视为自有资金。

(2)建设期投入全部资金假设

即项目的原始总投资不论是一次投入还是分次投入,均假设它们是在建设期内投入的。

(3)项目投资的经营期与折旧年限一致假设

即假设项目主要固定资产的折旧年限或使用年限与其经营期相同。

(4)时点指标假设

即现金流量的具体内容所涉及的价值指标,不论是时点指标还是时期指标,均假设按照年初或年末的时点处理。其中,建设投资在建设期内有关年度的年初发生;垫支的流动资金在建设期的最后一年末即经营期的第一年初发生;经营期内各年的营业收入、付现成本、折旧(摊销等)、利润、所得税等项目的确认均在年末发生;项目最终报废或清理(中途出售项目除外),回收流动资金均发生在经营期最后一年末。

(5)确定性假设

即假设与项目现金流量估算有关的价格、产销量、成本水平、所得税率等因素均为已知常数。

2. 现金流量的估算

在确定项目投资的现金流量时,应遵循的基本原则是:只有增量现金流量才是与投资项目相关的现金流量。所谓增量现金流量,是指由于接受或放弃某个投资项目所引起的现金变动部分。由于采纳某个投资方案引起的现金流入增加额,才是该方案的现金流入;同理,某个投资方案引起的现金流出增加额,才是该方案的现金流出。为了正确计算投资项目的增量现金流量,要注意以下几个问题:

(1)沉落成本

沉落成本是过去发生的支出,而不是新增成本。这一成本是由于过去的决策所引起的,对企业当前的投资决策不产生任何影响。例如,某企业在两年前购置的某设备原价 10 万元,估计可使用 5 年,无残值,按直线法计提折旧,目前账面净值为 6 万元。由于科学技术的进步,该设备已被淘汰,在这种情况下,账面净值 6 万元就属于沉落成本。所以,企业在进行投资决策时要考虑的是当前的投资是否有利可图,而不是过去已花掉了多少线。

(2)机会成本

在投资决策中,如果选择了某一投资项目,就会放弃其他投资项目,其他投资机会可能取得的收益就是本项目的机会成本。机会成本不是我们通常意义上的成本:它不是实际发生的支出或费用,而是一种潜在的放弃的收益。例如,一笔现金用来购买股票就不能存入银行,那么存入银行的利息收入就是股票投资的机会成本。如果某企业有一闲置的仓库,准备用来改建职工活动中心,但将仓库出租每年可得租金收入 2 万元,则这部分租金收入就是改建活动中心的机会成本。机会成本作为丧失的收益,离开被放弃的投资机会就无从计量。在投资决策过程中考虑机会成本,有利于全面分析评价所面临的各个投资机会,以便选择经济上最为有利的投资项目。

(3)公司其他部门的影响

一个项目建成后,该项目会对公司的其他部门和产品产生影响,这些影响所引起的现金流量变化应计入项目现金流量。

(4)对净营运资金的影响

一个新项目投产后,存货和应收账款等流动资产的需求随之增加,同时应付账款等流动

负债也会增加。这些与项目相关的新增流动资产与流动负债的差额即净营运资金应计入项目现金流量。

**【例 4—14】** 某云基地项目投资总额为 150 万元，其中固定资产投资 110 万元，建设期为 2 年，于建设起点分 2 年平均投入。无形资产投资 20 万元，于建设起点投入。流动资金投资 20 万元，于投产开始垫付。该项目经营期 10 年，固定资产按直线法计提折旧，期满有 10 万元净残值；无形资产于投产开始分 5 年平均摊销；流动资金在项目终结时可一次全部收回，另外，预计项目投产后，前 5 年每年可获得 40 万元的营业收入，并发生 38 万元的总成本；后 5 年每年可获得 60 万元的营业收入，发生 25 万元的变动成本和 15 万元的付现固定成本。

要求：计算该项目投资在项目计算期内各年的现金净流量。

解：(1)建设期现金净流量

$NCF_0=-550\ 000-200\ 000=-750\ 000$(元)

$NCF_1=-550\ 000$(元)

$NCF_2=-200\ 000$(元)

(2)经营期现金净流量

固定资产年折旧额$=\dfrac{1\ 100\ 000-100\ 000}{10}=100\ 000$(元)

无形资产年摊销额$=\dfrac{200\ 000}{5}=40\ 000$(元)

$NCF_{3\sim7}=400\ 000-380\ 000+100\ 000+40\ 000=160\ 000$(元)

$NCF_{8\sim11}=600\ 000-250\ 000-150\ 000=200\ 000$(元)

(3)经营期终结现金净流量

$NCF_{12}=200\ 000+100\ 000+200\ 000=500\ 000$(元)

**【例 4—15】** 某企业拟更新一套尚可使用 5 年的云计算设备。旧设备原价170 000元，账面净值110 000元，期满残值10 000元，目前旧设备变价净收入60 000元。旧设备每年营业收入200 000元，付现成本164 000元。新设备投资总额300 000元，可用 5 年，使用新设备后每年可增加营业收入60 000元，并降低付现成本24 000元，期满残值30 000元。

要求：计算(1)新旧方案的各年现金净流量，(2)更新方案的各年差量现金净流量。

解：(1)继续使用旧设备的各年现金净流量

$NCF_0=-60\ 000$(元)(变价净收入为机会成本)

$NCF_{1\sim4}=200\ 000-164\ 000=36\ 000$(元)

$NCF_5=36\ 000+10\ 000=46\ 000$(元)

(2)采用新设备的各年现金净流量

$NCF_0=-300\ 000$(元)

$NCF_{1\sim4}=(200\ 000+60\ 000)-(164\ 000-24\ 000)=120\ 000$(元)

$NCF_5=120\ 000+30\ 000=150\ 000$(元)

(3)更新方案的各年差量现金净流量

$\Delta NCF_0=-300\ 000-(-60\ 000)=-240\ 000$(元)

$\Delta NCF_{1\sim4}=120\ 000-36\ 000=84\ 000$(元)

$\Delta NCF_5 = 150\ 000 - 46\ 000 = 104\ 000$(元)

## 十二、项目投资决策评价指标与应用

(一)项目投资决策评价指标

为了客观、科学地分析评价各种投资方案是否可行,一般应使用不同的指标,从不同的侧面或角度反映投资方案的内涵。项目投资决策评价指标是衡量和比较投资项目可行性并据以进行方案决策的定量化标准与尺度,它由一系列综合反映投资效益、投入产出关系的量化指标构成。项目投资决策评价指标根据是否考虑资金的时间价值,可分为非贴现指标和贴现指标两大类。

1. 非贴现指标

非贴现指标也称静态指标,是指没有考虑资金时间价值因素的指标,主要包括投资利润率、投资回收期等指标。

(1)投资利润率

投资利润率又称投资报酬率,是指项目投资方案的年平均利润额占平均投资总额的百分比。投资利润率的决策标准是:投资项目的投资利润率越高越好,低于无风险投资利润率的方案为不可行方案。投资利润率的计算公式为:

$$投资利润率=\frac{年平均利润额}{平均投资总额}\times 100\%$$

上式公式中分子是平均利润,不是现金净流量,不包括折旧等;分母可以用投资总额的50%来简单计算平均投资总额,一般不考虑固定资产的残值。

**【例 4—16】** 某企业有甲、乙两个投资方案,投资总额均为 10 万元,全部用于购置新的设备,折旧采用直线法,使用期均为 5 年,无残值,其他有关资料如表 4—3 所示:

**表 4—3** 单位:元

| 项目计算期 | 甲方案 | | 乙方案 | |
|---|---|---|---|---|
| | 利润 | 现金净流量(NCF) | 利润 | 现金净流量(NCF) |
| 0 | | (100 000) | | (100 000) |
| 1 | 15 000 | 35 000 | 10 000 | 30 000 |
| 2 | 15 000 | 35 000 | 14 000 | 34 000 |
| 3 | 15 000 | 35 000 | 18 000 | 38 000 |
| 4 | 15 000 | 35 000 | 22 000 | 42 000 |
| 5 | 15 000 | 35 000 | 26 000 | 46 000 |
| 合　计 | 75 000 | 75 000 | 90 000 | 90 000 |

要求:计算甲、乙两方案的投资利润率。

解:甲方案投资利润率 $=\frac{15\ 000}{100\ 000/2}\times 100\% = 30\%$

乙方案投资利润率 $=\frac{90\ 000/5}{100\ 000/2}\times 100\% = 36\%$

从计算结果来看，乙方案的投资利润率比甲方案的投资利润率高6%(36%−30%)，应选择乙方案。

(2)静态投资回收期

投资回收期是指收回全部投资总额所需要的时间。投资回收期是一个非贴现的反指标，回收期越短，方案就越有利。其计算公式为：

$$投资回收期=\frac{投资总额}{年现金净流量}$$

如果投资项目投产后若干年(假设为$M$年)内，每年的经营现金净流量相等，且有以下关系成立：

$$M\times 投产后M年内每年相等的现金净流量(NCF)\geqslant 投资总额$$

静态指标的计算简单、明了、容易掌握，但是这类指标的计算均没有考虑资金的时间价值。另外，投资利润率也没有考虑折旧的回收，即没有完整反映现金净流量，无法直接利用现金净流量的信息；而静态投资回收期也没有考虑回收期之后的现金净流量对投资收益的贡献，也就是说，没有考虑投资方案的全部现金净流量，所以有较大局限性。因此，该类指标一般只适用于方案的初选，或者投资后各项目间经济效益的比较。

2. 贴现指标

贴现指标也称动态指标，即考虑资金时间价值因素的指标。它主要包括净现值、净现值率和现值指数、内含报酬率等指标。

(1)净现值($NPV$)

净现值是指在项目计算期内，按一定贴现率计算的各年现金净流量现值的代数和。所用的贴现率可以是企业的资本成本，也可以是企业所要求的最低报酬率水平。净现值的计算公式为：

$$NPV=\sum_{t=0}^{n}NCF_t\times(P/F,i,t)$$

式中，$n$表示项目计算期(包括建设期与经营期)；$NCF_t$表示第$t$年的现金净流量；$(P/F,i,t)$表示第$t$年、贴现率为$i$的复利现值系数。

净现值指标的决策标准是：如果投资方案的净现值大于或等于零，该方案为可行方案；如果投资方案的净现值小于零，该方案为不可行方案；如果几个方案的投资额相同，项目计算期相等且净现值均大于零，那么净现值最大的方案为最优方案。所以，净现值大于或等于零是项目可行的必要条件。

①经营期内各年现金净流量相等，建设期为零时。

净现值的计算公式为：

$$净现值=经营期每年相等的现金净流量\times 年金现值系数-投资现值$$

**【例4—17】** 某企业购入云资源作为本企业的固定资产，价值为30 000元，按直线法计提折旧，使用寿命6年，期末无残值。预计投产后每年可获得利润4 000元，假定贴现率为12%。

要求：计算该项目的净现值。

解：$NCF_0=-30\ 000$(元)

$$NCF_{1\sim6}=4\ 000+\frac{30\ 000}{6}=9\ 000(元)$$

$NPV=9\ 000\times(P/A,12\%,6)-30\ 000=9\ 000\times4.111\ 4-30\ 000=7\ 002.6$(元)

②经营期内各年现金净流量不相等时。

净现值的计算公式为：

$$净现值=\sum各经营期每年的现金流量\times各年度终值现值系数-投资现值$$

**【例 4－18】** 某企业拟建一项固定资产，需投资 55 万元，按直线法计提折旧，使用寿命 10 年，期末有 5 万元净残值。该项工程建设期为 1 年，投资额分别于年初投入 30 万元、年末投入 25 万元。预计项目投产后每年可增加营业收入 15 万元，总成本 10 万元，假定贴现率为 10%。

要求：计算该投资项目的净现值。

解：(1)建设期现金净流量

$NCF_0=-30$(万元)

$NCF_1=-25$(万元)

(2)经营期营业现金净流量

$NCF_{2-10}=(15-10)+\frac{55-5}{10}=10$(万元)

(3)经营期终结现金净流量

$NCF_{11}=10+5=15$(万元)

$$\begin{aligned}(4)NPV&=10\times[(P/A,10\%,10)-(P/A,10\%,1)]+15\times(P/F,10\%,11)\\&\quad-[30+25\times(P/F,10\%,1)]\\&=10\times(6.144\ 6-0.909\ 1)+15\times0.350\ 5-(30+25\times0.909\ 1)\\&=4.885(万元)\end{aligned}$$

净现值是一个贴现的绝对值正指标，其优点在于：一是综合考虑了资金时间价值，能较合理地反映投资项目的真正经济价值；二是考虑了项目计算期的全部现金净流量，体现了流动性与收益性的统一；三是考虑了投资风险性，因为贴现率的大小与风险大小有关，风险越大，贴现率就越高。但是，该指标的缺点也是明显的，即无法直接反映投资项目的实际投资收益率水平；当各项目投资额不同时，难以确定最优的投资项目。

(2)净现值率(*NPVR*)与现值指数(*PI*)

上述净现值是一个绝对数指标，与其相对应的相对数指标是净现值率与现值指数。净现值率是指投资项目的净现值与投资现值合计的比值；现值指数是指项目投产后按一定贴现率计算的在经营期内各年现金净流量的现值合计与投资现值合计的比值。其计算公式为：

$$净现值率=\frac{净现值}{投资现值}$$

$$现值指数=\frac{\sum经营期各年现金净流量现值}{投资现值}$$

净现值率与现值指数有如下关系：

$$现值指数=净现值率+1$$

净现值率大于 0，现值指数大于 1，表明项目的报酬率高于贴现率，存在额外收益；净现值率等于 0，现值指数等于 1，表明项目的报酬率等于贴现率，收益只能抵补资本成本；净现值率小于 0，现值指数小于 1，表明项目的报酬率小于贴现率，收益不能抵补资本成本。所

以，对于单一方案的项目来说，净现值率大于或等于 0，现值指数大于或等于 1 是项目可行的必要条件。当有多个投资项目可供选择时，由于净现值率或现值指数越大，企业的投资报酬水平就越高，所以应采用净现值率内含报酬率（$IRR$）。

（3）内含报酬率

内含报酬率又称内部收益率，是指投资项目在项目计算期内各年现金净流量现值合计数等于零时的贴现率，也可将其定义为能使投资项目的净现值等于零时的贴现率。显然，内含报酬率 $IRR$ 满足下列等式：

$$\sum_{t=0}^{n} NCF_t \times (P/F, IRR, t) = 0$$

从上式可知，净现值的计算是根据给定的贴现率求净现值。而内含报酬率的计算是先令净现值等于零，然后求能使净现值等于零的贴现率。所以，净现值不能揭示各个方案本身可以达到的实际报酬率是多少，而内含报酬率实际上反映了项目本身的真实报酬率。用内含报酬率评价项目可行的必要条件是：内含报酬率大于或等于贴现率。

经营期内各年现金净流量相等，且全部投资均于建设起点一次投入，建设期为零，即：

经营期每年相等的现金净流量（$NCF$）×年金现值系数（$P/A, IRR, t$）－投资总额＝0

内含报酬率具体计算的程序如下：

①计算年金现值系数（$P/A, IRR, t$）。

$$年金现值系数 = \frac{投资总额}{经营期每年相等的现金净流量}$$

②根据计算出来的年金现值系数与已知的年限 $n$，查年金现值系数表，确定内含报酬率的范围。

③用插入法求出内含报酬率。

3. 贴现评价指标之间的关系

净现值 $NPV$，净现值率 $NPVR$，现值指数 $PI$ 和内含报酬率 $IRR$ 指标之间存在以下数量关系，即：

当 $NPV>0$ 时，$NPVR>0, PI>1, IRR>i$；

当 $NPV=0$ 时，$NPVR=0, PI=1, IRR=i$；

当 $NPV<0$ 时，$NPVR<0, PI<1, IRR<i$。

这些指标的计算结果都受到建设期和经营期的长短、投资金额及方式，以及各年现金净流量的影响。所不同的是净现值（$NPV$）为绝对数指标，其余为相对数指标，计算净现值、净现值率和现值指数所依据的贴现率（$i$）都是事先已知的，而内含报酬率（$IRR$）的计算本身与贴现率（$i$）的高低无关，只是采用这一指标的决策标准是将所测算的内含报酬率与其贴现率进行对比，当 $IRR \geqslant i$ 时该方案是可行的。

（二）项目投资决策评价指标的应用

计算评价指标的目的，是为了进行项目投资方案的对比与选优，使它们在方案的对比与选优中正确地发挥作用，为项目投资方案提供决策的定量依据。但投资方案对比与选优的方法会因项目投资方案的不同而有区别。

1. 独立方案的对比与选优

独立方案是指方案之间存在着相互依赖的关系，但又不能相互取代的方案。在只有一

个投资项目可供选择的条件下，只需评价其财务上是否可行。

常用的评价指标有净现值、净现值率、现值指数和内含报酬率，如果评价指标同时满足以下条件：$NPV \geqslant 0$，$NPVR \geqslant 0$，$PI \geqslant 1$，$IRR \geqslant i$，则项目具有财务可行性；反之，则不具有财务可行性。而静态的投资回收期与投资利润率可作为辅助指标评价投资项目，但需注意，当辅助指标与主要指标（净现值等）的评价结论发生矛盾时，应当以主要指标的结论为准。

**【例 4－19】** 某企业拟引进一条流水线，投资额 110 万元，分两年投入。第一年初投入 70 万元，第二年初投入 40 万元，建设期为 2 年，净残值 10 万元，折旧采用直线法。在投产初期投入流动资金 20 万元，项目使用期满仍可全部回收。该项目可使用 10 年，每年销售收入为 60 万元，总成本 45 万元。假定企业期望的投资报酬率为 10%。

要求：计算该项目的净现值和内含报酬率，并判断该项目是否可行。

解：$NCF_0=-70$（万元）

$NCF_1=-40$（万元）

$NCF_2=-20$（万元）

年折旧额$=\dfrac{110-10}{10}=10$（万元）

$NCF_{3\sim11}=60-45+10=25$（万元）

$NCF_{12}=25+(10+20)=55$（万元）

$$\begin{aligned}NPV&=25\times[(P/A,10\%,11)-(P/A,10\%,2)]+55\times(P/F,10\%,12)\\&\quad-[70+40\times(P/F,10\%,1)+20\times(P/F,10\%,2)]\\&=25\times(6.4951-1.7355)+55\times0.3186-(70+40\times0.9091+20\times0.8264)\\&=13.621\text{（万元）}\end{aligned}$$

$i=12\%$时，测算 $NPV$：

$$\begin{aligned}NPV&=25\times(5.9377-1.6901)+55\times0.2567-(70+40\times0.8929+20\times0.7972)\\&=-1.3515\text{（万元）}\end{aligned}$$

用插入法计算 $IRR$：

$$IRR=10\%+\frac{13.621-0}{13.621-(1.3515)}\times(12\%-10\%)=11.82\%>\text{贴现率 }10\%$$

| $i$=10% | IRR | $i$=12% |
|---|---|---|
| NPV=13.621 | NPV=0 | NPV=1-1.351 5 |

计算表明，净现值为 13.621 万元，大于零；内含报酬率 11.82%，大于贴现率 10%。所以，该项目在财务上是可行的。一般来说，用净现值和内含报酬率对独立方案进行评价，不会出现相互矛盾的结论。

2. 互斥方案的对比与选优

项目投资决策中的互斥方案（相互排斥方案）是指在决策时涉及的多个相互排斥、不能同时实施的投资方案。互斥方案决策过程就是在每一个入选方案已具备项目可行性的前提下，利用具体决策方法比较各个方案的优劣，利用评价指标从各个备选方案中最终选出一个最优方案的过程。

由于各个备选方案的投资额、项目计算期不一致，因而要根据各个方案的使用期、投资

额相等与否，采用不同的方法作出选择。

(1)互斥方案的投资额和项目计算期均相等，可采用净现值法或内含报酬率法

所谓净现值法，是指通过比较互斥方案的净现值指标的大小来选择最优方案的方法。所谓内含报酬率法，是指通过比较互斥方案的内含报酬率指标的大小来选择最优方案的方法。净现值或内含报酬率最大的方案为优。

**【例 4－20】** 某企业现有资金 100 万元可用于固定资产项目投资，有 A、B、C、D 四个互相排斥的备选方案可供选择，这四个方案投资总额均为 100 万元，项目计算期都为 6 年，贴现率为 10%，现经计算：

$NPV_A=8.125\,3$(万元)　　$IRR_A=13.3\%$

$NPV_B=12.25$(万元)　　$IRR_B=16.87\%$

$NPV_C=-2.12$(万元)　　$IRR_C=8.96\%$

$NPV_D=10.36$(万元)　　$IRR_D=15.02\%$

要求：决策哪一个投资方案为最优。

解：因为 C 方案净现值为－2.12 万元，小于零；内含报酬率为 8.96%，小于贴现率，不符合财务可行的必要条件，应舍去。

又因为 A、B、D 三个备选方案的净现值均大于零，且内含报酬平均大于贴现率，所以 A、B、D 三个方案均符合财务可行的必要条件。

且：$NPV_B>NPV_D>NPV_A$

12.25 万元>10.36 万元>8.1253 万元

$IRR_B>IRR_D>IRR_A$

16.87%>15.02%>13.3%

所以，B 方案最优，D 方案为其次，最差为 A 方案，应采用 B 方案。

(2)互斥方案的投资额不相等，但项目计算期相等，可采用差额法

所谓差额法，是指在两个投资总额不同方案的差量现金净流量(记作 $\Delta NCF$)的基础上，计算出差额净现值(记作 $\Delta NPV$)或差额内含报酬率(记作 $\Delta IRR$)，并据以判断方案孰优孰劣的方法。

在此方法下，一般以投资额大的方案减投资额小的方案，当 $\Delta NPV\geqslant 0$ 或 $\Delta IRR\geqslant i$ 时，投资额大的方案较优；反之，则投资额小的方案为优。

差额净现值 $\Delta NPV$ 或差额内含报酬率 $\Delta IRR$ 的计算过程和计算技巧同净现值 $NPV$ 或内含报酬率 $IRR$ 完全一样，只是所依据的是 $\Delta NCF$。

**【例 4－21】** 某企业有甲、乙两个投资方案可供选择，甲方案的投资额为 100 000 元，每年现金净流量均为 30 000 元，可使用 5 年；乙方案的投资额为 70 000 元，每年现金净流量分别为 10 000 元、15 000 元、20 000 元、25 000 元、30 000 元，使用年限也为 5 年。甲、乙两方案建设期均为零年，如果贴现率为 10%。

要求：对甲、乙方案作出选择。

解：因为两方案的项目计算期相同，但投资额不相等，所以可采用差额法来评判。

$\Delta NCF_0=-100\,000-(-70\,000)=-30\,000$(元)

$\Delta NCF_1=30\,000-10\,000=20\,000$(元)

$\Delta NCF_2=30\,000-15\,000=15\,000$(元)

$\Delta NCF_3=30\ 000-20\ 000=10\ 000$(元)

$\Delta NCF_4=30\ 000-25\ 000=5\ 000$(元)

$\Delta NCF_5=30\ 000-30\ 000=0$

$$\begin{aligned}\Delta NPV_{甲\sim乙}&=20\ 000\times(P/F,10\%,1)+15\ 000\times(P/F,10\%,2)+10\ 000\times(P/F,10\%,3)+5\ 000\times(P/F,10\%,4)-30\ 000\\&=20\ 000\times0.909\ 1+15\ 000\times0.826\ 4+10\ 000\times0.751\ 3+5\ 000\times0.683-30\ 000\\&=11\ 506(元)>0\end{aligned}$$

用 $i=28\%$ 测算 $\Delta NPV$：

$$\begin{aligned}\Delta NPV&=20\ 000\times(P/F,28\%,1)+15\ 000\times(P/F,28\%,2)+10\ 000\times(P/F,28\%,3)+5\ 000\times(P/F,28\%,4)-30\ 000\\&=20\ 000\times0.781\ 3+15\ 000\times0.610\ 4+10\ 000\times0.476\ 8+5\ 000\times0.372\ 5-30\ 000\\&=1\ 412.5(元)>0\end{aligned}$$

再用 $i=32\%$ 测算 $\Delta NPV$：

$$\begin{aligned}NPV&=20\ 000\times(P/F,32\%,1)+15\ 000\times(P/F,32\%,2)+10\ 000\times(P/F,32\%,3)+5\ 000\times(P/F,32\%,4)-30\ 000\\&=20\ 000\times0.757\ 6+15\ 000\times0.573\ 9+10\ 000\times0.434\ 8+5\ 000\times0.329\ 4-30\ 000\\&=-244.5<0\end{aligned}$$

用插入法计算 $\Delta IRR$：

$$\begin{aligned}\Delta IRR&=28\%+\frac{1\ 412.5-0}{1\ 412.5-(-244.5)}\times(32\%-28\%)\\&=31.41\%>贴现率\ 10\%\end{aligned}$$

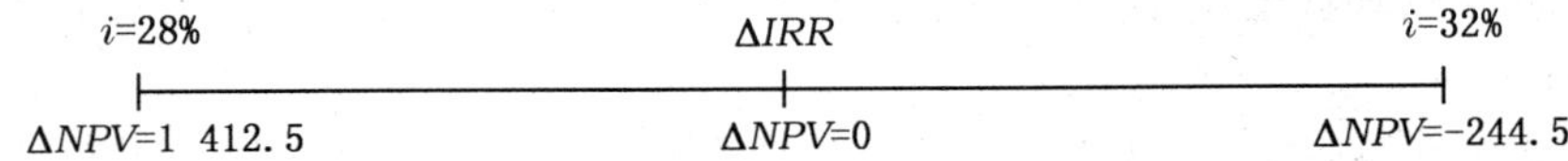


计算表明，差额净现值为 11 506 元，大于零，差额内含报酬率为 31.41%，大于贴现率 10%，应选择甲方案。

(3)互斥方案的投资额不相等，项目计算期也不相同，可采用年回收额法

所谓年回收额法，是指通过比较所有投资方案的年等额净现值指标的大小来选择最优方案的决策方法。在此法下，年等额净现值最大的方案为优。

年回收额法的计算步骤如下：

①计算各方案的净现值 $NPV$；

②计算各方案的年等额净现值，若贴现率为 $i$，项目计算期为 $n$，则：

$$年等额净现值\ A=\frac{净现}{年金现值系数}=\frac{NPV}{(P/A,i,n)}$$

3. 其他方案的对比与选优

在实际工作中，有些投资方案不能单独计算盈亏，或者投资方案的收入相同或收入基本

相同且难以具体计量，一般可考虑采用“成本现值比较法”或“年成本比较法”来作出比较和评价。所谓成本现值比较法，是指计算各个方案的成本现值之和并进行对比，成本现值之和最低的方案是最优的。成本现值比较法一般适用于项目计算期相同的投资方案间的对比、选优。对于项目计算期不同的方案就不能用成本现值比较法进行评价，而应采用年成本比较法，即比较年平均成本现值对投资方案作出选择。

## 十三、所得税与折旧对项目投资的影响

在前面的论述中，我们所讨论的现金流量都没有考虑所得税因素。但实际上所得税对企业来说是一种现金流出，由利润和税率决定，而利润大小又受折旧的影响，因此，讨论所得税对现金流量的影响时，必然要考虑折旧问题。

（一）税后成本和税后收入

如果某企业本年度发生电费 20 000 元，因为电费是一项减免所得税费用，因此实际支付额并不是真实的成本，真实成本应是扣除了所得税影响以后的费用净额，即税后成本。税后成本的计算公式为：

税后成本＝实际支付额×(1－所得税率)

如果企业的所得税率为 33%，据此计算：

电费的税后成本＝20 000×(1－33%)＝13 400(元)

与税后成本相对应的概念是税后收入，所得税对企业营业收入也会有影响，使营业收入金额的一部分流出企业，这样企业实际的现金流入是纳税以后的收入。税后收入的计算公式为：

税后收入＝收入金额×(1－所得税率)

这里所说的应税收入是指根据税法需要纳税的收入，不包括项目结束时收回垫支流动资金等现金流入。

（二）折旧的抵税作用

固定资产随着使用，其实物形态不断磨损而变得越来越陈旧。为了补偿其实物损耗，维持再生产过程，必然按照一定的折旧率计量固定资产陈旧程度即价值损耗。将计入产品成本或有关费用的固定资产损耗价值称为固定资产折旧费。

企业计提折旧会引起成本增加，利润减少，从而使所得税减少。折旧是企业的成本，但不是付现成本，如果不计提折旧，企业所得税将会增加，所以折旧可以起到减少税负的作用，即会使企业实际少缴所得税，也就是减少了企业现金流出量，增加了现金净流量。折旧抵税额的计算公式为：

折旧抵税额(税负减少)＝折旧额×所得税率

例如，企业的折旧额增加了 5 000 元，其他各种因素均不变，所得税率为 33%。

由于企业增加了折旧额 5 000 元，使税前利润减少了 5 000 元，减少所得税 5 000×33%＝1 650(元)，即企业实际少缴了 1 650 元的所得税，现金净流量增加了 1 650 元。

（三）税后现金流量

1. 建设期现金净流量

在考虑所得税因素之后，建设期的现金净流量的计算要根据投资项目的类型分别考虑。如果是新建项目，所得税对现金净流量没有影响。

建设期现金净流量＝－该年投资额

如果是更新改造项目，固定资产的清理损益就应考虑所得税问题。

2. 经营期现金净流量

在考虑所得税因素之后，经营期的营业现金净流量可按下列方法计算：

(1)根据现金净流量的定义计算

现金净流量＝营业收入－付现成本－所得税

(2)根据年末经营成果计算

现金净流量＝税后利润＋折旧额

(3)根据所得税对收入和折旧的影响计算

现金净流量＝税后收入－税后成本＋折旧抵税额

＝营业收入×(1－所得税率)－付现成本×(1－所得税率)

＋折旧额×所得税率

经营期的终结现金净流量根据营业现金净流量加上回收额就可得出。

**【例 4－22】** 某企业 5 年前购置一设备，价值 78 万元，购置时预期使用寿命为 15 年，残值为 3 万元。折旧采用直线法，目前已提折旧 25 万元，账面净值为 53 万元。利用这一设备，企业每年发生营业收入为 90 万元，付现成本为 60 万元。现在市场上推出一种新设备，价值 120 万元，购入后即可投入使用，使用寿命 10 年，预计 10 年后残值为 20 万元。该设备由于技术先进，效率较高，预期每年的净利润可达到 30 万元。如果现在将旧设备出售，估计售价为 10 万元。若该企业的资本成本为 10%，所得税率为 40%。

要求：该企业是否应用新设备替换旧设备？

解：因为旧设备的账面净值＝53(万元)

所以旧设备出售净损失＝53－10＝43(万元) (计入营业外支出)

少缴所得税＝43×40%＝17.2(万元) (属现金流入)

所以购买新设备增加的投资额为 92.8 万元(120－10－17.2)。

又因为旧设备还可使用 10 年，新设备的项目计算期也为 10 年(0 ＋10)

所以，新旧设备项目计算期相同可采用差额法来进行评价。

新设备年折旧额$=\frac{120-20}{10}=10$(万元)

$NCF$ 新$_{1\sim9}=30+10=40$(万元)

$NCF$ 新$_{10}=40+20=60$(万元)

旧设备的年折旧额$=\frac{53-3}{10}=5$(万元)

$NCF$ 旧$_{1\sim9}=90\times(1-40\%)-60\times(1-40\%)+5\times40\%=20$(万元)

$NCF$ 旧$_{10}=20+3=23$(万元)

$\Delta NCF_0=-120+10+(53-10)\times40\%=-92.8$(万元)

$\Delta NCF_{1\sim9}=40-20=20$(万元)

$\Delta NCF_{10}=60-23=37$(万元)

$$\Delta NPV=20\times(P/A,10\%,9)+37\times(P/F,10\%,10)-92.8$$
$$=20\times5.759+37\times0.3855-92.8$$

=36.6435(万元)>0

所以,企业应该考虑设备更新。

**【例 4—23】** 某企业有一项云应用设备,购于 4 年前,现在考虑是否需要更新。假定新、旧设备生产能力相同,其他有关资料如表 4—4 所示。

**表 4—4　　云资源设备现金流量**　　单位:元

| 项　目 | 旧设备 | 新设备 |
|---|---|---|
| 原价 | 800 000 | 800 000 |
| 税法规定残值(10%) | 80 000 | 80 000 |
| 税法规定使用年限(年) | 10 | 8 |
| 已使用年限 | 4 | 0 |
| 尚可使用年限 | 6 | 8 |
| 建设期 | 0 | 0 |
| 每年付现成本 | 90 000 | 70 000 |
| 3 年后大修费用 | 100 000 | 0 |
| 最终报废残值 | 70 000 | 90 000 |
| 旧设备目前变现价值 | 150 000 | 0 |

要求:若企业所得税率为 40%,贴现率为 10%,设备是否需要更新?

解:因为新、旧设备生产能力相同,所以取得的营业收入也相同。又因为新、旧设备的项目计算期不相同,旧设备的项目计算期为 6 年,新设备项目计算期为 8 年(0+8),所以应采用“年成本比较法”。

首先,分别计算新、旧云资源经营期的现金净流量。现金流向净现值比较如表 4—5 所示:

**表 4—5　　现金流向净现值比较**　　单位:元

| 经营期 | $NCF_{新}$ | $NCF_{旧}$ |
|---|---|---|
| 年折旧额 | $\frac{800\ 000\times(1-10\%)}{8}=90\ 000$ | $\frac{800\ 000\times(1-10\%)}{10}=72\ 000$ |
| 1 | $-70\ 000\times(1-40\%)+90\ 000\times40\%=-6\ 000$ | $-90\ 000\times(1-40\%)+72\ 000\times40\%=-25\ 200$ |
| 2 | −6 000 | −25 200 |
| 3 | −6 000 | $-25\ 200-100\ 000\times(1-40\%)=-85\ 200$ |
| 4 | −6 000 | −25 200 |
| 5 | −6 000 | −25 200 |
| 6 | −6 000 | $-25\ 200+70\ 000+(80\ 000-70\ 000)\times40\%=48\ 800$ |
| 7 | −6 000 | |

续表

| 经营期 | $NCF_{新}$ | $NCF_{旧}$ |
|---|---|---|
| 8 | −6 000＋90 000−(90 000−80 000)×40%<br>＝80 000 | |

说明：

①经营期现金净流量是按照下列公式计算：

NCF＝税后收入−税后成本＋折旧×所得税率

②第三年旧云资源大维护费用10万元属现金流出，100 000×(1−40%)为税后大修理费用。

③第六年旧云资源设备有残值收入70 000元，第八年新设备有残值收入90 000元，属现金流入。

因为新、旧设备的最终实际残值与税法规定残值均不相同，这样就会存在多缴与少缴所得税的问题，新设备的实际残值大于税法规定残值，从而增加了企业利润，需多缴所得税4 000元[(90 000−80 000)×40%]，属现金流出；旧设备的实际残值小于税法规定残值，从而减少了企业利润，可少缴所得税4 000元[(80 000−70 000)×40%]，属现金流入。

其次，分别计算新、旧设备建设期现金净流量：

$NCF$ 旧$_0$＝−150 000(元)　　(机会成本)

因为旧设备账面净值＝800 000−4×72 000＝512 000(元)

所以旧设备出售净损失＝512 000−150 000＝362 000(元)(计入营业外支出)

少缴所得税＝362 000×40%＝144 800(元)(属现金流入)

所以 $NCF$ 新$_0$＝−800 000＋144 800＝−655 200(元)

再次，分别计算新、旧设备的成本现值：

新设备成本现值＝6 000×(P/A,10%,7)−80 000×(P/F,10%,8)＋655 200
＝6 000×4.868 4−80 000×0.466 5＋655 200
＝647 090.40(元)

旧设备成本现值＝25 200×(P/A,10%,2)＋85 200×(P/F,10%,3)＋25 200×(P/F,10%,4)＋25 200×(P/F,10%,5)−48 800×(P/F,10%,6)＋150 000
＝25 200×1.735 5＋85 200×0.7513＋25 200×0.683＋25 200×0.620 9−48 800×0.564 5＋150 000
＝263 056.04(元)

最后，分别计算新、旧设备的年均成本：

$$新设备的年均成本=\frac{647\ 090.40}{(P/A,10\%,8)}=\frac{647\ 090.40}{5.334\ 9}=121\ 293.82(元)$$

$$旧设备的年均成本=\frac{263\ 056.04}{(P/A,10\%,6)}=\frac{263\ 056.04}{4.355\ 3}=60\ 399.06(元)$$

计算结果表明，新设备的年均成本高于旧设备的年均成本，所以企业不应考虑更新，而应继续使用旧设备。

## 十四、投资风险分析

前面我们所讲的资金时间价值是假定在没有风险和通货膨胀条件下的投资报酬率，但是，风险是客观存在的，投资活动充满了风险性。如果决策面临的风险性比较小，一般可忽略其影响，把决策视为确定情况下的决策；如果决策面临的风险比较大，足以影响方案的选择，那么就应对其进行计量并在决策时加以考虑。

在有风险的情况下，决策不仅要考虑资金时间价值，而且要考虑投资风险价值，即决策者所要求的投资报酬率必须包括资金时间价值与投资风险价值两部分。资金时间价值是无风险最低报酬率，风险价值是指投资者因为投资活动中冒风险而取得的报酬，通常以风险报酬率来表示。投资者冒风险越大，可能得到的风险价值越多，风险报酬率就越高。

投资风险分析的常用方法是风险调整贴现率法和肯定当量法。

（一）风险调整贴现率法

1. 风险调整贴现率公式

在不考虑通货膨胀的情况下，风险调整贴现率法是将无风险报酬率调整为考虑风险的投资报酬率（即风险调整贴现率），然后根据风险调整贴现率来计算净现值并据此选择投资方案的决策方法。这种方法的基本思路就是对于高风险的项目必须要有高的贴现率，对于低风险的项目必须采用低的贴现率。所以，风险调整贴现率法主要解决两个问题：一是投资项目风险程度大小如何确定；二是风险报酬斜率如何确定。解决了这两个问题后包含风险报酬的贴现率就能计算出来。

$$\begin{aligned}\text{风险调整贴现率}&=\text{无风险报酬率}+\text{风险报酬率}\\&=\text{无风险报酬率}+\text{风险报酬斜率}\times\text{风险程度}\end{aligned}$$

假如用 $K$ 表示风险调整贴现率，$i$ 表示无风险报酬率，$b$ 表示风险报酬斜率，$Q$ 表示风险程度，则上式可以表示为：

$$K=i+b\times Q$$

下面我们通过一个例子来说明怎样计算风险程度、风险报酬斜率，以及根据风险调整贴现率法来选择最佳方案。

2. 确定风险报酬斜率 $b$

风险报酬斜率 $b$ 的高低反映了风险程度变化对风险调整贴现率影响的大小，其数值的大小可以根据历史资料用高低点法或直线回归法求出，也可以由企业领导或有关专家根据经验数据确定。

根据直线方程 $K=i+b\times Q$，采用高低点法来确定 $b$。

$$b=\frac{\text{最高报酬率}-\text{最低报酬率}}{\text{最高标准差系数}-\text{最低标准差系数}}$$

3. 计算风险调整贴现率 $K$

根据 $K=i+b\times Q$，得出 $K$ 值。

4. 根据风险调整贴现率计算投资方案的净现值

其计算公式为：

$$NPV = \sum_{t=0}^{n} \frac{E_t}{(1+k)^t}$$

风险调整贴现率法对风险大的项目采用较高的贴现率，对风险小的项目采用较低的贴现率。该方法便于理解，使用广泛。但是，这种方法把时间价值和风险价值混淆在一起，对每年的现金流量进行贴现，意味着风险随着时间的推移而加大，这种假设有时与实际情况不符，这也是风险调整贴现率法的局限性。

（二）肯定当量法

由于风险因素使得投资项目每年的现金净流量变得不稳定。这就需要按风险程度对每年的现金净流量进行调整，再进行投资决策。所谓肯定当量法，就是按照一定的系数（即肯定当量系数）把有风险的每年现金净流量调整为相当于无风险的现金净流量，然后根据无风险的报酬率计算净现值等指标，并据以评价风险投资项目的决策方法。其计算公式为：

$$NPV = \sum_{t=0}^{n} \frac{\alpha_t \times E_t}{(1+i)^t}$$

式中：$\alpha_t$ 表示第 $t$ 年现金净流量的肯定当量系数；$E_t$ 表示第 $t$ 年有风险的现金净流量期望值；$i$ 表示无风险的贴现率。

肯定当量系数是把有风险的 1 元现金净流量，相当于确定的也即无风险的现金净流量金额的系数，即为确定的现金净流量与不确定的现金净流量期望值之间的比值。其计算公式为：

$$\alpha_t = \frac{\text{确定的现金净流量}}{\text{不确定的现金净流量期望值}}$$

但在实际工作中，肯定当量系数往往是在估计风险程度的基础上凭借经验确定的，所以又可以说它是一个经验系数。投资方案风险大小通过标准差系数来表示，某方案标准系数越小，说明该方案的风险越小，将其不确定的现金净流量换算为确定的现金净流量的数额就相对较大；反之，则换算为确定的现金净流量的数额就相对较小。显然，标准差系数越小，其相对应的肯定当量系数则越大；标准差系数越大，其相对应的肯定当量系数就越小。标准差系数与肯定当量系数的经验关系如表 4－6 所示：

表 4－6　　标准差系数与肯定当量系数的经验关系

| 标准差系数 $q$ | 肯定当量系数 $\alpha_t$ |
|---|---|
| $0 \leqslant q \leqslant 0.07$ | 1 |
| $0.07 < q \leqslant 0.15$ | 0.9 |
| $0.15 < q \leqslant 0.23$ | 0.8 |
| $0.23 < q \leqslant 0.32$ | 0.7 |
| $0.32 < q \leqslant 0.42$ | 0.6 |
| $0.42 < q \leqslant 0.54$ | 0.5 |
| … | … |

风险调整贴现率法是通过调整净现值公式中的分母来考虑风险因素。肯定当量法是通过调整净现值公式中的分子来考虑风险因素，它克服了风险调整贴现率法将资金时间价值

与风险价值混在一起的缺陷，但需要准确、合理地确定当量系数。

## 十五、营运资金管理

（一）营运资金的概念

营运资金是指流动资产减去流动负债后的余额，是企业用以维持正常经营所需要的资金，即企业在生产经营中可用流动资产的净额。流动资产是指可以在一年或超过一年的一个营业周期内变现或者耗用的资产，包括货币资金、短期投资、应收预付款项、存货等。流动负债是指必须在一年或超过一年的一个营业周期内偿还的债务，包括短期借款、应付预收款项、应交税金等。营运资金的存在表明企业的流动资产占用的资金除了以流动负债筹集外，还以长期负债或所有者权益筹集。

（二）营运资金的特点

由于负债在“筹资决策”部分已作介绍，故此处重点论述流动资产的管理。流动资产有以下四项主要特点：

1. 流动性

流动资产在生产经营过程中虽需经历供、产、销循环周转过程，但这一过程时间很短，使流动资产的变现能力较强。

2. 继起性

流动资产的价值表现就是流动资金。流动资金的占用形态在时间上表现为依次继起、相继转化。流动资金以货币资金开始依次转化为储备资金、生产资金、成品资金、结算资金，最后又回到货币资金，它的每一次转化都是一种形态的结束以及另一种形态的开始。

3. 并存性

流动资金的占用形态从空间上看是并存的，各种占用形态同时分布在供、产、销各个过程中，这是由生产经营的连续不断所决定的。

4. 补偿性

流动资产的投资回收期短，它的耗费能较快地从产品销售收入中得到补偿，即流动资产的实物耗费与价值补偿是在一个生产经营周期内同时完成的。

（三）营运资金管理的基本要求

营运资金的管理就是对企业流动资产和流动负债的管理。它既要保证有足够的资金满足生产经营的需要，又要保证能按时按量偿还各种到期债务。企业营运资金管理的基本要求如下：

1. 合理确定并控制流动资金的需要量

企业流动资金的需要量取决于生产经营规模和流动资金的周转速度，同时也受市场及供、产、销情况的影响。企业应综合考虑各种因素，合理确定流动资金的需要量，既要保证企业经营的需要，又不能因安排过量而浪费。平时也应控制流动资金的占用，使其纳入计划预算的良性范围内。

2. 合理确定流动资金的来源构成

企业应选择合适的筹资渠道及方式，力求以最小的代价谋取最大的经济利益，并使筹资与日后的偿债能力等合理配合。

3. 加快资金周转，提高资金效益

当企业的经营规模一定时，流动资产周转的速度与流动资金需要量成反方向变化。企业应加强内部责任管理，适度加速存货周转、缩短应收账款的收款周期、延长应付账款的付款周期，以提高资金的利用效果。

## 十六、货币资金的管理

货币资金是指企业在生产经营过程中暂时停留在货币形态的资金，包括库存现金、银行存款、其他货币资金。

在资产中，货币资金的流动性和变现能力最强，但货币资金盈利性最弱。现金是非营利性资产，银行存款虽有利息生成但利息太小。企业因种种需要必须置存货币资金，但应合理安排货币资金的持有量，减少货币资金的闲置，提高货币资金的使用效果。

### （一）置存货币资金的原因与成本

企业置存货币资金的原因是为了满足交易性需要、预防性需要和投机性需要。交易性需要是指企业生产经营活动中货币资金支付的需要，如购买原材料、支付人工工资、偿还债务、缴纳税款等。这种需要发生频繁，金额较大，是企业置存货币资金的主要原因。预防性需要是指企业为应付意外的、紧急的情况而需要置存货币资金，如生产事故、自然灾害、客户违约等打破原先的货币资金收支平衡。企业为预防性需要而置存货币资金的多少取决于企业临时举债能力、企业其他流动资产变现能力、企业对货币资金预测的可靠程度、企业愿意承担风险的程度。投机性需要是指企业为抓住瞬息即逝的市场机会，投机获利而置存货币资金，如捕捉机会超低价购入有价证券、原材料、商品等，意在短期内抛售获利。

置存货币资金通常会发生四种成本，即持有成本、转换成本、短缺成本、管理成本。持有成本是指因置存货币资金而丧失的投资收益，这是一项机会成本，它与置存货币资金的数量有关，货币资金置存越多，持有成本就越大。转换成本是指有价证券与货币资金转换时的交易费用，严格来讲转换成本仅指与交易金额无关而与交易次数成正比的交易费用，这才是决策中的相关成本。短缺成本是指因置存货币资金太少而给企业造成的损失，如因无钱购买原材料造成停工损失，失去现金折扣，不能及时支付而造成信誉损失等。短缺成本也与置存货币资金的数量有关，货币资金置存越多，短缺成本就越小。管理成本是指企业因置存货币资金而发生的管理费用，如管理人员的工资支出、安全防盗设施的建造费用等。管理费用一般是固定费用。

### （二）最佳货币资金持有量的确定

如上所述，企业在生产经营过程中为了满足交易、预防、投机等需要，必须置存一定数量的货币资金，但货币资金持有太多或太少都对企业不利。最佳货币资金持有量就是指使有关成本之和最小的货币资金持有数额，它的确定主要有成本分析模式和存货分析模式两种方法。

#### 1. 成本分析模式

成本分析模式是通过分析企业置存货币资金的各相关成本，测算各相关成本之和最小时的货币资金持有量的一种方法。在成本分析模式下，应分析机会成本、管理成本、短缺成本。

在成本分析模式下，不存在转换成本。机会成本随着货币资金持有量的增加而增加，一般可按年货币资金持有量平均值的某一百分比计算，这个百分比是该企业的机会性投资的

收益率，一般可用有价证券利息率代替。计算公式为：

机会成本＝货币资金平均持有量×有价证券利息率

管理成本由于是固定成本，因而是一项无关成本，按理说在决策中不应予以考虑，但本模式下为计算总成本的大小，仍把它考虑在内，当然对决策结果是不会造成影响的。短缺成本随着货币资金持有量的增加而减少，当货币资金持有量增加到一定量时，短缺成本将不存在。

2. 存货分析模式

存货分析模式是借用存货管理经济批量公式来确定最佳货币资金持有量的一种方法。这一模式的使用有如下假定：

(1)企业在某一段时期内需用的货币资金已事先筹措得到，并以短期有价证券的形式存放在证券公司内。

(2)企业对货币资金的需求是均匀、稳定、可知的，可通过分批抛售有价证券取得。

(3)短期有价证券利率稳定、可知。

(4)每次将有价证券变现的交易成本可知。

在存货分析模式下，有两项相关成本：置存成本和交易成本。置存成本(机会成本)是指企业置存货币资金而丧失的将这些资金投资于证券可得到的投资收益，此项成本与有价证券收益率有关，也与置存货币资金的平均余额有关。交易成本(转换成本)是指与交易次数成正比的经纪费用。置存成本和交易成本的变化方向是相反的：若每次抛售有价证券金额较大，会使货币资金平均余额大而增加置存成本，但会使交易次数少而减少交易成本；反之，若每次抛售有价证券金额较小，则会减少置存成本和增加交易成本。存货分析模式旨在使相关总成本，即置存成本和交易成本之和最小化。

假设符号 $TC$ 表示存货分析模式下的相关总成本；$T_1$ 表示相关的置存成本；$T_2$ 表示相关的交易成本；$C$ 表示一次交易资金量，也即企业最高货币资金存量；$i$ 表示有价证券收益率；$T$ 表示一个周期内货币资金总需求量；$b$ 表示有价证券一次交易固定成本。则：

$$\text{总成本}(TC)=T_1+T_2=\frac{\text{货币资金}}{\text{平均余额}}\times\frac{\text{有价证券}}{\text{收益率}}+\frac{\text{交易}}{\text{次数}}\times\frac{\text{有价证券一次}}{\text{交易固定成本}}$$

$$=\frac{C}{2}\times i+\frac{T}{C}\times b$$

$$TC'=\frac{i}{2}-\frac{Tb}{C^2}$$

令 $TC'=0$，得 $C=\sqrt{\frac{2bT}{i}}$

这时，$TC=\sqrt{\frac{2bT}{i}}\cdot\frac{i}{2}+Tb\cdot\sqrt{\frac{i}{2bT}}=\sqrt{2bTi}$

因为 $TC''=\frac{2Tb}{C^3}>0$，所以，$\sqrt{2bTi}$ 是 $TC$ 的最小值。

可得到结论：最佳货币资金持有量 $C^*=\sqrt{\frac{2bT}{i}}$ 时，相关总成本 $TC^*=\sqrt{2bTi}$ 达最小值。

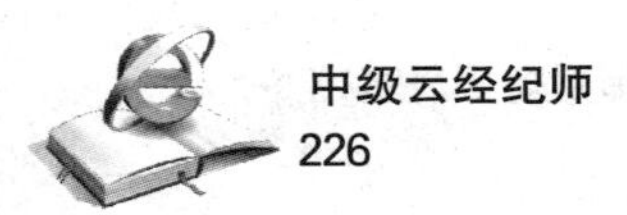


这里，最佳货币资金持有量即一次抛售有价证券的金额，也即企业库存货币资金的最大值。

**【例 4—24】** 某企业预计 1 个月内经营所需货币资金约为 800 万元，准备用短期有价证券变现取得，证券每次交易的固定成本为 100 元，证券市场年利率为 12%。

要求：计算最佳货币资金持有量及最小相关总成本。

解：最佳货币资金持有量：

$$C^* = \sqrt{\frac{2 \times 100 \times 8\,000\,000}{12\% \div 12}} = 400\,000(\text{元})$$

最小相关总成本：

$$TC^* = \sqrt{2 \times 100 \times 8\,000\,000 \times 12\% \div 12} = 4\,000(\text{元})$$

（三）货币资金的日常管理

企业在确定了最佳货币资金持有量后，还应加强货币资金的日常管理，使货币资金得到最有效的利用。

1. 货币资金收入的管理

货币资金收入的管理重在缩短收款时间。企业销售款项的收取一般要经历如下过程：由客户开出支票邮寄到收款企业，收款企业收到支票后交付银行，银行凭支票通过银行结算系统向客户的开户银行结算划转款项。以上过程需要时间，我们应尽量缩短这一过程的时间，使应收款项尽早进入本企业的银行账户。

2. 货币资金支出的管理

货币资金支出的管理重在推迟付款日期。当企业购买原材料等发生应付款项时，如何合理合法地推迟付款日期是非常重要的，因为该付的钱推迟支付等于在推迟期间筹措到一笔可用资金。在诸多结算付款方式中如有可能则优先考虑用汇票结算，在异地结算中应选用有利的结算手段。

**【例 4—25】** 某公司需在指定日期前把一笔款项汇到某外地单位。若用普通邮寄需 3 元，若用电汇需 13 元，但可快 4 天时间。假定该公司资金成本率为 10%，需汇款 9 万元。

要求：判断应采用普通邮寄还是电汇？

解：本问题相当于筹措到 4 天可用资金 9 万元，其得益为：

$$90\,000 \times 10\% \times \frac{4}{360} = 100(\text{元})$$

而为此增加的成本为：

$$13 - 3 = 10(\text{元})$$

所以，该公司应采用电汇，净得益为 90 元(100—10)。

3. 闲置货币资金的利用

由于企业开出支票到开户银行实际划出这笔款项总会有一定的时间间隔，形成企业货币资金账户余额与银行账户上的存款余额有一定差额，我们称为货币资金“浮游量”。只要把握准时间，“浮游量”是可以利用的。又如企业用于资本投资或经营支出的款项，往往是资金先到位，然后再发生支付，这一段时间也会造成货币资金的闲置。上述情况如果估算准确，又能熟悉证券市场的情况，我们就能利用闲置货币资金进行短期证券投资而获利。由于企业的资金流量大，虽说证券投资期短，但也能得到可观的收益，从财务管理来讲，不失为生财的一种手段。

## 十七、应收账款的管理

(一)应收账款的作用及成本

应收账款是企业对外赊销产品、材料,提供劳务及其他原因,应向购货或接受劳务的单位及其他单位收取的款项。当代经济中,商业信用的使用越趋增多,应收账款的数额也越趋增大,成为流动资金中的重要项目。

1. 应收账款的作用

(1)增加销售

企业销售产品有现销和赊销两种方式。在销售顺畅无阻的情况下,任何企业都喜欢采用现销的方式,这样能及时收到款项,又能避免坏账损失。然而,在市场经济条件下,只要产品不是垄断的,就必然会面临同行的竞争。除了产品质量、价格、售后服务等竞争外,势必也有销售方式的竞争。赊销除了向客户提供产品外,同时提供了商业信用,即向客户提供了一笔在一定期限内无偿使用的资金。客户的财务实力是参差不齐的,如果企业否定赊销方式,那么必然会把一部分财务支付能力欠缺的客户拒之门外而转向其他同类企业,这无疑是自我断送销路、缩小产品市场份额,在同行竞争中处于劣势;反之,适时灵活地运用赊销方式能增加销售,增加企业的市场竞争能力。

(2)减少存货

由于赊销方式能增加销售,因而也促成库存产成品存货的减少,使存货转化成应收账款。减少存货能降低仓储、保险等管理费用支出,能减少存货变质等损失,有利于加速资金周转。

2. 应收账款的成本

采取赊销方式就必然产生应收账款,企业持有应收账款主要有三项成本:机会成本、管理成本和坏账成本。

(1)机会成本

应收账款的机会成本是指企业的资金被应收账款占用所丧失的潜在收益,它与应收账款的数额有关,与应收账款占用时间有关,也与参照利率有关。参照利率可用两种思维方法确定:假定资金没被应收账款占用,即应收账款款项已经收讫,那么,①这些资金可用于投资,取得投资收益,参照利率就是投资收益率;②这些资金可扣减筹资数额,供企业经营中使用而减少筹资用资的资金成本,参照利率就是企业的平均资金成本率。计算公式为:

$$\text{应收账款机会成本}=\text{维持赊销业务所需要的资金}\times\text{参照利率}$$
$$=\text{应收账款平均余额}\times\text{变动成本率}\times\text{参照利率}$$

其中,

$$\text{应收账款平均余额}=\frac{\text{赊销收入净额}}{\text{应收账款周转率}}$$
$$=\frac{\text{赊销收入净额}}{\frac{360}{\text{应收账款周转期}}}$$
$$=\frac{\text{赊销收入净额}\times\text{应收账款周转期}}{360}$$

上式中,应收账款周转期相当于应收账款平均收账期,在平均收账期不清楚的情况下,

可用信用期限近似替代。

(2)管理成本

应收账款的管理成本是指企业对应收账款进行管理而发生的开支。管理成本包括对客户的信用调查费用、应收账款记录分析费用、催收账款费用等。在应收账款一定数额范围内,管理成本一般为固定成本。

(3)坏账成本

坏账成本是指应收账款因故不能收回而发生的损失。存在应收账款就难以避免坏账的发生,这会给企业带来不稳定与风险,企业可按有关规定以应收账款余额的一定比例提取坏账准备。坏账成本一般与应收账款的数额大小有关,与应收账款的拖欠时间有关。

(二)信用政策

应收账款的信用政策是指应收账款的管理政策,包括信用标准、信用条件和收账政策。

1. 信用标准

信用标准(也称"5C标准"),是指客户获得本企业商业信用所应具备的条件,如客户达不到信用标准,则本企业将不给信用优惠,或只给较低的信用优惠。信用标准定得过高,会使销售减少并影响企业的市场竞争力;信用标准定得过低,会增加坏账风险和收账费用。制定信用标准的定量依据是估量客户的信用等级和坏账损失率;定性依据是客户的资信程度。决定客户资信程度的因素有五个方面:一是客户品质,即客户的信誉。以往是否有故意拖欠账款和赖账的行为,有否商业行为不端而受司法判处的前科,与其他供货企业的关系是否良好等。二是偿债能力。分析客户的财务报表、资产与负债的比率、资产的变现能力等以判断客户的偿付能力。三是资本。看客户的经济实力和财务状况。四是抵押品。看客户不能如期偿债时能用作抵押的资产,这对不知底细或信用状况有争议的客户尤为重要。五是经济情况。是指会影响客户偿债能力的社会经济环境。

2. 信用条件

当根据信用标准决定给客户信用优惠时,就需考虑具体的信用条件。信用条件包括信用期限、现金折扣等。

(1)信用期限

信用期限是指企业允许客户从购货到付款之间的时间间隔。信用期限过短不足以吸引顾客,不利于扩大销售;信用期限过长会引起机会成本、管理成本、坏账成本的增加。信用期限优化的要点是:延长信用期限增加的销售利润是否超过增加的成本费用。

(2)现金折扣

延长信用期限会增加应收账款的占用额及收账期,从而增加机会成本、管理成本和坏账成本。企业为了既能扩大销售,又能及早收回款项,往往在给客户以信用期限的同时推出现金折扣条款。现金折扣是企业给予客户在规定时期内提前付款能按销售额的一定比率享受折扣的优惠政策,它包括折扣期限和现金折扣率两个要素。(2/10,$n$/30)表示信用期限为30天,如客户能在10天内付款,可享受2%的折扣,超过10天,则应在30天内足额付款。其中,10天是折扣期限,2%是现金折扣率。现金折扣本质上是一种筹资行为,因此现金折扣成本是筹资费用而非应收账款成本。在信用条件优化选择中,现金折扣条款能降低机会成本、管理成本和坏账成本,但同时也需付出一定的代价,即现金折扣成本。现金折扣条款有时也会影响销售额(比如,有的客户冲着现金折扣条款来购买本企业产品),造成销售利润

的改变。现金折扣成本也是信用决策中的相关成本，在有现金折扣的情况下，信用条件优化的要点是：增加的销售利润能否超过增加的机会成本、管理成本、坏账成本和折扣成本四项之和。

现金折扣成本＝赊销净额×折扣期内付款的销售额比例×现金折扣率

3. 收账政策

收账政策是指客户违反信用条件，拖欠甚至拒付账款时企业应采取的策略。

一方面，企业应投入一定收账费用以减少坏账的发生。一般来说，随着收账费用的增加，坏账损失会逐渐减少，但收账费用不是越多越好，因为收账费用增加到一定数额后，坏账损失不再减少，说明在市场经济条件下不可能绝对避免坏账。收账费用投入多少为好要在权衡增加的收账费用和减少的坏账损失后作出。

另一方面，企业对客户欠款的催收应做到有理、有利、有节。对超过信用期限不多的客户宜采用电话、发信等方式"提醒"对方付款。对久拖不还的欠款，应具体调查分析客户欠款不还的原因。如客户确因财务困难而无力支付，则应与客户相互协商沟通，寻求解决问题的较理想的办法，甚至对客户予以适当帮助、进行债务重整等。如客户欠款属恣意赖账、品质恶劣，则应逐渐加强催账力度，直至诉诸法律，并将该客户从信用名单中排除。对客户的强硬措施应尽量避免，要珍惜与客户之间的友情，以有利于树立企业的良好形象。我们不仅要想到争取更多的回头客，也要想到如果日后与客户地位倒置的话，留下回旋的余地。

（三）应收账款的日常管理

应收账款的日常管理主要应把握两点：

1. 监督应收账款的收回

企业对应收账款要落实专人做好备查记录，通过编制应收账款账龄分析表，实施对应收账款收回情况的监督。

从账龄分析表可以看到企业的应收账款在信用期内及超过信用期各时间档次的金额及比重，也即账龄结构。一般讲逾期拖欠时间越长，收回的难度越大，也越可能形成坏账。通过账龄结构分析，做好信用记录，有利于研究与制定新的信用政策和收账政策。

2. 建立坏账准备金制度

在市场经济条件下，坏账损失难以避免。为使各会计年度合理负担坏账损失，减少企业的风险，应当建立应收账款坏账准备金制度。按现行企业财务制度规定，企业在年末可按应收账款余额的3‰～5‰计提坏账准备金。

## 十八、利润分配管理

企业年度决算后实现的利润总额，要在国家、企业的所有者和企业之间进行分配。利润分配关系着国家、企业、职工及所有者各方面的利益，是一项政策性较强的工作，必须严格按照国家的法规和制度执行。利润分配的结果，形成了国家的所得税收入，投资者的投资报酬和企业的留用利润等不同的项目，其中企业的留用利润是指盈余公积金、公益金和未分配利润。由于税法具有强制性和严肃性，缴纳税款是企业必须履行的义务，从这个意义上看，财务管理中的利润分配，主要指企业的净利润分配，利润分配的实质就是确定给投资者分红与企业留用利润的比例。

(一)利润分配基本原则

1. 依法分配原则

为规范企业的利润分配行为,国家制定和颁布了若干法规,这些法规规定了企业利润分配的基本要求、一般程序和重大比例。企业的利润分配必须依法进行,这是正确处理企业各项财务关系的关键。

2. 分配与积累并重原则

企业的利润分配,要正确处理长期利益和近期利益这两者的关系,坚持分配与积累并重。企业除按规定提取法定盈余公积金以外,可适当留存一部分利润作为积累,这部分未分配利润仍归企业所有者所有。这部分积累的净利润不仅可以为企业扩大生产筹措资金,增强企业发展能力和抵抗风险的能力,同时,还可以供未来年度进行分配,起到以丰补歉、平抑利润分配数额波动、稳定投资报酬率的作用。

3. 兼顾职工利益原则

企业的净利润归投资者所有,是企业的基本制度。但企业职工不一定是企业的投资者,净利润就不一定归他们所有,而企业的利润是由全体职工的劳动创造的,他们除了获得工资和奖金等劳动报酬以外,还应该以适当的方式参与净利润的分配,如在净利润中提取公益金,用于企业职工的集体福利设施支出。公益金是所有者权益的一部分,职工对这些福利设施具有使用权并负有保管之责,但没有所有权。

4. 投资与收益对等原则

企业利润分配应当体现"谁投资谁收益"、收益大小与投资比例相适应,即投资与收益对等原则,这是正确处理企业与投资者利益关系的立足点。投资者因投资行为,以出资额依法享有利润分配权,就要求企业在向投资者分配利润时,要遵守公开、公平、公正的"三公"原则,不搞幕后交易,不帮助大股东侵蚀小股东利益,一视同仁地对待所有投资者,任何人不得以在企业中的其他特殊地位谋取私利,这样才能从根本上保护投资者的利益。

(二)利润分配的一般程序

利润分配程序是指公司制企业根据适用法律、法规或规定,对企业一定期间实现的净利润进行分派必须经过的先后步骤。

1. 非股份制企业的利润分配程序

根据我国《公司法》等有关规定,非股份制企业当年实现的利润总额应按国家有关税法的规定作相应的调整,然后依法缴纳所得税。缴纳所得税后的净利润按下列顺序进行分配:

(1)弥补以前年度的亏损

按我国财务和税务制度的规定,企业的年度亏损,可以由下一年度的税前利润弥补,下一年度税前利润尚不足于弥补的,可以由以后年度的利润继续弥补,但用税前利润弥补以前年度亏损的连续期限不超过5年。5年内弥补不足的,用本年税后利润弥补。"本年净利润+年初未分配利润"为企业可供分配的利润,只有可供分配的利润大于零时,企业才能进行后续分配。

(2)提取法定盈余公积金

可供分配的利润大于零是计提法定盈余公积金的必要条件。法定盈余公积金以净利润扣除以前年度亏损为基数,按10%提取。即企业年初未分配利润为借方余额时,法定盈余公积金计提基数为:本年净利润-年初未分配利润(借方)余额。若企业年初未分配利润为

贷方余额时，法定盈余公积金计提基数为本年净利润，未分配利润贷方余额在计算可供投资者分配的净利润时计入。当企业法定盈余公积金达到注册资本的50%时，可不再提取。法定盈余公积金主要用于弥补企业亏损和按规定转增资本金，但转增资本金后的法定盈余公积金一般不低于注册资本的25%。

(3)提取法定公益金

法定公益金是以法定盈余公积金相同基数的5%～10%计提的职工公共利益资金，主要用于企业职工的福利设施支出。

(4)向投资者分配利润

企业本年净利润扣除弥补以前年度亏损、提取法定盈余公积金和公益金后的余额，加上年初未分配利润贷方余额，即为企业本年可供投资者分配的利润，按照分配与积累并重原则，确定应向投资者分配的利润数额。

分配给投资者的利润，是投资者从企业获得的投资回报。向投资者分配利润应遵循纳税在先、企业积累在先、无盈余不分利的原则，其分配顺序在利润分配的最后阶段，这体现了投资者对企业的权利、义务以及投资者所承担的风险。

2. 股份制企业的利润分配程序

(1)弥补以前年度亏损。

(2)提取法定盈余公积金。

(3)提取法定公益金。

(4)支付优先股股息。一般来说，优先股按事先约定的股息率取得股息，不受企业盈利与否或多少的影响。

(5)提取任意盈余公积金。任意盈余公积金是根据企业发展的需要自行提取的公积金，其提取基数与计提盈余公积金的基数相同，计提比例由股东会根据需要决定。

(6)支付普通股股利。

从上述利润分配程序看，股利来源于企业的税后利润，但净利润不能全部用于发放股利，股份制企业必须按照有关法规和公司章程规定的顺序及比例，在提取了法定盈余公积金和公益金后，才能向优先股股东支付股息，在提取了任意盈余公积金之后，才能向普通股股东发放股利。如股份公司当年无利润或出现亏损，原则上不得分配股利。但为维护公司股票的信誉，经股东大会特别决议，可按股票面值较低比率用盈余公积金支付股利，支付股利后留存的法定盈余公积金不得低于注册资本的25%。

## 十九、股利分配政策

股利分配政策是指企业管理层对与股利有关的事项所采取的方针策略。股利分配在公司制企业经营理财决策中，始终占有重要地位。这是因为股利的发放，既关系到公司股东的经济利益，又关系到公司的未来发展。通常较高的股利，一方面可使股东获取可观的投资收益；另一方面还会引起公司股票市价上涨，从而使股东除股利收入外还获得了资本利得。但是，过高的股利必将使公司留存收益大量减少，或者影响公司未来发展，或者大量举债，增加公司资本成本负担，最终影响公司未来收益，进而降低股东权益。而较低的股利，虽然使公司有较多的发展资金，但与公司股东的愿望相背离，股票市价可能下降，公司形象将受到损害。因而，对公司管理当局而言，如何均衡股利发放与企业的未来发展，并使公司股票价格稳中有升，便成为企业经营管理层孜孜以求的目标。股利分配政策的核心问题是确定支付股利与留用利润的比例，即股利支付率问题。

（一）股利分配政策类型

目前企业财务管理中，常用的股利政策主要有以下几种类型：

1. 剩余股利政策

剩余股利政策主张，企业未来有良好的投资机会时，根据企业设定的最佳资本结构，确定未来投资所需的权益资金，先最大限度地使用留用利润来满足投资方案所需的权益资本，然后将剩余部分作为股利发放给股东。

**【例 4—26】** 某企业遵循剩余股利政策，其目标资本结构为资产负债率 60%。

要求：(1)如果该年的税后利润为 60 万元，在没有增发新股的情况下，企业可以从事的最大投资支出是多少？(2)如果企业下一年拟投资 100 万元，企业将支付股利多少？

解：(1)企业最大的投资支出＝60/(1－60%)＝150(万元)

(2)企业支付股利＝60－100×(1－60%)＝20(万元)

剩余股利政策成立的基础是，大多数投资者认为，如果企业再投资的收益率高于投资者在同样风险下其他投资的收益率，他们宁愿把利润保留下来用于企业再投资，而不是用于支付股利。如企业有投资收益率达 12%的再投资机会，而股东取得股息后再投资的收益率只有 10%时，则股东们愿意选择利润保留于企业。股东取得股息再投资后 10%的收益率，就是企业利润留存的成本。如果投资者能够找到其他投资机会，使得投资收益大于企业利用保留利润再投资的收益，则投资者更喜欢发放现金股利。这意味着投资者对于盈利的留存或发放股利毫无偏好，关键是企业投资项目的净现值必须大于零。

剩余股利政策的优点是可以最大限度地满足企业对再投资的权益资金需要，保持理想的资本结构，并能使综合资本成本最低；它的缺点是忽略了不同股东对资本利得与股利的偏好，损害那些偏好现金股利的股东利益，从而有可能影响股东对企业的信心。此外，企业采用剩余股利政策是以投资的未来收益为前提的，由于企业管理层与股东之间存在信息不对称，股东不一定了解企业投资未来收益水平，也会影响股东对企业的信心。

2. 固定股利政策

固定股利政策表现为每股股利支付额固定的形式。其基本特征是，不论经济情况如何，也不论企业经营好坏，不降低股利的发放额，将企业每年的每股股利支付额，稳定在某一特定水平上保持不变，只有企业管理当局认为企业的盈利确已增加，而且未来的盈利足以支付更多的股利时，企业才会提高每股股利支付额。

稳定的股利政策的实行比较广泛。如果企业的盈利下降，而股利并未减少，那么，投资者会认为企业未来的经济情况会有好转。因此，一般的投资者比较喜欢投资于稳定的股利支付政策的企业。稳定的股利政策有助于消除投资者心中的不确定性，而那些期望每期有固定数额收入的投资者，则更喜欢比较稳定的股利政策。因此，许多企业在努力促使其股利的稳定性。固定股利政策的缺点主要在于，股利的支付与盈利相脱节，当盈利较低时仍要支付固定股利，这可能会出现资金短缺、财务状况恶化，影响企业的长远发展。这种股利政策适用于盈利稳定或处于成长期的企业。

3. 固定股利支付率政策

固定股利支付率政策，是将每年盈利的某一固定百分比作为股利分配给股东。实行这

一政策的企业认为，只有维持固定股利支付率，才能使股利与公司盈利紧密结合，体现多盈多分、少盈少分、不盈不分的原则，这样才算真正做到公平地对待每一股东。这一政策的问题在于，如果企业的盈利各年间波动不定，则其股利也随之波动。由于股利随盈利而波动，会影响股东对企业未来经营的信心，不利于企业股票的市场价格的稳定与上涨。因此大多数企业并不采用这一股利政策。

4．正常股利加额外股利政策

正常股利加额外股利政策介于固定股利与固定股利支付率之间的一种股利政策。其特征是：企业一般每年都支付较低的固定股利，当盈利增长较多时，再根据实际情况加付额外股利。即当企业盈余较低或现金投资较多时，可维护较低的固定股利，而当企业盈利有较大幅度增加时，则加付额外股利。这种政策既能保证股利的稳定性，使依靠股利度日的股东有比较稳定的收入，从而吸引住这部分股东，又能做到股利和盈利有较好的配合，使企业具有较大的灵活性。这种股利政策适用于盈利与现金流量波动不够稳定的企业，因而也被大多数企业所采用。

（二）影响股利分配的因素

理论上，对股利是否影响企业价值存在相当大的分歧。现实经济生活中，企业仍然是要进行股利分配的。当然，企业分配股利并不是无所限制，总是会受到一些因素的影响。一般认为，企业股利政策的影响因素主要有法律因素、企业因素、股东意愿及其他因素等。

1．法律因素

为了保护债权人、投资者和国家的利益，有关法规对企业的股利分配有如下限制：

（1）资本保全限制

资本保全限制规定，企业不能用资本发放股利。如我国法律规定：各种资本公积准备不能转增股本，已实现的资本公积只能转增股本，不能分派现金股利；盈余公积主要用于弥补亏损和转增股本，一般情况下不得用于向投资者分配利润或现金股利。

（2）资本积累限制

资本积累限制规定，企业必须按税后利润的一定比例和基数，提取法定公积金和法定公益金。企业当年出现亏损时，一般不得给投资者分配利润。

（3）偿债能力限制

偿债能力限制是指企业按时足额偿付各种到期债务的能力。如果企业已经无力偿付到期债务或因支付股利将使其失去偿还能力，则企业不能支付现金股利。

2．企业因素

企业资金的灵活周转，是企业生产经营得以正常进行的必要条件。因此，企业长期发展和短期经营活动对现金的需求，便成为对股利的最重要的限制因素。其相关因素主要有：

（1）资产的流动性

企业现金股利的分配，应以一定资产流动性为前提。企业的资产流动性越好，说明其变现能力越强，股利支付能力也就越强。高速成长的盈利性企业，其资产可能缺乏流动性，因为其大部分资金投资在固定资产和永久性流动资产上了，这类企业当期利润虽然多但资产变现能力差，企业的股利支付能力就会削弱。

（2）投资机会

有着良好投资机会的企业需要有强大的资金支持，因而往往少发现金股利，将大部分盈

余留存下来进行再投资;缺乏良好投资机会的企业,保留大量盈余的结果必然是大量资金闲置,于是倾向于支付较高的现金股利。所以,处于成长中的企业,因一般具有较多的良好投资机会而多采取低股利政策,许多处于经营收缩期的企业,则因缺少良好的投资机会而多采取高股利政策。

(3)筹资能力

如果企业规模大、经营好、利润丰厚,其筹资能力一般很强,那么在决定股利支付数额时,有较大选择余地。但对那些规模小、新创办、风险大的企业,其筹资能力有限,这类企业应尽量减少现金股利支付,而将利润更多地留存在企业,作为内部筹资。

(4)盈利的稳定性

企业的现金股利来源于税后利润。盈利相对稳定的企业,有可能支付较高股利,而盈利不稳定的企业,一般采用低股利政策。这是因为,对于盈利不稳定的企业,低股利政策可以减少因盈利下降而造成的股利无法支付、企业形象受损、股价急剧下降的风险,还可以将更多的盈利用于再投资,以提高企业的权益资本比重,减少财务风险。

(5)资本成本

留用利润是企业内部筹资的一种重要方式,与发行新股或举借债务相比,不但筹资成本较低,而且具有很强的隐蔽性。企业如果一方面大量发放股利,而另一方面又以支付高额资本成本为代价筹集其他资本,那么,这种舍近求远的做法无论如何是不恰当的,甚至有损于股东利益。因而从资本成本考虑,如果企业扩大规模,需要增加权益资本时,不妨采取低股利政策。

3. 股东意愿

股东在避税、规避风险、稳定收入和股权稀释等方面的意愿,也会对企业的股利政策产生影响。毫无疑问,企业的股利政策不可能使每个股东财富最大化,企业制定股利政策的目的在于,对绝大多数股东的财富产生有利影响。

(1)避税考虑

企业的股利政策不得不受到股东的所得税负影响。在我国,由于现金股利收入的税率是20%,而股票交易尚未征收资本利得税,因此,低股利支付政策,可以给股东带来更多的资本利得收入,达到避税目的。

(2)规避风险

在一部分投资者看来,股利的风险小于资本利得的风险,当期股利的支付解除了投资者心中的不确定性。因此,他们往往会要求企业支付较多的股利,从而减少股东投资风险。

(3)稳定收入

如果一个企业拥有很大比例的富有股东,这些股东多半不会依赖企业发放的现金股利维持生活,他们对定期支付现金股利的要求不会显得十分迫切。相反,如果一个企业绝大部分股东属于低收入阶层以及养老基金等机构投资者,他们需要企业发放的现金股利来维持生活或用于发放养老金等,因此,这部分股东特别关注现金股利,尤其是稳定的现金股利发放。

(4)股权稀释

企业必须认识到高股利支付率会导致现有股东股权和盈利的稀释,如果企业支付大量现金股利,然后再发行新的普通股以融通所需资金,现有股东的控制权就有可能被稀释。另

外，随着新普通股的发行，流通在外的普通股股数增加，最终将导致普通股的每股盈利和每股市价的下降，对现有股东产生不利影响。

4. 其他因素

影响股利政策的其他因素主要包括，不属于法规规范的债务合同约束、政府对机构投资者的投资限制、因通货膨胀带来的企业对重置实物资产的特殊考虑等。

(1)债务合同约束

企业的债务合同特别是长期债务合同，往往有限制企业现金股利支付的条款，这使得企业只能采用低股利政策。

(2)机构投资者的投资限制

机构投资者包括养老基金、储蓄银行、信托基金、保险企业和其他一些机构。机构投资者对投资股票种类的选择，往往与股利特别是稳定股利的支付有关。如果某种股票连续几年不支付股利或所支付的股利金额起伏较大，则该股票一般不能成为机构投资者的投资对象。因此，如果某一企业想更多地吸引机构投资者，则应采用较高且稳定的股利政策。

(3)通货膨胀的影响

在通货膨胀的情况下，企业固定资产折旧的购买水平会下降，会导致没有足够的资金来源重置固定资产。这时较多的留存利润就会当作弥补固定资产折旧购买力水平下降的资金来源，因此，在通货膨胀时期，企业股利政策往往偏紧。

## 二十、股利种类和股利支付程序

(一)股利种类

企业通常以多种形式发放股利，股利支付形式一般有现金股利、股票股利、财产股利和负债股利，其中最为常见的是现金股利和股票股利。在现实生活中，我国上市公司的股利分配广泛采用一部分股票股利和一部分现金股利的做法。其效果是股票股利和现金股利的综合。

1. 现金股利

现金股利是指企业以现金的方式向股东支付股利，也称为红利。现金股利是企业最常见的、最易被投资者接受的股利支付方式。企业支付现金股利，除了要有累计的未分配利润外，还要有足够的现金。因此，企业在支付现金前，必须做好财务上的安排，以便有充足的现金支付股利。因为，企业一旦向股东宣告发放股利，就对股东承担了支付的责任，必须如期履约，否则，不仅会丧失企业信誉，而且会带来不必要的麻烦。

2. 股票股利

股票股利是指应分给股东的股利以额外增发股票形式来发放。以股票作为股利，一般是按在册股东持有股份的一定比例来发放，对于不满一股的股利仍采用现金发放。股票股利最大的优点就是节约现金支出，因而常被现金短缺的企业所采用。

发放股票股利时，在企业账面上，只需减少未分配利润项目金额的同时，增加股本和资本公积等项目金额，并通过清算登记系统增加股东持股数量。显然，发放股票股利是一种增资行为，需经股东大会同意，并按法定程序办理增资手续。但发放股票股利与其他的增资行为不同的是，它不增加股东财富，企业的财产价值和股东的股权结构也不会改变，改变的只是股东权益内部各项目的金额。

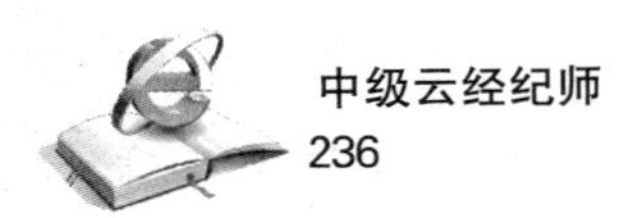



尽管股票股利不直接增加股东的财富，也不增加企业的价值，但对股东和企业都有好处。

对股东的意义在于：首先，如果企业在发放股票股利后同时发放现金股利，股东会因为持股数的增加而得到更多的现金。其次，有时企业发行股票股利后，股价并不成同比例下降，这样便增加了股东的财富。因为股票股利通常为成长中的企业所采用，投资者可能会认为，企业的盈余将会有大幅度增长，并能抵消增发股票所带来的消极影响，从而使股价稳定不变或略有上升。最后，在股东需要现金时，可以将分得的股票股利出售，从中获得纳税上的好处。

对企业的意义在于：首先，能达到节约现金的目的。企业采用股票股利或股票股利与现金股利相互配合的政策，既能使股东满意，又能使企业留存一定现金，便于进行再投资，有利于企业长期发展。其次，在盈余和现金股利不变的情况下，发放股票股利可以降低每股价值，从而吸引更多的投资者。

（二）股利支付程序

企业通常在年度末，计算出当期盈利之后，才决定向股东发放股利。但是，在资本市场中，股票可以自由交换，公司的股东也经常变换。那么，哪些人应该领取股利，对此，公司必须事先确定与股利支付相关的时间界限。这个时间界限包括：

1.股利宣告日

股利一般是按每年度或每半年进行分配。一般来说，分配股利首先要由公司董事会向公众发布分红预案，在发布分红预案的同时或之后，公司董事会将公告召开公司股东大会的日期。股利宣告日是指董事会将股东大会决议通过的分红方案（或发放股利情况）予以公告的日期。在公告中将宣布每股股利、股权登记日、除息日和股利支付日等事项。

2.股权登记日

股权登记日是指有权领取股利的股东资格登记截止日期。只有在股权登记日前在公司股东名册上有名的股东，才有权分享当期股利，在股权登记日以后列入名单的股东无权领取股利。

3.除息日

除息日是指领取股利的权利与股票相互分离的日期。在除息日前，股利权从属于股票，持有股票者即享有领取股利的权利；从除息日开始，股利权与股票相分离，新购入股票的人不能享有股利。除息日的确定是证券市场交割方式决定的。因为股票的买卖交接、过户需要一定的时间。在美国，当股票交割方式采用例行日交割时，股票在成交后的第五个营业日才办理交割，也即在股票登记日的四个营业日以前购入股票的新股东，才有资格领取股利。在我国，由于采用次日交割方式，则除息日与登记日差一个工作日。

4.股利发放日

即向股东发放股利的日期。以上海证券交易所为例，某股份公司董事会在股东大会召开后公布最后分红方案的公告中称："2003 年 3 月 10 日公司在某地召开的股东大会上，通过了董事会关于每股普通股分派股息 0.4 元的 2002 年度股息分配方案。股权登记日是 2003 年 4 月 17 日，除息日是 2003 年 4 月 18 日，股利支付日为 2003 年 4 月 24 日，特此公告。"此例中，股利宣告日是 3 月 10 日，股权登记日是 4 月 17 日，除息日是 4 月 18 日，股利发放日是 4 月 24 日。

## 二十一、财务预算

（一）财务预算的概念及作用

1. 财务预算的概念

全面预算就是企业未来一定期间内全部经营活动各项具体目标的计划与相应措施的数量说明，具体包括特种决策预算、日常业务预算和财务预算三大类内容。其中，财务预算是一系列专门反映企业未来一定预算期内预计财务状况和经营成果，以及现金收支等价值指标的各种预算总称，具体包括反映现金收支活动的现金预算、反映企业财务状况的预计资产负债表、反映企业财务成果的预计损益表和预计现金流量表等内容。

2. 财务预算的作用

财务预算是企业全面预算体系中的组成部分，它在全面预算体系中具有重要的作用，主要表现在以下方面：

（1）财务预算使决策目标具体化、系统化和定量化

在现代企业财务管理中，财务预算必须服从决策目标的要求，尽量做到全面地、综合地协调、规划企业内部各部门、各层次的经济关系与职能，使之统一服从于未来经营总体目标的要求。同时，财务预算又能使决策目标具体化、系统化和定量化，能够明确规定企业有关生产经营人员各自职责及相应的奋斗目标，做到人人事先心中有数。

（2）财务预算是总预算，其余预算是辅助预算

财务预算作为全面预算体系中的最后环节，可以从价值方面总括地反映经营特种决策预算与业务预算的结果，使预算执行情况一目了然。

（3）财务预算有助于财务目标的顺利实现

通过财务预算，可以建立评价企业财务状况的标准，以预算数作为标准的依据，将实际数与预算数对比，及时发现问题和调整偏差，使企业的经济活动按预定的目标进行，从而实现企业的财务目标。

编制财务预算，并建立相应的预算管理制度，可以指导与控制企业的财务活动，提高预见性，减少盲目性，使企业的财务活动有条不紊地进行。

（二）固定预算与弹性预算

1. 固定预算

固定预算又称静态预算，是把企业预算期的业务量固定在某一预计水平上，此为基础来确定其他项目预计数的预算方法。也就是说，预算期内编制财务预算所依据的成本费用和利润信息都只是在一个预定的业务量水平的基础上确定的。显然，以未来固定不变的业务水平所编制的预算赖以存在的前提条件，必须是预计业务量与实际业务量相一致（或相差很小），才比较适合。但是，在实际工作中，预计业务量与实际水平相差比较远时，预计业务量与实际业务量相差甚远时，必然导致有关成本费用及利润的实际水平与预算水平因基础不同而失去可比性，不利于开展控制与考核。而且，有时也会引起人们的误解。例如，编制财务预算时，预计业务量为生产能力的90％，其成本预算总额为40 000元，而实际生产能力的110％，其成本预算总额为55 000元，实际成本与预算业务量为生产比，则超支很大，但是，实际成本脱离预算成本的差异包括了因业务量增长而增加的成本差异，而业务量差异对成本分析来说是无意义的。

2. 弹性预算

弹性预算是固定预算的对称，它关键在于把所有的成本按其性态划分为变动成本与固定成本两大部分。在编制预算时，变动成本随业务量的变动而予以增减，固定成本则在相关的业务量范围内稳定不变，分别按一系列可能达到的预计业务量水平编制的能适应企业在预算期内任何生产经营水平的预算。由于这种预算是随着业务量的变动作机动调整，适用面广，具有弹性，故称为弹性预算或变动预算。

由于未来业务量的变动会影响成本费用和利润各个方面，因此，弹性预算理论上讲适用于全面预算中与业务量有关的各种预算。但从实用角度看，主要用于编制制造费用、销售及管理费用等半变动成本(费用)的预算和利润预算。

制造费用与销售及管理费用的弹性预算，均可按下列弹性预算公式进行计算：

成本的弹性预算＝固定成本预算数＋$\sum$(单位变动成本预算数×预计业务量)

但两者略有区别，制造费用的弹性预算是按照生产业务量(生产量、机器工作小时等)来编制；销售及管理费用的弹性预算是按照销售业务量(销售量、销售收入)来编制。

成本的弹性预算编制出来以后，就可以编制利润的弹性预算。它是以预算的各种销售收入为出发点，按照成本的性态，扣减相应的成本，从而反映企业预算期内各种业务量水平上应该获得的利润指标。

弹性预算的优点在于：一方面能够适应不同经营活动情况的变化，扩大了预算的适用范围，更好地发挥预算的控制作用；另一方面能够对预算的实际执行情况进行评价与考核，使预算能真正起到为企业经营活动服务。

(三)增量预算与零基预算

1. 增量预算

增量预算是指在基期成本费用水平的基础上，结合预算期业务量水平及有关低成本的措施，通过调整有关原有成本费用项目而编制预算的方法。这种预算方法比较简单，但它是以过去的水平为基础，实际上就是承认过去是合理的，无需改进。因此，往往不加分析地保留或接受原有成本项目，或按主观臆断平均削减，或只增不减，这样容易造成预算的不足，或者是安于现状，造成预算不合理的开支。

2. 零基预算

零基预算，或称零底预算，是指在编制预算时，对于所有的预算支出均以零为基础，不考虑其以往情况如何，从实际需要与可能出发，研究分析各项预算费用开支是否必要合理，进行综合平衡，从而确定预算费用。这种预算不以历史为基础，修修补补，而是以零为出发点，一切推倒重来，零基预算即因此而得名。

零基预算编制的程序是：首先，根据企业在预算期内的总体目标，对每一项业务说明其性质、目的，以零为基础，详细提出各项业务所需要的开支或费用；其次，按“成本—效益分析”方法比较分析每一项预算费用是否必要，能否避免，以及它所产生的效益，以便区别对待；最后，对不可避免费用项目优先分配资金，对可延缓成本则根据可动用资金情况，按轻重缓急，以及每项项目所需经费的多少分成等级，逐项下达费用预算。

零基预算的优点是不受现有条条框框限制，对一切费用都以零为出发点，这样不仅能压缩资金开支，而且能切实做到把有限的资金用在最需要的地方，从而调动各部门人员的积极性和创造性，量力而行，合理使用资金，提高效益。其缺点是由于一切支出均以零为起点进

行分析、研究，势必带来繁重的工作量，有时甚至得不偿失，难以突出重点。为了弥补零基预算这一缺点，企业不是每年都按零基预算来编制预算，而是每隔若干年进行一次零基预算，以后几年内略作适当调整，这样既减轻了预算编制的工作量，又能适当控制费用。

（四）定期预算与滚动预算

1. 定期预算

定期预算就是以会计年度为单位编制的各类预算。这种定期预算有三大缺点：第一，盲目性。因为定期预算多在其执行年度开始前两三个月进行，难以预测预算期后期情况，特别是在多变的市场下，许多数据资料只能估计，具有盲目性。第二，不变性。预算执行中，许多不测因素会妨碍预算的指导功能，甚至使之失去作用，而预算在实施过程中又往往不能进行调整。第三，间断性。预算的连续性差，定期预算只考虑一个会计年度的经营活动，即使年中修订的预算也只是针对剩余的预算期，对下一个会计年度很少考虑，形成人为的预算间断。

2. 滚动预算

滚动预算又称永续预算，其主要特点：在于不将预算期与会计年度挂钩，而始终保持 12 个月，每过去 1 个月，就根据新的情况进行调整和修订后几个月的预算，并在原预算基础上增补下 1 个月预算，从而逐期向后滚动，连续不断地以预算形式规划未来经营活动。这种预算要求一年中，头几个月的预算要详细完整，后几个月可以略粗一些。随着时间的推移，原来较粗的预算逐渐由粗变细，后面随之又补充新的较粗的预算，以此不断滚动。

滚动预算可以保持预算的连续性和完整性。企业的生产经营活动是连续不断的，因此，企业的预算也应该全面地反映这一延续不断的过程，使预算方法与生产经营过程相适应，同时，企业的生产经营活动是复杂的，而滚动预算便于随时修订预算，确保企业经营管理工作秩序的稳定性，充分发挥预算的指导与控制作用。滚动预算能克服传统定期预算的盲目性、不变性和间断性，从这个意义上说，编制预算已不再仅仅是每年年末才开展的工作了，而是与日常管理密切结合的一项措施。当然，滚动预算采用按月滚动的方法，预算编制工作比较繁重，所以也可以采用按季度滚动来编制预算。

## 二十二、财务控制

（一）企业财务控制概念与特征

企业财务控制是指利用有关信息和特定手段，对企业财务活动实施影响或调节，以保证其财务预算实现的全过程。财务控制作为企业财务管理工作的重要环节，具有以下特征：

1.价值控制

财务控制对象是以实现财务预算为目标的财务活动，它是企业财务管理的重要内容，财务管理以资金运动为主线，以价值管理为特征，决定了财务控制必须实行价值控制。

2.综合控制

财务控制以价值为手段，可以将不同部门、不同层次和不同岗位的各种业务活动综合起来，实行目标控制。

（二）财务控制应具备的条件

1.建立组织机构

企业通常情况下，为了确定财务预算，应建立决策和预算编制机构；为了组织和实施日

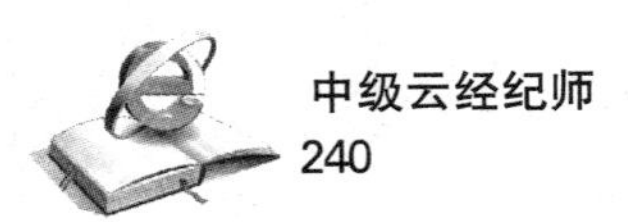



常财务控制，应建立日常监督、协调、仲裁机构；为了考评预算的执行情况，应建立相应的考核评价机构。在实际工作中，可根据需要将这些机构的职能进行归并或合并到企业的常设机构中。为将企业财务预算分解落实到各部门、各层次和各岗位，还要建立各种执行预算的责任中心。按照财务控制要求建立相应组织机构，是实施企业财务控制的组织保证。

2.建立责任会计核算体系

企业的财务预算通过责任中心形成责任预算，而责任预算和总预算的执行情况都必须由会计核算来提供。通过责任会计核算，及时提供相关信息，以正确地考核与评价责任中心的工作业绩。通过责任会计汇总核算，进而了解企业财务预算的执行情况，分析存在的问题及原因，为提高企业的财务控制水平和正确的财务决策提供依据。

3.制定奖罚制度

一般而言，人的工作努力程度往往会受到业绩评价和奖励办法的极大影响。通过制定奖罚制度，明确业绩与奖惩之间的关系，可有效地引导人们约束自己的行为，争取尽可能好的业绩。恰当的奖惩制度，是保证企业财务控制长期有效运行的重要因素。因此，奖惩制度的制定，要体现财务预算目标要求，要体现公平、合理和有效的原则，要体现过程考核与结果考核的结合，真正发挥奖惩制度在企业财务控制中应有的作用。

（三）财务控制的原则

1.经济原则

实施财务控制总是有成本发生的，企业应根据财务管理目标要求，有效地组织企业日常财务控制，只有当财务控制所取得的收益大于其代价时，这种财务控制措施才是必要的、可行的。

2.目标管理及责任落实原则

企业的目标管理的相关要求已纳入财务预算。将财务预算层层分解，明确规定有关方面或个人应承担的责任控制义务，并赋予其相应的权利，使财务控制目标和相应的管理措施落到实处，成为考核的依据。

3.例外管理原则

企业日常财务控制涉及企业经营的各个方面，财务控制人员要将注意力集中在那些重要的、不正常、不符合常规的预算执行差异上。通过例外管理，一方面可以分析实际脱离预算的原因来达到日常控制的目的，另一方面可以检验预算的制定是否科学与先进。

## 二十三、责任中心

责任中心是指具有一定的管理权限，并承担相应经济责任的企业内部责任单位，是一个责权利结合的实体。划分责任中心的标准是：凡是可以划清管理范围，明确经济责任，能够单独进行业绩考核的内部单位，无论大小都可成为责任中心。

责任中心按其责任权限范围及业务活动的特点不同，可分为成本中心、利润中心和投资中心三大类。

（一）成本中心

成本中心是指对成本或费用承担责任的责任中心。成本中心往往没有收入，其职责是用一定的成本去完成规定的具体任务。一般包括产品生产的生产部门、提供劳务的部门以及有一定费用控制指标的企业管理部门。

成本中心是责任中心中应用最为广泛的一种责任中心形式。任何发生成本的责任领域，都可以确定为成本中心，上至企业，下至车间、工段、班组，甚至个人都可以划分为成本中心。成本中心的规模不一，一个成本中心可以由若干个更小的成本中心组成，因而在企业可以形成一个逐级控制，并层层负责的成本中心体系。

1. 成本中心的类型

广义的成本中心有两种类型：标准成本中心和费用中心。

标准成本中心是以实际产出量为基础，并按标准成本进行成本控制的成本中心。通常，制造业工厂、车间、工段、班组等是典型的标准成本中心。在产品生产中，这类成本中心的投入与产出有着明确的函数对应关系，它不仅能够计量产品产出的实际数量，而且每个产品因有明确的原材料、人工和制造费用的数量标准和价格标准，从而可以对生产过程实施有效的弹性成本控制。实际上，任何一项重复性活动，只要能够计量产出的实际数量，并且能够建立起投入与产出之间的函数关系，都可以作为标准成本中心。

费用中心是指产出物不能以财务指标衡量，或者投入与产出之间没有密切关系的有费用发生的单位，通常包括一般行政管理部门、研究开发部门及某些销售部门。一般行政管理部门的产出难以度量，研究开发和销售活动的投入量与产出量没有密切的联系。费用中心的费用控制应重在预算总额的审批上。

狭义成本中心是将标准成本中心划分为基本成本中心和复合成本中心两种。前者是指没有下属的成本中心，它属于较低层次的成本中心；后者是指有若干个下属的成本中心，它属于较高层次的成本中心。

2. 成本中心的责任成本与可控成本

由成本中心承担责任的成本就是责任成本，它是该中心的全部可控成本之和。基本成本中心的责任成本就是其可控成本，复合成本中心的责任成本既包括本中心的责任成本，也包括下属成本中心的责任成本，各成本中心的可控成本之和即是企业的总成本。

可控成本是指责任单位在特定时期内，能够直接控制其发生的成本。作为可控成本必须同时具备以下条件：第一，责任中心能够通过一定的方式预知成本的发生；第二，责任中心能够对发生的成本进行计量；第三，责任中心能够通过自己的行为对这些成本加以调节和控制；第四，责任中心可以将这些成本的责任分解落实。

凡不能同时满足上述条件的成本就是不可控成本。对于特定成本中心来说，它不应当承担不可控成本的相应责任。

正确判断成本的可控性是成本中心承担责任成本的前提。从整个企业的空间范围和较长时间来看，所有的成本都是人的某种决策或行为的结果，都是可控的。但是，对于特定的人或时间来说，则有些是可控的，有些是不可控的。所以，对成本的可控性理解应注意以下三个方面。

首先，成本的可控性总是与特定责任中心相关，与责任中心所处管理层次的高低、管理权限及控制范围的大小有直接关系。同一成本项目因受到责任中心层次高低影响，其可控性也不同。就整个企业而言，所有的成本都是可控成本；而对于企业内部的各部门、车间、工段、班组和个人来讲，则既有其各自的可控成本又有其各自的不可控成本。有些成本对于较高层次的责任中心来说属于可控成本，而对于其下属的较低层次的责任中心来讲，可能就是不可控成本，比如，车间主任的工资，尽管要计入产品成本，但不是车间的可控成本，而它的

上级则可以控制；反之，属于较低层次责任中心的可控成本，则一定是其所属较高层次责任中心的可控成本。至于下级责任中心的某项不可控成本对于上一级的责任中心来说，就有两种可能，要么仍然属于不可控成本，要么是可控成本。

成本的可控性要受到管理权限和控制范围的约束。同一成本项目，对于某一责任中心来讲是可控成本，而对于处在同一层次的另一责任中心来讲却是不可控成本。比如广告费，对于销售部门是可控的，但对于生产部门却是不可控的；又如直接材料的价格差异对于采购部门来说是可控的，但对于生产耗用部门却是不可控的。

其次，成本的可控性要联系时间范围考虑。一般来说，在消耗或支付的当期成本是可控的，一旦消耗或支付就不在可控了。如折旧费、租赁费等成本是过去决策的结果，这在添置设备和签订合同时是可控的，而使用设备或执行合同时就无法控制了。成本的可控性是一个动态概念，随着时间推移，成本的可控性还会随企业管理条件的变化而变化。如某成本中心管理人员工资过去是不可控成本，但随着用工制度的改革，该责任中心既能决定工资水平，又能决定用工人数，则管理人员工资成本就转化为可控成本了。

最后，成本的可控性与成本性态和成本可辨认性的关系。一般来说，一个成本中心的变动成本大多是可控成本，固定成本大多是不可控成本。直接成本大多是可控成本，间接成本大多是不可控成本。但实际上，需要结合有关情况具体分析。如广告费、科研开发费、教育培训费等酌量性固定成本是可控的；某个成本中心所使用的固定资产的折旧费是直接成本，但不是可控成本。

3. 成本中心的责任成本与产品成本

作为产品制造的标准成本中心，必然会同时面对责任成本和产品成本两个问题，承担责任成本还必须了解这两个成本的区别与联系。责任成本和产品成本的主要区别如下：

(1)成本归集的对象不同。责任成本是以责任成本中心为归集对象；产品成本则以产品为对象。

(2)遵循的原则不同。责任成本遵循“谁负责谁承担”的原则，承担责任成本的是“人”；产品成本则遵循“谁收益谁负担”的原则，负担产品成本的是“物”。

(3)核算的内容不同。责任成本的核算内容是可控成本；产品成本的构成内容是指应归属于产品的全部成本，它既包括可控成本，又包括不可控成本。

(4)核算的目的不同。责任成本的核算目的是为了实现责权利的协调统一，考核评价经营业绩，调动各个责任中心的积极性；产品成本的核算目的是为了反映生产经营过程的耗费，规定配比的补偿尺度，确定经营成果。

责任成本和产品成本的联系是：两者内容同为企业生产经营过程中的资金耗费。就一个企业而言，一定时期发生的广义产品成本总额应当等于同期发生的责任成本总额。

4. 成本中心考核指标

由于成本中心只对成本负责，对其评价和考核的主要内容是责任成本，即通过各责任成本中心的实际成本与预算责任成本的比较，以此评价各成本中心责任预算的执行情况。成本中心考核指标包括成本(费用)变动额和变动率两个指标，计算公式如下：

成本(费用)变动额＝实际责任成本(或费用)－预算责任成本(或费用)

成本(费用)变动率＝成本(费用)变动额/预算责任成本(费用)×100%

在进行成本中心指标考核时，如果预算产量与实际产量不一致，应按弹性预算的方法先

行调整预算指标，然后再按上述指标进行计算。

【例 4—27】 某企业内部一车间为成本中心，生产甲产品，预算产量为4 000件，单位成本 100 元；实际产量5 000件，单位成本 95 元。

要求：计算该成本中心的成本变动额和变动率。

解：成本变动额＝95×5 000－100×5 000＝－25 000(元)

成本变动率＝－25 000/(100×5 000)＝－5％

5. 成本中心责任报告

成本中心责任报告是以实际产量为基础，反映责任成本预算实际执行情况，揭示实际责任成本与预算责任成本差异的内部报告。成本中心通过编制责任报告，以反映、考核和评价责任中心责任成本预算的执行情况。

(二)利润中心

利润中心是既能控制成本又能控制收入，对利润负责的责任中心。它处于比成本中心高一层次的责任中心，其权利和责任相对较大。利润中心通常是那些具有产品或劳务生产经营决策权的部门。

1. 利润中心类型

利润中心分为自然利润中心和人为利润中心两种。

自然利润中心是指能直接对外销售产品或提供劳务取得收入而给企业带来收益的利润中心。这类责任中心一般具有产品销售权、价格制定权、材料采购权和生产决策权，具有很大的独立性。

人为利润中心是不能直接对外销售产品或提供劳务，只能在企业内部各责任中心之间按照内部转移价格相互提供产品或劳务而形成的利润中心。大多数成本中心可以转化为人为利润中心。这类责任中心一般也具有相对独立的经营管理权，即能够自主决定本利润中心生产的产品品种、产品产量、作业方法、人员调配和资金使用等。但这些部门提供的产品或劳务主要在企业内部转移，很少对外销售。

2. 利润中心考核指标

由于利润中心既对其发生的成本负责，又对其发生的收入和实现的利润负责，所以利润中心业绩评价和考核的重点是边际贡献和利润。但对于不同范围的利润中心来说，其指标的表现形式也不相同。如某公司采用事业部制，其考核指标可采用以下四种形式：

部门边际贡献＝部门销售收入总额－部门变动成本总额

部门经理可控利润＝部门边际贡献－部门经理可控固定成本

部门可控利润＝部门经理边际贡献－部门经理不可控固定成本

部门税前利润＝部门边际贡献－分配的公司管理费用

指标一，部门边际贡献是利润中心考核指标中的一个中间指标。指标二，它反映了部门经理在其权限范围内有效使用资源的能力，部门经理可控制收入，以及变动成本和部分固定成本，因而可以对可控利润承担责任，该指标主要用于评价部门经理的经营业绩。这里的主要问题是，要将各部门的固定成本进一步区分为可控成本和不可控成本，这是因为有些费用虽然可以追溯到有关部门，却不为部门经理所控制，如广告费、保险费等。因此在考核部门经理业绩时，应将其不可控成本从中剔除。指标三，主要用于对部门的业绩评价和考核，用以反映该部门补偿共同性固定成本后对企业利润所作的贡献。如果要决定该部门的取舍，

部门可控利润是有重要意义的信息。指标四，用于计算部门提供的可控利润必须抵补总部的管理费用等，否则企业作为一个整体就不会盈利。这样，部门经理可集中精力增加收入并降低可控成本。

3. 利润中心责任报告

利润中心通过编制责任报告，可以集中反映利润预算的完成情况，并对其产生差异的原因进行具体分析。

（三）投资中心

投资中心是指既要对成本、利润负责，又要对投资效果负责的责任中心。投资中心与利润中心的主要区别是：利润中心没有投资决策权，需要在企业确定投资方向后组织具体的经营；而投资中心则不仅在产品生产和销售上享有较大的自主权，而且具有投资决策权，能够相对独立地运用其所掌握的资金，有权购置或处理固定资产，扩大或削减现有的生产能力。投资中心是最高层次的责任中心，它具有最大的决策权，也承担最大的责任。一般而言，大型集团所属的子公司、分公司、事业部往往是投资中心。

投资中心拥有投资决策权和经营决策权，同时各投资中心在资产和权益方面应划分清楚，以便准确地算出各投资中心的经济效益，对其进行正确的评价和考核。

1. 投资中心的考核指标

投资中心评价与考核的内容是利润及投资效果，反映投资效果的指标主要是投资报酬率和剩余收益。

（1）投资报酬率

投资报酬率是投资中心所获得的利润占投资额（或经营资产）的比率，可以反映投资中心的综合盈利能力。其计算公式为：

投资报酬率＝净利润（或营业利润）/投资额（或经营资产）×100％

投资报酬率指标可分解为：

投资报酬率＝投资（或经营资产）周转率×销售利润率

上述公式中，投资额（或经营资产）应按平均投资额（或平均经营资产）计算。

投资报酬率是个相对数正指标，数值越大越好。

目前，有许多企业采用投资报酬率作为评价投资中心业绩的指标。该指标的优点是：投资报酬率能反映投资中心的综合盈利能力，且由于剔除了因投资额不同而导致的利润差异的不可比因素，因而具有横向可比性，有利于判断各投资中心经营业绩的优劣；此外，投资利润率可作为选择投资机会的依据，有利于优化资源配置。

这一评价指标的不足之处是缺乏全局观念。当一个投资项目的投资报酬率低于某投资中心的投资报酬率而高于整个企业的投资报酬率时，虽然企业希望接受这个投资项目，但该投资中心可能会拒绝它；当一个投资项目的投资报酬率高于该投资中心的投资报酬率而低于整个企业的投资报酬率时，该投资中心可能只考虑自己的利益而接受它，而不顾企业整体利益是否受到损害。

假设某个部门现有资产200万元，年净利润44万元，投资报酬率为22％。部门经理目前面临一个投资报酬率为17％的投资机会，投资额为50万元，每年净利8.5万元。企业投资报酬率为15％。尽管对整个企业来说，由于该项目投资报酬率高于企业投资报酬率应当利用这个投资机会，但是它却使这个部门的投资报酬率由过去的22％下降到21％。

投资报酬率＝(44＋8.5)/( 200＋50)×100%＝21%

同样道理，当情况与此相反，假设该部门现有一项资产价值 50 万元，每年获利 8.5 万元，投资报酬率 17%，该部门经理却愿意放弃该项资产，以提高部门的投资报酬率。

投资报酬率＝(44－8.5)/(200－50)×100%＝23.67%

当使用投资报酬率作为业绩评价标准时，部门经理可以通过加大公式的分子或减少公式的分母来提高这个比率。这样做，会失去不是最有利但可以扩大企业总净利的项目。从引导部门经理采取与企业总体利益一致的决策来看，投资报酬率并不是一个理想的指标。

因此，为了使投资中心的局部目标与企业的总体目标保持一致，弥补投资报酬率这一指标的不足，还可以采用剩余收益指标来评价、考核投资中心的业绩。

(2)剩余收益

剩余收益是指投资中心获得的利润扣减投资额按预期最低投资报酬率计算的投资报酬后的余额。其计算公式为：

剩余收益＝利润－投资额×预期最低投资报酬率
　　　　＝投资额×(投资利润率－预期最低投资报酬率)

以剩余收益作为投资中心经营业绩评价指标，各投资中心只要投资利润率大于预期最低投资报酬率，即剩余收益大于零，该项投资项目就是可行的。剩余收益是个绝对数正指标，这个指标越大，说明投资效果越好。

**【例 4－28】** 某企业有若干个投资中心，平均投资报酬率为 15%，其中甲投资中心的投资报酬率为 20%，该中心的经营资产平均余额为 150 万元。预算期甲投资中心有一追加投资的机会，投资额为 100 万元，预计利润为 16 万元，投资报酬率为 16%。

要求：(1)假定预算期甲投资中心接受了上述投资项目，分别用投资报酬率和剩余收益指标来评价考核甲投资中心追加投资后的工作业绩。

(2)分别从整个企业和甲投资中心的角度，说明是否应当接受这一追加投资项目。

解：(1)甲投资中心接受投资后的评价指标分别为：

投资报酬率＝(150×20%＋16)/(150＋100)×100%＝18.40%

剩余收益＝16－100×15%＝1(万元)

从投资报酬率指标看，甲投资中心接受投资后的投资报酬率为 18.40%，低于该中心原有的投资报酬率 20%，追加投资使甲投资中心的投资报酬率指标降低了。从剩余收益指标看，甲投资中心接受投资后可增加剩余收益 1 万元，大于零，表明追加投资对甲投资中心有利。

(2)如果从整个企业的角度看，该追加投资项目的投资报酬率为 16%，高于企业的投资报酬率 15%；剩余收益为 1 万元，大于零。结论是：无论从哪个指标看，企业都应当接受该项追加投资。

如果从甲投资中心看，该追加投资项目的投资报酬率为 16%，低于该中心的投资报酬率 20%，若仅用这个指标来考核投资中心的业绩，则甲投资中心不会接受这项追加投资(因为这将导致甲投资中心的投资报酬率指标由 20%降低为 18.40%)；但若以剩余收益指标来考核投资中心的业绩，则甲投资中心会因为剩余收益增加了 1 万元，而愿意接受该项追加投资。

通过上例可以看出，利用剩余收益指标考核投资中心的工作业绩，能使个别投资中心的局部利益与企业整体利益达到一致，避免投资中心本位主义倾向。

需要注意的是，以剩余收益作为评价指标，所采用的投资报酬率的高低对剩余收益的影响很大，通常应以整个企业的平均投资报酬率作为最低报酬率。

2. 投资中心责任报告

投资中心责任报告的结构与成本中心和利润中心类似。通过编制投资中心责任报告，可以反映该投资中心投资业绩的具体情况。

## 二十四、内部转移价格

企业内部各责任单位，既相互联系又相互独立开展各自的活动，它们经常相互提供产品和劳务。为了正确评价企业内部各责任中心的经营业绩，明确区分各自的经济责任，使各责任中心的业绩考核建立在客观而可比的基础上，企业必须根据各自责任中心业务活动的具体特点，正确制定企业内部的转移价格。

（一）内部转移价格的含义

内部转移价格是指企业内部各责任中心之间转移中间产品或相互提供劳务，而发生内部结算和进行内部责任结转所使用的计价标准。例如，上道工序加工完成的产品转移到下道工序继续加工、辅助生产部门为基本生产车间提供劳务等，都是一个责任中心向另一个责任中心“出售”产品或提供劳务，都必须采用内部转移价格进行结算。又如，某工厂生产车间与材料采购部门是两个成本中心，若生产车间所耗用的原材料由于质量不符合原定标准，而发生的超过消耗定额的不利差异，也应由生产车间以内部转移价格结转给采购部门。

在任何企业中，各责任中心之间的相互结算，以及责任成本的转账业务是经常发生的，它们都需要依赖一个公正、合理的内部转移价格作为计价的标准。由于内部转移价格对于提供产品或劳务的生产部门来说表示收入，对于使用这些产品或劳务的购买部门来说则表示成本，所以，这种内部转移价格有两个明显的特征：

第一，在内部转移价格一定的情况下，卖方（产品或劳务的提供方）必须不断改善经营管理，降低成本和费用，以其收入抵偿支出，取得更多利润。买方（产品或劳务的接受方）则必须在一定的购置成本下，千方百计降低再生产成本，提高产品或劳务的质量，争取较高的经济效益。

第二，内部转移价格所影响的买卖双方都存在于同一企业中，在其他条件不变的情况下，内部转移价格的变化会使买卖双方的收入或内部利润向相反方向变化，但就企业整体来看，内部转移价格无论怎样变化，企业总利润是不变的，变动的只是内部利润在各责任中心之间的分配份额。

（二）内部转移价格的种类

内部转移价格主要有市场价格、协商价格、双重价格和以“成本”作为内部转移价格四种。

1. 市场价格

市场价格是根据产品或劳务的市场供应价格作为计价基础。以市场价格作为内部转移价格的责任中心，应该是独立核算的利润中心。通常假定企业内部各责任中心都处于独立自主的状态，即有权决定生产的数量、出售或购买的对象及其相应的价格。在西方国家，通常认为市场价格是制定内部转移价格的最好依据。因为市场价格客观公正，对买卖双方无

所偏袒，而且还能激励卖方努力改善经营管理，不断降低成本，在企业内部创造一种竞争的市场环境，让每个利润中心成为名副其实的独立生产经营单位，以利于相互竞争，最终通过利润指标来考核和评价其工作成果。

在采用市价作为计价基础时，为了保证各责任中心的竞争建立在与企业的总目标相一致的基础上，企业内部的买卖双方一般应遵守以下的基本原则：①如果卖方愿意对内销售，且售价不高于市价时，买方有购买的义务，不得拒绝；②如果卖方售价高于市价，买方有转向外界市场购入的自由；③若卖方宁愿对外界销售，则应有不对内销售的权利。

然而，以市场价格作为内部转移价格的计价基础，也有其自身的局限性。这是因为企业内部相互转让的产品或提供的劳务，往往是本企业专门生产的，具有特定的规格，或需经过进一步加工才能出售的中间产品，因而往往没有相应的市价作为依据。

2. 协商价格

协商价格，简称"议价"，它是指买卖双方以正常的市场价格为基础，定期共同协商，确定出一个双方都愿意接受的价格作为计价标准。成功的协商价格依赖于两个条件：①要有一个某种形式的外部市场，两个部门的经理可以自由地选择接受或是拒绝某一价格。如果根本没有可能从外部取得或销售中间产品，就会使一方处于垄断状态，这样的价格不是协商价格，而是垄断价格。②当价格协商的双方发生矛盾不能自行解决，或双方谈判可能导致企业非最优决策时，企业的高一级管理阶层要进行必要的干预，当然这种干预是有限的、恰当的，不能使整个谈判变成上级领导裁决一切问题。

协商价格的上限是市价，下限是单位变动成本，具体价格应由买卖双方在其上下限范围内协商议定，这是由于：①外部售价一般包括销售费、广告费及运输费等，这是内部转移价格中所不包含的，因而内部转移价格会低于外部售价；②内部转移的中间产品一般数量较大，故单位成本较低；③售出单位大多拥有剩余生产能力，因而议价只需略高于单位变动成本就行。

采用协商价格的缺陷是：在双方协商过程中，不可避免地要花费很多人力、物力和时间，当买卖双方的负责人协商相持不下时，往往需要企业高层领导进行裁定。这样就丧失了分权管理的初衷，也很难发挥激励责任单位的作用。

3. 双重价格

双重价格是由买卖双方分别采用不同的内部转移价格作为计价的基础。如对产品（半成品）的"出售"部门，可按协商的市场价格计价；而对"购买"部门，则按"出售"部门的单位变动成本计价；其差额由会计部门进行调整。西方国家采用的双重价格通常有两种形式：①双重市场价格。即当某种产品或劳务在市场上出现几种不同价格时，买方采用最低的市价，卖方则采用最高的市价。②双重转移价格。即卖方按市价或协议价作为计价基础，而买方则按卖方的单位变动成本作为计价基础。

采用双重价格既可较好地满足买卖双方不同的需要，也便于激励双方在生产经营上充分发挥其主动性和积极性。

4. 以"成本"作为内部转移价格

以产品或劳务的成本作为内部转移价格，是制定转移价格的最简单方法。由于成本的概念不同，以"成本"作为内部转移价格也有多种不同形式，它们对转移价格的制定、业绩评价将产生不同的影响。

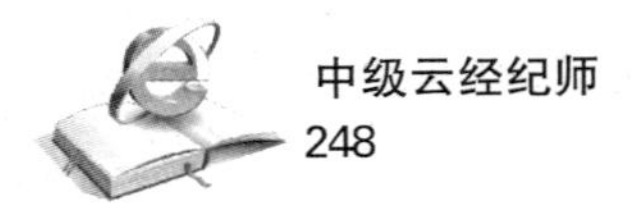



(1)标准成本法

即以各中间产品的标准成本作为内部转移价格。这种方法适用于成本中心产品(半成品)或劳务的转移,其最大优点是能将管理和核算工作结合起来。由于标准成本在制定时就已排除无效率的耗费,因此,以标准成本作为转移价格能促进企业内买卖双方改善生产经营,降低成本。其缺点是不一定使企业利益最大化,如中间产品标准成本为30元,单位变动成本24元,卖方有闲置生产能力,当买方只能接受26元以下的内部转移价格时,此法不能促成内部交易,从而使企业整体丧失一部分利益。

(2)标准成本加成法

即根据产品(半成品)或劳务的标准成本加上一定的合理利润作为计价基础。当转移产品(半成品)或劳务涉及利润中心或投资中心时,可以将标准成本加利润作为转移价格,以分清双方责任。但利润的确定,难免带有主观随意性。

(3)标准变动成本

它是以产品(半成品)或劳务的标准变动成本作为内部转移价格,符合成本习性,能够明确揭示成本与产量的关系,便于考核各责任中心的业绩,也利于经营决策。其不足之处是产品(半成品)或劳务中不包含固定成本,不能鼓励企业内卖方进行技术革新,也不利于长期投资项目的决策。

## 二十五、云会计的发展与挑战

### (一)云会计的发展

云会计是指构建于互联网上,并向企业提供在线会计核算、会计管理和会计决策服务的虚拟会计信息系统。也可以说,云会计就是利用云技术和理念构建的会计信息化的基础设施和服务。

云会计包括会计应用软件、应用服务平台以及具有存储和数据计算能力的基础设施三个层次。云会计的每一层都由对应的服务构成。软件即服务(SaaS)构建云会计的会计核算、管理、决策系统,并与其他相关系统融合,以租用的方式通过网络交付给用户;开发者可以每天对软件进行多次升级,而对于这些用户来说是透明的;用户可以彻底打破空间和时间的限制,在任何时间、任何可以连通互联网的地方实现报账、报税、审计、汇款等远程工作,真正实现“移动办公”。平台即服务(PaaS)构建会计信息化新应用、新服务的开发平台以及云会计的数据库服务,一旦用户的应用被开发和部署完成,所涉及的运行、管理、监控工作都将由该平台负责,企业的财务数据也通过该平台的数据库服务进行统一管理。基础设施即服务(IaaS)提供虚拟化的基础设施资源,以虚拟机的形式向用户提供动态的计算机资源,实现有弹性的存储计算能力。

### (二)云会计的挑战

1. 成本(规模效应)

云会计的推广范围取决于其成本的高低。在云会计刚诞生之时,就有许多人质疑是否每个企业都能负担起它的成本。特别是针对中小企业,成本问题更是不容忽视的一大问题。对中小企业来说,购买服务器和后期维护、升级等方案,费用过高。目前来看,成本已不再是阻止云会计前进的“绊脚石”了。在线会计的推出不仅解决了成本问题,更造就了云会计的成本优势。在线会计是将企业的会计业务“外包”至互联网端的厂商,也就是说,不同企业可

以共享一台服务器。这样一来，高昂的费用已分摊至众多中小企业，成本远低于 ERP 软件。

2. 数据安全（外包财务企业的声誉，不同机密等级数据的相应处理）

（1）云会计面临的安全问题

云技术在会计领域被广泛应用之前，其是否足够安全是一个不容忽视的问题。虽然迄今为止尚未有任何关于云会计存在安全漏洞被利用的事故出现，但是云技术在其他领域却并不是百分百的安全。进入云计算领域时间最长的亚马逊公司在其提供服务的 6 年间曾多次宕机，而同为云计算领域的巨头谷歌公司、微软公司也曾先后出现过宕机事故，就连刚刚加入的苹果公司的“iCloud”服务也遇到过类似的麻烦。而国内的云平台也不让人放心，2012 年盛大云服务器发生故障，导致客户数据丢失，阿里云等网络公司也出现过类似事故。诸如此类的服务器故障事故，均会对用户造成不同程度的影响，例如，用户公司网站的宕机，用户不能及时利用存储的资料，甚至造成用户资料的毁坏丢失。由此可见，对于云技术来说信息安全问题确实是个大麻烦。而在财务会计这样一个对信息安全要求极高的产业中，数据安全的潜在风险体现在诸多方面。

①硬件方面。如今已被应用的云会计技术大多是建立在软件即服务（SaaS）模型上的，如许多知名财务软件公司提供的在线会计服务便是如此。但是，2012 年 TechTarget 中国云安全调查结果显示，SaaS 模式（27%）成为受访者心中最不安全的云计算模式。而在这之中，用户最担心的安全问题则是账户劫持。从上述调查结果可以看到，用户所担心的安全问题可以分为三个方面：一是自己的数据被他人知晓、利用；二是自己不能对数据进行实时掌控；三是自己的数据被破坏导致信息的流失。这三方面的安全隐患都与在线会计服务厂商的服务器密切相关，其运作是否正常时时关系着用户的信息安全。

②软件方面。在应用云技术之前，企业内部的财务资料只被财务会计人员以及部分管理人员所掌握。但是，一旦企业应用了云会计，将财务会计流程“外包”出去之后，这些信息也就被在线会计服务厂商的人员掌握了。而这些非公司的员工是否可信赖，这便要画上一个问号。企业的管理人员对于在线会计服务厂商的信任是建立在保密协议之上的，但是厂商的员工是否百分之百遵守协议，这也是个不小的风险。

③企业内部风险。在应用云会计时，企业内部也存在着安全风险。虽然内部风险不及外部云技术厂商存在的风险大，但这也是管理者必须考虑的问题。硬件上，企业也不能保证自己的网络是永久畅通的。例如，宽带故障、电力故障等不可预测的故障都可导致数据的不安全以及管理人员不能实时掌控数据。软件方面，云技术的应用使极小部分不具备职业操守的会计管理人员有了可乘之机。他们可以通过攻击公司内部的计算机盗窃数据。

（2）应对措施

①首先，服务厂商必须加强服务器的安全级别，虽然不能保证云计算的百分之百安全，但是服务商至少要实时更新自己服务器的安全漏洞，加强云防火墙的安全防护等措施，以尽力减少网络攻击导致数据丢失、被窃取的危险系数。其次，服务器的存储部署也必须被优化，控制数据量，以防止服务器的崩溃。最后，也是最重要的，就是要加强数据的备份。一旦服务器遭受了不可预知的攻击，如上述的服务器被攻击、崩溃或是各种自然灾害，那么备份也可使用户不必承担不可挽回的损失。

②政府应加强监管。不仅是服务厂商自己要做好安全工作，政府部门也要加强对服

务厂商的监管力度，颁布新的法规以约束服务厂商。例如，可以加强服务厂商和客户间保密协议的约束力。而除了服务厂商，进行网络攻击的黑客也要被严厉惩罚。政府部门也可以通过颁布、加强相应的法律法规，逐步整治网络环境，使用户不会一想到网络就质疑其安全问题。当网络的大环境变得有条理，黑客变得极其稀少时，云会计的安全度自然就升高了。

③要加强相应人员的培训。不论是企业内部还是服务厂商内部的人员都要进行严格的培训，培养正确的职业操守。同时，也要普及有关应对突发事件的相关专业知识，如数据的抢救、备份等。

## 第五节　云资源预算编制格式

以下通过一个案例说明云资源项目预算编制的具体格式。需要注意的是，在预算编制期间，需要决策层进行确认的项目需加入“待确认”记号，而没有具体参考数据或者本身无建议权的项目需加入“需确认”记号。

### 一、项目描述

中新软件基于云技术动态高效率的舆情监控攻击防护备案系统产业化项目(以下简称“中云项目”)需建设 3 个云数据分析中心，包括安徽总公司(合肥)云数据中心、北京研发分析云数据中心、宁波研发分析云数据中心。其中，安徽总公司云数据中心为核心中心，并对北京和宁波两中心上传的采集信息进行汇总和分析；北京和宁波研发分析云数据中心主要是作为协同分析中心和灾备中心。

(一)预建设系统概述

1. 项目需求

(1)针对主干网、企业网、教育网、金融网、社区网、网游平台中敏感信息自动采集和汇总，自动日志报表生成，动态过滤，对公安机关和等级保护机构提供有价值舆情报告和攻击记录证据；

(2)敏感信息，攻击特征库收集，归类；

(3)黑白名单自动推送；

(4)只针对客户群的特殊要求过滤库自动更新推送，即对不同客户群和时间区间进行有针对性的编辑；

(5)比对特征小云，并比对汇总成有价值的大云；

(6)自动过滤，智能降低误过滤；

(7)网络非法攻击防护、漏洞扫描、特征收集、自动防护，并生成防护报告；

(8)对不能自动处理的攻击、漏洞，提交后台人工处理，并对危情度评级；

(9)对国内互联网信息安全、舆情、攻击形势进行记录，为有关部门提供有价值、高时效性的评估报告。

2. 预建设系统内容

根据项目需求，本次“中云项目”各地云数据中心预建设内容包括如下系统：

(1)DDOS 云清洗系统

在安徽总公司云数据中心、北京研发分析云数据中心及宁波研发分析云数据中心分别部署 3 套 DDOS 云清洗系统，各地规划 DDOS 清洗能力如表 4—7 所示：

**表 4—7**

| 中心名称 | DDOS 清洗能力 | 描　述 |
|---|---|---|
| 安徽总公司云数据中心 | 20G(可分阶段扩展) | 主 DDOS 云清洗中心，主要集中处理大流量清洗业务 |
| 北京研发分析云数据中心 | 10G(可分阶段扩展) | 协同 DDOS 云清洗中心，处理北方小流量清洗业务 |
| 宁波研发分析云数据中心 | 10G(可分阶段扩展) | 协同 DDOS 云清洗中心，处理南方小流量清洗业务 |

(2)漏洞扫描云系统

在安徽总公司云数据中心、北京研发分析云数据中心及宁波研发分析云数据中心分别部署 3 套漏洞扫描云系统，主要负责各种云扫描业务处理。

(3)互联网信息安全过滤云系统

在安徽总公司云数据中心、北京研发分析云数据中心及宁波研发分析云数据中心分别部署 3 套互联网信息安全过滤云系统，主要负责处理互联网非法信息过滤业务、黑白名单推送业务、特性信息过滤特征库推送业务及相关分析业务；信息收集过程将采用分级采集，逐层递交方式进行。

(4)互联网舆情分析云系统

在安徽总公司云数据中心、北京研发分析云数据中心及宁波研发分析云数据中心分别部署 3 套互联网舆情分析云系统，主要负责互联网舆情汇总及分析业务、提供舆情报告业务及特性副作用信息预警业务等；舆情信息采集过程将使用分级采集，逐层递交方式进行。

(二)云数据中心建设预算

1. 基础运行环境建设

(1)机房建设预算

本次项目各地云数据中心将按照标准机房进行建设，根据市场报价预计投入成本如表 4—8所示：

**表 4—8**

| 安徽总公司云数据中心机房 | | | | |
|---|---|---|---|---|
| 费用名称 | 描　述 | 面积<br>(平方米) | 单价<br>(元人民币) | 总价<br>(元人民币) |
| 场地租用费 | 可容纳至少 5 个标准机柜及其他辅助设备(如空调、UPS、配电柜、监控室、设备间等) | 约 200 | 需确认 | |
| 机房建设费 | 根据机房建设经验报价估算(包括空调、UPS 等外设) | 约 200 | 25 000 | 5 000 000.00 |
| 合计 | | | | |

续表

| 北京研发分析云数据中心机房 | | | | |
|---|---|---|---|---|
| 费用名称 | 描　述 | 面积（平方米） | 单价（元人民币） | 总价（元人民币） |
| 场地租用费 | 可容纳至少 4 个标准机柜及其他辅助设备（如空调、UPS、配电柜、监控室、设备间等） | 约 150 | 需确认 | |
| 机房建设费 | 根据机房建设经验报价估算（包括空调、UPS 等外设） | 约 150 | 25 000 | 3 750 000.00 |
| 合计 | | | | |
| 宁波研发分析云数据中心机房 | | | | |
| 费用名称 | 描　述 | 面积（平方米） | 单价（元人民币） | 总价（元人民币） |
| 场地租用费 | 可容纳至少 4 个标准机柜及其他辅助设备（如空调、UPS、配电柜、监控室、设备间等） | 约 150 | 需确认 | |
| 机房建设费 | 根据机房建设经验报价估算（包括空调、UPS 等外设） | 约 150 | 25 000 | 3 750 000.00 |
| 合计 | | | | |
| 总计 | | | | |

（2）网络设备预算

网络设备预算如表 4—9 所示：

**表 4—9**

| 安徽总公司云数据中心机房 | | | | | |
|---|---|---|---|---|---|
| 设备名称 | 参数描述 | 设备型号 | 数量（台） | 单价（元人民币） | 总价（元人民币） |
| 接入路由器 | 背板交换容量≥80Gbps<br>整机包转发率≥16.5 Mpps；配置 2 个万兆接口板卡，1 个 24 口 SFP 光接口板卡；1 个 24 口电接口板卡；冗余电源 | Cisco 7604 或其他厂商同档产品 | 1 | 400 000.00 | 400 000.00 |
| 接入交换机 | 24 口 10/100/1 000M | Cisco 2 960 | 2 | 8 000.00 | 16 000.00 |
| 带宽租用 | ≥20G（可分阶段扩展） | | | 4 000 000.00 | 4 000 000.00 |
| 合计 | | | | | 4 416 000.00 |

续表

| 北京研发分析云数据中心机房 | | | | | |
|---|---|---|---|---|---|
| 设备名称 | 描　述 | 面积（平方米） | 数量（台） | 单价（元人民币） | 总价（元人民币） |
| 接入路由器 | 背板交换容量≥80Gbps 整机包转发率≥16.5 Mpps；配置1个万兆接口板卡，1个24口SFP光接口板卡；1个24口电接口板卡；冗余电源 | Cisco 7604或其他厂商同档产品 | 1 | 400 000.00 | 320 000.00 |
| 接入交换机 | 24口10/100/1 000M | Cisco 2960 | 2 | 8 000.00 | 16 000.00 |
| 带宽租用 | ≥10G(可分阶段扩展) | | | 2 000 000.00 | 2 000 000.00 |
| 合计 | | | | | 2 336 000.00 |
| 宁波研发分析云数据中心机房 | | | | | |
| 设备名称 | 描　述 | 面积（平方米） | 数量（台） | 单价（元人民币） | 总价（元人民币） |
| 接入路由器 | 背板交换容量≥80Gbps 整机包转发率≥16.5 Mpps；配置1个万兆接口板卡，1个24口SFP光接口板卡；1个24口电接口板卡；冗余电源 | Cisco 7604或其他厂商同档产品 | 1 | 400 000.00 | 320 000.00 |
| 接入交换机 | 24口10/100/1 000M | Cisco 2960 | 2 | 8 000.00 | 16 000.00 |
| 带宽租用 | ≥10G(可分阶段扩展) | | | 2 000 000.00 | 2 000 000.00 |
| 合计 | | | | | 2 336 000.00 |
| 总计 | | | | | 9 088 000.00 |

(3)安全设备预算

安全设备预算如表4—10所示：

**表4—10**

| 安徽总公司云数据中心机房 | | | | | |
|---|---|---|---|---|---|
| 设备名称 | 参数描述 | 设备型号 | 数量（台） | 单价（元人民币） | 总价（元人民币） |
| DDOS清洗设备 | 金盾万兆抗拒绝服务系统 | 金盾万兆抗DDOS设备 | 2 | 需确认 | |
| 漏洞扫描设备 | 中新漏洞扫描设备 | 万兆 | 2 | 需确认 | |
| 信息安全过滤探针 | 金盾互联网信息安全过滤系统 | JDIS | 若干 | 需确认 | |
| 舆情分析探针 | 中新舆情分析设备 | | 若干 | 需确认 | |
| 合计 | | | | | |

续表

| 北京研发分析云数据中心机房 | | | | | |
|---|---|---|---|---|---|
| 费用名称 | 描　述 | 面积（平方米） | 数量（台） | 单价（元人民币） | 总价（元人民币） |
| DDOS清洗设备 | 金盾万兆抗拒绝服务系统 | 金盾万兆抗DDOS设备 | 1 | 需确认 | |
| 漏洞扫描设备 | 中新漏洞扫描设备 | 万兆 | 1 | 需确认 | |
| 信息安全过滤探针 | 金盾互联网信息安全过滤系统 | JDIS | 若干 | 需确认 | |
| 舆情分析探针 | 中新舆情分析设备 | | 若干 | 需确认 | |
| 合计 | | | | | |
| 宁波研发分析云数据中心机房 | | | | | |
| 费用名称 | 描　述 | 面积（平方米） | 数量（台） | 单价（元人民币） | 总价（元人民币） |
| DDOS清洗设备 | 金盾万兆抗拒绝服务系统 | 金盾万兆抗DDOS设备 | 1 | 需确认 | |
| 漏洞扫描设备 | 中新漏洞扫描设备 | 万兆 | 1 | 需确认 | |
| 信息安全过滤探针 | 金盾互联网信息安全过滤系统 | JDIS | 若干 | 需确认 | |
| 舆情分析探针 | 中新舆情分析设备 | | 若干 | 需确认 | |
| 合计 | | | | | |
| 总计 | | | | | 9 088 000.00 |

（4）主机设备预算

主机设备预算如表4—11所示：

**表4—11**

| 安徽总公司云数据中心机房 | | | | | |
|---|---|---|---|---|---|
| 设备名称 | 参数描述 | 设备型号 | 数量（台） | 单价（元人民币） | 总价（元人民币） |
| 舆情分析及信息安全过滤管理服务器 | 4x8核处理器，主频3.0G；128G内存；标配硬盘；支持HA高可靠性；支持硬件分区 | IBM-P750或其他厂商同档产品 | 1 | 1 100 000.00 | 1 100 000.00 |
| 灾备管理服务器 | Xeon E5506 2.13GH；4G内存；146G硬盘 | IBM 3650或其他厂商同档产品 | 1 | 12 000.00 | 12 000.00 |

续表

| 设备名称 | 参数描述 | 设备型号 | 数量（台） | 单价（元人民币） | 总价（元人民币） |
|---|---|---|---|---|---|
| 网管主机 | Intel 酷睿 i3；2G 内存；500G 硬盘；21.5 寸液晶显示器 | 联想 iR608 或其他厂商同档产品 | 若干 | 4 000.00 | 需确认 |
| 服务器标准机柜 | 标准网络服务器机柜 | | 5 | 4 000.00 | 20 000.00 |
| 合计 | | | | | |
| 北京研发分析云数据中心机房 | | | | | |
| 设备名称 | 描　述 | 面积（平方米） | 数量（台） | 单价（元人民币） | 总价（元人民币） |
| 舆情分析及信息安全过滤管理服务器 | 4x8 核处理器，主频 3.0G；128G 内存；标配硬盘；支持 HA 高可靠性；支持硬件分区 | IBM-P750 或其他厂商同档产品 | 1 | 1 100 000.00 | 1 100 000.00 |
| 灾备管理服务器 | Xeon E5506 2.13GH；4G 内存；146G 硬盘 | IBM3650 或其他厂商同档产品 | 1 | 12 000.00 | 12 000.00 |
| 网管主机 | Intel 酷睿 i3；2G 内存；500G 硬盘；21.5 寸液晶显示器 | 联想 iR608 或其他厂商同档产品 | 若干 | 4 000.00 | 需确认 |
| 服务器标准机柜 | 标准网络服务器机柜 | | 4 | 4 000.00 | 16 000.00 |
| 合计 | | | | | |
| 宁波研发分析云数据中心机房 | | | | | |
| 设备名称 | 描　述 | 面积（平方米） | 数量（台） | 单价（元人民币） | 总价（元人民币） |
| 舆情分析及信息安全过滤管理服务器 | 4x8 核处理器，主频 3.0G；128G 内存；标配硬盘；支持 HA 高可靠性；支持硬件分区 | IBM-P750 或其他厂商同档产品 | 1 | 1 100 000.00 | 1 100 000.00 |
| 灾备管理服务器 | Xeon E5506 2.13GH；4G 内存；146G 硬盘 | IBM 3650 或其他厂商同档产品 | 1 | 12 000.00 | 12 000.00 |
| 网管主机 | Intel 酷睿 i3；2G 内存；500G 硬盘；21.5 寸液晶显示器 | 联想 iR608 或其他厂商同档产品 | 若干 | 4 000.00 | 需确认 |
| 服务器标准机柜 | 标准网络服务器机柜 | | 4 | 4 000.00 | 16 000.00 |
| 合计 | | | | | |
| 总计 | | | | | |

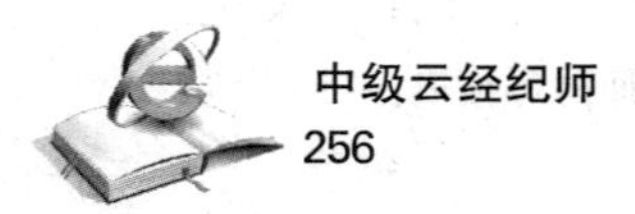



(5)存储设备预算

由于本次项目需要对部署在各地的舆情采集系统汇总的数据进行存储分析，并且需要保留至少 3 年的舆情信息记录；需要对互联网非法信息进行存储，同样需要保留至少 3 年的记录。所以针对“中云项目”特点及考虑性能要求，本次存储系统建议采用 SAN 存储架构进行设计，并且采用虚拟磁带库设备作为存储介质。详细预算如表 4—12 所示：

**表 4—12**

| 安徽总公司云数据中心机房 | | | | | |
|---|---|---|---|---|---|
| 设备名称 | 参数描述 | 设备型号 | 数量（台） | 单价（元人民币） | 总价（元人民币） |
| 虚拟磁带库 | 60TB | EMC DD660 | 1 | 550 000.00 | 550 000.00 |
| SAN 交换机 | 16 端 SAN 交换机，32×Fibre Cable LC/LC 5m multimode | IBMB-16 或其他厂商同档产品 | 1 | 30 000.00 | 30 000.00 |
| 合计 | | | | | 580 000.00 |
| 北京研发分析云数据中心机房 | | | | | |
| 设备名称 | 描　述 | 面积（平方米） | 数量（台） | 单价（元人民币） | 总价（元人民币） |
| 虚拟磁带库 | 36TB | EMC DD660 | 1 | 300 000.00 | 300 000.00 |
| SAN 交换机 | 16 端 SAN 交换机，32×Fibre Cable LC/LC 5m multimode | IBMB-16 或其他厂商同档产品 | 1 | 30 000.00 | 30 000.00 |
| 合计 | | | | | 330 000.00 |
| 宁波研发分析云数据中心机房 | | | | | |
| 设备名称 | 描　述 | 面积（平方米） | 数量（台） | 单价（元人民币） | 总价（元人民币） |
| 虚拟磁带库 | 36TB | EMC DD660 | 1 | 300 000.00 | 300 000.00 |
| SAN 交换机 | 16 端 SAN 交换机，32×Fibre Cable LC/LC 5m multimode | IBMB-16 或其他厂商同档产品 | 1 | 30 000.00 | 30 000.00 |
| 合计 | | | | | 330 000.00 |
| 总计 | | | | | 1 240 000.00 |

2. 研发预算

北京、宁波研发人员成本参考(研发周期等于项目周期，即 3 年)如表 4—13 所示：

**表 4—13**

| 职　责 | 人数 | 月薪（元人民币） | 年薪（元人民币） | 研发周期总预算（3 年） |
|---|---|---|---|---|
| 美工 | 1 | 3 000.00 | 36 000.00 | 108 000.00 |
| 前台界面 | 4 | 3 000.00 | 36 000.00 | 432 000.00 |
| 后台代码 | 7 | 3 500.00 | 42 000.00 | 882 000.00 |
| 核心产品设计 | 2 | 20 000.00 | 240 000.00 | 1 440 000.00 |
| 质量及标准控制 | 2 | 5 000.00 | 60 000.00 | 360 000.00 |
| 产品测试 | 3 | 10 000.00 | 120 000.00 | 1 080 000.00 |
| 其他人员 | 2 | 5 000.00 | 60 000.00 | 360 000.00 |
| 合计 | | | | 4 662 000.00 |

## 二、研发使用设备

单中心研发设备配置如表 4—14 所示：

**表 4—14**

| 设备名称 | 描　述 | 面积（平方米） | 数量（台） | 单价（元人民币） | 总价（元人民币） |
|---|---|---|---|---|---|
| 研发及测试服务器 | Xeon E5506 2.13GH；4G 内存；146G 硬盘 | IBM3650 或其他厂商同档产品 | 5 | 12 000.00 | 60 000.00 |
| 研发用笔记本 | Intel 酷睿 i3；2G 内存；500G 硬盘；14 寸显示屏 | 联想 E46A | 21 | 3 700.00 | 77 700.00 |
| 其他研发设备 | 如产品定制硬件等 | 待确认 | 待确认 | 待确认 | 待确认 |
| 合计 | | | | | |

## 三、研发场地租用

通过以上实例，结合本章的财务知识，可以编制出考虑了时间价值与相关成本费用的云应用项目运算报告，从而为云应用的科学决策打下坚实基础。

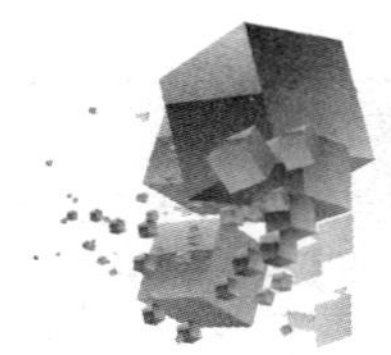

# 第五章 云应用规划与政府云采购

**学习要点**

1. 了解云应用规划
2. 了解政府云采购

## 第一节 云应用规划

云计算从最初的理念发展至今，不论是产品还是标准，都进入落地应用阶段。探索和建立适宜云计算发展的市场准入、服务采购和安全保障机制，推广应用安全可靠的云产品和云解决方案，以及如何实施云计算和构建云计算、如何从用户的视角选择适合的云相关产品，是目前产业界关注的重点。

云计算的本质是一种新型服务模式，而基于标准的云服务可通过开放的标准接口实现互操作性和可移植性。从应用角度出发，SLA、云安全也是云计算在实施过程中，云用户应关注的重点。下面分步介绍实施云计算的系列步骤。

### 一、云计算实施总路线

(一)组建团队

云用户可能是各类不同规模的企业，在决定采用云计算为自己服务时，需建立相应的工作团队，并明确在云实施不同阶段各角色的工作职责和工作目标。

首先，在云采用的战略阶段，CEO 和高级管理层领导公司确定目标、职责范围和指导方针。其次，在策略阶段，通常在 CIO 或 CTO 的领导下，公司执行业务分析和技术分析。最后，在运营阶段，不同运营组的主管针对云部署，共同完成持续运营业务的采购、实施和运营。

(二)制定业务案例和云战略

云用户应明确自身需求，结合自身业务特点，制定适合自身发展的综合云战略。在规划云战略时，应将以下因素考虑在内：培训团队、考虑现有 IT 环境、了解所需的服务和功能、确定所需的技能、制定长期和短期规划图、确定明确的目标和衡量进度的指标、了解法律法规要求、延长追踪结果的时间。

(三)选择云部署模式

根据既定云战略，综合考量企业规模、云服务关键程度、业务迁移成本、弹性、安全和多

租户等因素，选择合适的云部署模式。

(四)选择云服务模式

根据云用户的IT成熟度和企业规模，结合各类云服务模式的特点，选择适合用户需求的云服务模式：

1. 基础设施即服务(IaaS)的优势

(1)通过提高资源利用率以及管理员对服务器的比例，减少IT运营支出和资本支出；

(2)通过提高效率和标准化解决方案的自动化，提高产品推向市场的速度；

(3)简化集成管理流程，包括实时监测和高扩展低干预的调配；

(4)提高对业务流程和系统性能的可见性，以确定冗余和“瓶颈”；

(5)对市场动态和业务战略需求实现可扩展的运营模式。

2. 平台即服务(PaaS)的优势

(1)快速、经济的开发部署新应用程序；

(2)面向预定义工作负载的高度标准化和自动化调配；

(3)面向特定工作负载的集成式开发和运行平台；

(4)面向大多数常见工作负载的基于模式的部署；

(5)面向SLA执行、动态资源管理、高度可用性和业务优先级的集成式工作负载管理；

(6)基于业务优先级和SLA的工作负载意识与最佳化；

(7)简化的管理系统之下的工作负载整合。

3. 软件即服务(SaaS)的优势

(1)将计算变成用户可轻松采用的实用程序；

(2)高度的可扩展性；

(3)实施时间周期短；

(4)升级更新以及解决方案的可用性由提供商负责。

(五)明确由谁开发、测试和部署云服务

根据云用户的需要和能力，开发、测试和部署云环境，按部署方法可分成四种方式：

(1)内部开发和部署；

(2)云提供商开发和部署；

(3)基于云服务的独立开发提供商；

(4)购买现成的云服务。

云用户应从技能、初始考虑项、服务更新、测试和部署等方面，综合考虑选择部署方式，也可以根据具体的云服务需求，同时利用多种方式。

(六)在生产之前制定概念验证(POC)

一旦明确要实施云，可(推荐但不必须)建立概念验证(POC)团队，假设POC成功，符合或超出预期，则云服务可以交付进行生产实施。POC既可以在公司内部实施，也可以直接在公有云中实施。POC和目标云环境之间可能存在着差异，在向生产环境迁移时，需要处理目标云环境。

一旦完成全部测试，并且运行正常，即可进一步完善商务合同、SLA等，将新的云服务投入生产。

(七)与现有企业服务集成

有多种方法可以在云服务和现有服务之间建立无缝连接:

(1)企业已确定采用开放基础设施标准,则云服务应建立在已实施的内容的基础上,可通过标准化的应用程序编程接口(API)来对此进行管理,这些 API 将成为云服务所支持的开放标准和企业现有服务之间的连接导管,实现云服务和企业服务之间的互操作性。

(2)企业没有确定要采用开放基础设施标准,则可使用新的云服务来设置基线。一个清晰的采用开放标准的计划能确保云服务的互操作性和可移植性,并简化新服务的基础流程,使之不受新的云服务的获取位置和方式的限制。

(八)制定和管理 SLA

SLA 是用于解决服务交付争议的书面协议。花费时间制定一份全面的 SLA 将有助于消除用户与提供商之间的预期异议,也有助于确保交付满意的服务水平。

在制定云用户(买方)和云提供商(卖方)之间的 SLA 时,不仅要考虑不同类型的服务模式有不同的需求,还应关注的因素有:组建内部 SLA 团队、为合约服务制定 SLA、与提供商共同定义关键流程、定期与企业内的关键利益相关者举行评审会、定期与云提供商召开检查点会议等。

如何实施和评估 SLA,将在下面的"云服务水平协议(SLA)实施步骤"中详细讲述。

(九)管理云环境

企业管理和运营云环境需要 CIO 和用户支持经理共同负责,前者整体负责,后者负责管理日常运营,并建立通畅的沟通渠道,如问题不能解决,需参考 SLA 中相关规定。

技术支持和用户支持因服务模式、部署模式和托管选择而异:若选择私有云(现场),则对其管理应与企业现有服务的管理一致;若选择私有云(外包)和公有云,则应在 SLA 中规定对其管理责任。

SLA 要确定相关流程用以发现问题,确定负责人和问题影响范围,寻找可以用来解决问题的资源(来自用户和提供商)。

除此之外,还需对灾难恢复流程做定义和实施、对问题报告流程和问题报告回应达成书面协议(SLA),如果拥有多个云供应商,需对供应商管理流程进行明确定义。

## 二、云服务水平协议(SLA)实施步骤

(一)理解角色和责任

为使用户理解云 SLA 明示或暗示的具体角色和责任,必须了解云计算环境可能会涉及的不同角色。一般包含 5 种云角色:

(1)云用户:与云供应商维持业务关系或使用云供应商服务的个人或机构。

(2)云供应商:有责任向云用户提供服务的个人、机构或实体。

(3)云运营商:提供云供应商与云用户间云服务连接和传输的中介机构。

(4)云代理商:管理云服务使用、表现和交付,并协调云供应商和云用户关系的机构。

(5)云审计者:独立评估云服务、信息系统运营、云实施的性能和安全性一方。

用户需要了解每种云角色在云环境交付中的活动与责任,准确设定每种角色的要求与服务水平。SLA 对不同的角色有不同要求,不限于定量方面,也包含遵照标准和数据保护等定性要求。通过 SLA 实施步骤,每个步骤都详细介绍了用户与供应商在业务水平目标和

服务水平目标方面应负的责任。

（二）评估业务水平策略

由于SLA所述策略与业务策略相关，用户在评审云SLA时必须考虑关键的策略问题。SLA内描述的云供应商的数据策略可能是最关键的业务水平策略，需要对其进行仔细评估。

SLA中涉及的数据策略包括：数据保存、数据冗余、数据位置、新数据位置的研究、数据获取、数据隐私。

除了数据策略外，云SLA内所述的其他业务水平策略也需要仔细评估。这些业务水平策略包括：承诺、可接受的使用策略、未涵盖服务列表、超额使用、激活、支付与惩罚模式、治理/版本控制、续约、转让、支持、计划内维护、分包服务、许可软件、行业特定标准等。

（三）了解各种服务模型和部署模型的区别

云供应商提供的服务一般可归纳为三种主要的服务模型：基础设施即服务（IaaS）、平台即服务（PaaS）、软件即服务（SaaS）。对每一种类来说，云SLA内可能包含的云资源抽象水平、服务水平目标和关键性能指标各有不同。

除了服务模型外，云SLA还应包含服务部署条款。这些条款应确认部署模型、所采用的部署技术。

（四）确定关键性能目标

云计算环境中的性能目标与服务交付的效率和准确性直接相关。性能一般通过可用性、响应时间、事务处理率和处理速度来衡量，但很多其他因素也可以衡量性能和系统的质量。因此，用户必须确定哪些因素对其云环境最为重要，并确保SLA中包含这些因素。

对云用户非常重要的性能声明需要具备可测量性，可以由用户对其审计，并且书面记录在SLA中，从而满足协议双方对服务水平的要求。性能的考虑因素因支持的服务模型（IaaS、PaaS和SaaS）及各模型提供的服务类型的不同而异，如IaaS模型提供网络、存储和计算服务。

为了确保性能目标有意义，当透明性和一致性对加强云服务的可信赖性非常重要时，度量是一个关键考虑事项。度量时，一定要清楚指标是怎样使用的，从这些指标中能得到什么结论，不断对性能进行评估，使其达到具体的目标。

（五）评估安全和隐私保护要求

确保云足够安全的首要措施是根据企业数据的重要性和敏感性创建分类方案，在整个企业内部施行。该方案应包括数据所有权、对安全水平的合适定义和保护控制等方面的详细信息，以及对数据保留和删除需求的简单描述。分类方案应作为控制实施的依据，如访问控制、归档或加密。为了确定具体资产所需要的安全水平，就要对资产的敏感性和重要性进行粗略的评估。

在隐私方面，很多国家的法律、法规和其他规定要求公共和私立机构保护个人数据的隐私性以及信息系统和计算机系统的安全性。

数据传输到云中后，保护数据安全的义务通常由数据的收集人或管理人承担，尽管有些情况下，收集人或管理人可能与其他人共同承担该义务。如需要第三方托管或处理数据，数据管理人仍应对数据的丢失、损坏或滥用负责。因此，数据管理人和云供应商签订书面（法律）协议是比较稳妥甚至是法律规定的做法，这样可以明确协议双方的职责和要求，并分割双方的相关责任。

(六)明确服务管理需求

用户在与云计算供应商签订服务水平协议时,需要考虑的有关服务管理的重要问题,主要包括审计、监控和汇报、计量、快速调配、资源变更、对现有服务的升级等方面。

(七)为服务故障管理做准备

云 SLA 应明确书面记录预期的服务能力和服务性能,否则用户和供应商发生误会的可能性会显著增加。例如,除非 SLA 中有明确规定,否则供应商不会认为 Web service 的响应时间过长属于服务故障。

服务故障管理的水平因供应商的不同而有很大差异,而能否争取到更高水平的管理服务则取决于用户公司的规模。因此,用户应在协议中包括其自身的服务故障管理能力,以确保能够及时获知出现的问题。

(八)了解灾难恢复计划

灾难恢复属于业务连续性的范畴,主要指在发生灾难时,用于恢复应用程序、数据、硬盘、通信(如网络)和其他 IT 基础设施的流程和技术。这里的灾难既包括自然灾害,也包括影响 IT 基础设施或软件系统可用性的人为事件。

企业将基础设施即服务(IaaS)、应用程序即服务(SaaS)或平台即服务(PaaS)外包至云环境并不意味着企业就不需要制订严格的灾难恢复计划。每个企业外包的基础设施或应用程序的重要性不同,因此云灾难恢复计划也各不相同,而在制订灾难恢复计划时,业务目标是非常重要的参考。

(九)开发有效的管理流程

不断发展的云计算需要有一套有效的管理流程,以解决可能遇到的各种问题。实行有效的管理流程是确保内部和外部用户对云服务的满意度的重要步骤。一个成功的管理流程的重要环节主要包括:确定每月例会、确保恰当的出勤、议题、追踪关键指标、生成报告。

(十)了解退出流程

每个云 SLA 中都应包含退出条款,对退出流程进行详细规定,包括云供应商与用户的关系提前终止或到期终止时的责任分配。

SLA 要明确规定退出流程,确保安全快速地转移用户的数据和应用程序。用户退出计划应在一开始签订 SLA 时就进行准备,并附在合同中。该计划应保证用户业务损失最小,并能顺利过渡。该退出流程应包括详细的程序,确保业务持续性,并明确提出可度量的指标,确保云供应商有效实施这些流程。

## 三、云安全实施步骤

当用户将其应用及数据转移到使用云计算时,在云环境中提供一个与传统 IT 环境一样或更好的安全水平至关重要。如果不能提供合适的安全保护,最终将造成更高的运营成本并有可能导致潜在的业务损失,从而影响云计算的收益。

这里提供了云用户评估和管理其云环境安全应采取的一系列规范性步骤,目标是帮助其降低风险并提供适当级别的支持。

(一)确保拥有有效的治理、风险及合规性流程

大多数机构已经为保护其知识产权和公司资产(尤其是在 IT 领域的资产)制定了安全

及合规的策略和规程。对云计算环境的安全控制与传统 IT 环境下的安全控制是相似的，然而由于职责部门采用的云服务和运营维护模型、云服务所使用的技术等因素，云计算与传统 IT 解决方案相比会为机构带来不同风险。

依据安全和合规性政策，云服务用户需要确保其托管应用和数据安全的主要方式是参考了相关的服务水平协议，同时需要核实其和供应商之间的合同是否包含了所有要求。用户了解与安全性相关的所有条款，并确保这些条款能满足其需要是非常重要的。如果没有合适的合同和 SLA，不建议继续使用该机构的云服务。

（二）审计运维和业务流程报告

用户至少应保证看到独立审计师编写的关于云服务供应商的运营报告。能够自由获取重要的审计信息是用户与任何云服务供应商签订合同和 SLA 条款时的关键因素。作为条款的一部分，云服务供应商应将与用户相关的特定数据或应用程序审计事项以及日志记录和报告信息及时提供，保证正常的访问能力和自我管理能力。

接下来，主要从以下三个领域对云安全进行考虑：

首先，了解云服务供应商的内部控制环境，包括其调配云服务时环境的风险、控制及其他治理问题。

其次，对企业审计跟踪的访问，包括当审计跟踪涉及云服务时的工作流程和授权。

最后，云服务供应商应向用户保证云服务管理和控制的设施是可用的，以及说明该设施是如何保障安全的。

对云服务提供商的安全审计是云用户在安全方面的重要考量，应由用户方或独立审计机构具备适当技能的人员进行操作。安全审计应以一个已发布的安全控制标准为基础，用户应检查安全控制是否符合其安全需求。

（三）管理人员、角色及身份

云用户必须确保其云服务供应商具备相关流程和功能来管理具有访问其数据和应用程序权限的人员，保证对其云环境的访问可控、可管理。云服务供应商必须允许用户根据其安全策略为每一个用户分配、管理角色和相关等级的授权。这些角色和授权以单个资源、服务和应用程序为基础。

云服务供应商应包含一个安全系统来管理其用户和服务的身份认证。这项身份管理功能必须支持简单的资源访问，以及可靠的用户应用程序和服务工作流。无论是何种角色或权限，供应商管理平台所有的用户访问或互操作行为都应该被监控并予以记录，以便为用户提供其数据和应用程序的所有访问情况的审计报告。云服务供应商应设立正式流程，管理其员工对任何储存、传输或执行用户数据和应用程序的软硬件的访问情况，并应将管理结果提供给用户。

（四）确保对数据和信息的合理保护

云计算中的数据问题涉及不同形式的风险，包括：数据遭窃取或未经授权的披露，数据遭篡改或未经授权的修改，数据损失或不可用。“数据资产”可能包括应用程序或机器镜像等，与数据库中的数据和数据文件一样，这些资产也有可能会遇到相同的风险。

我国国家标准《云服务安全指南》（报批稿）和《云计算服务安全能力要求》（报批稿）对保障数据安全性、使用云服务时需要解决的数据安全注意事项等，从不同方面做了详细规定。

用户为确保云计算活动中的数据得到适当保护应注意以下几个方面：

(1)创建数据资产目录;

(2)将所有数据包含其中;

(3)注重隐私;

(4)保密性、完整性和可用性;

(5)身份和访问管理。

(五)实行隐私策略

在云计算服务合约和云服务水平协议中,有必要充分解决隐私权保护问题。如果不明确列明隐私问题,用户应考虑通过其他方式实现其目标,包括寻找其他供应商或不将敏感数据导入云计算环境。例如,如果用户希望在云计算环境中导入 HIPAA 信息,用户必须寻找将与其签订 HIPAA 业务相关协议的供应商,否则用户不应将数据导入云计算环境中。

用户有责任制定策略以处理隐私权保护问题,并在其机构内部提高数据保护意识,同时还应确保其云服务供应商遵守上述隐私权保护策略。用户有义务持续核实其供应商是否遵守了上述策略,包括涵盖隐私权保护策略等所有方面的审计项目(涉及确保供应商是否采取改进措施的方法)。

(六)评估云应用程序的安全规定

制定明确的安全策略和流程,对确保应用程序能够帮助业务正常进行而避免额外风险至关重要。应用程序的安全性对于云服务供应商和用户同样重要,与保障物理和基础设施安全性一样,双方应尽力保障应用程序的安全性。不同云部署模型下的应用程序安全策略均不一样,主要区别如下:

1. IaaS

(1)用户有责任部署完整的软件栈(包括操作系统、中间件及应用程序等)以及与堆栈相关的所有安全因素;

(2)应用程序安全策略应精确模拟用户内部采用的应用程序安全策略;

(3)通常情况下,用户有责任给操作系统、中间件及应用程序打补丁;

(4)应采用恰当的数据加密标准。

2. PaaS

(1)用户有责任进行应用程序部署,并有责任保证应用程序访问的安全性;

(2)供应商有责任合理地保障基础设施、操作系统及中间件的安全性;

(3)应采用恰当的数据加密标准;

(4)在 PaaS 模式下,用户可能了解也可能不了解其数据的格式和位置,但有一点很重要,即用户应被告知获得管理访问权限的个人将如何访问其数据。

3. SaaS

(1)应用程序领域安全策略的限制通常是供应商的责任并取决于合约及 SLA 中的条款;用户必须确保这些条款满足其在保密性、完整性及可用性方面的要求。

(2)了解供应商的修补时间表、恶意软件的控制以及发布周期也是十分重要的。

(3)阈值策略有助于确定应用程序用户负载的意外增加和减少,阈值以资源、用户和数据请求为基础。

(4)通常情况下,用户只能够修改供应商已公开的应用程序的参数,这些参数可能跟应用程序的安全配置无关,但用户应确保其配置更改不会妨碍供应商的安全模式。

(5)用户应了解其数据如何受到供应商管理访问权限的保护；在 SaaS 模式下，用户可能并不了解其数据存储的位置和格式。

(6)用户必须了解适用于其静态和动态数据的加密标准。

(七)确保云网络和连接的安全性

这分为外部网络和内部网络安全两部分。建议从流量屏蔽、入侵检测防御、日志和通知等方面，来评估云服务提供商的外部网络管理。

内部网络安全与外部网络安全不同，在用户得以访问云服务供应商的部分网络后，维护内部网络安全由云服务提供商负责。用户应关注的主要内部网络攻击类别包括：保密性漏洞(敏感数据泄露)、完整性漏洞(未经授权的数据修改)及可用性漏洞(有意或无意地阻断服务)。用户必须根据其需求和任何现存的安全策略评估云服务供应商的内部网络管理。建议从保护用户不受其他用户攻击、保护供应商网络和检测入侵企图等方面，对云服务供应商的内部网络管理进行评估和选择。

(八)评估物理基础设施和设备的安全管理

云服务供应商应采用的适用于物理基础设施和设备的安全管理包括以下方面：

(1)物理基础设施和设备应托管在安全区域内。应设置物理安全界限以防止未授权访问，并配合物理准入控制设施以确保只有经授权的人员才能访问包含敏感基础设施的区域。所有安装与调配云服务相关的物理基础设施的办公室、房间或设备都应设置物理安保措施。

(2)应针对外部环境威胁提供安保措施，火灾、洪灾、地震、国内动乱及其他潜在威胁都有可能破坏云服务，因此应对上述威胁提供安保措施。

(3)应对在安全区域工作的员工进行管理。这类管理目的在于防止恶意行为。

(4)应进行设备安全管理，以防止资产丢失、盗窃、损失或破坏。

(5)应对配套公共设施进行管理，包括水、电的供应等。应防止因服务失败或设备故障(如漏水)导致的服务中断。应通过多路线和多个设备供应商保证公共设施正常运作。

(6)保障线缆安全，尤其要保障动力电缆和通信线缆的安全，以防止意外或恶意破坏。

(7)应进行适当设备维护，以确保服务不会因可预见的设备故障而中断。

(8)管理资产搬迁，以防止重要或敏感资产遭盗窃。

(9)保障废弃设备或者重新使用设备的安全，这一点对可能包含存储媒体等数据的设备尤为重要。

(10)保障人力资源安全，应对在云服务供应商的设施内的工作人员进行管理，包括任何临时或合约员工。

(11)备份、冗余和持续服务计划。供应商应提供适当的数据备份、设备冗余和持续服务计划以应对可能发生的设备故障。

(九)管理云服务水平协议(SLA)的安全条款

云活动中的安全责任，必须由云服务提供商和用户双方，通过云服务水平协议(SLA)的条款来共同明确和承担，SLA 保障安全的一大特征是，任何 SLA 中对云服务供应商提出的要求，该供应商为提供服务而可能会使用到的其他云服务提供商也必须遵守此 SLA。

(十)了解退出过程的安全需要

用户退出或终止使用云服务的过程需要认真考虑安全事项。从安全性角度出发，当用

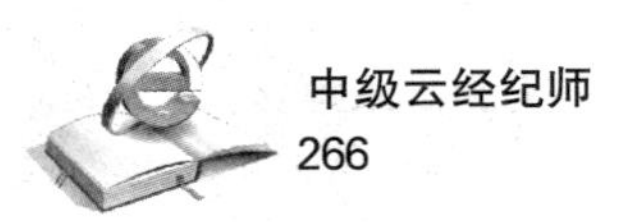


户完成退出过程，用户具有“可撤销权”，云服务供应商不可继续保留用户的数据。供应商必须保证数据副本已经从服务商环境下可能存储的位置(包括备份位置及在线数据库)彻底清除。同时，除法律层面需保留的用户数据可暂时保留一段时间外，其他与用户相关的数据信息(日志或审计跟踪等)，供应商应全部清除。

## 第二节　政府云采购

政府通过云计算应用，实现面向更多公众服务、带动本地信息化发展等目标。政府云数据中心可提供对海量数据存储、分享、挖掘、搜索、分析和服务的能力，使得数据能够作为无形资产进行统一有效的管理。通过对数据集成和融合技术，打破政府部门间的数据堡垒，实现部门间的信息共享和业务协同。通过对数据的分析处理，将数据以更清晰直观的方式展现给管理层，为管理层更好地决策提供数据支持。

### 一、政府云的相关概念

云计算：指基于互联网的计算模式，即共享资源、软件和信息等，像电力供应一样，按需提供给计算机和其他设备。

众包：是外包和大众的结合，指公司或机构把过去由员工或合同工执行的工作任务，以“公开征集”的方式外包给非特定人群的做法。

政府云：一种基于团队协作的新的政府工作模式，该模式依据政府机构的需要，提供人力资源的供给服务。

### 二、政府云的组成要素

(一)以解决问题为导向的云团队

云团队的员工有不同的背景和专业知识，表现出自给自足、自我激励等“自由人”的特质，以及对团队、同事和客户的高度忠诚。根据瑞士人力资源公司 Adecco 的白皮书《经济大萧条的教训》预计，选择非传统就业方式的员工数量，最终将占全球劳动力的 25%左右。《驱动力：驱动我们的力量背后，令人惊讶的真相》的作者丹尼尔·皮克认为，美国已有 33 万人采用“自由人”的方式进行工作。而且，这些高度自主的员工，没有以往的经济刺激，却更富有效率。

(二)以任务需求为导向的精简机构

政府云的本质是根据任务需求来组建或解散团队。在这一概念下，政府机构将专注于特定任务和常规的监督职能。随着知识型员工逐渐转移到云，这些政府机构将更加“精简”，这些精简机构主要执行一些常规性、延续性的工作。精简机构中工作的员工可分为两大类：

职能专员：拥有解决机构问题所需核心知识的专家，或需要在固定地点办公的员工。例如，机构的管理者、政策专家，以及拥有与机构职能密切相关的专业知识人士(如税务专家等)。职能专家也可基于其他机构的特定需求而加入到云团队中。

一线员工：指需要代表政府机构、面向公民进行工作、需要定期与公民互动的人员，如执

法人员、调查人员、监管机构、授权机构等。这类工作通常不适合到云服务中，但从事这些工作的员工仍会与某些相关机构保持联系，进行跨机构的合作。

政府云可能会改变政府现有高层管理人员的工作方式。例如，美国的高级行政人员、英国和澳大利亚一些机构的常任秘书长和总干事等高级官员可以在精简机构、共享服务和云团队之间轮岗，这将更好地体现高层机构的既定职能：使高层管理者积累丰富的跨部门工作经验，帮助他们培养共同的价值观，并开阔其视野。因此，轮岗的突出优势是培养进入云网络工作的能力，以组建高绩效的团队。

（三）以共享服务为核心的政府云模式

为了使部门机构进一步集中于特定任务的完成，可以把他们的后台支持功能安排在政府部门的共享服务中。欧洲大多数国家近期把共享服务作为电子政务战略的一部分，加大开发力度，并交由执行机构或 CIO 来组织实施。类似的例子还有很多：2002 年，美国的《电子政府法案》(E-Gov)，研究如何利用技术来降低成本和改善服务。2011 年 5 月，新西兰政府组建了一个顾问组，用于探索公共部门改革，以提高服务质量和价值，顾问组建议在政策咨询和房地产调控等领域的机构中，设置共享服务来提高效率，得到了政府的采纳。

使用共享服务是政府云模式的核心，政府云模式是建立在正常运作的人力资源、信息技术、金融和政府间采购等共享服务基础上的。提供这些共享服务的工作人员包括人力资源、信息技术等领域的专家和复合型专家，他们为政府的日常业务提供支撑。

## 三、政府云的优势

目前，大多数政府部门的工作模式中，员工的职权范围通常是固定的，这种模式会限制员工彼此之间的合作。以 2001 年英国口蹄疫为例，当时 600 多万头牲畜被屠宰，口蹄疫甚至波及军队和旅游部门——大批旅游区需要被封锁以防止疾病传播。由于有多个部门负责食品供应业务，而政府的组织结构限制了员工的工作范畴，造成了事件处理的低效率问题。在政府云的工作模式中，可以把每个领域的专家聚集到一起，制订补救措施和部门合作方案。

## 四、政府云的作用

2012 年以来，中国电子政务发展的一个趋势，就是随着云计算的广泛应用，为电子政务建设开辟一个全新的路径和解决方案，需要我们特别予以重视。

就云计算本身来看，其本质是通过互联网访问，将大量本该运行在自己计算机和服务器上的应用和服务，交由第三方提供。它的目标是把一切都拿到网络上，云就是网络，网络就是计算机。云计算借助互联网的庞大资源体系，以一种全新的计算模式向用户提供服务。云计算的新颖之处在于它几乎可以提供无限的廉价存储和计算能力。

云计算因其本质、特征、功能等，决定其成为解决电子政务三大难题的强大武器：最大限度地实现资源共享、最大限度地实现政务业务协同、最大限度地实现互联互通。云计算已经成为全球信息产业变革的焦点。各国政府给予云计算高度重视，纷纷制订并推出本国云计算发展计划，抢占新一轮国际信息产业变革的制高点。云计算对促进我国软件服务业持续、快速发展具有重要的战略和现实意义。

那么，云计算对电子政务会产生什么样的影响呢？一是为从根本上打破各自为政的建设思路提供了可能。在未来我国的电子政务系统建设中，一个机构或者部门可以不建立独立的数据中心，充分利用资源云。二是通过统筹规划，可以把大量的应用和服务放在云端，充分利用云服务。三是通过第三方专业化的服务，可以增强电子政务的安全保障。四是可以节约电子政务的大量建设资金，降低能源消耗，实现节能减排。

正是从这个意义上，我们说，电子政务建设正在呼唤政务云。原因很简单，电子政务信息产生的特殊性，决定其不能完全被一般的云所市场化；电子政务信息使用的特殊性，决定其不能完全被一般云所市场化；电子政务对信息安全要求的特殊性，也决定其不能完全被一般云所市场化。因此，有理由相信在电子建设和发展中，一方面我们急需发展安全可靠的政务云；另一方面要区分政务云、一般商务云、个人云的使用边界，通过使用适合的政务云，提升电子政务管理和服务能力，降低成本。在这方面，中国强大的国有电信运营商以及提供的云服务，或许可以扮演重要角色。

## 五、政府云计算的战略意义

### (一)云计算促进信息共享与平台整合

随着电子政务的不断发展，越来越多的政务系统被投入使用，电子政务在政府公务过程中已经占有越来越重要的地位，政府在使用政务系统的过程中需要存储和处理的数据越来越多，而传统的部门层级和区位理论使得不同部门不同地方政府的数据标准不统一、不准确、不完整，重复建设和重复录入的情况大量存在。在传统电子政务的运行过程中，由于政府部门之间的相互独立、信息不共享以及业务流程和应用相脱节等问题，会形成彼此之间相互闭塞的信息孤岛(参见图 5—1 左侧图)。电子政务的发展需要消除信息孤岛，政府机构之间需要互联互通、资源共享，最终实现网上政务协同，使社会大众真正享受到一站式办公服务，政府与民众之间也需加强信息沟通，社会信息资源需要公开，政府公共信息需要透明。同时，新公共管理运动的兴起促使政府跨部门的合作模式产生，政府云服务能满足跨部门合作模式的需要，通过建立政府云计算中心，对政府部门的所有数据进行集中存储并能很好地解决信息孤岛问题(参见图 5—1 右侧图)。

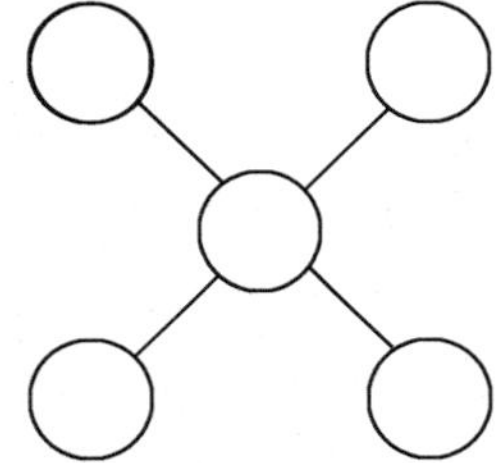

传统电子政务过程数据中心模式

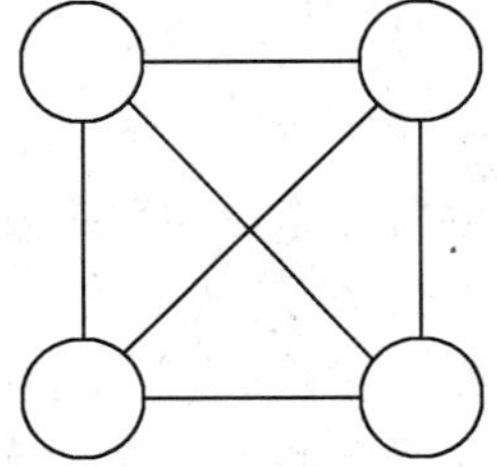

政府云计算数据中心数据共享模式

**图 5—1　数据中心模式比较**

政府云计算中心的建立可以降低政府部门信息共享的成本，提高信息共享的效率。传统的分散式数据存储模式导致政府部门之间的数据相互闭塞，数据共享十分困难。在云计算模式中，用户可以将用户端的设备和技术精简到最低限度，充分利用云计算中心提供的硬件和软件，以最小的成本获取自己所需的信息，从而降低共享成本。

政府云计算中心的建立可使数据集中存储，有助于降低各部门进行单独数据存储的安

全风险。政府数据的安全要求一般较高，在传统分散式的数据存储方式中各台计算机都必须具备极高的安全性是不大现实的，而政府云计算中心则可以通过专业数据管理团队在云端对数据进行统一的安全管理，能很好地解决这一问题。另外，数据集中存储还有利于提高政府部门的数据存储能力。随着信息技术和网络带宽的不断发展，政府部门需要存储和处理的数据量及数据规模也日益加大，政府云计算中心为用户提供了几乎无限的存储空间，使政府数据的大量、长期存储成为可能。

同时，政府云计算中心的建立还可以减少数据的重复录入，节省存储资源。分散式的数据存储方式使各部门之间的数据分散录入，数据存储和录入相互独立，导致数据重复录入经常发生，存储资源浪费严重。政府云计算中心的建立可以使传统的分散式数据录入方式转变为集中录入，减少了数据的重复录入和存储资源的浪费。

（二）云计算基础设施有利于智慧城市建设

随着现代信息通信技术的发展和城市化进程的加速，城市在社会发展中的主体地位凸显，智慧城市作为城市治理领域的一种新途径已被世界上许多国家和地区所接受，并开始逐步推进"智慧城市"建设的发展战略。

智慧城市是以多应用、多行业、复杂系统组成的综合体，多个应用系统之间存在信息共享、交互的需求。各个不同的应用系统需要共同抽取数据进行计算和呈现综合结果，如此众多复杂的系统需要强大的信息处理中心进行信息处理。

借助政府云平台的虚拟化基础结构，可以对资源进行有效的切割、调配和整合，实现效能最优化。有了云计算的基础设施作为支持，可以实现平台的统一和高效能，从而可以直接在高层次进行智慧城市建设，使云计算基础设施助力于智慧城市建设。

（三）云计算有利于社会管理效率提升

作为一种电子政务的新型技术，云计算有利于提高现代民主社会的透明度。在美国首席信息官昆德拉看来，云平台是一个政府使数据大众化以及在全社会共享数据的理想平台。通过数据的共享，利益相关者能够追踪整个政策过程并对政策规划作出贡献，从而提高公共部门的协商能力，使整个管理过程能变得更加透明和更具包容性。

通过云计算还能提高政府部门的创新能力，在追求效率的过程中也简化了很多政府电脑化运作的操作。云计算平台的协同特征如果能被充分理解并执行，就能促进政府部门之间的合作与协作，而这也可能形成一种创新能力的新来源。云计算将使政府更加高效、灵活和富于创新。技术创新可以改变政府部门的运作和管理模式，以高效、便捷的服务带给公民良好的用户体验。

云计算平台可以整合信息资源，形成全面覆盖、高效灵敏的社会管理信息网络，增强社会的综合治理能力。云计算平台能满足政府部门职能转变过程中政务流程变更的需要，有助于提高政府的运行效率，以更快地响应公众的需求。

## 六、各国政府云发展状况

（一）美国政府云发展

美国联邦政府 CIO 委员会于 2011 年 2 月 8 日公布了联邦政府云战略（Federal Cloud Computing Strategy）。该战略旨在解决美国联邦政府电子政务基础设施使用率低、资源需求分散、系统重复建设严重、工程建设难以管理以及建设周期过长等问题，以提高政府的公信力。

1. 云计算技术选择步骤

云计算引发广泛而深刻的变革要求政府机构对 IT 的认识作出重大转变。以前，有些部门将 IT 视作应用程序服务器以及网络上的投资由政府所有和使用；现在，这些部门需要转换思维，把 IT 看作是服务，看作是商品化的计算资源以及灵活处理能力的配置工具，面向的对象是美国公民。这种全新的思维方式对整个 IT 服务的生命周期——从初始的计算能力到传输和使用方式都产生了重大影响。美国联邦政府提出了向云计算迁移的结构框架，供计划实施的有关部门参考，如图 5—2 所示：

| 选择 | 条款 | 管理 |
|---|---|---|
| • 明确迁移何种IT服务以及何时迁移<br>—明确向云计算迁移的价值：效率、灵活性以及创新性<br>—确定云计算的准备程度，安全需求、市场供给量、政府准备程度以及技术的生命周期 | • 部门级别上的总体需求<br>• 确保与IT资产的协同性以及整体性<br>• 有效地拟订合同以保证政府部门的需求得以满足<br>• 通过重新定位或变卖旧有资产，以及使用免费资源获得价值 | • IT观念上的转变，从资产到服务<br>• 根据需要建立新的技术体系<br>• 积极监控服务等级协议(SLA)以确保灵活手续的改进<br>• 周期性地重新评估服务提供商与服务模式，以获得最大的利益以及最小的风险 |

本框架非常灵活，可以根据不同部门的需要进行调整

**图 5—2　向云计算迁移的决议框架**

2. 云计算的选择依据

(1)向云计算迁移的预期收益和准备程度关系框架。向云计算成功部署和迁移的部门会认真评估其 IT 资产，仔细设计路线图，将具有较高收益且准备比较充分的服务置于首选地位，以使云计算带来的收益最大化、成本最小化。即在拟定路线图的过程中，首要行动是确定机构计划提供或消费哪一种云计算服务。向云计算迁移的规划依据如图 5—3 所示，纵

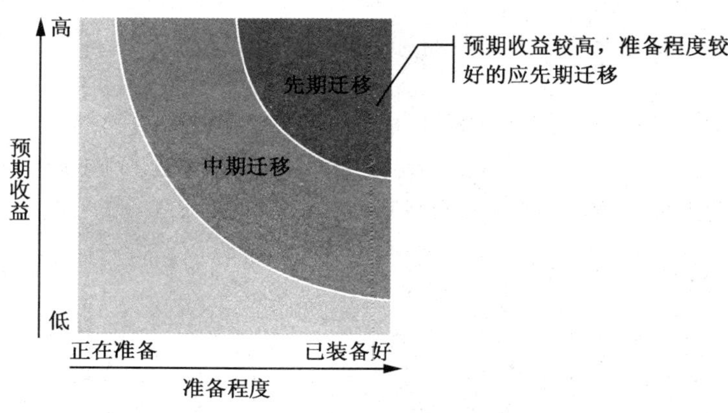


**图 5—3　向云计算迁移的选择依据**

轴代表预期收益，横轴代表准备程度。收益轴用于表示云计算带来的效率、灵活性及创新性。准备程度轴表示近期内将IT服务向云计算迁移的可能性。安全、维护、市场特征、政府准备程度以及所处生命周期的阶段是需要重点考虑的几个方面，预期收益较高且准备程度比较好的候选部门应首先向云计算迁移。

(2)对预期收益和准备程度评估时需要考虑的一些因素，可以调节预期收益与准备程度的相对权重，以满足不同部门的需要。有些部门看重创新性和安全性，而另一些部门则可能看重效率和政府的准备程度。框架中的逻辑和结构适用于所有部门，下面探讨有关部门对预期收益和准备程度评估时需要考虑的一些因素。

①明确向云计算迁移的预期收益，即效率、灵活性以及创新性。

a. 效率。多种方式可以提高效率降低劳动力成本，例如，当前的虚拟化技术提高计算机资源利用率，工具的使用扩展系统管理范围等。效率的提升经常会对不断增加的成本底线产生影响。另外，基于不同的云部署模式，利用云计算技术可以使投资性质由硬件和基础设施的资本投资型(CapEx)转向云计算使用的资源消费型(OpEx)模式。相对来说，用户付费较多，利用率较低，维护和升级成本较高以及尚未整合的IT服务，应该重点考虑迁移。

b. 灵活性。很多云计算系统支持快速自动地获取计算和存储资源。这样，可以把调整IT性能的决定权放在用户手中，这将从根本上带来好处。进行云计算迁移时，需要重点考虑性能调整或升级时需要花费时间较长的IT系统，这样，新的急需服务就可以尽量减少交付时间。那些易升级、对系统性能需求变化不大或者长期不需要升级的系统，进行云计算迁移时可以降低它们的优先级。

c. 创新性。政府机构可以将公共服务与市场行为相比较，查看用户满意度评价、整体使用趋势，以确定创新带来的潜在改善性需求。那些能够从创新中获得最大收益的系统在迁移时应该优先考虑。

②评估云计算技术的准备程度，一般包括以下几项：安全需求、服务特性、市场因素等。

a. 安全需求。联邦政府IT项目的安全需求涵盖范围很广。《联邦信息安全管理法案》(Federal Information Security Management Act，FISMA)对安全需求的要求(包括但不限于)：符合联邦信息处理标准委员会的指定标准和授权操作，以及对薄弱环节和安全事件的监控、日志和报告等。根据FISMA的要求，选择云计算部署模式满足业务性能需求是非常重要的。政府机构有责任确保安全可靠的云计算解决方案能够提供预期的IT服务，为此应在法规遵从、数据特性、隐私和保密、完整性、数据控制、访问策略、管理策略等方面仔细考虑部门的安全需求。

b. 服务特性。服务特性包含服务的互操作性、可用性、可靠性、可扩展性、可移植性、兼容性、性能及度量方法、供应商的稳定性等方面。实现数据的云存储需要遵循一定的技术标准，以符合国家档案与文件署(National Archives and Records Administration，NARA)以及总务管理局(General Services Administration，GSA)在数据管理方面制定的法律、政策和规章制度要求。对于数据的提供方和用户，云解决方案保障数据安全，并提供数据检索功能。云方案还需要保障政府业务的连续性，目标是在自然灾害、人为事故、技术故障、攻击行为等意外情况发生时，连续性保证关键业务得以持续运行。政府机构选择云方案时，需要评估可扩展性，以使IT资源、存储和服务能力等能够“随需而变”；需要评估IT服务无法得到响应等不确定影响，例如，连接云服务的网络中断等意外情况；需要评估能否获得有效的技术支

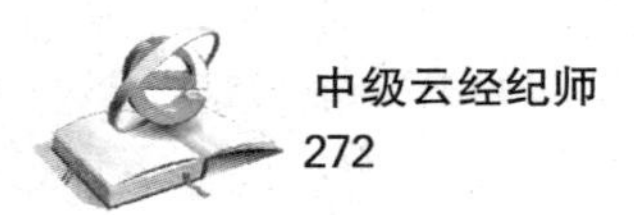


持，包括故障申告方式、故障恢复时间、常见问题处置流程等。

c. 市场因素。目前，市场上有企业和政府两类云服务供应商。为了提高云服务的质量和能力，政府机构应考虑云服务市场的竞争格局与成熟度，评估市场竞争程度，确保该领域不被少数供应商垄断，实现在多家云服务供应商之间政府业务的平滑迁移以及分布式部署。此外，政府机构还应该制定云服务的交付标准，减少对特定服务供应商的依赖程度。

d. 网络架构、应用和数据的可读性。在迁移到云之前，政府机构必须确保云计算环境的网络基础架构能够支撑业务对带宽的需求，预留冗余以保护关键业务系统。通过高速宽带与网络和服务供应商互联，政府机构需要持续地更新操作方案，以反映宽带日益增长的重要性。此外，对于现存的应用系统和数据，政府需要评估是否适合迁移，即向云平台迁移或是由云服务代替。如果目前运行的业务系统具有清晰的功能模块和数据接口，与其他系统之间耦合度较低，则适合进行迁移，而那些资料缺失、界面模糊的系统迁移时风险较大。

e. 政府业务的准备程度。政府机构应结合自身需求评估业务应用是否已经准备好向云平台迁移。技术管理水平较高、服务流程规范成熟、应变能力较强的政府机构可以优先迁移，具有迁移意向但相关条件不完备的政府机构需首先采取相应措施以提高准备程度。

f. 技术的生命周期。政府机构应考虑技术服务在生命周期中所处的阶段。面临技术更新、合同周期结束以及软硬件基础设施环境较差的机构可优先迁移，而那些刚刚升级的、处于合同周期以及技术条件较好的机构可暂缓迁移。

3. 云计算的有效供应

为了有效地提供 IT 服务，政府机构需要将工作着眼点从硬件性能指标（如服务器数量、网络带宽等）转向服务质量管理。提供良好的服务需要重点关注以下因素：

①整合业务需求。政府机构在迁移到云服务前应最大程度地整合自身的业务需求。条件成熟时，基于云计算构建的公共业务系统将为各个部门提供共性服务，如政府的电子邮件系统。

②整合服务。政府机构需确保基于云计算提供的 IT 服务与现有的应用能有效地结合。在某些情况下，可以聘请技术专家对云服务和其他应用系统架构的兼容性进行评估，评估环节需多次进行以确保 IT 系统架构的稳定性。在此过程中，业务流程需要作出相应的调整。

③有效执行合同。政府机构需确保与云计算供应商签订的协议将有助于提升服务质量；最大限度地降低对于特定厂商的依赖度。例如，可通过明确对可移植性的要求以鼓励服务供应商之间的竞争等；还应签订包含业务运行安全性、持续性、个性化定制及第三方安全审计等条款的服务等级协议，这需要详细阐述当系统出现故障时用户可以获得帮助的方法，明确故障受理范围、时间和地点，标明服务规格，此外还要描述不同服务等级的共性规定，如定期收集用户反馈信息为服务管理过程提供依据等。

④实现云服务的价值。政府机构应采取相应措施确保迁移能够达到预期效果。从效率角度衡量，遗留的应用系统和服务器应被关闭、淘汰或改进，为这些系统提供支持的数据中心也应被关闭或用来支撑其他系统，相关工作人员重新培训后可调配至其他岗位。从灵活和创新的角度上，需要改进系统的工作流程和运行能力以充分实现投资的预期价值。

4. 云计算对政府管理方式的转变

政府机构必须转变传统的 IT 系统管理方式。在提供服务时，云计算需要采用以服务为导向而非围绕资产管理的新思路。有效管理云服务需要考虑的几个要素如下：

①转变管理思想。管理云系统需要将服务供应商、政府机构和最终用户都考虑进来，将关注的侧重点聚焦于服务而非资产。系统迁移时需要有效地管理输出过程(SLA)而不是输入过程(如服务器的数量)。

②完善管理制度。政府机构应积极跟踪SLA的落实情况，保证服务供应商对系统故障及时响应；预判安全威胁并作出预警，确保系统的更新速度高于潜在威胁的出现频度；将用户的反馈信息纳入服务评价体系；跟踪系统使用率以确保项目支出不超过预算。政府机构还应利用商业分析软件汇总服务情况，分析云服务供应商的相关数据，以更好地衡量服务质量，预判性能"瓶颈"。此外，政府机构还需要制定云基础设施的规划。

③开展周期性评估。政府机构应对服务与供应商开展周期性评估，以提高效率、灵活性和创新能力；不断引入新的服务和供应商，鼓励竞争。市场成熟后再扩大云服务的范围，例如，从IaaS(基础架构即服务)过渡到PaaS(平台即服务)和SaaS(软件即服务)。此外，还应对政府机构定期开展评估，特别是针对采购的商业化服务，以巩固和标准化IT项目方案。为此，需要不断关注云计算领域的技术动向、商业创新和服务供应商动态等。

(二)德国政府云发展

2010年10月6日，德国经济部长宣布启动《云计算行动计划》。通过该行动计划，德国政府将为中小企业提供专门的技术和资金支持，挖掘云计算的巨大经济潜力。该计划主要包括四个方面：①利用云计算开拓市场空间和潜力；②建立安全可靠的法律框架和标准；③为开展国际合作建立统一的云计算服务标准和框架；④借助使用指南、网络、教育等各种渠道提供指导信息，引导云计算发展方向。

1. 云计算行动计划的对象和目标

(1)云计算用户

①企业。德国经济在很大程度上依托于ICT技术的发展。在一般情况下，大型企业用户大多具备建设和运营ICT基础设施的能力，但中小型企业用户却不得不通过ICT服务业寻求合适的ICT基础设施。

大型企业用户有能力制定企业自身的发展战略，以应对可能存在的风险，他们在ICT基础设施建设方面拥有很强的灵活性和自主性，能够满足不断变化的业务需求。但中小企业的情况不同，为了能够实现云计算应用，他们需要一种高效的ICT服务业。

如果能够为中型企业打开通向云计算的大门，巨大的潜力将被挖掘出来。根据中型企业研究机构统计，2008年德国共有360万家公司，其中99.7%的公司员工人数低于500人或销售额低于5 000万欧元，这种公司占了德国37.5%的销售额和70.6%的员工，是德国经济的中流砥柱。

但是关于如何应对各种挑战，很多云计算的潜在用户还缺少指导性的知识和信息，尤其是中型企业。大型企业在云计算认知方面可能具备更多优势，因为他们资源获取的渠道更为广泛，信息获取更为容易。但对于很多对云计算感兴趣的企业用户来说，还存在很多障碍需要解决。

所以，所有打算转移或部分转移公司IT业务的企业，都属于行动计划的目标群体。其中，中型企业是计划的重点。许多公司想将已有的IT设备融入云计算，也有很多刚起步的企业希望尽可能应用云计算，而不必建设企业自身的IT基础设施。

②公共管理部门。2009年，德国的公共管理部门共有员工约450万人，是德国最重要

的雇主之一，在世界竞争中占据重要地位。我们假设德国各个城市、州和联邦在IT领域共支出150亿～200亿欧元，IT在公共管理中的地位将会继续上升。

受德国联邦体制的局限，德国政府管理部门的IT服务参差不齐。由于缺乏标准化，IT服务质量不均衡，公共领域的IT服务将很难应对未来的挑战。迄今为止，政府还未对IT服务进行跨部门的整合。

云计算为公共管理提供了新的机会，能够整合性质相似的工作任务，推进行政管理过程的标准化。政府即使不能实现过程管理的标准化，也可以将每个过程以电子服务的形式进行替换和再利用。这样公共部门可以在处理核心任务和业务程序时，使其有限的资源得到更好的利用，减少行政成本，提高效率。

如今，信息密集型服务在公共管理部门的涵盖范围广泛，如税务部门、教育部门、社会保障和医疗保险部门，云计算能在信息密集型服务方面提供前所未有的透明度和互动交流的可能性。

(2)云计算供应商

①企业。德国信息通信技术企业主要为中型企业。几十年来，在ICT中型用户和中型供应商之间形成了一种伙伴关系，这一方面促进了应用的专业化，另一方面也阻碍了“服务商品”的流动，导致ICT成本过高。在中型企业中，必须不断地进行审核，以确定云计算带来的成本优势是否大于方案标准化可能产生的弊端。所以，云计算供应商就面临着一系列挑战：他们需要帮助用户作出这些决定，实时制订符合各种情况的云计算解决方案。

在私营IT领域约有6.7万家中小型IT企业，在德国，员工在250人以下的IT企业的销售额达300亿欧元，总人数将近30万人。其中，总销售额的一半以上来自软件、IT服务和IT硬件，70%以上的员工来自小型IT企业。

按照IaaS、PaaS、SaaS三种云的区分，云服务供应商分为以下几种：

在基础设施(IaaS)层面，云服务供应商主要提供计算能力和存储空间，如计算中心。

平台供应商(PaaS)在基础设施的基础上，提供一种开发和执行服务的环境。这里能为基础设施提供相应的运行系统和基础服务，使之能够捕获并计算用户的使用情况和基础设施的状况，并监督服务的运行。安全解决方案的制订也是平台供应商的重要职责之一。平台供应商提供增值服务，这种服务可以卖给外部的软件供应商(SaaS)，所以平台供应商并不是必须独立提供整个平台服务。

软件供应商(SaaS)通过互联网提供应用服务，他们不是卖给用户许可，而是随时提供直接的使用权，如同租车而不是售车一样。在很多情况下，客户关系管理就是他们提供的服务之一，与客户进行的所有的互动，包括销售、营销和客户服务，都能在云里进行。除了他们自身的服务，他们还可以访问平台供应商的服务以及其他供应商的服务。通过各种服务的整合或者利用新的组件将服务集聚起来，就会形成增值服务。

云计算使中型IT供应商有机会在网上通过云平台提供服务，从而建立更广泛的客户基础。通常情况下，国际客户关系能够得到更迅速的发展。除此之外，当大型企业的标准化产品不能或者不能完全满足客户的特殊要求时，中型企业能够做到这一点。此外，可以为中型计算中心和平台运营商开发新的商业模式。定位在私人市场或小型商业用户的供应商，也将得到《云计算行动计划》的支持。行动计划将通过分门别类的指导文件和认证，来满足各种商业模式的需求。

②公共部门。现代化行政、有限的预算、相对较高的安全要求和公众对管理服务的高期望值增加了公共 ICT 基础设施建设的压力。

政府必须创造条件，利用这些数字化潜力，使工作人员能够更高效、更快捷地进行联网工作，加强公民、企业与政府之间的合作。政府需要制定 IT 战略并进行调控，使创新服务得到最优利用。在公共部门，除了各种 ICT 用户，在供应商方面也存在公共计算中心或数据处理中心。这样，那些单纯为自身任务开发解决方案的用户，也有可能为其他用户提供类似的服务。

公共部门的数据关系多种多样，包括地方、州、政府之间的垂直关系，以及各行政部门与经济界之间的横向关系。在德国，很多类似的管理工作（如支付系统、驾驶证和机动车管理、人口管理、公民门户网站等）对于人们的日常生活是必不可少的。

近几年，出现了一种新兴的组织形式"共享服务中心"，它需要进行高效、灵活的 IT 架构。云计算产生的共享服务能够为参与者降低成本、提高服务质量、提高服务导向性和增强 IT 安全性，其形式既包括公共部门之间的合作，也包括公私之间的合作。

2. 德国政府为实现云计算计划目标将采取的行动

云计算行动计划需要经济界、科学界和政界的广泛参与。经济界代表主要包括德国信息技术、电信和新媒体协会，EuroCloud（IT 供应商），CIO colloquium 和 CIO-Circle（IT 用户）；弗朗霍夫协会的研究机构 SIT、ISST、IAO 和慕尼黑技术大学、卡尔斯鲁厄理工学院等科学界代表也参与了云计算计划的制订。另外，联邦内政部、联邦科教部和信息安全办公室对行动计划的制订也发挥了不可忽视的作用。从当前的发展水平来讲，德国的供应商在云计算市场（基础设施、平台或软件）各领域并不具有代表性。特别是在基础设施建设和平台市场领域，美国供应商独占鳌头，而德国供应商的定位却困难重重。

调查显示，德国的供应商已经开始在"云"中运作并做好了扩建的准备，而且也已经意识到将来可能遇到的竞争压力。德国 IT 经济要想在世界云计算市场争得一席之地，以其独特优势占据领先地位，还面临着诸多挑战。德国 IT 产业除了具备可靠、安全等特征外，在云解决方案的数据保护方面也独具优势。

云计算将逐步成为德国企业具有决定意义的竞争优势。随着创新周期的缩短和公司 IT 基础设施建设成本的上涨，用户端的效率收益将在多个行业得以实现。但迄今为止，云计算的潜力几乎还未得到开发利用。云计算的前沿用户主要分布在信息技术和媒体行业，传统产业对此仍持谨慎态度。

在对 IT 依附度较强并自身提供 IT 服务的大公司，云计算发展较为迅速，而在中型企业和公共部门，云计算还远远没有得到认同。调查显示，在中型企业和政府管理部门中，人们对云计算缺乏信任感。尤其是小型非 IT 企业，他们缺乏技能、时间和资金来发展云计算。由于缺乏技能和资金，并打算削减 IT 预算，他们很少有机会来评估复杂的云产品并制订适合自己的解决方案。这更增加了他们向"云"决策进行战略性转变的难度。

为此，德国云计算行动计划主要分四步走。如图 5—4 所示。

3. 部分政府机构在推动云计算过程中发挥的作用

（1）德国联邦经济和技术部（BMWI）

德国联邦经济和技术部于 2010 年 9 月开展了技术竞赛"安全的网络服务——为中型企业和公共管理发展更为安全的云计算"。

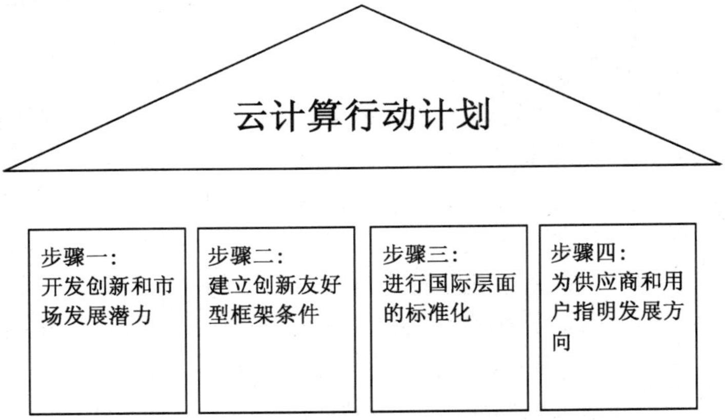

图 5—4　德国云计算行动计划

2007 年开始的灯塔工程“THESEUS—服务网络新技术”对未来的服务网络进行了开发和测试,旨在简化信息获取过程,连接新的数据与信息,为包括云计算在内的网络服务奠定了基础。

建立统一的服务描述语言(USDL)是该工程的一大重要研究成果。“THESEUS 中型企业”作为 THESEUS 工程的补充,启动了“云中的 B2B”工程,目的在于为中型企业搭建一个经济的、便利的平台,使企业伙伴之间能够在网络基础上发展业务关系。

2009 年,德国联邦经济和技术部开展了技术竞争“IT2Green—为中型企业、管理部门和私人家庭发展节能高效的 IT”,目的在于建立能源利用率高、环境保护好的 ICT 基础设施,为中小企业、管理机构和私人家庭服务。云计算能够整合计算中心,减轻服务器负担,提高能源利用效率,充分发挥 IT 的环保优势。

(2)德国联邦内务部(BMI)

德国联邦内务部从以下三个方面积极参与云计算行动:云计算安全、政府管理中云的使用和云计算的标准化、云计算的法律条件。

德国联邦信息安全办公室是德国联邦内务部的业务直属单位,针对云供应商的安全问题发布了正式文件,简要阐述了云计算信息安全方面的关键要素。

当前德国联邦内务部正在针对“为云计算拟定安全建议”课题进行探讨,深入研究信息安全问题。目标在于为云计算供应商提供涵盖整个服务周期的具体的安全建议,为信息安全建立有效的管理系统,制定云计算运行中的安全防护措施。这些研究成果将服务于政府部门和企业,既能为公共云所用,也适用于个人云。

(3)德国联邦教育与研究部(BMBF)

网格计算是一种新的高性能的分布式计算方法。德国联邦教育与研究部发起的 D-Grid-Initiative行动计划开发出一种技术,使获取高性能计算机资源能够像从插座中获取电能一样简便容易。为了使该项技术在国际范围内得到推广和标准化,D-Grid-Initiative 行动计划扩展到了欧洲层面,并参与了“欧洲网格行动计划”的建设。网格计算已成为云计算的重要基石。

（三）日本政府云发展

日本政府在《i-Japan 战略 2015》中，提出建设"以云计算为背景的新的信息、知识利用环境"，期望通过云计算带动、创造新的服务和产业。日本总务省和经济产业省两大部门承担了推动云计算发展与应用的重任。如表 5—1 所示：

表 5—1 日本总务省与经济产业省云计算规划重点

| 部　门 | 重点领域 |
|---|---|
| 总务省 | 政府云计算平台 |
| | 高端绿色云计算平台构建与研发 |
| | 云计算安全技术研发 |
| | 面向中小高科技企业云计算服务 |
| | 地方政府云计算信息安全对策研究 |
| | 可应对自然灾害点信息通信技术研究与验证、受灾地区点区域信息化推进项目 |
| | 促进云计算的宣传普及活动 |
| 经济产业省 | 应用信息技术与云计算强化中小企业的战略性经营能力 |
| | 云计算数据中心服务器、网络设备的节能技术研发 |

日本总务省从建设政府信息整合云计算系统"霞关云"和地方政务云计算系统"自治云"入手，制定并发布了"智能云战略"，从技术和应用角度最大限度地推动云计算系统与相关服务，实现海量信息和知识的集成与共享。如表 5—2 所示：

表 5—2 日本总务省"智能云战略"

| 应用战略 | |
|---|---|
| 促进云计算的全面应用 | 加快政府云计算通用平台"霞关云"的构建，实现政府信息系统的集成 |
| | 制订与"电子政务云"相关的业务持续计划、设置政府信息官、统一企业编码，并创建相应的法律制度 |
| | 打造先进的社会基础设施，创建职能云计算基础设施 |
| 打造适合云计算普及的环境 | "云计算服务相关示范条例"和"面向消费者的云计算服务应用指南"的制定与普及 |
| | 与相关团体开展合作，对企业使用云计算服务进行合理监察 |
| 支持创建新的云计算服务 | 设立"数据中心特区"，实现高效节能的云计算数据中心布局 |
| | 通过税收优惠，吸引各企业在日本兴建数据中心，普及节能环保型云计算系统 |
| | 通过高附加值的产品、服务及典型项目，向全球推广云计算服务，促进行政、医疗、教育、农业等领域云计算服务等标准化 |
| 技术战略 | |
| 促进下一代云计算技术研发 | 应用云计算大规模分散和并行处理技术，实现海量实时流数据等收集、提取、存储和建模 |
| | 创建绿色云计算数据中心，开发虚拟化技术 |
| | 通过设立竞争性资助制度和"亚太云计划论坛"，支援以上重点领域等研发活动 |
| 推进云计算标准化活动 | 推进云计算所需等服务登记协议、服务质量和隐私保护方法、互操作性可执行方案等标准规范工作 |
| | 通过"全球云计算基础设施合作技术论坛"制定云计算标准体系，收集并共享相关国际标准化团体等活动信息 |

2010 年 8 月 16 日，日本经济产业省发布了《云计算与日本竞争力研究》报告。报告称，将从完善基础设施建设、改进制度、鼓励创新三方面推进云计算的发展。报告称，日本希望通过开创基于云计算的新服务来开拓全球市场，在 2020 年前培育出累计规模超过 40 万亿日元的新市场。例如，在云计算平台上进行基于传感器的信息采集技术，挖掘新的需求、创造新的服务；通过扩大远程办公来提升生产力与工作参与度，实现 GDP 助长 0.3%；通过在交通领域引进实时智能管控系统，改善能源使用效率，实现相对于 1990 年 7%的二氧化碳减排。

为了实现云计算平台的经济效果与社会效果，报告中详细说明了日本政府所应采取的政策：

(1)完善基础设施建设

在日本国内更多地区搭建数据中心。同时，通过云计算技术，提升数据中心的节能环保指标(Data-center Performance Per Energy，DPPE)及稳定性。

(2)改进制度

放松对异地数据存储、服务外包的管制；在充分考虑个人信息匿名化与信息安全的基础上，完善信息使用与传播的规章制度；制定数字化教材等电子出版物的可重复使用制度。

(3)鼓励创新

基于海量数据实时处理，开创新的市场需求领域，构建相应的业务平台。同时，开拓基于云计算业务的国际市场。

(四)韩国政府云发展

1. 韩国政府部门在推动云计算的发展举措

韩国负责《云计算全面振兴计划》推进工作的部门包括行政安全部、广播通信委员会、知识经济部。具体分工是：行政安全部负责促进政府机构应用云计算服务和建立与云计算相关的法律制度；广播通信委员会负责促进企业使用云计算服务，为企业提供测试平台资源以及面向行业的云计算示范服务；知识经济部主要承担技术开发与标准化推进工作。

2. 云计算振兴计划的具体行动

韩国政府希望韩国成为世界最高水准的云计算强国。为了促进云计算应用，韩国制定了《云计算全面振兴计划》，并于 2009 年 12 月公布，2010 年开始执行。其中，2011 年主要有如下几项具体行动。

(1)创造云计算服务使用机会

《云计算全面振兴计划》的一大核心是，政府率先引进并提供云计算服务，为云计算开创国内初期需求。从电子政府建设角度来看，这也将为政府信息系统的整合作出贡献。

PaaS(平台即服务)方面，计划将电子政府中使用的 1 970 台利用率较低的服务器虚拟化，并在 2012 年前置换为 255 台高性能服务器。同时，根据系统服务器资源使用量，实现服务器资源的动态分配。此外，为了应对消费临时大量服务器资源的行政系统(如年底结算、公布考试结果、应对流行感冒等)的需求，从 2010 年开始推进紧急备用硬件资源的建设。

(2)在数字广播、智能手机、智能工作等领域引导企业市场

在电视向数字广播过渡、智能手机快速普及的趋势下，广播通信委员会开始在这些新数字通信平台上积极地应用云计算技术。韩国政府希望以数字化为背景，积极替换成云计算，从而为数字电视、智能手机等前景看好的领域提供服务平台。

广播通信委员会已经与行政安全部开展合作，开始搭建基于云计算服务的行政高级远程工作平台。通过远程业务系统平台，推进智能工作业务。2010 年已经率先在首尔市道峰区与京畿道城南市分唐区建成了智能工作中心，并计划在 2015 年前建成 50 个行政智能工作中心。

为了打造这种企业云计算服务应用示范，广播通信委员会在 2010 年 11 月开始启动了云计算服务测试平台。该测试平台由韩国科学技术信息研究院（KISTI）以及韩国云计算服务协会（KCSA）进行运营。

通过云计算服务测试平台，可在云计算环境中验证各种应用服务模式以及应用解决方案，以便向用户提供虚拟化的 IT 资源（服务器、存储器、操作系统等）。例如，为从事云计算解决方案的企业在验证虚拟化管理软件时，提供必要的云计算基础设施。同时，广播通信委员会还计划建设以普通用户与普通企业为主的最终用户能够体验桌面虚拟化、云计算平台协同软件、客户关系管理等云计算服务的环境。据称，这一云计算服务测试平台任何人都可以使用，其中企业、大学、研究所可能是主要用户。

（3）积极推广企业最佳应用案例

将云计算服务测试平台等政府支持下所产生的引导性云计算服务作为最佳应用案例，从行政上积极推广应用。

（五）我国政府云发展

2010 年 10 月，国务院发布《关于加快培育发展战略性新兴产业的意见》，将云计算纳入战略性新兴产业；同月发改委发布《关于做好云计算服务创新发展试点示范工作的通知》，确定北京、上海、杭州、深圳和无锡五城市先行开展云计算服务创新发展试点示范工作；2011 年国务院发布《关于加快发展高技术服务业的指导意见》，将云计算列入重点推进的高技术服务业；2012 年财政部国库司发布《政府采购品分类目录（试用）》，增加了 C0207“运营服务”，包括软件运营服务、平台运营服务、基础设施运营服务三类，分别对应云服务中的 SaaS、PaaS 和 IaaS 服务。

北京、上海、深圳、杭州、无锡作为云计算创新发展的试点城市，是中国云计算发展大浪潮中的领跑者。这些城市已经具备了相当的信息化基础，也出台了一些相应的产业促进措施，可以说已经具备了发展云计算产业的良好产业环境和政策环境。这些城市发展云计算的定位、目标、重点应用领域各有不同，如表 5—3 所示：

**表 5—3　云计算试点城市发展概况**

| 重点城市 | 应用案例 | 未来发展方向 | 发展目标 | 重点应用领域 |
|---|---|---|---|---|
| 北京 | 北工大云计算实验平台、公共云计算平台 | 云计算专用的芯片和软件平台、云计算服务产品、云计算解决方案、云计算网络产品及云计算终端产品 | 世界级云计算产业基地，2015 年形成 500 亿元的产业规模，产业链规模达 2 000亿元 | 电子政务、重点行业、互联网服务及电子商务 |
| 上海 | 盛大网络云计算平台、上海市云计算创新基地启动、上海市云计算产业基地启动、微软中国将其云计算创新中心选择上海落户 | 突破虚拟化核心技术、研发云计算管理平台、建设云计算基础设施、鼓励云计算行业应用、构建云计算安全环境 | 亚太地区的云计算中心，3 年内在云计算领域形成 1 000亿元的新增产业规模 | 城市管理、产业发展、电子政务、中小企业服务等 |

续表

| 重点城市 | 应用案例 | 未来发展方向 | 发展目标 | 重点应用领域 |
|---|---|---|---|---|
| 无锡 | 无锡云计算中心、盘古天地软件服务创新孵化平台、无锡传感网创新园云存储计算中心 | 发展商务云、开发云、政务云等多个云平台，提供多样化云服务 | 优化无锡市软件和服务外包产业的发展生态环境 | 电子政务、电子商务、科技服务外包等 |
| 深圳 | 中国科技大学深圳云计算应用中心、深圳市云计算产业协会、微软云计算领域合作等 | 打造本土云服务龙头、推进电子商务示范城市建设 | 华南云计算中心 | 教育、电子商务、电子政务 |
| 杭州 | 微软云计算中心 | 研发、制造、系统集成、运营维护等云计算产业体系 | 立足杭州、辐射周边、面向全国 | 软件业、知识产权保护等 |

1. 北京："祥云计划"

2010 年 10 月，北京市经济和信息化委员会与市发展改革委员会、中关村管理委员会共同发布《北京"祥云工程"行动计划》，行动计划提出的目标是到 2015 年，形成 20 亿元产业规模，建成亚洲最大超云服务器生产基地。行动计划还指出，云计算的发展将改变 CPU、存储服务器、终端、操作系统及应用软件的整条信息产业链，并深远地影响从生产到生活的信息化应用。

2. 上海："云海计划"

2010 年 8 月，上海市发布了《上海推进云计算产业发展行动方案（2010 — 2012 年）》三年行动方案，即"云海计划"。该计划指出，三年内上海将致力打造"亚太云计算中心"，到 2012 年，培育 10 家年销售额超亿元的云计算企业，带动信息服务业新增经营收入1 000亿元打造"亚太云计算中心"。

3. 广州："天云计划"

2012 年 1 月，广州市正式发布了《关于加快云计算产业发展的行动计划（2011 — 2015 年）（简称"天云计划"）。"天云计划"重点突出建设国家创新型城市和智慧广州，提升国家中心城市科学发展实力，提出了六大主要任务、四大重点工程，按照"政府引导、市场运作、需求驱动、重点突破、促进转型"的原则，力争用 3～5 年时间，打造一批国内领先的应用示范，突破一批国际领先的核心技术，建设一批国际水平的云计算平台发展高水平的云计算产业链，构建世界级云计算产业基地，推动实现"低碳广州、智慧广州、幸福广州"建设。

4. 重庆："云端计划"

2010 年 4 月初，"两江国际云计算中心"在重庆两江新区开建。重庆把发展云计算产业称作"云端计划"。计划在三年内建成云集上百万台服务器、上千亿元规模的"云计算"基地，成为全球数据开发和处理中心。

5. 深圳：云计算国际联合实验室揭牌

深圳云计算国际联合实验室 2011 年 4 月初正式揭牌。深圳云计算国际联合实验室是云计算产业协会联合 Intel、IBM、金蝶等国内外相关企业创建的专业性技术与应用研发实验室。该实验室落户于深圳市福田区软件公共技术服务平台，主要帮助深圳相关企业研发的云计算技术与应用进行软硬件优化，对各类云计算应用与服务进行市场化验证，并加快其产品化进程。

6. 宁波电信："星云计划"

2011 年 4 月，宁波电信正式公布了“星云计划”，并启动了杭州湾新区的云计算数据中心建设：根据宁波电信的“星云计划”，未来宁波电信投资 40 亿元，投放 10 万台服务器，建设以“云计算”为基础的统一物联网平台。同期，宁波“星云计划暨云计算产业联盟”成立，该产业联盟以中国电信与宁波市政府的战略合作为基础，由中国电信宁波分公司联合华为、中兴、大唐电信及信息超级网络科技中国公司等“云计算”产业链力量，聚焦智慧医疗、智慧物流、智慧交通等民生工程，全面促进宁波“智慧城市”十大应用系统和六大基地建设，进而打造亿元级“云计算”智慧城市产业链，为地方经济转型升级提供有力支撑与服务。

7. 陕西：西安航天基地被授予“陕西省云计算产业示范基地”

2011 年 4 月，陕西省工业与信息化厅授予西安航天基地为“陕西省云计算产业示范基地”称号。Microsoft（中国）公司已基本确定在西安设立 Microsoft M（西部）云计算中心、创新中心陕西分中心。该项目将辐射整个西部地区，为当地政府和企业带来先进的技术和解决方案，推动西安市云计算产业的发展。

8. 河北廊坊：建设最先进的企业级云计算中心

2011 年 1 月，在美国芝加哥希尔顿酒店，IBM、润泽科技发展有限公司、河北省工业和信息厅在出席中美商贸投资协议签约仪式上，联合签署了在河北廊坊“润泽国际信息港”建设最先进的企业级云计算中心的合作协议。该项目的实施将推进廊坊向以高端信息技术服务产业为基础的经济结构发展。润泽国际信息港预期在 2016 年全部建设完成，届时将成为亚洲最大的云存储产业基地。

9. 地方政府云案例

(1)杭州“电子政务云”

杭州“电子政务云”通过阿里云、华数、浙大网新提供的技术解决方案和系统集成服务来建设私有云，用政务云打破委办局信息化系统各自独立建设为主的局面，解决浪费投资问题，逐步形成按需分配地向各委办局提供存储资源和计算资源的政务信息化的支撑模式。

通过十几年的努力，杭州市的电子政务建设和应用已经有了较好的基础。“十二五”时期，是杭州市全面建成小康社会、建设“生活品质之城”的关键时期，是深化改革开放、加快转变经济发展方式的攻坚时期。进一步推进电子政务建设和发展，深化政务信息资源共享利用和业务协同，整合提升政府公共服务和管理能力，是全面提高杭州城市信息化水平，建设智能化、信息化、网络化“智慧杭州”的重要举措。

为了加强杭州市电子政务的进一步共享以及与业务的融合，杭州“十二五”电子政务发展规划提出积极采用新一代无线移动、宽带网络、3G、物联网、云计算等技术丰富管理和服务手段，重视发展基于互联网、数字电视、无线通信终端的服务平台。大力推进虚拟化技术，努力构建面向各部门和区（县、市）电子政务应用的云计算中心，集约化建设系统软硬件资源。完善政务信息综合交换和空间数据共享服务平台功能，建立并完善信息资源目录，扩大业务应用范围。统筹建设和完善基础空间数据库、人口库、法人库、经济社会统计指标库、权力事项库和电子文件中心，在此基础上，建设地下管线、国土资源、城乡规划、旅游和文化遗产等专题数据库。同时，统筹建设应急指挥系统。

目前，杭州已有 30 个项目计划整合入政务云平台，其中有 4 个已经率先初步推进。而据介绍，杭州正在建设政务云，用政务云打破当前各部门各自独立建设为主的旧局面，逐步形成以按需分配的方式向各机关单位提供存储资源和运算资源。

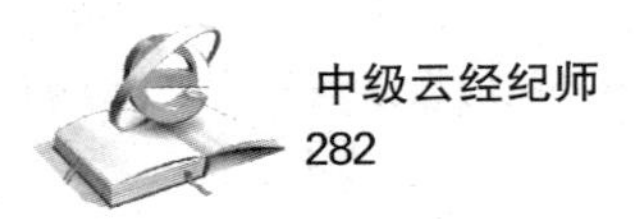



以往的政府信息化以纵向建设为主，难以实现跨部门的数据共享，数据整合及业务数据互通势在必行。在智慧城市的建设上，杭州市将主要采取“以云计算技术为支撑，以云平台建设为主体”的模式来打造“智慧杭州”。

据介绍，杭州市电子政务云是由浙大网新、华数以及阿里云合作共建，为国内首个电子政务云，以期实现政务资源的共享和协同，提高政府工作效能。现阶段，浙大网新主要将原有的电子政务应用迁移至云端；之后会进一步开发更多的云应用。正在规划的有智能停车收费、诱导、置换相结合的综合（行情、专区）静态交通云服务，实现运营模式的创新，计划将在淳安、杭州等地进行试点。

今后一段时间，杭州市将紧紧围绕杭州“政务云”这一重点项目，带动“智慧杭州”建设再上台阶。同时，杭州市政府投资的信息化项目将统一在政务云平台上进行开发和部署，信息化项目涉及的计算能力、存储能力、传输需求、安全需求、运维服务需求等都将集中解决，不再是各部门分散建设。为了打造新一代政务云平台，首先要做的就是解决好共性基础设施的共建共享问题，统一提供计算存储，随后解决数据交换业务协同以及大数据的开发和应用。相关人士表示：“我们的政务云平台预计在今年上半年上线运行。不只是新项目，老项目也要迁移到这个平台上。”与此同时，杭州市将围绕智慧城管和智慧安监两大试点推动“智慧杭州”建设。事实上，数字城管是杭州建设得比较好的项目，如何进一步发展为智慧城管是杭州需要考虑的。而智慧安监所包括的交通、安全、监督和特种车辆监管项目，也面临同样的问题。

杭州市一直在思考如何把社会资金引入到政府公共服务领域，围绕民生服务开发一系列公共产品，为老百姓服务。在杭州市经信委进行初步调研的情况下，很多民营企业有意向在这方面和政府共同推动智慧城市建设工作。目前，杭州市考虑把公共交通的信息数据开放出来，让企业开发智慧出行的产品，而不再是政府投资开发。教育领域的信息化产品目前大多是面向管理者和老师，杭州市政府希望企业积极探索，开发出为学生、家长服务的产品。在城市综合性公共服务平台上，由于政府受到机制、体制、财力、观念等多方因素制约，杭州市也希望能够引入民营资本进行建设和运营维护。对于在市民卡建设上积累的大量数据，则期待由第三方企业来对这些数据进行开发应用，以此为杭州市民、新杭州人和外来游客提供更好的服务。值得一提的是，在医疗保健方面，杭州市期望引入社会资金，以保护个人隐私为前提，优先开发出能够供老百姓使用的个人保健产品。

据介绍，目前杭州市已经建立了几百万份电子病历，虽然看病贵、看病难的问题依然存在，但是可以尝试先把个人健康前置出来，让老百姓享受到更加方便、智慧、快捷的个人保健。

(2)成都食品质量安全溯源监管系统

2010 年 8 月，成都市云计算中心上线了国内第一个基于云计算和物联网的“食品质量安全溯源监管系统”，是成都市政府为高效保障老百姓盘中猪肉的质量安全、借助先进的 IT 技术实现有效的数据跟踪与实时监管决策的一个服务于社会的项目。近年来，食品安全恶性事件频频出现，民众渐成“惊弓之鸟”。成都云计算中心生猪溯源监管系统一经推出，不仅让更多老百姓吃上了放心肉，也让人们看到中国云计算产业应用发展的希望，将高不可攀的云计算切实落实到老百姓的菜篮子中，让云计算变得触手可及。

这一应用将多种信息技术融为一体，全面采集生猪产品屠宰、加工、批发、零售等各个环

节的质量安全信息，以电子溯源芯片作为信息载体，实现生猪产品从屠宰到零售环节的质量安全可追溯。并对众多的异构信息进行转换、融合和挖掘，实现以 RFID 电子标签为关键索引的生猪安全追溯信息管理系统，以及信息化时代下政府高效监管食品安全的新模式。

在该云计算平台下的各类计算资源得到了充分的整合与利用，各类计算资源根据需求，动态地、智能地、自动化地分配到食品质量安全溯源监管系统的各个应用中，保证了各个应用的顺畅运行，使得整个食品质量安全溯源监管系统在任何时间，都可以提供给用户一个切实可查的食品溯源信息，包括可以查出幼崽是从哪个超市或者哪个集贸市场批发零售的等，可谓从出笼到最终进入百姓家中，中间的所有环节均能够查询，有效保证了百姓菜篮子工程的安全性。同时，具有稳定、安全、易用与高度扩展性的私有云架构，也为未来进一步发展壮大奠定了良好的 IT 基础。

成都市食品质量安全溯源监管系统投入运营后，消费者在农贸市场、市场外的生鲜猪肉门店、定点挂钩直销门店或加盟店购买生猪产品，即可根据购物收银条上印有的食品安全溯源码，通过登录网站、拨打电话或发送短信进行猪肉安全查询，保证消费者能够吃到“放心肉”，猪肉质量安全全程监管，层层把关。

一是屠宰环节。定点屠宰场必须在每片合格的白条肉上绑定已录入该产品完整质量安全可追溯信息的电子溯源芯片，实现生猪产品流向追溯。

二是流通环节。生猪产品经营必须严格按照产品市场准入要求，实施进货查验，配备相关的溯源设施和设备，建立健全批发、零售环节的生猪产品质量安全信息追溯系统。

三是加工环节，猪肉制品生产加工企业将加强进货把关，采购符合市场准入条件的猪肉，按照规定使用成都市猪肉产品质量安全可追溯信息系统。

四是消费环节。餐饮单位和学校、医院、单位食堂应该严格落实索证索票制度，凭发的生猪肉产品交易身份识别卡采购符合市场准入条件的生猪产品。食品质量安全溯源监管系统不同于企业品牌的塑造或者说企业自身监管，是公共社会的监管，将突破企业级溯源系统信息覆盖面狭小、难以“由点成面”的尴尬局面，实现信息收集、处理、发布过程的科学透明，极大降低食品安全事故发生的可能性，大幅提高政府公信力和社会信心。它将对包括养殖、加工、流通和销售各个环节在内的猪肉制品整个供应链进行信息化监管，不论是市内还是市外的任何厂家的猪肉，不管是何种猪肉制品，都纳入这个监管体系。每头生猪在流通过程中都会产生大量的数据，整个系统需要处理海量数据。而且，随着对猪肉食品质量的监管完善，信息覆盖完成之后，以此平台为基础，整合相关部门，该系统将向更基层的区域和更多的食品种类扩展，推出更多的公共服务，如日后对小家禽、蔬菜水果等重点食品安全领域的安全溯源支持。

为了满足监管对象多、环节流程多、所占用的计算资源多这“三多”的要求，搭建以云计算平台为核心的管理平台是重要的方向。在这样的设计架构下，该私有云平台搭建完成后，将实现政府部门对物理与虚拟的各种资源全面的监控与端到端的运营管理，有效降低政府、企业的管理成本，杜绝人为因素导致的食品安全问题。并且，此举将体现巨大的示范性效益，它将带动其他政务及公共服务物联网的建设，从而整体提升我国城市信息化管理水平。

如果将上述的溯源系统服务进行放大化观看，不难预见未来的云计算服务一定会走到老百姓的生活中，让更多的普遍用户感受到科技改变生活的真谛。在物联网飞速发展的今天，物联网技术应用将为政府监管部门和普通消费者提供实时、详细、准确的食品溯源信息，

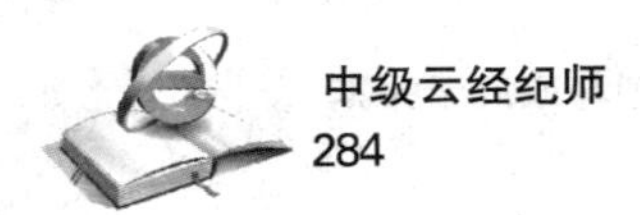


为保卫食品安全发挥积极、重要的作用。而云计算作为物联网非常重要的技术支撑手段，将为食品生产、流通等环节的信息收集、处理和反馈提供强有力的技术保障。如果能够在物联网、云计算等方面加快发展，将带来基础产业翻天覆地的变化，从而继续深化产业结构调整，逐步兑现政府在民生问题上的承诺，保持社会经济健康、可持续发展的良好态势。

## 七、政府购买云服务相关介绍

### (一)政府云采购相关实例与标准化建议

工业和信息化部电信研究院 2014 年 6 月 17 日发布的《中国公共云服务发展调查报告 2013 年》显示，2013 年国内公共云服务市场规模为 47.6 亿元，比 2012 年增长 36%，增速较 2012 年的 73.5%有明显回落，但未来市场空间仍然巨大。

2013 年以来，中国公共云市场群雄并起，众多互联网公司、电信运营商以及一些新创公司的云服务相继投入运营，政务、电信、金融、交通、医疗等云服务产品不断涌现，加之亚马逊、IBM、微软等国际巨头的加入，也加剧了国内公共云服务市场的竞争。工业和信息化部总工程师张峰表示，我国云服务的规模快速增长，远高于全球 18%的增速。

工业和信息化部电信研究院总工程师余晓辉表示，47.6 亿元的市场规模与万亿级别的信息产业相比仍然很小，但依然维持着较高的增长速度，预计 2014 年增速仍将在 30%以上。从公共云服务细分市场来看，国内的 IaaS(基础设施即服务)企业 2013 年市场规模达到 10.5 亿元，增速达 105%，显示出旺盛的生命力。

不少专家认为，政府采购云服务将极大地促进云产业的发展。数据显示，我国政府采购信息化市场超过 500 亿元，而我国的 IT 采购结构仍是以硬件采购为主，占 52.2%，服务采购仅占 21.3%，且以维修等初级服务为主。而国际市场结构服务采购占 55.2%，云服务已经成为国外政府采购的趋势。随着国内政采云服务的推进，市场空间巨大。

该报告调查了三大电信运营商、阿里巴巴、百度、腾讯等国内主流公共云服务商，以及包括政府、电信、IT、金融、交通运输、能源等行业的千余家用户，覆盖全国 22 个省的 40 多个城市。

在 2014 年可信云服务大会上，财政部政府采购管理办公室主任王瑛表示，财政部一直高度重视云服务产业的发展及政务云服务的采购工作。政务云服务采购的试点方案及相关文件已经编制完毕。采购中心将据此完善采购标准和流程，推动政务云采购。采购将从中央政府机关开始试点，向地方政府扩展。据行业预计，未来政务云市场规模有望达到千亿级别。

### (二)政府购买云服务标准体系有待建立

云标准缺失成为政府购买云服务的一大障碍。经过调研发现，因为标准缺失，使采购云服务如“空中楼阁”，应自下而上逐步建立政府采购云服务标准体系。

1. 标准缺失让“云”变“晕”

云服务标准是政府购买、使用、评价云服务的重要依据，也是产业、企业发展的内在需要。标准缺失或不完善，购买云服务乃至云产业发展就如同“盲人行夜路”。

标准缺失制约云服务发展。云服务标准的缺失或混乱是制约云产业深度发展的“瓶颈”。没有标准就意味着没有方向或方向混乱。

因技术、资源、背景不同，以电信运营商为代表的云企业和以互联网为代表的云企业在

很多领域存在分歧。两大阵营甚至会为一条“源代码是否该自己编写”的问题争论不休。

标准缺失使采购云服务如“空中楼阁”。很多政府部门对云服务的印象只停留在概念上，对其安全性有很大怀疑。如果没可供参考的评价标准，更不敢购买服务。

另外，云在标准制定过程中也面临困难。一是云服务作为新生事物，理论发展落后于实践。以往做标准先有框架，再有内容的方式不适用于云标准。二是云计算涉及的标准非常多，不同企业提供产品的方式和业务形态千差万别，怎么能把握共性，又不扼杀差异化也是一大难题。

2. 建议自下而上推动

我国有关云标准的构建已经起步，与发达国家类似，也采取了自下而上的建标路径。

2014 年 1 月，在云计算发展与政策论坛的基础上，60 余家云企业共同组建的数据中心联盟成立。理事单位有 19 家，包括三大电信运营商、互联网巨头、设备生产企业及部分地区的云基地等。联盟主要在可信云服务环境建设、政府采购云服务推进、大数据等领域开展工作。成立当天，联盟公布了根据 20 项业务测评制定了云主机、云存储和云数据库三项标准，被业界和市场普遍认可。

由联盟牵头制定标准的好处很明显：一是贴近市场一线，接地气。二是提高制定标准效率。三是保护本土云产业，不给外企“不正当竞争”的口实。云产业是全球公认的战略性产业，中国市场又有广阔的发展前景，因此外资企业一直对中国市场“虎视眈眈”。如果完全放开云市场将对本土产业发展产生巨大冲击。

3. 从诚信环节入手

建立云服务标准可从建立可信云服务环境入手，先解决信任问题，然后逐步建立政府采购云服务的采购类、使用类、管理类等具体标准。

“采购云服务的前提是用户对云的信任。而实际情况恰恰是很多用户对云服务是不信任的，这是采购云服务难以推进的最大阻力。”工信部电信研究院互联网中心主任何宝宏说。

借鉴发达国家经验，我国可信云的构建，应包含三方面要素：一是企业基本信息和业务基本信息，如企业产业规模和业务名称、运营的起始时间、功能描述及软硬件技术和解决方案等。二是云服务承诺的完整性，包括承诺信息安全、服务质量和服务商的免责条款。三是云服务承诺的真实性。服务商要提供存储机制等学术理论材料和近 6 个月的运行报告，并由专家审核。

结合政府部门的实际需求和我国云产业现状，政府采购云服务标准应该包括以下几类：采购类标准，包括云主机、存储指标、云数据库、网络托管、块存储、云引擎等指标；使用类标准，包括虚拟机互操作接口、存储互操作接口等指标；管理类标准，即制定政府采购云服务合同模板；安全类标准，即对政府采购云服务安全能力评价技术要求。

在“云计算发展与政策论坛第四次高端会议”上，有专家表示，为了推动云服务在政府和公用事业机构中的应用，在财政部、工信部、中央国家机关政府采购中心等单位的支持和指导下，“数据中心联盟”开展了政府采购云服务的标准、采购指南、白皮书的编写工作，目前主要文档的编写工作已完成，为下一步实施政府采购云服务打下了坚实基础。

政府采购云服务的市场空间巨大，当前，越来越多的政府计划或已经采购云服务。何宝宏表示，我国政府信息化采购的市场规模超过 500 亿元人民币，是当前我国公共云服务市场规模的 10 余倍。不过目前，我国政府 IT 采购仍然是以硬件采购为主，服务采购比例偏低，

且以维修等初级服务为主，与国际市场结构差异明显。

当前，我国政府采购云服务的工作正在有序推进。2014 年 4 月，财政部发布《关于推进和完善服务项目政府采购有关问题的通知》，明确以分类的形式推进服务项目政府采购工作，云服务属于第一类为保障政府部门自身正常运转需要向社会购买的服务。

为了尽快推动云服务在政府的应用，相关部委正在推动《政府采购云服务指导意见》的出台，“数据中心联盟”已经完成了政府采购云服务基础文档和标准——《政府采购云服务指南》的编写。《政府采购云服务指南》由政府采购云服务的决策框架、典型案例、采购机制（标准、合同、评估、采购）等部分组成。

（三）政府购买云服务需完善配套政策

1. 全面推进面临三大障碍

有关人士反映，尽管各级政府认同购买云服务是信息化建设方向所在，也取得了成效，但总结多地实际情况来看，当前进一步推进政府购买云服务，仍面临多个障碍。

一是与传统政府采购行为相比，政府云服务购买习惯由购买“硬件”到购买“纯服务”，采购主体由“各自分管”到“集中统管”，采购模式由“先买后用”到“按需付费”。对此，不少政府部门缺乏认知，尚未适应。

相关部门对云服务模式缺乏了解，可能引发的后果值得警惕：其一，受传统思维影响，在国外云服务商游说下，仍走买“云设备”的老路，且坚持“买最好的、买国外的”；其二，“为云而云”，出现新一轮政府云中心建设热潮，导致购买云服务模式走样。

二是多项配套制度难以适应“服务购买”。我国政府部门在云服务购买方面受到制度层面的一系列新问题制约。

相关配套制度滞后涉及多个方面，包括购买云服务的财政预算通道不畅，云服务尚未列入地方财政购买目录，技术和安全标准、计价方式及行业规范尚未明确，服务商资质难以评定等多方面。

三是相关部门“三重顾虑”滋生推进阻力。在具体实践过程中，一些地方政府部门仍存有多种顾虑。

其一，对数据共享存顾虑，政务数据条块化现象严重。其二，政府信息中心人员考虑自身安置，主观上对政府购买云服务产生抵触情绪。一个突出的现象是，目前西部省份推进政府购买云服务比东部地区阻力更小，因为东部沿海各省份城市政府信息化建设起步早，各级政府信息中心涉及大量设备和人员，推进购买云服务即面临“破与立”的问题，内部阻力大。

2. 需完善政策配套

上述多个方面障碍是多地相关部门在实践过程中面临的突出问题，具有普遍性，建议从顶层推动入手，并完善有关配套政策，全面推进政府购买云服务。

一是加强宏观引导，全面推进政府购买云服务。转变政府部门传统信息化建设，推动各级政府信息化建设由自建、自管、自用转变为统一购买。

在购买云服务模式下，相关人员需转变传统信息产品系统管理方式，将关注侧重点由设备转向服务，将以往设备采购维护工作逐步切换到信息系统需求研究及框架设计上来。

二是将云服务纳入各级政府部门集中采购目录，增加云服务内容，或者在财政预算中设立“云服务专项”资金。此外，出台鼓励购买云服务措施。

三是建立弹性预算制度。云服务模式的特征是按需购买资源、按需付费，需要改变原有

固定预算制度，建议财政、工信、采购等部门加强协同，建立更加灵活实用的预算制度。

3. 引导规范行业秩序

此外，有关部门还应发挥引导作用，规范云服务行业秩序。

一是建立云服务技术标准和认证审查制度。政府购买云服务亟须厘清的标准包括云服务器和云数据库等服务采购清单、操作使用和安全保障规范等系列技术标准。

同时，建立云服务认证审查制度，保证服务质量。

二是建设国家数据信息安全制度保障。对于国防、政府、商业应用不同类别的信息技术产品审查和检测实行区别的管理政策，建立与之相适应的安全审查机制。

三是，加强信息安全立法。我国急需出台一部明确公民、企业保护国家数据信息安全责任的法律制度，使之成为在政府购买云服务过程中，对云服务商提出各项管理要求、技术要求的依据。

（四）我国宜全面推进政府购买云服务

云服务是基于信息网络的新型计算模式和服务模式，它实现了业务应用软件与物理基础设施分离，避免了设施重复建设，拓宽了专业服务发展空间。有关人士认为，云服务模式在当前我国政务信息化建设中应用前景广泛，宜全面推进政府购买。

1. 政务云节约资金高达 50%

有关职能部门、企业界人士和专家学者认为，当前从多个层面考虑，我国宜广泛推进政府购买云服务。

一是突破信息化建设“瓶颈”。当前各级政府推进信息化建设，面临资金更节约、政务需求更专业、信息安全更可控的新要求，这些要求之间彼此制约，成为突出“瓶颈”。推进购买云服务，能破解政府信息化建设高重复、高耗能、低效率的困局。北京、江苏、浙江、山东等地数十个应用云服务的政务项目，节约财政资金的比例高达 20%～50%。

二是提高政府信息安全。云服务模式降低了对单台设备可靠性的要求，更能体现国产设备性价比高的优势。

百度、腾讯等互联网公司云服务部门负责人称，在云服务模式下，数据集中存储在云端，数据存储介质难以通过物理方法获得，可有效降低数据泄露风险。此外，云服务商会根据用户要求，对云端用户数据进行统一管理。

三是促进治理能力现代化。当前我国推进国家治理体系和治理能力现代化的一个重要内涵是，促进政策形成趋于量化、精细化。云服务模式是大数据治国背景下的重要基础设施。

云服务模式具有政府信息中心无法比拟的专业优势，它搭建了经济社会多领域数据融合的平台，挖掘数据信息潜在相关关系和发展趋势，能促进政府科学判断和预测。

2. 广泛推进具备可行性

从地方部门积极性、国内云计算产业基础及相关部门重视程度看，目前我国广泛推进政府购买云服务条件已成熟。目前即便是在东部沿海地区省市，政府信息化建设水平、传统信息化建设模式也滞后于现实需求，各个职能部门政务数据存储、信息挖掘和专业化服务等方面的能力不足，已成地区推进经济社会多领域改革的掣肘。因此，随着经济社会发展和全面深化改革脚步加快，应用云服务是大势所趋。

多地探索实践也凸显了应用云服务“因需而起”。据悉，2013 年 6 月的中国智慧城市论

坛，预期参会人员 200 人，但最终全国超过 500 名相关部门人员赶来参会，目的是了解如何借助信息技术手段，破解当前城市管理面临的突出矛盾。

另外，国内云计算产业基础为购买云服务提供支撑。我国云计算产业起步较早，2013 年中国云计算市场规模超过1 100亿元，2011 年至 2013 年平均复合增长率达 91.5%。目前，我国云计算相关企业超过 200 家，已基本形成了云计算技术的研发及产业化能力，云计算产业格局和企业群体已初步形成。

从技术层面看，目前全球云计算产业链上，我国企业并不落后，如果政策引导得力，凭借广阔的市场空间，我国信息产业存在“弯道超车”的可能。目前，阿里巴巴、百度等企业在公共云服务领域已有诸多成功的商业案例。在云计算核心的资源管理调度系统领域，阿里巴巴、百度、腾讯等企业自行研发的云平台已投入运行，并实现了对数千台服务器集群的统一控制与管理，在全球处于领先地位。

3. 地方探索“政务云”成效初显

近年来，政府购买云服务的探索实践在多地展开。2010 年济南市政府开始通过云服务推进政府管理创新，已经将 52 个部门政务数据中心 300 余项业务系统整体外包给浪潮集团，是国内首个利用社会力量将政府整体信息服务外包项目。几年来，该市跨部门、跨层级业务协同水平大幅提高，主要业务信息化支撑率达到 85%，主要业务信息共享利用率达 70%以上，各项信息系统软硬件及运维费用每年节省 30%以上。

类似实践在江苏、浙江、福建等沿海省份，以及甘肃、贵州等内陆省份，都有不同形式开展，涉及新农合、医疗、税务、网站托管、电子政务等领域，如厦门健康医疗云、苏州工业园区智慧云服务平台等项目。

受多重因素影响，地方探索政府购买云服务，在推进方式、探索进度、取得成效等方面也出现分化。

一是推进方式多样。一方面，建设云中心与购买云服务并存，比如扬州市建设城市政务云中心，政府购买云服务器、存储等基础设施，在搭建云平台时，则面向云服务商招标寻求技术支持，而江苏、浙江一些城市选择向企业购买云服务。另一方面，地区购买与部门购买并存，杭州、南京、无锡等推进城市“政务云”，而另一些地区则依靠交通、水利、税务、人力社保等部门向云服务商购买具体业务云服务。

二是探索进度不一。诸多云服务商提供的数十个案例表明，目前江苏、浙江等东部沿海地区购买云服务需求强烈、项目较多，在电子政务、医疗、交通、水利等方面均有应用，而中西部一些省市则处于起步阶段。

三是所获成效各异。多数购买云服务项目，实现了财政资金节约和政府信息化水平提升，地区公共服务水平也得以改善。一些地区强烈要求跨部门数据共享，为地方民生领域改革打开了局面。但与此同时，也有一些地区对云服务模式理解不透，将购买云服务与购买设备等同，甚至兴起新一轮云中心建设潮，面临发展困境。

# 附录一 浙江省电子政务云建设方案

## 一、项目概述

编制单位：浙江省人民政府办公厅电子政务处。

编制依据：

1.《国家电子政务工程建设项目管理暂行办法》(国家发展和改革委员会令第55号)；

2.GB/T 22239-2008《信息系统安全等级保护基本要求》；

3.GB/T 20988-2007《信息安全技术信息系统灾难恢复规范》；

4.YD/T 1171-2001《IP网络技术要求——网络性能参数与指标》；

5.GB 50174-2008《电子信息系统机房设计规范》；

6.《浙江省人民政府办公厅关于印发〈浙江省网上政务大厅建设工作方案〉的通知》(浙政办发〔2014〕10号)；

7.《浙江省电子政务网络技术规范》；

8.《浙江省电子政务网络安全技术规范》；

9.《浙江省网络及信息安全应急预案》；

10.《浙江省电子政务云、安全及运维体系规范》。

建设目标、规模、内容、建设期：

本项目建设目标为建设全省统一的电子政务云，规模包括省、市两级，建设内容主要为政务云平台、云网络、云安全、灾备和运营维护等系统，建设期为2014年1月至2015年6月。

总投资及资金来源：

本项目总投资为534.6万元，资金来源为财政资金。

效益及风险：

1.经济效益

本项目通过云计算技术，推动全省各级部门的计算、存储、网络、数据灾备、安全保障、运维服务等基础设施共享共用，可以节约资源，减少能耗，降低全省电子政务建设和运行维护成本。

2.社会效益

本项目将有效支撑省网上政务大厅和其他业务系统运行，实现省市县各级政务资源的共享和审批协同，方便了公民和企业办事，提高了政府监管能力和服务水平。

3.项目风险

本项目任务重、时间紧,项目进度存在一定风险;政务云与业务系统之间缺少磨合时间,老系统向云平台迁移存在风险。

项目建设单位与职能:

本项目建设单位为浙江省政府办公厅,是协助省政府领导处理省政府日常工作的机构。主要职责是:协助省政府领导组织起草或审核以省政府、省政府办公厅名义发布的公文;受理省政府各部门和各地政府请示省政府的公文,提出审核意见,报省政府领导审批;受省政府委托或交办,组织有关协调工作;根据省政府的工作重点和省政府领导指示,组织和参与调查研究,及时反映情况,提出建议;督促检查省政府各部门和各地政府贯彻落实国务院和省政府文件、省政府会议决定事项及省政府领导重要批示的执行情况,及时向省政府领导报告,提出建议;负责省政府会议的准备和组织工作,协助省政府领导组织会议决定事项的实施;负责省政府重大活动的组织和省政府领导的重要内外事活动安排;负责省政府值班工作,及时报告重要情况,传达和督促落实省政府领导指示;协助省政府领导做好需由省政府组织处理的突发事件的应急处置工作;负责全国、省人大和政协交办的人大代表建议和政协提案的组织办理和督促检查工作;负责处理人民群众来信来访中的有关问题;组织、指导和协调全省政府系统电子政务建设和政府门户网站建设;指导和监督全省政府信息公开工作;组织和协调全省反走私、海防和口岸管理工作;负责党和国家及军队领导人以及从上述岗位退下来的老同志的接待工作;负责部、省级内宾的接待工作;办理省政府领导交办的其他事项。

项目实施机构与职责:

本项目实施机构为浙江省政府办公厅电子政务处。主要职责是组织、指导和协调全省政府系统电子政务建设和政府门户网站建设。

## 二、项目背景与需求分析

背景与现状:

中共十八届三中全会通过的《中共中央关于全面深化改革若干重大问题的决定》明确指出,要深化行政审批制度改革,规范行政审批事项管理,提高行政审批办事效率。2014 年 1 月,省政府下发了《浙江省网上政务大厅建设工作方案》(浙政办发〔2014〕10 号),决定以建设省市县三级网上政务大厅为重点,加快推进全省行政审批制度改革。为有效支撑全省网上政务大厅的运行,建立一套高速互连、高可靠性的全省政务云平台势在必行。

浙江省委、省政府主要领导高度关注电子政务建设,对省电子政务基础设施利用率低、重复建设严重等现象作出重要批示,要求整合电子政务资源,进一步降低行政成本。要有效解决这一问题,其重要手段就是通过云计算技术来整合分散的计算、存储、数据和业务资源,从根本上解决电子政务应用部署灵活性不高、运营维护困难等问题。

目前,全省统一的电子政务网络已经运行多年,其中电子政务外网承载了全省大部分政务部门的业务应用。电子政务外网省至市广域网带宽为 155MB,省市县乡四级电子政务网络实现全覆盖。部分政务部门已在应用云计算技术,有些地方尝试开展了地方云计算平台的建设工作,能够提供虚拟主机、存储备份等基础云服务,这些为建设全省政务云提供了一定的经验。同时发现,大部分政务部门建设云计算系统时,较少部署云安全系统;少数省级

厅局(如公安、税务)初步建成异地灾备系统并投入运行。为统一建设标准,省府办电子政务处于2013年6月初步完成省级地方标准《浙江省电子政务云、安全及运维体系规范》编制工作,正准备公示发布。

存在的问题:

一是政务云计算标准不统一。目前,工业和信息化部尚在制定电子政务云相关标准,浙江省的地方标准尚未发布。由于缺少对电子政务云的建设和运营维护的指导性意见,各地、各部门对电子政务云总体框架理解不一,"低标准、小规模、建设散、弱运维"的现象突出,造成不必要的资源浪费。

二是省政务外网难以适应云计算的发展。全省政务外网建成于2006年,由于经费有限,没有备用链路。在云计算环境下,业务系统对网络可靠性要求非常高,必须要有一主一备用链路来确保网络不中断运行。

三是云安全意识薄弱。目前,大多数在建和已建政务云的政务部门对云安全认识不足,尚未系统开展云安全建设工作。由于云计算的复杂性,对其安全运营维护管理也带来新的要求,如果没有统一的云安全防范措施,将不利于政务云的建设和管理,用户也将面临更大的安全风险。

需求分析:

根据规划,省政务云平台要支撑省网上政务大厅运行,同时要为省级各厅局、各市县提供基础设施服务。各业务系统对政务云平台、云网络和云安全的需求主要如下:

一是统一规范的云平台。目前,省级政府部门未设立集中办事的实体大厅,迫切需要统一的政务云平台,为审批业务系统提供云主机、云存储、云开发平台、共性应用软件等,从"基础设施即服务"、"平台即服务"、"软件即服务"等多个层面来支撑网上政务大厅有效运行。同时,各市也迫切需要建设市级政务云平台,以承担市级业务应用。

二是高速互通的云网络。由于省政务云平台交互海量信息,对云间互联带宽的需求较大,有必要建立统一的高速云网络,联通各市、县(市、区)行政服务中心,并与电子政务外网互为备份,以保障网络层的安全可靠性。

三是安全可靠的云服务。省政务云平台集中承载了支撑网上政务大厅运行的核心业务和数据,要充分保障物理资源层、资源抽象与控制层和云服务层安全,并提供云安全基础服务。同时,为确保政务云核心数据安全,需要提供异地容灾备份服务。

系统功能指标:

政务云对政务部门提供基于IaaS、PaaS、SaaS层面的云服务,并通过政务云网络将这些服务安全输送给政务云用户。政务云IaaS层,提供硬件和软件基础设施服务,具体可包括云主机、云存储、云网络、海量结构化数据和大数据计算等服务;政务云SaaS层向云用户提供即开即用的软件服务;政务云PaaS层提供统一的云应用框架、云数据库、地理信息平台和数据交换平台等通用功能组件。

政务云网络按层次化组网,以可靠性、灵活性和可扩展性为建设原则,实现省市县三级高速互联,为各类业务系统应用提供安全的网络支持,并与电子政务外网互为备份。

云安全建设保障物理资源、抽象与控制、云服务等各层面的安全,并提供基础的云安全服务,对用户进行身份识别和访问控制,确保数据安全;灾备建设通过对数据和关键业务进行容灾备份,确保核心业务的不中断。

系统性能指标：

1. 云平台

本期项目按100台物理服务器的规模开始建设，后续将根据业务发展情况，按需扩容、滚动建设，要求能扩展管理5 000台以上物理服务器的规模量。

云服务器性能要求平均可用性不低于99.9%，数据可靠性不低于99.999%；云存储容量达到PB级以上，平均可用性不低于99.9%，数据可靠性不低于99.99999999%。

2. 云网络

云网络电路可靠性要求不低于99.9%，IP包传输时延、误差率、丢失率等网络性能指标需满足YD/T1171-2001《IP网络技术要求——网络性能参数与指标》中相关规定的要求。

3. 云安全和灾备

全省政务云平台和政务云网络应满足GB/T22239-2008《信息系统安全等级保护基本要求》三级(含)以上要求。对于核心业务，应达到GB/T 20988-2007《信息安全技术信息系统灾难恢复规范》五级要求，实现应用级容灾保护；对于其他非关键性业务达到三级要求，实现数据级容灾保护。

## 三、总体建设方案

指导思想：

省政务云建设的指导思想是：以十八大和十八届三中全会的重要思想为指导，适应深化改革和高效发展对政务工作的要求，大力整合电子政务资源，转变政府职能，更好地服务人民群众，促进国民经济持续快速健康发展和社会全面进步。

总体目标与分期目标：

本项目的总体目标是建设省政务云平台和云网络，为网上政务大厅和其他业务系统提供安全可靠的云基础设施及云软件服务。本项目共分两期，第一期目标是在2014年6月底以前，建设省级政务云平台和云网络；第二期目标是在2015年6月底以前，各市按统一标准建设各地的政务云平台和云网络。

总体建设任务与分期建设内容：

我省政务云的总体任务是完成浙江省、市两级政务云平台，以及联通省、市、县(市、区)三级的政务云网络建设，形成完善的云安全保障、云灾难备份和云运维管理体系。

第一期建设任务是制定省政务云平台、安全和管理相关标准，建设省级政务云平台、云网络省级城域网及全省广域骨干网，联通省、市、县(市、区)单位的网上办事大厅和业务系统，初步完成云安全和云运维管理体系建设。

第二期建设任务是依照统一标准，各市根据实际情况建设本地政务云平台及云网络城域网，完成全省云安全、云灾难备份和云运维管理体系建设。

全省政务云总体架构：

1. 省政务云采用省、市两级架构。省级政务云主要为省级单位服务，也可为有需要的地方提供云计算服务；市级政务云为本地(含县、市区)单位提供云计算服务；县级政府原则上不再建设政务云平台。

2. 根据省政务外网标准，全省政务云分为资源共享专区和公众服务专区，资源共享专区主要承载数据交换、资源共享、行政审批等服务，公众服务专区主要承载公众服务类业务；

公众服务专区首选部署在公有云，也可部署在政务云内。

3. 政务云资源共享专区通过安全隔离措施访问公有云（互联网）、公众服务专区；各单位政务外网的业务系统应根据服务对象逐步迁移至省级政务云或公有云上，实现集中集约部署，避免基础实施重复建设。

4. 省级政务云和市级政务云通过不小于2.5G的高速宽带云网络进行互连互通，并与省政务外网155M专线互为备份。省政务云网络按照省政务外网标准建设。

5. 全省政务云平台采用“11+1”的异地容灾模式，即11个市级政务云利用省级政务云平台中的资源进行异地备份；省级政务云选择一个市级政务云建设异地灾备中心。

政务云平台体系结构：

政务云的参与方包括政务云用户、政务云供应商、政务云中间商、政务云审计机构、政务云承载商。

政务云业务平台包括云计算体系、云安全体系和云运维体系三个部分：云计算体系包括完整的IaaS、PaaS、SaaS以及支撑这些服务的底层平台；云安全体系包括云平台的安全和云安全基础服务；云运维体系包括运维服务内容及流程、应急响应机制和绩效考核标准。

政务云用户在政务云主管部门的指导和监督下，向政务云供应商申请云服务，按照约定的规范合理使用云服务。

政务云供应商自行或合作搭建包括机房、计算、存储、网络等资源在内的物理环境，通过软件对物理资源进行抽象和控制，提供IaaS、PaaS、SaaS等云服务，并通过政务云承载商提供的网络将这些服务输送给政务云用户。政务云供应商须保障云服务的安全，并对云服务进行运维和管理。

政务云中间商须具备相应能力及相关资质，根据政务云用户的需求，为用户提供解决方案咨询、应用集成等服务。

政务云审计机构需要基于客观的评测数据来对云服务的安全控制、隐私保护、性能指标等方面进行独立审查，并出具审计报告。

政务云承载商须具备网络运营资质，并根据服务等级协议来提供相应的网络传输服务。

政务云供应商、中间商和承载商可由一家或者多家实体组织承担，但是政务云审计机构应独立于以上组织。

## 四、详细设计方案

政务云平台由物理资源层、资源抽象与控制层和云服务层三部分构成，如附图1所示。

物理资源层：

物理资源层应包括运行政务云所需的机房运行环境，以及计算、存储和网络等设备。云中心机房的部署按照功能分区设计，主要分为计算区、数据库区、存储区、云平台管理区、出口互联区和安全缓冲区等区域。物理资源层应包括运行政务云所需的机房运行环境，以及计算、存储和网络等设备。

1.云中心核心交换区。采用“核心—接入”两层扁平化设计，通过物理网络设备N:1虚拟化技术，简化生成树协议的部署，实现云数据中心内的大二层网络互通，为云主机的自动化迁移与调度提供环境支撑。同时，在核心层部署防火墙，对各分区进行安全访问控制。

2.计算区。部署承载业务应用的物理服务器。

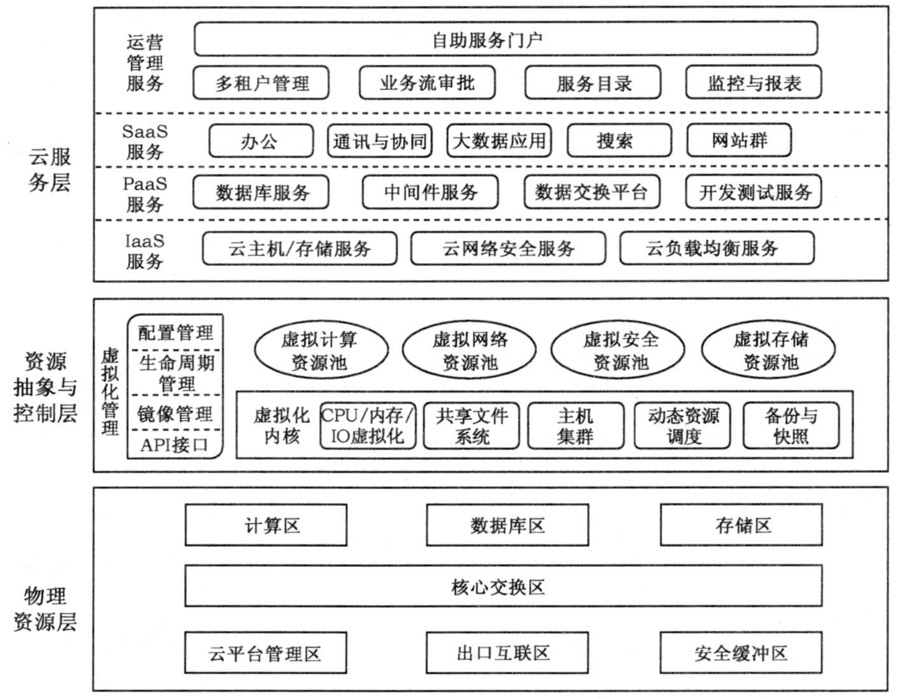


**附图1　省政务云平台架构**

3.数据库区。部署承载数据库服务的物理服务器,部分高性能数据库可直接部署在物理主机上。

4.存储区。部署共享存储设备,分为分布式存储和阵列存储两种:分布式存储将数据打散分布在物理存储集群内的所有节点上,实现容量和性能的横向扩展,满足大容量的存储需求,如云主机镜像、证照库等;阵列存储主要满足数据库服务的高性能存储需求。

5.云平台管理区。部署云管理平台、网络管理平台、虚拟化管理平台等管理服务器。

6.出口互联区。包括互联网接入区和广域网接入区。网络需满足浙江省电子政务外网相关要求。

7.安全缓冲区。此区域是逻辑区域,用于部署与互联网公有云、广域网接入区进行数据交互的安全隔离设备,确保数据访问安全。

资源抽象与控制层:

资源抽象与控制层通过虚拟化技术,负责对底层硬件资源进行抽象,对底层硬件故障进行屏蔽,统一调度计算、存储、网络、安全资源池,并提供资源的统一部署和监控。

资源抽象与控制层对底层硬件资源进行抽象,构建虚拟计算资源池、虚拟存储资源池、虚拟网络资源池和虚拟安全资源池,并实现对虚拟资源面向业务的调度和管控。资源抽象与控制层主要由虚拟化内核和虚拟化管理两大组件构成。

1. 虚拟化内核。基于主流虚拟化内核,实现CPU、内存、磁盘及I/O、网络的虚拟化。提供高可用集群、在线业务迁移和动态资源调整,保证业务应用的连续性,支持云主机的备份与快照。

2. 虚拟化管理。对虚拟资源统一配置和调度，包括云主机的生命周期管理、云主机镜像文件管理。云主机管理组件提供开放接口，便于上层云服务层进行虚拟资源的调用。支持随需自适应的弹性计算，能实现业务突发时云主机自动迁移、扩展和负载均衡，以及业务空闲时资源自动回收；支持云主机之间流量的可视和可控，云主机迁移时保持对应网络策略自动跟随迁移。

云服务层：

云服务层提供完整的IaaS、PaaS和SaaS三层云服务。为用户提供自助服务门户，提供多租户组织管理、资源的申请与审批、服务目录以及资源使用的监控与报表。

政务云服务层：

政务云服务层构建在资源抽象与控制层之上，包括IaaS服务层、PaaS服务层和SaaS服务层。

1. IaaS服务层。提供云主机、云网络、云存储以及配套的云安全服务，让租户可以基于这些云服务构建属于自己的虚拟数据中心。

2. PaaS服务层。为政务应用构建基础数据平台，统一数据格式、统一开发框架与接口调用，为上层应用提供标准化的开发、测试、运行环境。同时，提供云数据库、云中间件、应用开发框架、大数据平台、数据交换平台、海量结构化数据、地理信息平台等。

3. SaaS服务层。在IaaS和PaaS服务层的基础之上，提供公用的政务应用服务，包括大数据应用、政务办公云应用、通信云应用、云搜索、网站群应用等。

云管理平台：

云管理平台包括云资源管理平台和云运营管理平台，如附图2所示：

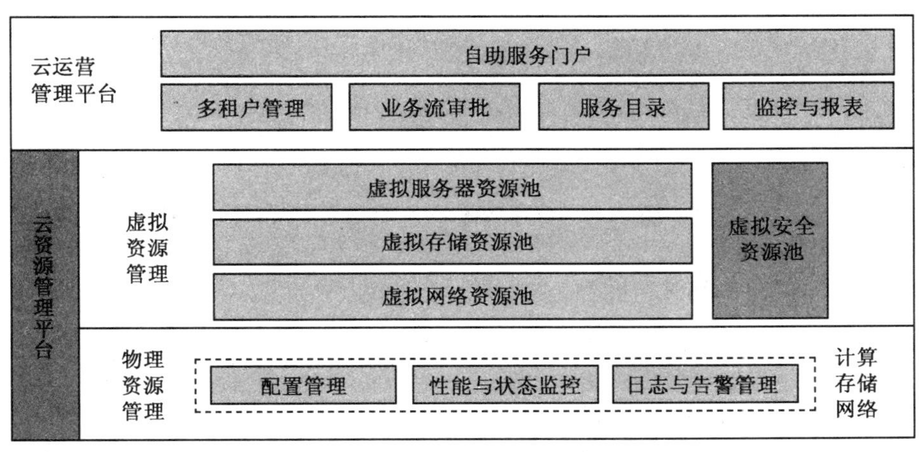


附图2　云管理平台架构

1.云资源管理平台

(1)物理资源管理，实现对服务器、存储、网络的配置管理、性能监控、日志管理等功能。

(2)虚拟资源管理，提供对云主机、虚拟交换机和虚拟网卡的全方位监控；支持面向应用的资源调度，通过资源配置下发，将网络切片，实现端到端的流量监管、访问控制和质量保证，租户之间完全隔离，如同独享各自的服务。

此外，云资源管理平台还需要对分布在各厅局委办的云点进行统一监控与管理，云点遵循省级政务云和省政务外网技术标准，具有网络、计算、存储、云主机的功能，出现故障后可以从云中心推送原云主机镜像文件快速恢复。同时，与市级政务云进行对接，为市级政务云提供共享资源池，实现市级政务云的资源备份和扩展。

2.云运营管理平台

(1)自助服务门户，为用户提供申请云资源、使用云资源、监控云资源的门户，用户直接在门户上完成资源申请的工单填写与提交。

(2)多租户管理，实现本租户组织内的用户管理和权限分配、资源配额、模板管理等。各租户的资源相互隔离，每个租户都拥有各自的管理员。

(3)业务流审批。云业务流程为：用户申请云资源→审批员审批→云平台(供应商)开通云资源→通知反馈给用户使用云资源。云业务流程如附图3所示：

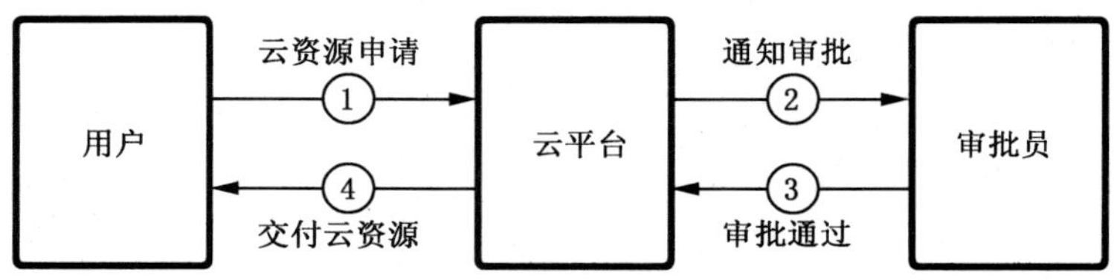


**附图3　云业务流程**

(4)服务目录，为各租户提供不同的云服务产品配置模板，供租户选择政务云平台提供的相应服务产品。

(5)监控与报表，对各租户的云资源使用情况进行监控，对使用的数据可以自定义输出相应的报表。

政务云网络拓扑：

云网络需具备高可靠性、高可用性，避免单点故障，网络架构和设备选型方面需要具备高可扩展性，满足未来业务扩展需求；需考虑云平台与现有政务外网、公有云的对接；需支持不同类型用户使用不同外部接入访问，并满足用户远程访问的网络质量。省市县三级政务云网络系统拓扑结构，如附图4所示。

省政务云网络由广域骨干网、省市城域网及县(市、区)接入网三部分组成。政务云广域骨干网由省级政务云平台与11个市的高速交换路由器构成，各级城域汇聚路由器负责各级城域网单位连接。全省政务云网络物理连接如附图5所示。

政务云安全设计：省政务云网络和省政务云平台应满足信息系统安全等级保护三级(含)以上要求。省政务云网络安全主要包括政务云网络和其他网络互访的边界安全防护，以及政务云网络内部的安全防护。省政务云安全体系框架如附图6所示。

1. 政务云网络边界安全

为适应各类业务应用需求，在安全的前提下，实现公有云和政务云间有限的双向访问。在边界需要部署防火墙、入侵防御、安全审计等设备进行安全防护，并配合完善风险管理机制和安全管理制度实现云网络层边界安全运行，如附图7所示。

2. 云网络内部安全

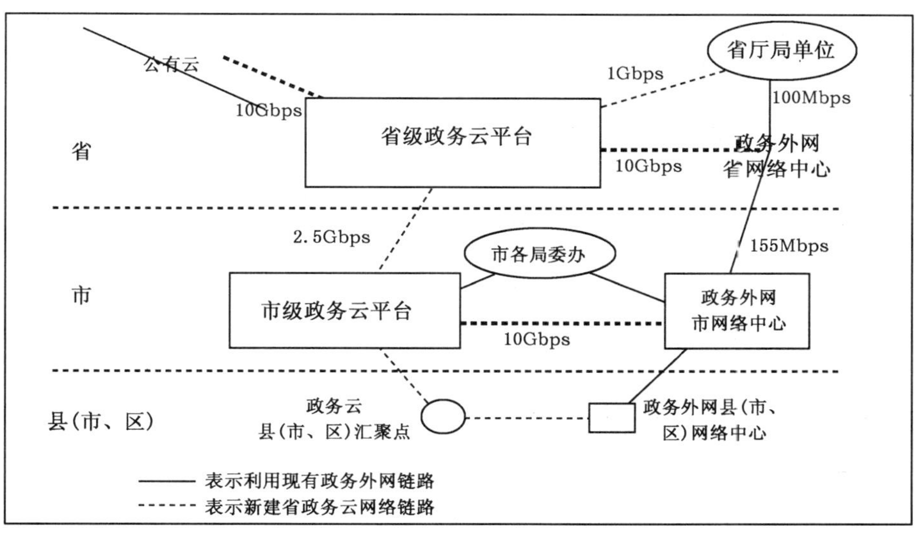


**附图 4 省、市、县三级政务云网络拓扑图**

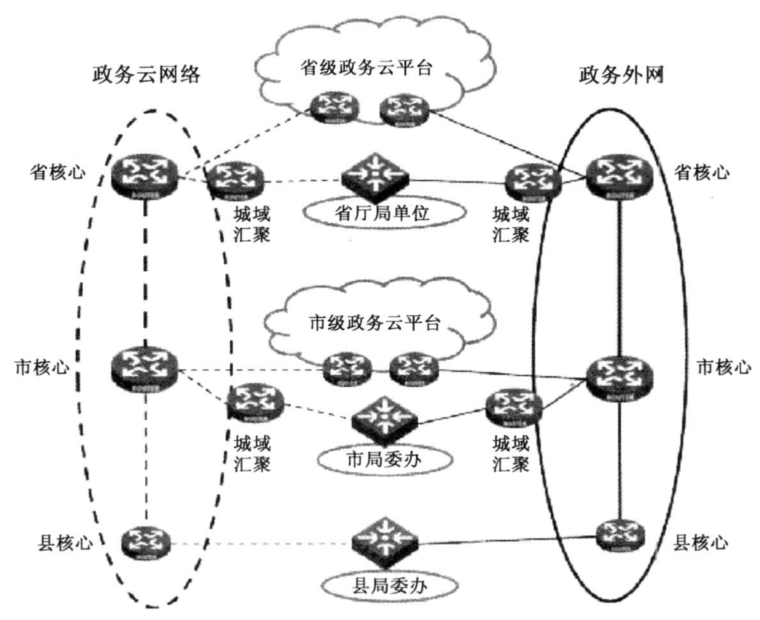


**附图 5 省政务云物理连接示意**

省政务云采用两级部署方式,采用统一的身份认证,除了依赖政务云承载网的网络安全外,还需要增加日志审计设备实现对全网的日志审计。

## 五、风险及效益分析

风险识别和分析:

1.时间进度风险

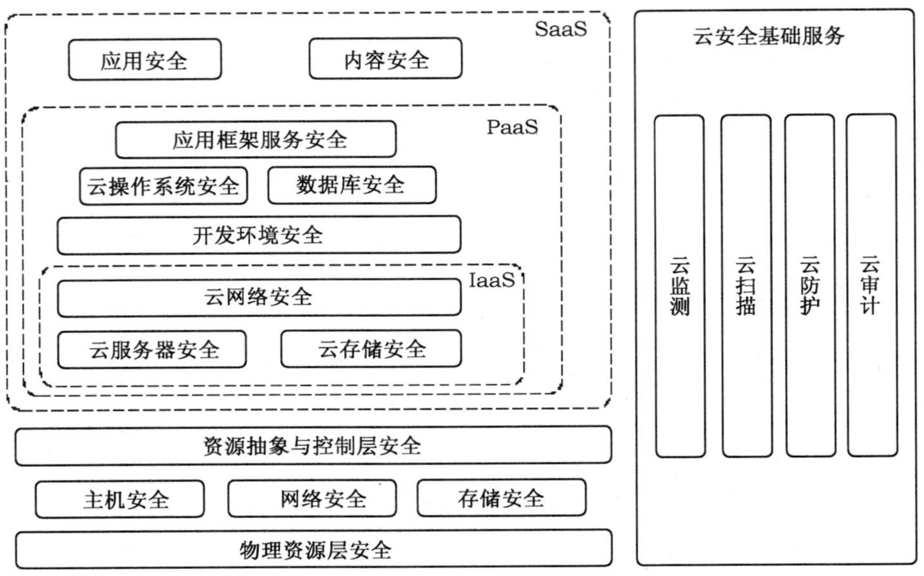


附图 6　省政务云安全体系框架

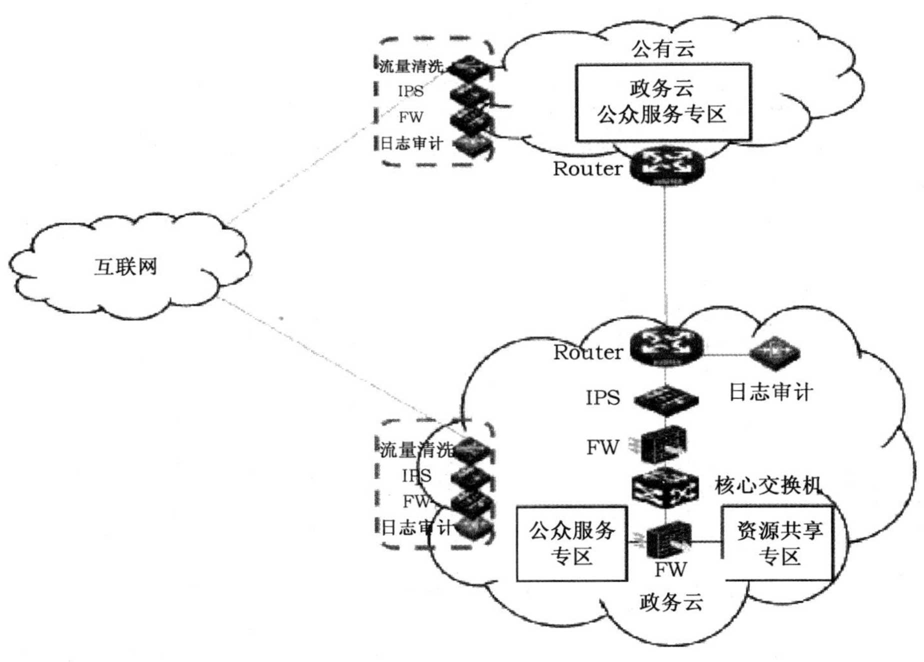


附图 7　政务云网络边界安全部署

本项目任务重、时间紧，若出现进度延迟意味着无法及时支撑应用系统的测试和部署，进而威胁浙江省网上政务大厅投入运行的时间。

2.应用部署风险

绝大部分应用开发商各类软件开发环境不针对云平台，对云应用开发不熟练，造成开发出的系统性能不佳；省网上政务大厅项目建设期短，开发商与云平台、业务系统与云平台之间缺乏衔接磨合的时间。

3.应用迁移风险

政府部门现有业务系统由于不针对云平台开发的，可能无法迁移或迁移后不能正常运行，同时由于缺乏经验，业务系统和数据在迁移过程中存在宕机风险，造成服务中断，停机时间无法准确预知，特别是对时间敏感型和数据完整性业务，存在数据安全、系统恢复、业务正常运行的风险。

风险对策和管理：

为确保项目成功，将在本项目建设中采取有效的风险管理，消除各类风险的不良影响，具体的风险对策和管理措施如下：

1.时间进度风险的对策和管理

对于这种风险解决方案一般是精心计划、分项分段并行实施、增加项目监控的频度和力度、多运用可行的办法保证工作质量，避免返工。在项目实施的时间进度管理上，需要充分考虑各种潜在因素，适当留有余地；任务分解要详细，便于考核；在执行过程中，应该强调项目按照进度执行的重要性，考虑任何问题时，都要将保持进度作为先决条件；同时，合理利用赶工期及快速跟进等方法，确保时间进度。

2.应用部署风险的对策和管理

应用部署风险的对策是改造业务模式，重新开发应用系统，适应政务云平台；编制应用开发和部署云平台业务系统的标准规范，保障所开发业务系统的质量；为开发商提供云平台业务系统开发平台，改善云平台业务系统开发环境，规避应用部署风险。

3.应用迁移风险的对策和管理

应用迁移风险的对策是先制订迁移方案并进行评估；将业务成熟度高、复杂程度低、技术风险小、影响面不大的业务系统，作为优先迁移对象；为开发商提供云平台业务系统测试环境，测试通过后再迁移；对于无法适应政务云平台的业务应用系统，先不放到云平台。通过精心实施，确保政务部门原来的业务应用不受影响。

效益分析：

1. 直接经济效益

(1)提高资源使用率。目前，政府部门服务器CPU的实际占用率平均不到5%，内存的平均使用率约为20%，因此造成服务器资源的巨大浪费。而通过虚拟技术，可以充分利用闲置资源，避免资源浪费。

(2)降低采购费用和能耗。根据1∶8比例，将本期100台物理服务器虚拟成800台云主机，可节约投资2 450万元(按每台物理服务器3.5万元测算，购置800台物理服务器需2 800万元)。若每台物理服务器功率为500瓦，每台物理服务器1年耗电约4 380度电，虚拟化后1年可省306.6万度电，同时可降低机房空调耗电达50%以上。

(3)节约管理成本。按传统流程，若采购服务器或扩容网络，需申请财政预算，按政府采购流程进行招投标和设备采购，最少需3～6个月甚至1年以上。本项目建成后，只要通过在线提交申请、完成审批后，政务云就可配置所需的虚拟机和网络，整个配备过程可缩短至几天甚至几分钟。利用政务云，实现电子政务实施的集约化管理和运维，规避政务资源投入的无序化，节约了管理成本。

2.间接经济效益

(1)推动信息产业发展。建设省政务云，需要在信息基础设施、软硬件、信息资源开发等方面进行投资和整合，这样必然拉动我国信息产业的发展。国内研究表明，信息技术在促进经济发展方面的投入产出比约为1∶4。由于本系统投入还将会带动许多其他社会资金在信息化发展方面的投入，因此，其拉动作用会更大。

(2)提高经济运行质量和效率。建设省政务云，支撑浙江省网上政务大厅的运行，将提高行政管理和服务效率，促进政府职能转变，改善投资和营商环境，促进经济发展，其间接经济效益是巨大和长期的。

3. 社会效益

(1)有利于提高电子政务部署效率

建设省政务云，有助于浙江省电子政务从粗放式、离散化的建设模式向集约化、整体化的模式转变。政府实施新的电子政务项目时，利用已有政务云基础设施，可快速构建和部署应用程序，提高电子政务应用部署速度。

(2)有利于降低信息共享和业务协同难度

通过省政务云，多个政府部门可以共用相应的基础架构，可实现各政务系统之间的软硬件资源和信息资源的共享，从技术上降低信息共享和业务协同的难度，为政府部门业务协同创造条件，有利于促进各部门内部以及部门之间的业务系统的整合。

(3)有利于提高政府服务效率

通过省政务云，使政府管理服务从各自为政、相互封闭的运作方式，向跨部门、跨区域的协同互动和资源共享转变，可提高政府工作效率。

# 附录二
# 基于云计算的电子政务公共平台

工信部于2013年3月发布了《基于云计算的电子政务公共平台顶层设计指南》，用于指导全国电子政务公共平台的建设，通过电子政务公共平台的建设应用引导电子政务转变发展方式。《基于云计算的电子政务公共平台顶层设计指南》是为了贯彻落实《中共中央办公厅国务院办公厅关于进一步做好党政机关厉行节约工作的通知》（中办发〔2011〕13号）、《国务院关于大力推进信息化发展和切实保障信息安全的若干意见》（国发〔2012〕23号）和《国家电子政务"十二五"规划》（工信部规〔2011〕567号），充分发挥既有资源作用和新一代信息技术潜能，开展基于云计算的电子政务公共平台顶层设计，继续深化电子政务应用，全面提升电子政务服务能力和水平，特制定本指南。

## 一、设计目的

1. 以需求为导向，以效益为根本，密切结合中心工作，积极推动云计算模式在电子政务中的应用，提高基础设施资源利用率，为减少重复浪费、避免各自为政和信息孤岛创建新的技术支撑体系。

2. 充分发挥云计算虚拟化、高可靠性、通用性、高可扩展性等优势，利用现有电子政务基础，建设完善电子政务公共平台，支撑各部门应用发展，促进跨地区、跨部门、跨层级信息共享。

3. 推动建设完善电子政务公共平台信息安全保障体系，加大安全可靠软硬件产品的研发和应用力度，带动信息产业发展，提升信息安全保障能力，保障政府信息系统安全可靠运行。

4. 转变电子政务建设和服务模式，促进电子政务建设运行维护走市场化、专业化道路，全面提升电子政务技术服务能力，降低电子政务建设和运维成本。

## 二、设计方向

1. 推动数据和业务系统与承载的技术环境分离。基于云计算的电子政务公共平台建成后，各部门基于电子政务公共平台实现数据和业务系统的建设与完善，不再需要单独自建、更新和升级技术环境。

2. 推动电子政务项目建设过程优化。各部门电子政务项目建设不再需要经历需求分析、设计、施工、运行和维护等全过程，不用考虑应用实现的技术细节，由电子政务公共平台提供技术支撑、运维服务和安全保障。

3. 推动建设完善信息资源服务体系。建设完善电子政务公共平台，实现基础信息共享和统一、及时更新，促进各类业务信息互补互动使用，优化业务系统、业务流程和工作模式，提高信息化条件下政务部门履行职责的能力。

## 三、设计目标

1. 结合电子政务发展实际，完成基于云计算的电子政务公共平台顶层设计，指导电子政务公共平台建设实施和应用服务。

2. 明确电子政务公共平台的建设原则、实施步骤和运行保障的制度措施，确保顶层设计可实施。

3. 明确电子政务公共平台降低建设和运行成本、提高基础设施利用率的量化目标，确保建设和应用取得成效。

4. 明确电子政务公共平台的系统框架和服务功能，确保满足各政务部门的需求。

5. 明确电子政务公共平台建设、运行、服务和管理机制，完善信息安全管理措施，确保平台可持续发展。

## 四、设计原则

1. 统一领导，分级实施。加强组织领导，建立统一的顶层设计工作机制和制度规范，坚持统筹规划、试点先行、分级实施，逐步构建形成目标一致、方向统一、互联互通、层级衔接的全国各级电子政务公共平台顶层设计实施体系。

2. 统一建设，资源共享。坚持设施共建和资源共享，在《国家电子政务"十二五"规划》指导下，统筹利用已有电子政务基础设施和信息资源，统一设计建设电子政务公共平台，实现基础设施和资源共享运用。

3. 统一管理，保障安全。统一管理电子政务公共平台规划、标准、制度和技术体系，采用安全可控的软硬件产品，综合运用信息安全技术，建立安全可靠的信息安全保障体系，全面提高安全保障能力。

4. 统一服务，注重成效。顺应新技术发展趋势，探索运行管理服务新模式，加强电子政务公共平台服务提供机构和服务队伍建设，建立统一的服务体系，全面提升服务能力，切实发挥电子政务公共平台的成效。

## 五、设计内容及重点

1. 需求设计

(1)电子政务公共平台是指由县级以上信息化主管部门，组织专业技术服务机构，运用云计算技术，统筹利用已有的计算资源、存储资源、网络资源、信息资源、应用支撑等资源和条件，统一建设并为各政务部门提供基础设施、支撑软件、应用功能、信息资源、运行保障和信息安全等服务的电子政务综合性服务平台。

(2)电子政务公共平台应紧紧围绕各级政务部门深化电子政务应用、提高履行职责能力的迫切需要，为各部门实现政务、业务目标提供公共的技术环境和服务支撑。

(3)电子政务公共平台应有效支持政务部门灵活、快速部署业务应用，满足业务不断发展和改革的需要。

(4)电子政务公共平台应满足跨地区、跨部门、跨层级信息共享，以及行业系统与地方应

用条块结合的需要。

(5)电子政务公共平台应满足大量数据访问、存储和智能化处理的需要。

(6)电子政务公共平台应满足安全可靠运行的需要。

2. 系统架构设计

(1)统筹考虑计算资源、存储资源、网络资源、信息资源、应用支撑和信息安全等要素，建立一个公共的、安全的、灵活的、供各政务部门广泛接入和使用的平台系统架构。

(2)优化已有数据中心配置，统一数据库管理软件、操作系统、中间件和开发工具等应用支撑软件，构建应用支撑软件服务。

(3)统一开发通用型应用程序、应用功能组件，构建应用功能服务。

(4)构建逻辑集中、实时高效、共建共享的信息资源目录和交换、共享体系。

(5)设计统一的信息安全保障基础设施、技术措施和管理制度，保障电子政务公共平台安全可靠运行。

指南中要求顶层设计要实现利用现有信息化基础资源，集约建设提高基础设施资源利用率，通过顶层设计指导电子政务建设和发展模式，从自建自用的方式转向全面使用服务的方式。

指南中提出了10个设计，针对现有电子政务发展中的问题和电子政务公共平台在服务、运维、安全等方面面临的挑战，进行基于云计算的顶层设计。为了进一步推广基于云计算的电子政务公共平台建设，2013年9月，工信部确定北京市等18个省级地方和北京市海淀区等59个市(县、区)作为首批基于云计算的电子政务公共平台建设和应用试点示范地区。

为了规范新一代电子政务基础设施的顶层设计、系统架构、服务实施和运行保障，深入总结分析地方试点经验，工信部在2013年开展了“基于云计算的电子政务公共平台”系列国家标准的编制工作，共有五大类18项标准，均已列入国家标准化委员会的制订计划。

# 参考文献


1.中国云计算发展之道白皮书,IBM.

2.赛迪.中国云计算发展白皮书,CCID Consulting,2010—11—29.

3.刘营.企业接入云计算的成本分析[J].经营管理者,2011(20):295—296.

4.Kirk Hausman,Susan L. Cook,Telmo Sampaio,*Cloud Essencial*,Sybex,2013.

5.IBM中国商业价值研究院,中国工商银行产品创新管理部.从云计算到基于云的业务模式,国内银行未来创新机会,金融电子化,2012(1).

6.工业和信息化部电信研究院.云计算白皮书,2014—05.

7.安晖.中国云计算发展状况与创新思考,工业和信息化部赛迪研究院,2013.

8.中国注册会计师协会.财务成本管理[M],中国财政经济出版社,2014.

9.张媛,苏雪碧,钟莹,谢利亚.探究云会计对中小企业财务管理的影响[J],国际商务财会,2014(4).

10.东方证券.迎接"云计算"黄金年代,2010—11—05.

11.中信证券.计算机:云计算的经济学解释,2011—07—05.

12.国海证券.计算机:政策驱动,云计算迎来春风,2012—09—20.

13.国泰君安.国泰君安云计算主题投资(一):雾散云开,五大领域掘金"云计算"主题,2014—02—17.

14.国泰君安.国泰君安云计算主题投资:数据迎来大时代,云计算掘金再聚焦,2014—03—02.

15.民生证券.民生证券信息化自主可控深度研究系列一:信息化自主可控助推国产云计算弯道超车,2014—06—03.

16.张瑞.云计算及云储存生态系统研究[D].商丘师范学院,2013(8).

17.中国云科技发展"十二五"专项计划.

18.云计算数据中心网络技术.